LA RELIGION, LA LIBERTÉ, LA JUSTICE

Un commentaire des *Lettres écrites de la montagne* de Jean-Jacques Rousseau

À LA MÊME LIBRAIRIE

ROUSSEAU, *Discours sur l'économie politique*, édition, introduction et commentaire sous la direction de B. BERNARDI, Paris, Vrin, 2002, 224 pages.

BERNARDI B., *Qu'est-ce qu'une décision politique?*, Paris, Vrin, 2003, 128 pages.

ÉTUDES & COMMENTAIRES
Directeur : Jean-François COURTINE

LA RELIGION, LA LIBERTÉ LA JUSTICE

Un commentaire des *Lettres écrites de la montagne* de Jean-Jacques Rousseau

sous la direction de

Bruno BERNARDI, Florent GUÉNARD
Gabriella SILVESTRINI

PARIS
LIBRAIRIE PHILOSOPHIQUE J. VRIN
6, Place de la Sorbonne, V[e]

2005

Imprimé en France
ISSN 1769-5716
ISBN 2-7116-1732-7

www.vrin.fr

À la mémoire de Mathilde Panoff

INTRODUCTION

Les Lettres écrites de la montagne *dans l'œuvre de Rousseau*

Les *Lettres écrites de la montagne*, plus que toute œuvre de Rousseau, sont liées à des circonstances précises. Leur publication, à la fin de l'année 1764[1], intervient au croisement d'une double crise. La première est déclenchée au printemps 1762 par la publication de l'*Émile* et du *Contrat social* : partout ses livres sont condamnés, Rousseau lui-même est mis au ban de l'Europe. La seconde s'inscrit dans une longue série qui scande l'histoire de la République de Genève[2] : en faisant brûler les deux livres (18 juin 1762) les magistrats genevois l'avaient amorcée, l'abdication par Rousseau de sa citoyenneté (12 mai 1763), les "représentations" des citoyens qui s'ensuivent (la première date du 18 juin), la défense du Petit Conseil[3] par Tronchin, dans ses *Lettres de la campagne* (septembre), la cristallisent. Les *Lettres écrites de la montagne* sont rédigées à l'intersection de ces crises.

Cette double inscription dans le temps et dans l'espace a durablement et doublement pesé sur la réception de l'œuvre. En dehors de Genève et de l'univers de la religion réformée d'abord, les *Lettres écrites de la montagne*

1. Comme la *Lettre à Christophe de Beaumont*, les LEM ont été rédigées à Môtiers (dans la principauté de Neuchâtel) où Rousseau réside depuis le 10 juillet 1762 : la rédaction, engagée en octobre 1763, en est achevée en mai 1764. L'impression d'abord prévue à Avignon, est réalisée à Amsterdam par Marc-Michel Rey. Les premiers exemplaires circulent à Genève début décembre. Sur la rédaction et la publication des LEM : J-D Candaux, OC III, p. CLXXI-CLXXIV ; sur les années neuchâteloises de Rousseau : F. S. Eigeldinger, *Des pierres dans mon jardin*, Genève, Droz et Champion-Slatkine (deux éditions identiques), Genève, 1992.

2. Sur cet aspect : G. Silvestrini, *Alle radici del pensiero di Rousseau. Istituzioni e dibattito politico a Ginevra nella prima metà del settecento*, Milan, FrancoAngeli, 1993, ainsi que, ci-dessous : « Genève comme modèle dans la pensée politique de Rousseau ».

3. On trouvera en fin de volume un glossaire élémentaire des principaux termes du vocabulaire constitutionnel spécifique à Genève ainsi que le texte des *Représentations*.

sont trop souvent considérées comme un texte de circonstances et d'intérêt pour ainsi dire local, par différence avec une œuvre à large portée, comme le *Contrat social*[1]. En vertu du vieil adage : « il n'est bon bec que de Paris », on semble suggérer que, retourné à sa Suisse natale, Rousseau aurait perdu la dimension que la France universelle lui avait conférée. Si l'on lit et cite les *Lettres*, c'est par morceaux choisis : quelques pages sur les "prosélytes" ou les miracles, la fameuse lettre VI sur le *Contrat social*, rarement sinon jamais comme œuvre à part entière.

C'est donc depuis Genève que les études les plus attentives au texte dans sa continuité ont été conduites : elles constituent, nous le verrons, un socle nécessaire pour quiconque veut l'approcher de façon précise. De Genève encore sont venues les éditions de l'ouvrage qui comptent, au premier chef celle procurée par Jean-Daniel Candaux[2]. C'est sur cette édition que nous avons fondé notre travail : outre un large relevé des variantes issues des différents manuscrits, elle offre une riche annotation, précieuse pour la contextualisation. Nous lui sommes souvent redevables. Mais, vues de Genève, les *Lettres écrites de la montagne* sont perçues comme moment de l'histoire de la République et de celle de la Réforme (ce qu'elles sont aussi en effet) et, le plus souvent, on se demande si Rousseau s'y faisait une idée correcte ou non de ce que l'on juge être l'esprit de la Réforme et celui de la constitution de Genève.

Dans un cas comme dans l'autre, par la survalorisation du moment et du lieu de leur rédaction, le lien des *Lettres écrites de la montagne* avec la pensée de Rousseau s'est trouvé distendu. On les a considérées comme une marge de l'œuvre.

Rousseau lui-même, pourtant, avait fait précéder son ouvrage d'un *Avertissement* dont le but était de marquer que, si des circonstances bien précises et le sentiment d'un devoir envers ce qui n'était plus sa patrie l'avaient conduit à l'entreprendre, des "objets" important au public universel l'avaient déterminé à le mener jusqu'à son terme[3]. Ce texte, rédigé après les *Lettres*, mérite l'attention : il ne se réduit pas à une formelle *captatio benevolentiae* mais en donne un guide de lecture, parce que le

1. Ce ne fut pas le cas au moment de la parution : les LEM sont un succès européen de diffusion, dans la continuité des précédents ouvrages. Les contrefaçons furent nombreuses. Les condamnations et les autodafés aussi.

2. *Œuvres complètes* de Jean-Jacques Rousseau, t. III, « Bibliothèque de la Pléiade », Paris, Gallimard, 1964 (désormais notée OC III). Il convient également de signaler une rare édition séparée des *Lettres écrites de la montagne*, avec une préface d'Henri Guillemin, Ides et Calendes, Neuchâtel, s.d. (1962).

3. LEM, OC III, p. 685-686. H. Guillemin, *op. cit.*, p. 7-8 souligne l'importance de cet avertissement.

risque est grand qu'on se trompe sur l'enjeu, l'objet et le statut de l'ouvrage : trois séries d'oppositions les définissent.

L'enjeu d'abord est dégagé par une opposition entre Rousseau et Genève ou plutôt "moi" et « les Citoyens ». Les poursuites contre la personne de Rousseau, la condamnation des livres sont « un sujet trop rebattu ». Pour cela, il est trop tard. Mais derrière le cas Rousseau, il s'agit d'autre chose : l'oppression des citoyens de Genève. Derrière la cause privée, la cause publique. Or la connexion des deux est double. Causale d'abord : les "représentants", en prenant la défense de Rousseau, défendent leurs libertés politiques en danger. Morale ensuite : si Rousseau peut, pour des raisons personnelles, renoncer à défendre sa cause personnelle (ce serait faire preuve de "douceur" et de "patience"), la morale lui fait un devoir de défendre la cause publique. Les deux notions convoquées (« faiblesse et lâcheté ») ont la caractéristique d'avoir un double statut moral et politique. C'est donc d'abord par devoir moral et civique que Rousseau écrit les *Lettres écrites de la montagne* [1].

Mais une autre opposition va requalifier la signification de l'ouvrage :

> Rien de moins important pour le public, j'en conviens, que la matière de ces Lettres. La Constitution d'une petite République, le sort d'un petit particulier, l'exposé de quelques injustices, la réfutation de quelques sophismes ; tout cela n'a rien en soi d'assez considérable pour mériter beaucoup de Lecteurs : Mais si mes sujets sont petits, mes objets sont grands et dignes de l'attention de tout honnête homme. Laissons Genève à sa place, et Rousseau dans sa dépression ; mais la Religion, mais la liberté, la justice ! voilà, qui que vous soyez, ce qui n'est pas au-dessous de vous.

Cette fois, Rousseau et Genève sont sur le même plan : ils sont petits, de petits sujets. Ils feront la matière de l'ouvrage. Mais précisément, il faut distinguer la matière ou sujet d'un écrit et son objet. Des sujets petits et particuliers peuvent mettre en jeu des objets de portée universelle. Ce n'est pas l'individu ou la ville qui comptent, mais les valeurs qui par là sont mises en danger : la liberté, la justice, la tolérance. Cette distinction entre sujet et objet d'un ouvrage est présente dans l'*Idée de la méthode dans la composition d'un livre* où l'on voit que si le *sujet* est une catégorie rhétorique qui désigne l'ensemble de la matière exposée, l'*objet* est une catégorie de la pensée, qui désigne ce dont s'occupe un texte. Le préambule du *Contrat social* parlait bien de « l'importance de (son) sujet » : pour cet écrit sans circonstances, le sujet et l'objet coïncidaient. Il en va ici différemment. Le risque serait donc de prendre le sujet (les évènements de la vie personnelle

1. Sur ce point, voir ci-dessous le commentaire de la Lettre VI par B. Bernardi.

de Rousseau, la conjoncture politique genevoise) pour l'objet du livre : la religion, la liberté, la justice. L'affirmation est suffisamment nette et centrale pour constituer la charte de toute lecture de l'ouvrage.

Un dernier moment de l'*Avertissement* semble traiter de la question du style sur le mode de la dénégation : Rousseau prétend écrire froidement et se défaire de « son beau style »[1] parce qu'il y aurait de l'inconvenance à s'enflammer pour sa propre cause (ce serait s'avilir). Mais, à l'évidence, sa pratique est bien différente : il fait œuvre de brillant polémiste, et une thèse toute autre en répond : la vérité ne peut laisser froid parce qu'il y va de la vie même. C'est pourquoi la devise qu'il avait choisie depuis longtemps déjà, *Vitam impendere vero*, sert d'épigraphe aux *Lettres*[2]. On a souvent dit que cette maxime donnerait à la vérité un statut existentiel, bien différent de celui de la vérité discursive et démonstrative. Cette lecture doit être relativisée par la référence faite ici à Archimède courant nu dans Syracuse, exalté par la découverte de son principe : l'enthousiasme dont il est saisi a pour objet une loi physique tout à fait prosaïque ! C'est bien de vérité qu'il s'agit dans les *Lettres* et Rousseau n'y demande pas au lecteur de faire confiance à sa sincérité mais « d'examiner seulement si je raisonne bien ou mal ».

Le commentaire que nous proposons dans ce volume voudrait s'attacher à prendre au sérieux cet *Avertissement* et à restituer aux *Lettres* leur place, conforme à l'objet que Rousseau leur donne : au cœur même de sa pensée[3]. Faut-il pour cela considérer que les circonstances qui ont conduit à leur rédaction n'ont joué qu'un rôle accidentel et que les "sujets" qui en font la matière ne sont que purs prétextes ? Ce serait se méprendre du tout au tout. Rousseau n'a pas traité comme accidentel le "télescopage" entre l'histoire de sa propre pensée, les réactions brutales qu'elle a suscitées (aussi bien de la part des autorités politiques et religieuses que des opinions publiques), et les soubresauts de la vie politique genevoise. Il s'emploie tout au contraire à réfléchir leur intrication. C'est précisément à mettre en lumière la façon dont il s'acquitte de cette tâche, lettre après lettre, que nous nous sommes attachés. Mais il convient ici, de façon plus globale, de montrer comment il a pu trouver là l'occasion de faire le point sur l'unité de sa propre pensée, comme d'inscrire « l'affaire Rousseau » dans la continuité politique de l'histoire de Genève et de ses crises.

1. Comme Christophe de Beaumont dans son *Mandement*, le Petit Conseil avait fait du style de Rousseau une circonstance aggravante. Ainsi la délibération du 25 juin 1763 note que « ces Livres lui parurent d'autant plus dangereux et reprehensibles qu'ils sont écrits en français, du stile le plus seducteur », ci-dessous, p. 278.

2. Juvénal, *Satires, IV*, v. 90.

3. Conforme aussi à l'importance qu'il leur a donnée : bien qu'écrites en quelques mois, les LEM sont un ouvrage d'ampleur. Rares sont les textes d'une plus grande étendue : la *Nouvelle Héloïse*, *l'Émile*, le *Dictionnaire de musique* et les *Dialogues*.

Le classement d'une œuvre est chose malaisée et conduit nécessairement à des choix toujours discutables. La publication des *Lettres* dans le volume III des *Œuvres,* consacré aux *Écrits politiques*, se justifie par le contexte dans lequel elles ont été écrites, ainsi que par l'objet des lettres VI (consacrée au *Contrat social*) et VII à IX (qui roulent tout entières sur l'histoire et la politique de Genève). Pourtant, les cinq premières lettres parlent essentiellement de religion et, à ce titre, auraient pu tout aussi légitimement figurer dans le volume IV qui comprend aussi bien la *Profession de foi du Vicaire savoyard*, la *Lettre à Voltaire* sur la providence, que la *Lettre à Christophe de Beaumont* (avec laquelle elles entretiennent un rapport évident de symétrie). Par leur inscription dans le débat public genevois, elles pourraient encore être rapprochées de la *Lettre à d'Alembert* (publiée, elle, dans le volume V)[1]. Cette simple remarque met en lumière ce qui fait sans nul doute le caractère exceptionnel des *Lettres écrites de la montagne* dans l'œuvre de Rousseau : elles sont pour lui l'occasion, fortuite en un sens mais nécessaire à plus d'un égard, de nouer entre elles des lignes de pensée suivies jusqu'ici de façon parallèle mais qui n'avaient jamais pu trouver le lieu de leur véritable unité. Pour le comprendre, il faut sans doute remonter à l'année 1754, si décisive à bien des égards.

En juin de cette année-là, vingt-six ans après s'en être enfui, Rousseau revient dans sa patrie. Il arrive avec le texte du second *Discours* dont il vient juste d'achever la dédicace *À la République de Genève*. Celui qui revient est bien loin du tout jeune homme qui en était parti : auteur déjà célèbre, il a désormais en main ce qui est selon l'expression de Starobinski « sa grande manière » et en tête les axes de son « grand et funeste système ». Au bord du lac, il rumine le plan de son grand projet : les *Institutions politiques*. Accueilli avec honneur, choyé, il est réintégré dans l'Église de Genève et dans sa citoyenneté. C'est une période d'épanouissement au cours de laquelle il pense avoir enfin trouvé son assise : il veut donner une nouvelle règle à son existence. De retour à Paris il n'aura de cesse de la mettre en acte, ce que concrétisera l'installation à l'Ermitage, le 9 avril 1756.

Les trois dimensions que Rousseau se reconnaît désormais, sans être sur le même plan, sont tout aussi importantes à ses yeux. Auteur malgré lui d'un système de pensée à nul autre semblable, il se sent tenu de le développer jusqu'à son terme : s'il renonce aux *Institutions politiques*, puis aux *Principes du droit de la guerre*, le *Discours sur l'économie politique*, le *Contrat social* et l'*Émile* en seront les développements majeurs. *La*

1. Symptomatique est à cet égard le choix fait par Vaughan dans son édition des *Political Writings*, Cambridge, Cambridge University Press, 1915, vol II : il n'y retient que les quatre dernières lettres.

Nouvelle Héloïse en est à bien des égards le contrepoint. Le retour dans la communion réformée revêt une valeur qui est loin de n'être que symbolique : jusqu'ici maintenue comme une singularité personnelle face aux philosophes plus ou moins radicalement incrédules qu'il côtoie à Paris, sa croyance va s'inscrire de façon de plus en plus nette au cœur de sa réflexion. Il lui faudra pour cela l'expliciter : de la *Lettre à Voltaire* de 1756 à la *Profession de foi du Vicaire savoyard* (et à sa défense contre Christophe de Beaumont), la continuité est patente. Enfin, si le titre de Citoyen de Genève était déjà apparu occasionnellement sur la page titre du premier *Discours*, c'est désormais de façon plus légitime et en lui conférant une toute autre dimension qu'il va l'arborer. Ce n'est pas non plus seulement un symbole : sa correspondance atteste de son intérêt constant pour la vie politique genevoise et la *Lettre à d'Alembert* va y intervenir de façon directe[1]. Ces trois axes ne sont pas étrangers l'un à l'autre : l'*Émile* contient la *Profession de foi* et un "extrait" du *Contrat social*, la Dédicace donne au second *Discours* un enracinement genevois, la religion civile est l'occasion d'inscrire la place du religieux dans le politique, la valeur paradigmatique de Genève dans le *Contrat social* est certaine[2]. Il n'empêche, aucune œuvre de Rousseau, ni antérieure ni postérieure, ne les croise de façon aussi centrale que vont le faire les *Lettres écrites de la montagne*.

En condamnant à la fois l'*Émile* et le *Contrat social* comme « tendant à détruire la religion chrétienne et tous les gouvernements », le Petit Conseil de Genève joignait dans une même réprobation la pensée religieuse et la pensée politique de Rousseau. Or, dans un cas comme dans l'autre, il y avait là pour lui violation flagrante à la fois des principes de la réformation et de la constitution de Genève ; dans un cas comme dans l'autre la liberté était en jeu comme principe de la religion et de la politique. On ne saurait donc s'étonner que Rousseau ait saisi l'occasion tout à la fois de se défendre d'accusations injustes, de faire valoir ce que sont à ses yeux les véritables principes de la réforme et ceux de sa pensée politique et, dans le même mouvement, de montrer comment ces principes permettent de comprendre et de juger la véritable crise dans laquelle Genève se trouve engagée. La religion, la liberté, la justice : ces trois objets sont au centre de la pensée de Rousseau, ils sont aussi les enjeux de sa condamnation, révélatrice du point où la République de Genève en est venue. Les *Lettres écrites de la montagne* sont donc pour Rousseau à la fois l'occasion de mettre en lumière

1. L'accueil décevant réservé par les genevois à un texte qui voulait les défendre marque sans doute l'origine de l'écart croissant entre Rousseau et Genève jusqu'au divorce de 1763.

2. Voir ci-dessous le commentaire de la lettre VI par B. Bernardi et l'étude sur : « Genève comme modèle dans la pensée politique de Rousseau » par G. Silvestrini.

les principes de sa pensée religieuse et politique, leur unité, et la meilleure manière de rendre un ultime devoir civique envers Genève.

L'affaire Rousseau dans l'histoire politique de Genève

La condamnation des œuvres de Rousseau à Genève marque aussi un tournant dans l'histoire politique de la République, qui vivait depuis le début du siècle dans un état de conflictualité latente, pointée par des crises aiguës en 1707, 1715-18 et 1734-38[1].

Comme d'autres républiques suisses, après la Réformation Genève avait vu une aristocratie du mérite et de la vertu se changer en une oligarchie qui trouvait dans la banque et le commerce les sources de sa richesse et dans les charges politiques la source de ses privilèges et de ses prétentions à une distinction presque nobiliaire. La crise économique de la fin du XVIIe siècle, amplifiée par l'afflux des réfugiés protestants sur le territoire des villes suisses, fut suivie à Genève d'une crise politique violente.

S'opposant à la politique du gouvernement, ainsi qu'à l'influence obtenue par un nombre restreint de familles dans les conseils de gouvernement, les « citoyens et bourgeois » demandèrent le rétablissement des pouvoirs souverains du Conseil Général, l'assemblée de tous les citoyens qui, au début du siècle, semblait vouée à ne plus jouer qu'un rôle purement formel et rituel. Les porte-parole de la bourgeoisie sont à cette occasion de jeunes avocats membres du Conseil des Deux-Cents, notamment Marc Revilliod (1654-1714) et Pierre Fatio (1662-1707), dont les écrits et les discours politiques revendiquaient pour les citoyens et bourgeois de Genève le droit d'exercer la souveraineté, et affirmaient hautement que la constitution genevoise était une pure démocratie. Pour contrecarrer leurs arguments était intervenu, entre autres, Jean-Robert Chouet (1642-1731). Ce philosophe cartésien et professeur (d'abord à Saumur, ensuite à l'Académie de Genève) avait tenu, en qualité de premier Syndic, un discours devenu célèbre[2] : le gouvernement de Genève ne serait pas une démocratie pure, mais une aristo-démocratie, car tout en étant souverain et en demeurant tel, le Conseil Général aurait délégué l'exercice de ses droits aux autres

1. Pour le récit suivant nous nous référons à G. Silvestrini, *Alle radici del pensiero di Rousseau*, *op. cit.* ; sur l'histoire de Genève et les références bibliographiques fondamentales, voir A. Dufour, *Histoire de Genève*, Paris, P.U.F, 1997 ; F. Dubosson, *Guide bibliographique de l'histoire de Genève*, Genève, Bibliothèque publique et universitaire (désormais citée avec le sigle BPU), Chêne-Bourg, Georg, 1998.

2. J.-R. Chouet, *Discours en Conseil Général sur la nature du gouvernement de l'État de Genève* (5 mai 1707), édité par W.-A. Liebeskind, *Institutions politiques et traditions nationales*, Genève, Georg, 1973, p. 187-96.

Conseils de la République, qui n'agissent qu'en son nom et par son mandat. Ce même conseil avait sans doute le droit de reprendre son pouvoir, mais seulement au cas où les autres conseils de gouvernement auraient commis de graves abus. Toutefois, au delà des discours, c'étaient les rapports de force qui pesaient. Les citoyens et bourgeois avaient réussi à obtenir la convocation périodique, tous les cinq ans, du Conseil Général[1]. Mais la réaction du gouvernement ne se fit pas attendre : peu de semaines après, grâce aussi à la présence des troupes envoyées par les alliés suisses, les chefs de la bourgeoisie furent durement frappés : Pierre Fatio fut "arquebusé" en prison, un citoyen, Nicolas Lemaître, fut pendu, un autre, Jean Piaget, se noya dans le Rhône lors d'une tentative de fuite, d'autres furent condamnés à l'exil ou à la prison.

Cinq ans après, en 1712, profitant de la peur et du découragement qui avaient saisi la bourgeoisie, les magistrats firent révoquer les conseils généraux périodiques. Toutefois, les genevois ne se lassèrent ni d'écrire des lettres et des mémoires pour établir leurs droits, ni de porter aux magistrats des représentations pour les soutenir. Ainsi, après qu'en 1714 les Conseils eurent établi de nouveaux impôts pour financer un ouvrage de fortification de la ville, les citoyens ne tardèrent pas à faire entendre leur voix. Ce furent d'abord, en 1718, des *Lettres anonymes*, rédigées cette fois-ci par un pasteur, Antoine Léger (1652-1719) : tout d'abord solidaire du gouvernement, il était passé, à la fin de sa vie, dans le camp de la bourgeoisie, après avoir assisté Pierre Fatio avant son exécution. Tout en reprenant les arguments utilisés en 1707, Léger affirmait qu'un « peuple libre est donc celui qui a le pouvoir de rejetter ou d'aprover, de consentir ou de s'oposer aux changements que l'on veut faire, aux loix que l'on veut etablir ou abroger ; et c'est là un Droit que la nature a donné aux hommes, et que tous les peuples sages et prudents se sont conservés pour s'opposer à la tirannie de ceux à qui ils confioient le gouvernement et l'autorité ». Et il ne manquait pas de définir les assemblées périodiques du Conseil Général comme une institution originaire de la constitution genevoise[2].

Cette fois, tout en ayant soupçonné l'identité de l'auteur des lettres, le gouvernement n'osa pas sévir contre un homme dont l'âge et la réputation étaient considérables ; il ne manqua pourtant pas de lancer un placard "fulminant" de condamnation contre ces lettres « tendantes à l'Anarchie,

1. Dans la réunion du Conseil Général du 26 mai 1707.

2. L'édition critique du texte des lettres a été publiée par A. Gür, « Les lettres "séditieuses" anonymes de 1718, étude et texte », *Bulletin de la Société d'Histoire et d'Archéologie de Genève*, XVII, 1981, n. 2, p. 129-205, en particulier p. 180-181, 195. Sur Antoine Léger voir aussi H. Rosenblatt, *Rousseau and Geneva. From the First Discourse to Social Contract, 1749-1762*, Cambridge, Cambridge University Press, 1997, p. 112-25.

remplies de maximes séditieuses, contre tous les Gouvernements en général et contre le Nôtre en particulier »[1]. À cette occasion, plusieurs représentations avaient soutenu cet écrit anonyme, dont la diffusion avait été possible grâce à l'existence d'une véritable organisation clandestine de la bourgeoisie. Cependant, l'affaire des fortifications devait rebondir avec l'intervention de Jacques-Barthélemy Micheli du Crest (1690-1766), encore une fois un membre du Conseil des Deux-Cents. Ingénieur célèbre et capitaine au service du Roi de France, il avait écrit et fait imprimer en 1728 un plan de fortifications dans lequel il critiquait le projet des conseils ; censuré d'abord et se refusant de paraître, il fut soumis à plusieurs procès, jusqu'à ce qu'en 1735 le Petit Conseil le condamnât à la décapitation en effigie, tout en ordonnant également de faire lacérer et brûler par la main du bourreau un écrit dans lequel il avait défendu ses droits en se fondant sur la souveraineté du Conseil Général, le *Discours en forme de Lettres sur le Gouvernement de Genève et sur l'affaire du Sieur Micheli du Crest*.

La condamnation définitive de Micheli eut lieu tout de suite après l'ouverture d'une nouvelle phase aiguë des conflits : en 1734 de nouvelles représentations au sujet des impôts avaient réaffirmé les droits du Conseil Général souverain. La réponse des Conseils, rédigée par une commission dont faisaient partie les plus importants juristes de la ville, notamment Jean-Jacques Burlamaqui, marqua une nouvelle étape dans la doctrine politique du gouvernement : à la place des arguments de Chouet, cette fois c'est la doctrine du partage de la souveraineté et du contrat originaire de gouvernement entre les ordres de l'État qui fournit aux gouvernants les instruments théoriques pour s'opposer à la bourgeoisie et à la souveraineté du Conseil Général. Après quatre ans de troubles, grâce à l'intervention de Berne, de Zurich et de la France, les Genevois réussirent à approuver en Conseil Général un nouveau texte de loi auquel ils attribuèrent une fonction constitutionnelle à côté des Édits politiques remontant à l'époque de la Réforme. Le *Règlement de l'Illustre Médiation* de 1738, qui fixait ainsi les droits des différents ordres de l'État et fut considéré désormais comme la loi fondamentale de l'État, ouvrit une longue période de paix mais ne mit pourtant pas fin aux conflits entre les citoyens et les conseils. De nombreuses représentations et formes de protestation marquent les années quarante et cinquante : les citoyens et bourgeois ne manquèrent pas de défendre leurs droits toutes les fois et sur toutes les matières où ils pouvaient trouver un point d'appui dans l'Édit de 1738. Si, au début du siècle, Bodin, Pufendorf, Grotius et Barbeyrac étaient les auteurs les plus cités des deux côtés, à partir des années cinquante ce sont les noms de

1. A. Gür, *Les lettres*, *op. cit.*, p. 151.

Montesquieu et de Rousseau qui sont convoqués. Deux personnages vont jouer un rôle décisif pour défendre d'un côté la cause de la bourgeoisie et de l'autre celle du gouvernement : l'horloger "philosophe" Jacques-François Deluc (1698-1780) et le procureur général Jean-Robert Tronchin (1710-1793).

Après 1754 le destin de Rousseau, redevenu citoyen de Genève, est étroitement lié aux événements qui marquent la vie de sa ville natale. La querelle sur le théâtre, à la suite de l'article *Genève* de d'Alembert, va enflammer les esprits et rendre plus aiguë la crise morale et politique de la ville mais aussi marquer la rupture de Rousseau avec les philosophes, Voltaire et leurs amis de la Genève du Haut. Au début des années Soixante, c'est l'« esprit de parti » qui domine dans la ville et menace de dissoudre l'équilibre précaire de la République. Dans ce contexte, la condamnation des ouvrages de Rousseau est l'étincelle qui fait éclater la crise.

Au-delà des raisons particulières qui ont pu pousser les magistrats à sévir contre les œuvres de Rousseau – l'influence de Voltaire, le désir de complaire à la France –, pour les bourgeois il était dès le début patent que le contenu politique du *Contrat social* était la véritable raison de la sévérité du Petit Conseil. Un citoyen, Marcet de Mézières, l'avait dit très clairement :

> L'article de la Religion n'est pas tant la cause de la condamnation du Contrat que le pretexte. En 1707 le Conseil Général fixa des Assemblées Générales tous les cinq ans a jour nomé et de droit. Les Conseils que ces assemblées efraioient proposerent dans celle de 1712 de les abolir pour l'avenir, la superiorité des Sufrages fut de leur avis. Pour la plus grande perfection d'un gouvernement vous proposés des assemblées periodiques de droit. Ne Semble t'il pas que vous voulés faire regreter a vos concitoiens de n'en avoir point et de les avoir perdues par leur faute et en meme tems reprocher aux Conseils d'avoir proposé de les abolir ? [1].

En effet, les magistrats, appuyés par la plupart des pasteurs, avaient bien choisi leurs armes. Ainsi, entre juin 1762 et mai 1763 c'est la question religieuse qui est au centre des débats, le chapitre sur la religion civile et la profession de foi ayant choqué grand nombre de citoyens et bourgeois, qui y voyaient une attaque contre la religion de Genève. Deluc lui même, malgré son enthousiasme pour les écrits de Rousseau en faveur de la patrie, regrettait de ne pas pouvoir voir en lui le chrétien qu'il aurait voulu. Pour les chefs de la bourgeoisie le problème majeur était donc de combler le fossé au

1. *Correspondance complète,* XII, 2048, p. 133. Sur la condamnation genevoise de Rousseau et sur le contexte de la rédaction des *Lettres écrites de la montagne* voir Y. Touchefeu, *Antiquité et christianisme dans la pensée de Jean-Jacques Rousseau*, Oxford, Voltaire Foundation, 1999, p. 331-414; B. Mély, *Jean-Jacques Rousseau. Un intellectuel en rupture*, Paris, Minerve, 1985, p. 171-207.

sujet de la religion, en essayant de pousser Rousseau à rétracter ou du moins à justifier de manière convenable ce qu'il avait écrit à cet égard. Ce n'était pas une tâche facile, car celui-ci refusait de se soumettre à une démarche qu'il concevait comme une forme d'inquisition sur le contenu de sa foi. Cependant, Rousseau chercha les moyens de les satisfaire à sa manière : d'abord par une lettre au pasteur de Môtiers, qui ne fut pourtant pas suffisante pour régler la question, ensuite en se saisissant du *Mandement* de l'archevêque Christophe de Beaumont comme occasion de se présenter devant ses concitoyens en défenseur de la foi chrétienne et protestante, offrant ainsi les éclaircissements qui lui étaient demandés [1].

La réaction de la bourgeoisie et des amis genevois de Rousseau fut enthousiaste : la *Lettre à Monseigneur de Beaumont* avait réussi à écarter tout malentendu entre la bourgeoisie et l'auteur du *Contrat social*. Mais au moment même où cette harmonie se rétablissait, le gouvernement, cette fois-ci sur demande explicite du Résident de France, va défendre l'impression à Genève de la lettre à Beaumont. Cet arrêt, comme l'a dit Ralph-Alexandre Leigh, fut la « goutte d'eau qui fait déborder le vase » [2].

Dès lors les choses se précipitent. Le 12 mai 1763 Rousseau envoie au premier syndic, Jacob Favre, la lettre où il abdique sa citoyenneté. Ce geste causa d'abord la consternation des ses amis ; mais bientôt Deluc pour retrouver l'unité du parti bourgeois va utiliser cette démarche de Rousseau, en le poussant à écrire une lettre pour expliquer aux genevois les raisons de son abdication. Dans la lettre à Marc Chappuis du 26 mai 1763 Rousseau est explicite : la renonciation à sa citoyenneté était le seul moyen de défendre son honneur offensé, car le silence de la bourgeoisie après la sentence du Conseil ne pouvait que signifier son consentement à la conduite du gouvernement : « Flétri publiquement dans ma patrie sans que personne ait réclamé contre cette flétrissure… Si cinq ou six bourgeois seulement eussent protesté… » [3].

Appelée par ses ennemis le « tocsin de la sédition » cette lettre était un appel explicite à la voie des représentations, comme Deluc l'avait souhaité. Le 18 juin, anniversaire de la condamnation genevoise, une première représentation fut portée par les citoyens et bourgeois au premier syndic ; suivirent deux autres présentations le 8 août et le 29 septembre, et une déclaration le 20 août. Tout en ayant enfin trouvé un plein soutien de la part de Rousseau, qui ne manque pas de dispenser ses conseils et d'ébaucher lui-

1. Sur cet aspect voir G. Silvestrini, « Religione civile e repubblicanesimo : una rilettura del modello roussoiano », dans G. Paganini, E. Tortarolo, *Pluralismo e religione civile*, Milano, Mondadori, 2004, p. 166-169.

2. *Correspondance complète*, XVI, p. 118.

3. *Ibid.*, XVI, p. 245-246.

même en septembre un projet de représentation, ce sont d'abord les chefs des représentants, parmi lesquels notamment Deluc et d'Ivernois, qui jettent les bases d'un débat portant sur les matières les plus brûlantes de la politique genevoise : la procédure judiciaire, la compétence du Petit Conseil en matière religieuse, la nature du gouvernement genevois, ainsi que la portée même du droit de représentation[1]. Toutefois, le soir avant la dernière représentation du 29 septembre, les premières *Lettres écrites de la campagne* sont diffusées à Genève. Une cinquième suit en octobre[2]. Face à l'habileté littéraire du Procureur Général, dès le premier moment soupçonné avoir été l'auteur de la défense du « droit négatif » des conseils, les citoyens conjurent Rousseau de mettre sa plume au service de la patrie : Rousseau seul peut démasquer les sophismes du porte-parole du gouvernement : « Vos Concitoyens vertueux et surtout les Compilateurs de nos Representations, persuadés qu'il n'y a que vous Seul qui Soyés en etat d'y repondre convenablement, tant pour vôtre defense particuliere que pour celle de nos Representations ; vous prient et vous conjurent par l'amour que vous vous devés à vous-même, par celui que vous avez toujours temoignez pour nôtre Patrie, pour la Justice et la Liberté, de vanger ces précieuses vertus si Subtilement et si frauduleusement attaquées »[3].

Rousseau ne va pas se soustraire à cette demande qui l'engage à la fois comme (ancien) citoyen et comme écrivain. Entre octobre 1763 et mai 1764 il va donc rédiger sa réponse à Tronchin ; le 18 décembre 1764, les *Lettres écrites de la montagne* sont diffusées à Genève, au bon moment pour influencer les élections des syndics qui avaient lieu le premier dimanche de l'année et étaient prévues pour le 6 janvier 1765. Tous les candidats officiels furent récusés, tandis que Jean Jallabert, un membre du Petit Conseil depuis 1754 favorable à Rousseau, eût la majorité des voix. Le Petit Conseil, effrayé, n'ayant pas encore osé sévir contre les *Lettres*, menace de démissionner si les citoyens ne manifestent pas explicitement leur confiance aux magistrats. Le 7 février 1765, un millier de citoyens viennent ainsi donner au Conseil le témoignage de leur respect, tout en maintenant leurs revendications. Rousseau lui-même approuve cette représentation attestant la modération de la bourgeoisie genevoise. Le moment est venu pour le Conseil de prendre sa vengeance. Le 12 février il publie une déclaration virulente contre « l'affreux tissu de calomnies » que

1. Sur ce débat voir J. Terrasse, « Rousseau, Tronchin et les représentants : aspects du débat politique à Genève en 1763-1764 », *Swiss-French Studies*, nov. 1981, II, n. 2, p. 58-72.

2. En septembre, Tronchin n'avait écrit que trois lettres. En octobre, il ajoute une lettre sur le droit négatif et recompose l'ensemble : ce sont alors cinq lettres qui sont diffusées (*Lettres écrites de la ampagne*, octobre 1763, in-12, 174 p., É. Rivoire, *Bibliographie historique de Genève au XVIIIe siècle*, t. I, Genève, Jullien Georg, 1897, n°746).

3. *Correspondance complète*, XVII, 2945, Deluc à Rousseau, 30 septembre 1763, p. 289.

Rousseau leur a adressé et remercie les représentants d'avoir attesté leur confiance pour faire taire le calomniateur. Face à ce nouvel acte de force de la part du Conseil, les représentants se taisent et Rousseau, emporté, rompt la plupart de ses liens avec Genève.

Dès lors, les destins de Rousseau et de Genève vont se dissocier lentement. D'un côté, les crises politiques genevoises se renouvellent, de 1765 jusqu'en 1782-1790, moment où l'ancien régime genevois s'effondre, rejoignant la Révolution française, qui mettra fin, en 1798, à l'indépendance politique de la République[1]; de l'autre, la crise personnelle de Rousseau le pousse loin de Genève et de la Suisse. Rousseau préfère l'éloignement que de devenir le chef d'une lutte qui n'est plus la sienne.

Questions d'interprétation

Le rapport entre Rousseau et Genève a été l'objet, comme tout le reste de sa pensée, d'appréciations différentes et même opposées, portant à la fois sur sa dimension politique et religieuse. Si l'on essaie de fixer une périodisation dans cette littérature, on pourrait sans doute voir dans la publication du livre de John Stevenson Spink un tournant indéniable[2].

Avant cette époque, on trouve surtout des interprétations biaisées par les idéologies nationalistes qui voulaient montrer avant tout le caractère « genevois et protestant » ou bien « français et catholique » des ouvrages de Rousseau et en saisir l'influence – éventuelle – sur la Révolution française. Ainsi Jules Vuy découvrait les racines "catholiques" de la pensée de Rousseau dans la référence aux franchises médiévales que ce dernier faisait dans la droite ligne des représentants[3]. Édouard Rod, en soulignant les origines genevoises du *Contrat social*, voulait mettre en lumière la dérivation genevoise et protestante de la Révolution française, dont les révolutions genevoises auraient été un précèdent remarquable[4]. Edme Champion utilisait la référence à Genève dans le but de donner une

1. Sur ces événements voir N. Matteucci, *Jacques-Mallet du Pan*, Napoli, Istituto italiano per gli studi storici, 1957; A. Gür, « La négociation de l'Édit du 11 mars 1768, d'après le journal de Jean-André Deluc et la correspondance de Gédéon Turrettini », *Revue Suisse d'Histoire*, XVII, 1967, n. 2, p. 165-217; F. Venturi, « *Ubi libertas ibi patria*. La rivoluzione ginevrina del 1782 », *Rivista storica italiana*, XCIV, 1982, p. 395-434; M. Neuenschwander, « Les troubles de 1782 à Genève et le temps de l'émigration », *Bulletin de la Société d'Histoire et d'Archéologie de Genève*, XIX, 1989, p. 127-88.

2. *Jean-Jacques Rousseau et Genève. Essai sur les idées politiques et religieuses de Rousseau dans leur relation avec la pensée genevoise au XVIIIe siècle, pour servir d'introduction aux* Lettres écrites de la Montagne, Paris, Boivin, 1934.

3. J. Vuy, *Les origines des idées politiques de Rousseau*, Genève, Trembley, 1889.

4. E. Rod, *L'affaire Jean-Jacques Rousseau*, Paris-Lausanne, Perrin-Payot, 1906.

interprétation "libérale" de la pensée politique de Rousseau, tandis que, selon Gaspard Vallette, le *Contrat social*, considéré comme l'ouvrage le moins cohérent et personnel de Rousseau, serait imprégné de la conception protestante et genevoise de l'État[1]. Un prolongement de cette interprétation pourrait être envisagé dans la version autoritaire et même totalitaire qu'a donnée Lester G. Crocker de la pensée politique de Rousseau : la dimension inquiétante du contrôle sur les mœurs et les pensées des citoyens ne serait qu'un écho de la discipline sévère et presque totalitaire de la ville de Calvin[2]. De manière spéculaire, Pierre-Maurice Masson, dont le travail vise à disjoindre du protestantisme la pensée religieuse de Rousseau, ne manquait pas de voir un avatar de Calvin dans la partie "intolérante" de la religion civile concernant les athées, tout en précisant que la seule référence à Genève n'aurait pas pu expliquer les théories du *Contrat social*[3].

Face à ce genre d'interprétations, les deux ouvrages de John S. Spink et de Robert Derathé ont marqué un véritable tournant. Publiés à quinze ans de distance, ces deux livres sont presque complémentaires dans l'intention de soustraire l'interprétation de la pensée de Rousseau aux enjeux nationalistes. Ils proclament hautement le caractère "abstrait" et théorique de ses ouvrages politiques et surtout du *Contrat social*, en en soulignant la portée universelle comme moment fondateur de la démocratie moderne. En particulier, la recherche de Derathé sur le rapport entre la pensée de Rousseau et la science politique moderne semble prendre directement la relève des conclusions de Spink, qui avait affirmé : « Ne disons plus que le *Contrat social* est un compte rendu de la constitution de Genève, même 'idéalisée'. Tout ce que nous pouvons dire, c'est que Rousseau a cru, à un certain moment, trouver dans les institutions genevoises la réalisation de son idéal. Rendons à cet ouvrage la place qui lui appartient de droit dans le grand courant de la pensée spéculative du XVIIIe siècle, et n'y voyons plus, à l'exemple de Lemaître, de Sorel et de Gottfried Koch, de Vallette même, une brochure genevoise. C'est Pufendorf, Grotius, Hobbes, Locke et Montesquieu qui ont montré le chemin »[4]. L'idée de fond de cette interprétation était que la possibilité de considérer la pensée de Rousseau dans sa signification véritablement théorique et philosophique, ainsi que celle

1. E. Champion, *Jean-Jacques Rousseau et la Révolution française*, Paris, Colin, 1909 ; G. Vallette, *Jean-Jacques Rousseau genevois*, Genève-Paris, Plon-Jullien, 1911.

2. L. G. Crocker, *Rousseau's Social Contract : an Interpretative Essay*, Cleveland, The Press of Case Western Reserve University, 1968.

3. P. M. Masson, *La religion de Jean-Jacques Rousseau*, Paris, Hachette, 1916.

4. Cette phrase de Spink, *op. cit.*, p. 89, est citée comme une preuve et un point de départ par R. Derathé, *Jean-Jacques Rousseau et la science politique de son temps*, Paris, Vrin, 2e éd., 1995, p. 22.

d'insérer son nom dans la généalogie de la démocratie moderne excluaient toute référence à Genève. À cette fin deux thèses connexes avaient été soutenues et apparemment démontrées : d'un côté que Rousseau, avant la rédaction des *Lettres de la montagne*, n'avait qu'une connaissance fautive et très limitée de la "véritable" constitution de Genève, de l'autre, que sa pensée ne pouvait être comprise sans être insérée dans le courant de la pensée moderne du droit naturel. C'était là la tâche que Derathé avait accomplie.

Après 1950 la position de Spink et de Derathé devient majoritaire. Les grandes études qui ont marqué l'histoire de la critique rousseauiste à partir de la fin des années cinquante ont toutes été fidèles à cette position, envisagée comme un acquis à ne plus remettre en question : dans les ouvrages de Jean Starobinski, de Bronislaw Baczko, de Rogers D. Masters et de Victor Golschmidt aucune place d'importance n'est accordée à Genève et à sa constitution[1]. Toutefois, malgré tout, le dossier « Genève et Rousseau » était loin d'être fermé. D'un côté le travail des historiens s'appliquait à analyser de manière plus précise le ferment politique qui avait animé le milieu de la petite bourgeoisie de Genève au cours du dix-huitième siècle, ainsi que les débats et les textes qui avaient été élaborés au cours des conflits politiques du XVIIIe siècle[2]; de l'autre, les études consacrées aux transformations du calvinisme à l'aube des Lumières permettaient de repenser et de reformuler les médiations historiques qui auraient pu dégager le fil rouge que Herbert Lüthy avait réaffirmé voir entre Calvin et Jean-Jacques Rousseau[3]. Dans ce cadre, une place doit être accordée à l'édition de la *Correspondance complète* de Jean-Jacques Rousseau que Ralph-Alexandre Leigh avait commencé à publier en 1965 et qui l'avait poussé, au bout de quinze ans, à rouvrir la question de savoir si le *Contrat*

1. J. Starobinski, *Jean-Jacques Rousseau. La transparence et l'obstacle*, Paris, Gallimard, 1957; 2e éd. suivie par *Sept essais sur Rousseau*, Paris, Gallimard, 1971, B. Baczko, *Rousseau. Solitude et Communauté* (1964), traduit du polonais par C. Brendhel-Lamhout, Mouton-Paris-La Haye, École pratique des Hautes Études, 1974; R. D. Masters, *The Political Philosophy of Rousseau*, Princeton, Princeton University Press, 1968, tr. fr., G. C. d'Istria et J.-P. Guillot, Lyon, ENS Editions, 2002; V. Goldschmidt, *Anthropologie et politique. Les principes du système de Rousseau*, Paris, Vrin, 1974.

2. Deux thèses jamais publiées ont été à cet égard fondamentales : P. O'Mara, *Geneva in the Eighteenth Century : a Socio-Economic Study of the Bourgeois City-State during its Golden Age*, Thèse dactylographiée, University of California, 1952; J. Sautier, *La Médiation de 1737-38. Contribution à l'histoire des institutions politiques de Genève*, Thèse de droit, Paris, 1979; sur le système judiciaire à Genève voir B. Roth-Lochner, *Messieurs de la Justice et leur greffe*, Genève, Société d'histoire et d'archéologie, 1992; M. Porret, *Le crime et ses circonstances*, Genève, Droz, 1995.

3. H. Lüthy, *Le passé présent. Combats d'idées de Calvin à Rousseau*, Monaco, Éditions du Rocher, 1965.

social était une « œuvre genevoise »[1]. Cet ouvrage et les notes de l'éditeur ont permis de mieux connaître les rapports et l'amitié qui reliaient Rousseau aux chefs de l'opposition politique bourgeoise qui avaient eu un rôle d'importance dans les conflits politiques de 1734-1738 et n'avaient pas cessé, à Genève comme à Paris, d'être politiquement actifs. Il s'agit d'Isaac-Ami Marcet de Mézieres, député de la bourgeoisie pendant les années trente et ami du père de Rousseau, de Jacques-François Deluc, qui va devenir, des années quarante aux années soixante, l'un des plus actifs opposants au gouvernement, de Toussaint-Pierre Lenieps, un partisan de Micheli du Crest exilé depuis 1731, avec qui Rousseau fêtait à Paris l'anniversaire de l'Escalade.

Le renouvellement de la recherche a enfin conduit à remettre en question les deux "axiomes" sur lesquels se fondait la thèse de Spink et de Derathé. En premier lieu, la constitution de Genève et la réforme ont cessé de paraître comme des réalités historiques évidentes à l'aune desquelles mesurer la connaissance que Rousseau pouvait en avoir. En effet, la définition de l'une et de l'autre faisait l'objet des conflits et des débats politiques et théologiques qui passionnaient les Genevois au cours du XVIIIe siècle. Tout en reconnaissant que la souveraineté résidait dans l'assemblée de tous les citoyens et bourgeois, les partis en présence s'opposaient sur les consé-quences qu'on pouvait tirer de cette vérité commune, sur le nombre et la nature des droits dont l'exercice avait été confié aux autres conseils de la République, ainsi que sur la définition de la nature, aristo-démocratique ou bien purement démocratique, de la constitution de Genève[2]. En même temps, tout en se déclarant officiellement fidèles à l'héritage réformé et protestant qui était l'élément fondateur de l'identité même de Genève comme libre République, les Genevois ne manquaient pas de se diviser sur

1. R.-A. Leigh, « Le *Contrat social* œuvre genevoise ? », *Annales de la Société Jean-Jacques Rousseau*, XXXIX, 1980, p. 93-111.

2. M. Launay, *J.-J. Rousseau écrivain politique (1712-1762)* (1971), Genève-Paris, Slatkine, 1989 ; P. Barbey, *État et gouvernement. Les sources et les thèmes du discours politique du patriciat genevois entre 1700 et 1770*, Genève, Faculté de droit, 1990 ; D. Rosenfeld, *Rousseau's Genevan Politics : an Essay in Historical Interpretation*, Diss. Phil., New York, Columbia University, 1993 ; L. Kirk, « Genevan Republicanism », dans D. Wootton (éd.), *Republicanism, Liberty, and Commercial Society, 1649-1776*, Stanford, Stanford University Press, 1994, p. 270-309 ; P. A. Mason, « The Genevan Republican Background to Rousseau's Social Contract », *History of Political Thought*, XIV, 1994, n. 4, p. 547-72 ; H. Rosenblatt, *Rousseau and Geneva, op. cit.* ; A. Dufour, « Rousseau entre droit naturel et histoire », *Annales Jean-Jacques Rousseau*, XLI (1997), p. 79-108 ; G. Silvestrini, « Le républicanisme genevois au XVIIIe siècle », à paraître dans H. Boedecker, I. Comparato, C. Larrère, *The Founding of the Republic*, Firenze, Olschki ; G. Silvestrini, « Vu de Genève : le Parlement anglais, la représentation et la liberté », à paraître dans S. Bahar et V. Cossy (éd.), *Genève lieu d'Angleterre 1725-1814*, Actes du Colloque international de Genève, 2-3 novembre 2001, Slatkine, Genève.

la configuration du rapport entre religion et politique que la Réforme aurait introduit, sur l'importance de conserver la pureté des mœurs face aux richesses et au luxe croissants, ainsi que sur la figure même de Calvin réformateur[1]. De cette manière on a pu aussi montrer que c'étaient bien les auteurs de la pensée politique et religieuse ancienne et moderne qui étaient impliqués dans ces débats. La référence au contexte genevois pouvait ainsi perdre toute fonction de réduction pour devenir un élément de médiation et de contextualisation permettant de mieux comprendre le dialogue que Rousseau a entretenu avec cette même tradition.

Toutefois ce renouvellement de la recherche n'a pas encore conduit à une étude approfondie des *Lettres écrites de la montagne*, auxquelles, après le travail de Spink, aucune monographie n'a été consacrée. Pour des raisons très compréhensibles, les recherches visant à démontrer le lien entre la pensée politique de Rousseau et Genève, notamment celles de Michel Launay et de Helena Rosenblatt, s'arrêtent au *Contrat social*. Autrement, on ne trouve que des chapitres dans des ouvrages qui d'ailleurs ou bien demeurent fidèles à la thèse de Derathé, ou bien n'accordent pas de véritable intérêt théorique aux *Lettres*[2]. Jusqu'à maintenant les *Lettres écrites de la montagne* ont gardé un statut de texte marginal.

Propositions pour un commentaire

Prendre au sérieux les *Lettres de la montagne*, comme nous avons souhaité le faire dans ce commentaire, c'est rejeter deux types de lecture : soit considérer que ces lettres ne sont qu'un texte de circonstances, une réponse aux accusations lancées par Tronchin, et ainsi négliger la portée théorique de cet écrit; soit, excès inverse, n'extraire de ces lettres que les passages strictement théoriques où Rousseau défend les principes de son système, et négliger la dimension historique, politique et stratégique de la

1. J.-L. Leuba, « Rousseau et le milieu calviniste de sa jeunesse », dans *Rousseau et la crise contemporaine de la conscience*, Paris, Beauchesne, 1980, p. 11-46; L. Kirk, « Eighteenth-Century Geneva and a Changing Calvinism », dans *Religion and National Identity*, éd. par S. Mews, Oxford, Basil Blackwell, 1982, p. 367-80; M. Heyd, *Between Orthodoxy and the Enlightenment. J.-R. Chouet and the Introduction of Cartesian Science in the Academy of Geneva*, Boston-La Haye-Jérusalem, Kluwer Academic Publishers, 1982; C. Pitassi, *De l'orthodoxie aux Lumières. Genève 1670-1737*, Genève, Labor et Fides, 1992; H. Rosenblatt, *Rousseau and Geneva*, *op. cit.*; G. Silvestrini, « Religione civile e repubblicanesimo », art. cit.

2. R. Fralin, *Rousseau and Representation*, New York, Columbia University Press, 1978; J. Miller, *Rousseau Dreamer of Democracy*, New Haven and London, Yale University Press, 1984; D. Rosenfeld, *Rousseau's Genevan Politics*, *op. cit.*; Y. Touchefeu, *Antiquité et christianisme*, *op. cit.*

réponse au Procureur général de Genève et au Petit Conseil. Contre de telles interprétations, nous pensons au contraire que les *Lettres de la montagne* sont un écrit indissociablement théorique et stratégique. D'une part, le système théorique de Rousseau n'est nullement séparé de la réalité historique (et particulièrement, en l'occurrence, de l'histoire de Genève), que toute son œuvre permet de comprendre; d'autre part, la défense du système, à laquelle le conduisent les accusations des magistrats genevois, lui permet de préciser sa pensée sur un certain nombre de questions.

Ainsi, les *Lettres de la montagne*, loin d'être en marge de l'œuvre, sont un texte majeur, pleinement cohérent et parfaitement composé. Si Rousseau répond dans ce texte aux *Lettres de la campagne*, il ne s'y borne pas : la structure de l'ouvrage montre clairement que son objet n'est pas seulement de se défendre contre des accusations injustes. Les *Lettres de la montagne* comprennent en effet deux parties, et seule la première (lettres I à VI) est strictement consacrée à répondre à la double accusation des magistrats : Rousseau dans ses écrits aurait sapé les fondements de la religion chrétienne et attaqué les gouvernements. Cette défense comporte trois temps. Dans les trois premières lettres, Rousseau se défend d'avoir attaqué la religion : en combattant la superstition, en n'attaquant que les seuls dogmes catholiques, en montrant que rejeter les miracles, ce n'est pas rejeter le christianisme. Rousseau, loin d'avoir menacé la religion de Genève, l'a fortement établie. Dans les lettres IV et V, il se suppose coupable de ce dont on l'accuse, et montre l'irrégularité de la procédure menée contre lui. Enfin, dans la lettre VI, il se défend d'avoir détruit les gouvernements et montre que les principes de son système en exposent au contraire les fondements.

Dans la deuxième partie des *Lettres*, il change de sujet : il ne s'agit plus de se défendre, mais de parler de Genève et d'établir les raisons de la condamnation, par les magistrats, d'*Émile* et du *Contrat social*. Autrement dit, il s'agit pour lui dans les lettres VII, VIII et IX, de montrer que la République de Genève est menacée, que les institutions se dégradent parce que le Petit Conseil, instance exécutive, tend à usurper la souveraineté. Ainsi, dans la lettre VII, Rousseau montre comment les magistrats n'ont eu de cesse de faire passer le pouvoir suprême du Conseil Général au Petit Conseil. Dans la lettre VIII, il défend le droit de représentation des citoyens, accusé par Tronchin d'être un facteur de trouble : ce droit donne inspection sur l'exécution des lois, il constitue en cela une garantie indispensable pour la liberté. Enfin, dans la dernière lettre, il s'interroge sur le pouvoir négatif du gouvernement, qui détient le droit de juger du bien-fondé des représentations des citoyens avant de les transmettre au Conseil Général : pour lui, ce pouvoir, tel qu'il est exercé à Genève, tend à rendre le

Petit Conseil seul maître de l'État. Il est par conséquent une grave menace pour la liberté.

C'est à mettre en évidence les enjeux philosophiques, politiques et historiques de ces lettres que nous avons travaillé dans ce commentaire. Nous avons suivi une double démarche.

– d'une part, commenter les lettres en suivant la progression du propos. Pour cela, certaines lettres qui nous sont apparues complémentaires ont été regroupées (ainsi, les lettres II et III commentées par B. Bernardi, les lettres IV et V commentées par F. Guénard, les lettres VIII et IX commentées par C. Spector et G. Radica). D'autres nous ont paru devoir faire l'objet d'une attention particulière, soit en raison de leur complexité (la lettre I), soit en raison de leur densité (la lettre VII). Deux contributions sont consacrées à chacune d'entre elles : A. Charrak et G. Waterlot s'arrêtent sur la lettre I, F. Guénard et A. Charrak sur la lettre VII. La lettre VI est commentée par B. Bernardi. Sans prétendre avoir commenté l'ensemble des lettres de manière exhaustive, nous pensons que l'essentiel des questions en jeu est abordé.

– d'autre part, s'arrêter, de manière transversale, sur deux questions essentielles sans lesquelles notre commentaire ne pouvait produire le degré d'intelligibilité que réclament les *Lettres de la montagne* : le statut de la République de Genève dans la pensée de Rousseau, qui fait l'objet d'une étude de G. Silvestrini, et l'influence sur le philosophe genevois de la tradition réformée, objet de la contribution d'I. Bouvignies.

Toutes ces études sont le fruit d'un travail collectif mené au sein du Groupe Jean-Jacques Rousseau. Elles ont fait l'objet de nombreuses discussions, elles ont donné naissance à des débats animés et passionnés. Elles dégagent un certain nombre de lignes de force, articulées autour des trois notions dont nous pensons, suivant les indications données par Rousseau dans l'*Avertissement*, qu'elles sont l'enjeu des *Lettres de la montagne* : la religion, la liberté, la justice.

La question de la *religion* est évidemment centrale. Se défendre d'avoir attaqué la religion de l'État, comme l'accusent les magistrats genevois, c'est pour Rousseau être amené à s'arrêter sur le problème théologico-politique. C'est ce que soulignent A. Charrak et G. Waterlot : Rousseau est plus radical dans les *Lettres* que dans le *Contrat social* dans son refus de faire entrer le christianisme dans la constitution de l'État. Dès lors, c'est le statut de la religion civile qui est précisé : elle comprend la religion du vicaire savoyard (les prosélytes, dans la lettre I, sont supposés être ses disciples) exposée dans l'*Émile*, plus encore (ce que note G. Waterlot) elle opère la synthèse entre la religion naturelle et les religions nationales.

Mais se défendre d'avoir attaqué la religion de l'État, c'est plus généralement pour Rousseau définir ses rapports à la religion réformée. B. Bernardi montre quels sont pour le philosophe genevois les principes de la Réformation, largement trahis selon lui par l'histoire de la Réforme. I. Bouvignies souligne l'importance de l'héritage calviniste dans la constitution de sa pensée, notamment dans sa réflexion sur les mœurs démocratiques.

Si la question de la religion est centrale dans les *Lettres de la montagne*, la question de la *liberté* l'est tout autant. Les deux sont d'ailleurs largement liées : comme le souligne B. Bernardi, le véritable esprit de la Réformation, pour Rousseau, tient dans la reconnaissance du libre examen comme seule autorité. À Genève, la liberté est incontestablement menacée, et les accusations lancées contre Rousseau en sont, à ses yeux, la preuve la plus sensible. B. Bernardi, dans son commentaire de la lettre VI, montre que le *Contrat social* doit être compris comme une théorie de l'obligation politique, qui trouve son fondement dans le consentement et qui est la condition de la liberté. L'usurpation de la souveraineté par le gouvernement est une menace pour tout État libre, et l'histoire de Genève, comme le souligne G. Silvestrini, ne fait que confirmer le *Contrat social*. Genève est un cas particulier d'un schéma historique que décrivent les principes du droit politique établis dans les écrits de 1762. C'est ce que confirment les analyses de la lettre VII par F. Guénard et A. Charrak : le premier insiste sur le conflit de puissances, inévitable et insensible, entre le législatif et l'exécutif, le second se demande si Genève apparaît réellement, aux yeux de Rousseau, comme un modèle de constitution : la dégradation des institutions n'est pas absolument étrangère à leur nature.

Les accusations lancées contre Rousseau prouvent la dégénérescence du gouvernement de Genève qui usurpe progressivement la souveraineté. Comment dès lors freiner un tel processus, à défaut de pouvoir l'empêcher totalement ? C'est l'objet des lettres VIII et IX. C. Spector souligne le problème posé par le conflit de compétences entre le droit de représentation accordé au peuple et le pouvoir négatif du Petit Conseil, qui lui donne le droit de juger des représentations avant de les porter en Conseil Général. La question est bien celle d'un contrôle du législatif sur l'exécutif. C'est aussi cette question qui est au cœur du problème de l'interprétation des lois, sur lequel G. Radica s'arrête dans sa contribution : c'est au souverain, en dernier ressort, et en dernier ressort seulement, que revient le droit de décider du sens des lois.

Toutes ces remarques prouvent que, dans les *Lettres de la montagne* (et particulièrement dans leur deuxième partie), Rousseau ne s'interroge pas seulement sur les conditions de la liberté *politique*, mais également sur la protection de la liberté *civile* (comprise comme liberté du citoyen de jouir de ses droits). Nombre de contributions le soulignent: celle de C. Spector, qui étudie l'utilisation, dans la deuxième partie des *Lettres,* du modèle anglais de la balance des pouvoirs, celle de G. Radica qui montre que l'interprétation des lois a pour enjeu la sûreté du citoyen, celle de G. Silvestrini qui souligne qu'avant les *Lettres de la montagne*, Rousseau n'avait pas envisagé les liens entre liberté politique et liberté civile de manière aussi précise, notamment à travers la question judiciaire et les garanties offertes aux citoyens contre l'oppression politique.

Dans les *Lettres de la montagne* il est bien question de liberté *et* de justice, précisément (ce qu'elles établissent) parce que la liberté ne va pas sans la justice. La confrontation à la réalité genevoise amène Rousseau à s'interroger sur des questions que les écrits antérieurs, le *Contrat social* et l'*Émile* notamment, n'avaient pas traitées: sur les rapports entre le politique et le judiciaire, sur l'autonomie des juges (ce que les contributions de G. Silvestrini et de G. Radica mettent en évidence), mais aussi sur la nature du droit pénal. Dans les lettres IV et V, comme le souligne le commentaire de F. Guénard, Rousseau établit que la procédure menée contre lui est à la fois injuste et illégitime, que la peine infligée est trop sévère et sans rapport avec la faute supposée commise.

Ces lignes directrices du commentaire que nous proposons n'impliquent en aucune manière une lecture monolithique des *Lettres écrites de la montagne*. Il existe, entre les contributions qui le constituent, des différences d'accent. À leur manière, elles prouvent la richesse et la complexité d'un texte dont l'ambition théorique est considérable. Elles portent essentiellement sur quatre questions:

– sur les rapports entre la religion naturelle et la religion civile: A. Charrak montre que la religion naturelle des prosélytes, disciples du vicaire savoyard, s'intègre à la religion civile; G. Waterlot souligne que la religion du vicaire ne peut pas jouer le rôle que le dernier chapitre du *Contrat social* assigne à la religion civile.

– sur la place de la Réforme dans la pensée de Rousseau: I. Bouvignies souligne l'importance de la tradition réformée dans le système politique du philosophe genevois; B. Bernardi insiste sur la prise de distance de Rousseau aussi bien à l'égard des premiers réformateurs qu'à l'égard des Églises réformées de son temps.

– sur les causes de la dégradation des institutions à Genève: F. Guénard montre que la constitution de Genève et les mœurs des Genevois ne sont pas en cause dans cette dégénérescence; A. Charrak se demande si cette constitution est aussi parfaite et si Rousseau ne lui impute pas en partie la responsabilité d'un tel processus.

– sur le statut du modèle genevois dans la pensée politique de Rousseau : B. Bernardi souligne que le *Contrat social* ne décrit pas la constitution de Genève mais que l'histoire de Genève prouve ce que les principes de droit politique ont établi ; A. Charrak s'interroge sur le statut du modèle genevois, puisque la constitution de la République ne semble pas être un exemple d'institution parfaite; G. Silvestrini considère que selon Rousseau la constitution genevoise est bien un modèle, tout en soulignant la dimension temporelle inscrite dans chaque modèle ainsi que la dégénérescence inévitable qui l'atteint.

Ces différences d'inflexion, sans compromettre la cohérence du commentaire que nous proposons, montrent que les *Lettres écrites de la montagne*, lorsque leur lecture aspire à autre chose qu'à en extraire des morceaux choisis, apparaissent comme une œuvre éminemment complexe en ce que les dimensions *théorique* (Rousseau défend le *Contrat social* et l'*Émile*), *politique* (il pointe à Genève la dérive despotique), *stratégique* (il se défend des accusations portées contre lui) et *autobiographique* (il est désormais, pour lui-même, un sujet de réflexion) y sont inextricablement mêlées. En cela, convergences et différences sont au service de l'unique ambition que nous nous sommes donnée : montrer que les *Lettres de la montagne* sont un texte majeur de la philosophie de Rousseau.

Bruno BERNARDI
Florent GUÉNARD
Gabriella SILVESTRINI

CHAPITRE PREMIER

« (...) J'AI DÛ ME BORNER À RAISONNER »

LA PRÉSENTATION DES TRAITÉS DE 1762, *LETTRES ÉCRITES DE LA MONTAGNE*, I

Le compte-rendu de la *Profession de foi du Vicaire savoyard* produit par le procureur Tronchin présente le double avantage d'énumérer les raisons d'un scandale et d'en déterminer assez précisément l'enjeu principal – elles tiennent à la critique de la Révélation conduite dans la seconde partie de la *Profession de foi* et elles culminent avec le problème théologico-politique, dans la thèse rousseauiste de l'influence du christianisme sur la vie de l'État :

> (...) peut-on nier que l'auteur d'un livre qui détruit les prophéties et les miracles, qui trouve le pur évangile rempli de choses incroyables, contraires à la raison, et qu'un homme sensé ne saurait admettre, qui rejette la prière comme inutile, qui accuse la morale chrétienne de rendre tous nos devoirs impraticables en les outrant, qui déclare la religion incompatible avec la liberté, c'est-à-dire, avec le bonheur de la société civile, et faite seulement pour des esclaves, peut-on nier que cet auteur n'ait écrit contre la religion, et qu'il n'ait violé par cela même un article important de la loi civile ?[1]

Le point le plus discutable, dans cette appréciation, concerne probablement la question des miracles, que Rousseau affirme n'avoir discutée que dans les textes ultérieurs – dans la *Lettre à Christophe de Beaumont*, à laquelle il renvoie explicitement[2] – et qui sera reprise dans les *Lettres*

1. *Lettres écrites de la campagne*, *op. cit.*, p. 10-11.
2. LEM, IV, OC III, p. 749.

écrites de la montagne. L'incivilité passive du christianisme, qui amollit les passions du citoyen et l'incline à la servitude, constitue en revanche une thèse bien attestée dès 1762 : mais c'est alors le chapitre du *Contrat social* sur la religion civile qui, bien davantage, se trouve visé et c'est à partir de ce point, nous le verrons, que se développera la défense de Rousseau par lui-même. L'intérêt du témoignage de Tronchin tient en outre à ce qu'il fait un sort particulier, dans son résumé, à la dernière partie de la *Profession de foi*, dans laquelle le vicaire confesse (apparemment contre toute attente) la sainteté de l'Évangile. Voltaire, dans ses notes marginales, déplorait que l'excellent exposé de la religion naturelle fût ainsi corrompu [1] ; et Tronchin formule au fond un constat symétrique, en affirmant que cet éloge de l'Évangile s'avère foncièrement incompatible avec la religion rationnelle et la critique des révélations longuement conduite dans les pages précédentes :

> Il est vrai que M. Rousseau et ses partisans prétendent que ces *doutes* n'attaquent point réellement le christianisme, qu'à cela près il continue à trouver *divin*. Mais si un livre caractérisé, comme nous venons de voir que l'Évangile l'est dans les ouvrages de M. Rousseau, peut encore être appelé *divin*, qu'on me dise quel est le nouveau sens qu'on attache à ce terme. En vérité, si c'est une contradiction, elle est choquante; si c'est une plaisanterie, convenez qu'elle est bien déplacée dans un pareil sujet ? [2]

Il est intéressant de remarquer que les philosophes et l'autorité théologico-politique (par la voix de Tronchin), rencontrent les mêmes difficultés à lire la *Profession de foi*, dont le propos ne leur paraît pas homogène – l'exposé du vicaire invalidant à l'avance la défense de la révélation chrétienne (Tronchin), ou celle-ci relativisant les acquis de la religion naturelle et la *pars destruens* de ce texte (Voltaire). Nous nous efforcerons d'établir, dans la présente contribution, que la reprise et la réinterprétation, dans les *Lettres de la montagne*, de certaines thèses exposées dans l'*Émile* et le *Contrat social* répondent à la double exigence d'une cohérence systématique supérieure et d'une situation bien précise, dans laquelle Rousseau lutte contre les théologiens davantage que contre le clan des philosophes. Il ne s'agit plus, en somme, d'opposer le témoignage du cœur (qui certifie la pureté de l'Évangile) aux sophismes des matérialistes, mais de produire des raisons qui, pied à pied, invalident les accusa-

1. « Qu'est-ce que la mort d'un dieu ? », écrit Voltaire à côté du passage de la *Profession de foi* consacré à l'existence de Jésus. La formule est également critiquée dans une lettre à l'abbé d'Olivet du 5 février 1767, rappellent les éditeurs des *Œuvres complètes* de Rousseau.

2. *Lettres écrites de la campagne*, p. 11.

tions d'inspiration théologique dirigées contre le système exposé dans les traités de 1762.

Écrire sur la religion, raisonner sur la religion

Il faut noter que la défense de Rousseau ne porte pas seulement, ni directement, sur le contenu des thèses qu'il affirme avoir positivement établies, et qui ne tomberaient pas sous le coup des accusations genevoises, mais pour commencer sur la forme même de l'expression des idées religieuses, que discutait déjà Tronchin dans les *Lettres de la campagne*. La prise de position du procureur sur ce point répondait à la revendication, par les représentants qui défendirent Rousseau, du droit à la liberté de conscience, que Tronchin reconnaît bien entendu, mais qu'il n'étend pas à la publication d'un texte contre la religion :

> *Indépendamment*, disent [les représentations], *du droit qu'avait le Sieur Rousseau de n'être point poursuivi civilement pour ses idées sur la Religion, etc.* Le défaut de précision dans les termes est la source la plus ordinaire des disputes. Personne ne peut être recherché pour ses idées sur la religion : il n'y a que la tyrannie qui puisse contester ce principe; mais des *écrits contre la religion* ne sont-ils rien de plus que des *idées sur la religion*?[1].

Il s'agit alors d'établir que Rousseau n'est point poursuivi pour ses idées sur la religion, mais au motif d'une attaque publique contre le christianisme et, plus précisément, contre la religion de l'État, lancée au motif d'une licence que ne permettent pas les lois :

> Il fallait donc prouver dans les Représentations, non pas que personne ne peut être poursuivi *pour ses idées sur la religion* (ce qui est incontestable), mais pour ses *écrits contre la religion*; car ce n'est pas les idées de M. Rousseau qu'on a flétries et qui l'ont fait décréter, mais ses écrits. La politique et la philosophie pourront soutenir cette liberté de tout écrire, mais nos lois l'ont réprouvée[2].

La réponse de Rousseau, reportée au début de la seconde Lettre, s'articule en deux moments. Il s'agit d'abord d'affirmer que la liberté de conscience entraîne celle d'exprimer ses idées sur la religion, lorsqu'elle n'incitent pas à la sédition : « Si les lois n'ont aucune autorité sur les sentiments des hommes en ce qui tient *uniquement* à la religion, elles n'en ont point non plus en cette partie sur les écrits où l'on manifeste ces

1. *Lettres écrites de la campagne*, p. 28-29.
2. *Ibid.*, p. 29-30.

sentiments »[1]. Surtout, Rousseau (qui, en cela, procède déjà en raisonneur), propose un dénombrement plus entier des positions en matière religieuse, opérant ainsi un double renversement de l'accusation formulée par Tronchin. D'une part, le procureur négligeait la possibilité d'écrire *pour* la religion, revendiquée bien entendu dès la première des *Lettres de la montagne* : « Loin d'attaquer les vrais principes de la religion, l'auteur les pose, les affermit de tout son pouvoir »[2]. D'autre part, ceux qui condamnent cette tentative, qui implique de débarrasser la religion de la superstition, lient si étroitement ces deux comportements qu'ils ruinent, en réalité, la cause qu'ils prétendent défendre – c'est le second renversement : « Comment ne voient-ils point que cette imputation *réfléchit* contre eux dans toute sa force, et que la religion n'a point d'ennemis plus terribles que les défenseurs de la superstition ? »[3]. Mais les *Lettres écrites de la campagne* attestent quoiqu'il en soit que ce sont moins les idées du vicaire savoyard sur ce qui tient *uniquement* à la religion que leurs implications politiques qui furent rejetées ; et Rousseau a bien sûr une conscience parfaitement nette de cette orientation : « Ils me jugent moins comme chrétien que comme citoyen ; ils me regardent moins comme impie envers Dieu que comme rebelle aux lois (...). J'ai, selon eux, attaqué la religion de l'État »[4]. Ce déplacement soulèvera la question de savoir ce qu'est la vraie Religion de Genève, qui sera traitée à partir de la IIe Lettre[5].

Aussi Rousseau prend-il également soin de se prononcer sur la question de savoir ce que c'est qu'écrire contre la religion – la réponse à cette accusation occupe en réalité une bonne partie de la Ire Lettre. Il s'agit probablement des remarques les plus intéressantes et les plus instructives pour la compréhension du point de vue spécifique adopté dans les *Lettres écrites de la montagne*. Une fois encore, le problème est soulevé par Tronchin, en réponse aux instances des représentants, qui tiraient argument de la relative mansuétude des autorités genevoises à l'égard d'autres ouvrages, comportant eux aussi des éléments de polémique anti-religieuse. Le procureur répond en soulignant que les textes de Rousseau portent sur tous les aspects des questions religieuses, dogmatiques ou (surtout) pratiques : « (...) en conscience, y a-t-il parité entre des livres où l'on trouve des traits épars et indiscrets contre la religion, et des livres où sans détour, sans ménagement,

1. LEM, II, OC III, p. 711. Je souligne.

2. *Ibid.*, I, p. 695.

3. *Ibid.*, p. 695-696, souligné par nous.

4. *Ibid.*, II, p. 712.

5. « Qu'est-ce que la religion de l'État ? C'est la sainte Réformation évangélique. Voilà sans contredit des mots bien sonnants. Mais qu'est-ce à Genève aujourd'hui que la sainte Réformation évangélique. Le sauriez-vous, Monsieur, par hasard ? En ce cas je vous en félicite. Quant à moi, je l'ignore » (*ibid.*).

on l'attaque dans ses dogmes, dans sa morale, dans son influence sur la société civile »[1]. Rousseau reprend à son compte cette question, mais il en propose une réinterprétation remarquable, en transposant les arguments de Tronchin dans le champ d'une argumentation rationnelle : « (...) il y a bien de la différence entre un livre qui contient des erreurs nuisibles et un livre pernicieux. Des principes établis, la chaîne d'un raisonnement suivi, des conséquences déduites manifestent l'intention de l'auteur, et cette intention dépendant de sa volonté rentre sous la juridiction des lois »[2]. Il s'agit donc moins, pour juger de ce qu'il en est des objectifs d'un livre sur la religion, d'énumérer les thèses selon *l'ordre des matières*, pour se prononcer de l'extérieur sur leur éventuelle hétérodoxie mais, bien plutôt, de considérer selon *l'ordre des raisons* les principes de l'auteur et les conclusions qu'il établit. En somme, quoiqu'il en soit de ses erreurs de détail, c'est mal lire Rousseau que de recomposer son système selon les rubriques du dogme, en négligeant l'ordre rationnel qui, lui, vise un « effet total » irréprochable : c'est procéder comme « s'il était permis de faire un amas de toutes ses fautes, de les aggraver les unes par les autres, en rapprochant ce qui est épars, en liant ce qui est isolé »[3]. L'interprétation rousseauiste du problème légué par Tronchin (qu'est-ce qu'un écrit contre la religion ?), qui engage la compréhension de "l'intention" ou du sens général des écrits sur la religion, répond d'assez près à la prise de position résolument philosophique revendiquée dès l'Avertissement, que l'on aurait tort de prendre pour une réponse de pure forme aux remarques du procureur sur le « beau style » de l'auteur d'*Émile* (de fait, Tronchin mentionne « l'énergie et l'enchantement du style »[4]) : « (...) j'ai dû me borner à raisonner »[5] ; « (...) je prie le lecteur (...) d'examiner seulement si je raisonne bien ou mal »[6]. Or c'est en se conformant strictement à ce programme que Rousseau entend mettre en évidence son intention en matière religieuse et, d'une façon plus précise, montrer les conséquences de la religion de Julie et du vicaire sur la société civile : « Pour savoir si j'ai écrit des livres pernicieux il faut en examiner les principes, et voir ce qu'il en résulterait si ces principes étaient admis »[7]. La description hypothétique des rapports qu'entretiendraient des chrétiens paisibles, prosélytes de la profession de foi du vicaire savoyard, avec différents types de religions statutaires sera précisément destinée à examiner ce point.

1. *Lettres écrites de la campagne*, p. 23.
2. LEM I, OC III, p. 692.
3. *Ibid.*, p. 708.
4. *Lettres écrites de la campagne*, p. 12.
5. LEM I, OC III, p. 685.
6. *Ibid.*, p. 686.
7. *Ibid.*, p. 693.

Avant d'aborder cette hypothèse, il faut tout de même se demander si l'on est vraiment fondé à reconnaître la figure d'un "raisonneur" dans le Rousseau des *Lettres de la montagne*, alors qu'on sait le sens souvent péjoratif qu'il donne à ce terme. Il est frappant, en particulier, de constater qu'à côté des déclarations de méthode que nous venons de citer, qui concourent toutes à revendiquer pour cet ouvrage une démarche tout entière fondée en raison, la Ire Lettre qualifie les théologiens eux-mêmes de "raisonneurs", les plaçant ainsi sur le même plan que les "philosophes". Il faut relire ce passage, pour ne pas imaginer trop vite un paradoxe embarrassant. Sur quoi l'auteur des traités de 1762 devait-il être jugé en matière religieuse? C'est ce que doivent établir une série de divisions exposées d'entrée de jeu. Rousseau distingue, à côté de la forme du culte, deux parties qui regardent le dogme et la morale; et la partie qui concerne le dogme se divise encore en « celle qui posant les principes de nos devoirs sert de base à la morale, et celle qui purement de foi, ne contient que des dogmes spéculatifs »[1]. Toute la question est donc de savoir comment (selon quels critères) les autorités genevoises auraient dû apprécier la *doctrine* du vicaire (et la profession de foi de Julie) dans ces deux parties du dogme. De leur division « résulte celle des sentiments sur la religion d'une part en vrais, faux ou douteux, et de l'autre en bons, mauvais ou indifférents »[2], de sorte qu'il faut entendre (le texte nous semble ici sans ambiguïté), que les sentiments sur les dogmes spéculatifs (comme l'immortalité de l'âme, qui en est l'exemple typique) peuvent être vrais, faux ou douteux, et que ceux qui relèvent de la région morale du dogme peuvent s'avérer bons, mauvais ou moralement neutres.

1) Il va de soi que, s'agissant des dogmes spéculatifs, il appartient à la raison de se prononcer – et les théologiens (surtout en régime réformé) ne peuvent les juger qu'à l'aune de ce critère: « Le jugement des premiers appartient à la raison seule, et si les théologiens s'en sont emparés, c'est comme raisonneurs, c'est comme professeurs de la science par laquelle on parvient à la connaissance du vrai et du faux en matière de foi »[3]. Comment entendre cette occurrence du titre de "raisonneurs"? D'une part, elle relève de façon neutre d'une simple prescription de méthode, que Rousseau revendique pour son propre compte dans l'examen des dogmes spéculatifs dès les premiers textes qu'il consacre aux questions religieuses – la *Lettre à d'Alembert* établit ainsi que la raison, à côté des dogmes qu'elle contribue positivement à établir, peut rejeter des absurdités manifestes qui, comme

1. LEM I, OC III, p. 694.
2. *Ibid.*
3. *Ibid.*

contradictoires, tombent sous ses compétences (les sentiments sur lesquels elle se prononce sont faux), et désigner d'autres dogmes comme incompréhensibles, parce qu'elle ne peut ni les démontrer ni les réfuter (les sentiments sont alors douteux) :

> Le monde intellectuel, sans en excepter la géométrie, est plein de vérités incompréhensibles, et pourtant incontestables; parce que la raison qui les démontre existantes ne peut les toucher, pour ainsi dire, à travers les bornes qui l'arrêtent, mais seulement les apercevoir. Tel est le dogme de l'existence de Dieu ; tels sont les mystères admis dans les communions protestantes. Les mystères qui heurtent la raison, pour se servir des termes de M. d'Alembert, sont toute autre chose. Leur contradiction même les fait rentrer dans ses bornes ; elle a toutes les prises imaginables pour sentir qu'ils n'existent pas ; car bien qu'on ne puisse voir une chose absurde, rien n'est si clair que l'absurdité[1].

Dire, dans les *Lettres de la montagne*, que les théologiens se prononcent en raisonneurs sur les dogmes spéculatifs, c'est donc d'abord désigner l'instance qui peut s'appliquer légitimement à ces sentiments pour les déclarer vrais, faux, ou douteux. Mais en tant qu'ils restent purement spéculatifs, ces dogmes n'impliquent pas un comportement communautaire déterminé et, par suite, ne relèvent que du for intérieur de l'individu, non des compétences du gouvernement : « Si l'erreur en cette partie est nuisible, c'est seulement à ceux qui errent, et c'est seulement un préjudice pour la vie à venir sur laquelle les tribunaux humains ne peuvent étendre leur compétence »[2] – on ne pouvait donc condamner Rousseau pour les doutes que sa raison lui inspira sur ce genre de dogmes. Mais le terme de raisonneur dit plus que cela. Il indique d'autre part que sur ces questions de pure spéculation, les théologiens ne se sont pas bornés à l'examen rationnel : ils ont versé dans le dogmatisme, en cherchant à établir et à imposer une “orthodoxie” sur toutes ces questions qui devraient, pour chacun, relever du libre examen. Le dogmatisme, c'est au fond la passion de ceux des dogmes qui, relevant des subtilités de doctrine, sont indifférents à la morale. Sous ce point de vue, le Rousseau rationaliste qui s'affiche dans les *Lettres de la montagne* n'est pas un raisonneur et n'appartient pas, quoiqu'il en soit de ses adversaires du moment, au clan des philosophes, que leur dogmatisme range dans la même catégorie que les théologiens : « Fuyez ceux qui sous prétexte d'expliquer la nature sèment dans les cœurs des hommes de désolantes doctrines et dont le scepticisme apparent est cent fois plus affirmatif et plus dogmatique que le ton décidé de leurs

1. *Lettre à d'Alembert*, OC V, p. 11.
2. LEM I, OC III, p. 694.

adversaires »[1]. Les deux ennemis (théologiens et matérialistes, raisonneurs au mauvais sens du terme) s'accordent au reste secrètement, puisque c'est la profession intransigeante de dogmes contraires à la raison, dans la France catholique, qui donne lieu aux philosophes de proclamer plus ou moins ouvertement leur incrédulité : « L'athéisme qui marche à visage découvert chez les papistes, est obligé de se cacher dans tout pays où la raison permettant de croire en Dieu, la seule excuse des incrédules leur est ôtée »[2].

2) Qu'en est-il enfin de la partie morale du dogme ? – la seule sur laquelle Rousseau aurait dû être jugé, puisque que le gouvernement peut légitimement se prononcer sur « la partie de la religion qui regarde la morale, c'est-à-dire, la justice, le bien public, l'obéissance aux lois naturelles et positives, les devoirs de l'homme et du citoyen »[3]. C'est dans ce domaine que l'auteur des *Lettres* va longuement développer son argumentation – soucieux en somme, contrairement aux théologiens, d'appliquer toute la force de sa raison aux questions qui intéressent vraiment l'existence humaine. Rousseau déclare d'ailleurs, en des termes évidemment décisifs, que la doctrine exposée dans la *Profession de foi* et dans le chapitre pénultième du *Contrat social* « est affirmative et *démonstrative* sur tous les points fondamentaux de la religion civile »[4]. Les *Lettres écrites de la montagne* rappelleront donc quelles conséquences pratiques résultent du système exposé en 1762, en mettant spécialement en évidence toutes les raisons qui font, de l'*Émile* et du *Contrat*, des écrits pour la religion.

Les prosélytes du vicaire

C'est donc bien en philosophe que Rousseau répond aux autorités théologico-politiques (bien plus qu'aux pasteurs), comme il s'adressait en chrétien sincère aux philosophes dans la *Profession de foi du Vicaire savoyard*. C'est ce qui ressort clairement de la forme retenue pour l'examen des conséquences civiques de la religion du vicaire, qui est manifestement conduit selon le schéma d'une méthode hypothético-déductive : « Supposons un moment la Profession de foi du Vicaire adoptée dans un coin du monde chrétien, et voyons ce qu'il en résulterait en bien et en mal »[5]. C'est avec ce passage essentiel que nous abordons vraiment l'examen et la défense des thèses positives de Rousseau en matière religieuse – une fois

1. *Profession de foi*, OC IV, p. 632.
2. *Nouvelle Héloïse*, Ve part., Lettre V, OC II, p. 592.
3. LEM I, OC III, p. 694-695.
4. *Ibid.*, p. 695. Je souligne.
5. *Ibid.*, p. 697. Sur ce texte, voir également le commentaire de G. Waterlot.

que se trouve donc mis en place, à partir des remarques de Tronchin et contre lui, le cadre d'une discussion proprement philosophique.

L'argument est, une fois encore, organisé sous la forme d'un dénombrement des situations possibles.

1) Les prosélytes du Vicaire « sont maîtres du pays où ils vivent »[1]. En ce cas, leur situation se caractérise par l'application des préceptes mis en évidence dans la Profession de foi (relative indifférence quant à la forme extérieure du culte); par le rejet implicite des normes caractéristiques des théologiens (en particulier l'orthodoxie) qui, à l'évidence, constituent les principaux adversaires de Rousseau dans les *Lettres* (là où les philosophes étaient plus directement visés dans l'*Émile*); par la tolérance, enfin.

2) Les vrais chrétiens sont « sous la domination d'autrui »[2]. Il s'agit alors de distinguer entre une situation où 2') la religion du pays est mauvaise : les prosélytes se soumettront autant que le leur permettra leur sentiment d'humanité et une situation où 2'') « la religion du pays est bonne en elle-même »[3]. Le tableau donné par Rousseau correspond alors assez précisément à l'attitude du vicaire savoyard, qui observe soigneusement les règles de la communion catholique, même si elle lui demeure rationnellement incompréhensible (elle relève probablement des « mystères qui heurtent la raison », selon l'expression de la *Lettre à d'Alembert*[4]). Les prosélytes ne se distingueront pas des membres de leur communauté, « ils leur resteront unis par la charité, ils assisteront à leurs assemblées, ils adopteront leurs formules, et ne se croyant pas plus infaillibles qu'eux, ils se soumettront à l'avis du plus grand nombre » – ce passage répondant manifestement au témoignage du vicaire lui-même : « En songeant que je lui porte les vœux du peuple sous une forme prescrite je suis avec soin tous les rites; (...) quand j'approche du moment de la consécration, je me recueille pour la faire avec toutes les dispositions qu'exigent l'Église et la grandeur du sacrement; je tâche d'anéantir ma raison devant la suprême intelligence; je me dis : qui es-tu pour mesurer la puissance infinie ?[5] ». Il est remarquable que cette attitude typique connaît dans Rousseau une

1. LEM I, OC III, p. 700.
2. *Ibid.*, p. 701.
3. *Ibid.*, p. 702.
4. *Lettre à d'Alembert*, OC V, p. 11.
5. *Profession de foi*, OC IV, p. 628. Rousseau insiste longuement, dans la seconde Lettre, sur l'importance de ce passage : « (...) dans le mystère qui choque le plus sa raison, il se recueille au moment de la consécration pour la faire avec toutes les dispositions qu'exigent l'Église et la grandeur du sacrement, (...) il prononce avec respect les mots sacramentaux, (...) il donne à leur effet toute la foi qui dépend de lui, et (...) quoiqu'il en soit de ce mystère inconcevable, il ne craint pas qu'au jour du jugement il soit puni pour l'avoir jamais profané dans son cœur » (p. 719-720).

troisième instanciation, qui ne répond plus à une figure du sentiment religieux mais bien à une adhésion sincère, quoique désespérée, aux principes de la morale – il s'agit du cas de l'athée vertueux, tel que Rousseau le rencontre en Helvétius et le met en scène à travers Wolmar : « Il ne dogmatise jamais, il vient au temple avec nous, il se conforme aux usages établis; sans professer de bouche une foi qu'il n'a pas, il évite le scandale, et fait sur le culte réglé par les lois tout ce que l'État peut exiger d'un bon citoyen »[1]. Ces trois exemples (les prosélytes du vicaire, le vicaire lui-même, Wolmar) conduisent bien entendu à réévaluer notablement l'importance que donne Rousseau aux formes extérieures du culte, même si le seul culte de la divinité est celui du cœur. L'adhésion aux principes absolument généraux de la morale ne suffit pas pour certifier l'inscription de l'individu dans la communauté, qui s'atteste dans la participation au culte établi; mais sur la base de ce témoignage extérieur, la tolérance doit lui être garantie, quoiqu'il en soit du sentiment le plus intime. Il est du reste frappant de noter que c'est à propos de l'athée vertueux que Rousseau se prononce le plus nettement sur le caractère foncièrement incrédule des persécuteurs, car ils ignorent le sentiment d'humanité qui fait la religion essentielle – c'est ainsi qu'il commente, dans une note, la douceur de Julie pour son malheureux époux :

> Combien ce sentiment d'humanité n'est-il pas plus naturel que le zèle affreux des persécuteurs, toujours occupés à tourmenter les incrédules, comme pour les damner dès cette vie, et se faire les précurseurs des démons? Je ne cesserai jamais de le redire; c'est que ces persécuteurs-là ne sont point des croyants; ce sont des fourbes[2].

Le vrai chrétien, comme l'athée vertueux, se trouvent donc tolérés au même motif de leur moralité et de leur participation au culte statutaire, qui ne trouble pas le sentiment public par un exemple désastreux.

À dire le vrai, les descriptions hypothétiques données dans la Ire Lettre engagent déjà une prise de position sur les aspects sociaux de la religion décrite dans la *Profession de foi*, non seulement parce qu'elles établissent que les vrais chrétiens ne seront jamais séditieux, mais encore parce qu'elles traduisent la nécessité d'éprouver l'amour de l'humanité absolument général prescrit par la religion naturelle dans une communauté déterminée, au sein de laquelle il reçoit une figure plus accessible. Quoiqu'il en soit, les disciples du vicaire décrits dans les *Lettres de la montagne* se conforment aux conditions que la *Profession de foi* fixe pour l'inscription de la religion naturelle dans un culte extérieur déterminé.

1. *Nouvelle Héloïse*, V[e] part., Lettre V, OC II, p. 592-593.
2. *Ibid.*, p. 592.

Avant d'aborder les autres dimensions, politiques cette fois, de l'inscription de la religion du vicaire dans une société concrète, il convient justement de s'attacher d'abord aux échos que l'exposé sur la *religion naturelle* rencontre dans ces lettres adressées à un bourgeois de Genève – à vrai dire, l'expression même n'est prononcée qu'une seule fois dans les *Lettres de la montagne*, et seulement dans une citation de l'*Émile*, qui suit la *Profession de foi du Vicaire savoyard*: « Tant qu'on ne donne rien à l'autorité des hommes ni aux préjugés du pays où l'on est né, les seules lumières de la raison ne peuvent dans l'institution de la nature nous mener plus loin que la religion naturelle » [1]. On ne doit pas trop s'étonner de cette relative discrétion de Rousseau sur la religion naturelle qui, au fond, ne constitue pas le principal sujet de la réponse aux autorités genevoises. Pour ce qui concerne *uniquement* la religion, les attaques des pasteurs ne portent pas tant sur les (rares) dogmes positifs établis dans l'*Émile* que sur les doutes qui touchent, en particulier, aux révélations – étant bien entendu que, dans les deux cas, la raison garde autorité sur la foi, puisqu'il lui appartient d'établir les dogmes fondamentaux, de rejeter les « absurdités manifestes » et de laisser au cœur le soin de se prononcer sur les points indécidables (selon un dispositif que fixait déjà la *Lettre à d'Alembert*, comme on l'a vu). Le vicaire savoyard concluait ainsi, à propos de l'Évangile : « (…) je vous ai dit mes raisons de douter et de croire » [2]; et les *Lettres de la montagne* reprennent, d'une façon plus brutale : « Nos prosélytes auront deux règles de foi qui n'en font qu'une, la raison et l'Évangile; la seconde sera d'autant plus immuable qu'elle ne se fondera que sur la première » [3]. Dans l'*Émile*, une fois la raison satisfaite, Rousseau admettait toutefois que l'Évangile signalait au cœur son inspiration divine : « Je vous avoue aussi que la majesté des Écritures m'étonne, la sainteté de l'Évangile parle à mon cœur » [4] – il n'est plus question d'une telle expérience dans les *Lettres de la montagne*. Et il est tout de même manifeste que les *Lettres* ne contiennent pas les mêmes mises en garde que la *Profession de foi du Vicaire savoyard* contre les raisonnements des philosophes.

Outre le rappel du primat de la raison dans la détermination de toute croyance, les *Lettres de la montagne* reprennent sous un autre biais le problème de la religion naturelle. Rousseau approfondit en effet l'interprétation de cette religion rationnelle comme ce qui fait l'essence de toute religion authentique – interprétation qui fonctionnait dans la *Profession de foi* mais n'était pas aussi explicite. Dans l'*Émile*, en effet, c'était le culte du

1. *Profession de foi*, OC IV, p. 635-636, repris dans la LEM, IV, OC III, p. 749.
2. *Ibid.*, OC IV, p. 630.
3. LEM I, OC III, p. 697.
4. *Profession de foi*, OC IV, p. 625.

cœur qui était déclaré “essentiel”, par opposition au culte extérieur. Les *Lettres* montrent d'une façon bien plus claire que la foi du vicaire porte sur le noyau essentiel de toutes les (vraies) religions, et non sur leur plus petit dénominateur commun. En outre, Rousseau établit, dans les *Lettres*, une connexion directe entre ce qui constitue manifestement la religion naturelle et la tolérance : les prosélytes du vicaire

> seront tolérants par principe, ils le seront plus qu'on ne peut l'être dans aucune autre doctrine, puisqu'ils admettront toutes les bonnes religions qui ne s'admettent pas entre elles, c'est-à-dire, toutes celles qui ayant l'essentiel qu'elles négligent, font l'essentiel de ce qui ne l'est point. En s'attachant, eux, à ce seul essentiel, ils laisseront les autres en faire à leur gré l'accessoire, pourvu qu'ils ne le rejettent pas [1].

Ce texte produit une mise au point systématique assez remarquable, dans la mesure où il définit la tolérance comme une suite de la religion naturelle – ce qui, intuitivement, se conçoit volontiers mais ne va pas en réalité sans quelque médiation, puisque la tolérance, qui répond au fait de la pluralité des religions statutaires, répond à une situation inverse de celle qui caractérise l'énoncé de la seule religion naturelle. Rappelons que, dans la *Profession de foi*, Rousseau refusait d'établir une distinction entre une tolérance simplement civile et une tolérance ecclésiastique, la seconde conditionnant en réalité la première; le chapitre sur la religion civile définissait quant à lui le refus de l'intolérance comme le seul dogme négatif de la religion civile. Mais il faut bien considérer que les *Lettres de la montagne*, tirant ainsi de la religion naturelle une prescription de tolérance, ne retiennent que le facteur d'humanisation qui peut intervenir dans le contexte d'une religion statutaire – ce qui pose la question du rôle des dogmes du vicaire, *i.e.* du christianisme essentiel, dans une société historiquement donnée, celle-ci constituant désormais le point de départ de l'argumentation de Rousseau.

Le christianisme dans l'État

Le vrai problème, qui concentre les critiques des Genevois, est dès lors celui de la place que Rousseau reconnaît au christianisme dans l'État – et non simplement dans la société, ce mot demeurant « un peu vague » [2] et pouvant s'étendre à « l'institution sociale universelle » [3], dont la mention dans les *Lettres de la montagne* rappelle évidemment la « société générale »

1. LEM I, OC III, p. 701.
2. *Ibid.*, p. 703.
3. *Ibid.*, p. 704.

que signalait provisoirement la première version du *Contrat social*. De fait, il est possible de montrer que, sous ce point de vue, le texte adressé aux Genevois tire les leçons explicites et systématiques d'une évolution qui conduisit Rousseau du manuscrit de Genève à la version publiée du *Contrat social* – nous reviendrons en détail sur ce point essentiel, car il serait regrettable, sur cette question, de réduire les développements des *Lettres* aux thèses explicitement exposées dans le chapitre sur la religion civile. Mais il faut d'abord rappeler pour quelles raisons Rousseau doit se justifier de n'avoir pas dressé le christianisme contre la société dans l'*Émile* et, surtout, dans le *Contrat*.

Les critiques adressées au christianisme, dans le *Contrat social*, sont de deux ordres.

1) Comme l'indique H. Gouhier[1], Rousseau utilise des arguments très classiques de la polémique anti-chrétienne afin de montrer que l'esprit évangélique, en ce qu'il interdit l'excès de violence, ne permet aux citoyens d'un État, ni de se défendre contre les agressions extérieures avec la ferme intention d'écraser l'ennemi, ni de se soulever contre un tyran (l'argument vient des *Discorsi* de Machiavel) : « On se ferait conscience de chasser l'usurpateur ; il faudrait troubler le repos public, user de violence, verser du sang ; tout cela s'accorde mal avec la douceur du chrétien »[2]. Les *Lettres de la montagne*, dressant le tableau du comportement social des prosélytes du vicaire, insisteront encore sur leur douce soumission : dans le cas où ils seraient soumis à des hommes dont la religion serait essentiellement mauvaise (c'est-à-dire essentiellement intolérante), ils se contenteront de refuser de la professer[3].

2) Ces arguments courants à l'époque prennent chez Rousseau une coloration bien plus inquiétante, puisque l'institution de la société civile par le contrat est légitime autant que ce pacte se fonde sur la liberté inscrite au cœur de l'homme. Le statut civil de la religion chrétienne entre donc en totale contradiction avec la vocation originelle du contrat social – tandis qu'il faut « régir une société » et non « soumettre une multitude »[4], Rousseau conclut dans les termes suivants l'exposé d'une religion de l'homme : « Le christianisme ne prêche que servitude et dépendance. Son esprit est trop favorable à la tyrannie pour qu'elle n'en profite pas toujours »[5]. Bayle soutenait déjà qu'une société de vrais chrétiens ne pourrait pas subsister, parce qu'elle n'aurait pas les moyens de s'opposer

1. *Les Méditations métaphysiques de Jean-Jacques Rousseau*, Paris, Vrin, 1984, p. 253.
2. CS, IV, 8, OC III, p. 466.
3. LEM I, OC III, p. 701.
4. CS, I, 5, OC III, p. 359.
5. *Ibid.*, IV, 8, p. 467.

aux ambitions de ses voisins; Rousseau ajoute qu'une telle société, dans la mesure où elle prodiguerait une charité indifférenciée, aurait finalement toutes les chances de sombrer dans la tyrannie la plus sombre – celle qui reçoit le concours du peuple. On notera que la longue note historique qui clôt la *Profession de foi* exposait déjà une thèse analogue et, sur le fond, n'est nullement contredite par le chapitre sur la religion civile: «Nos gouvernements modernes doivent incontestablement au christianisme leur plus solide autorité et leurs révolutions moins fréquentes»[1]. Simplement, comme l'orientation générale de la *Profession de foi* consiste à envisager cette manifestation de la religion naturelle sous l'angle de la moralité des actions humaines, il apparaît à cet égard que le christianisme a incontestablement donné «plus de douceur aux mœurs»; mais une aptitude certaine des hommes à subir le joug de la tyrannie s'avère, dès l'*Émile*, le corrélat de cette douceur. Du reste, l'exposé consacré au développement de la sensibilité active, dans la première partie du livre IV, mettait déjà le lecteur en garde contre le danger de voir la pitié dégénérer en faiblesse: «(...) c'est une très grande cruauté envers les hommes que la pitié pour les méchants»[2] – et c'est précisément une telle faiblesse que, pour l'essentiel, les *Lettres de la montagne* reprochent au christianisme authentique. Mais Rousseau prend surtout soin d'insister, en approfondissant les thèses du chapitre du *Contrat social* consacré à la religion civile, sur le fait qu'elle constitue le corrélat d'une généralisation excessive (du point de vue politique) des affections morales, qui interdit aux hommes de nourrir une préférence passionnelle pour leur patrie: «Tous les établissements humains sont fondés sur les passions humaines et se conservent par elles: ce qui combat et détruit les passions n'est donc pas propre à fortifier ces établissements»[3] – étant bien entendu que le vrai chrétien reporte indéfiniment l'objet de sa passion (c'est en cela qu'il la combat), pour la diffuser sur une humanité indéterminée.

Il reste que Rousseau, dans les *Lettres*, affirme qu'il n'a jamais contesté la vocation socialisante du christianisme; bien plus, il déclare avoir établi que l'Évangile «est le plus fort lien de la société»[4]. Et la Ire Lettre insiste à de nombreuses reprises sur les liens généraux que la religion du vicaire établit entre tous les hommes, tout en rappelant que le vrai christianisme dans lequel elle s'exprime d'une façon privilégiée ne doit pas entrer dans la constitution de l'État. Il nous semble que de telles affirmations ne peuvent être vraiment prises au sérieux que si elles sont mises en rapport avec le

1. *Profession de foi*, OC IV, p. 634.
2. *Émile*, OC IV, p. 548.
3. LEM I, OC III, p. 704.
4. *Ibid.*, p. 703.

mouvement même d'élaboration conceptuelle dont le *Contrat social* présente les conclusions, sans expliciter toujours leurs attendus. Il faut en particulier dire un mot des problèmes soulevés par le statut du droit naturel raisonné, mentionné dans un texte fameux de la première version du *Contrat social* où Rousseau indique que la loi de la République prépare le droit de l'humanité; et dans un autre passage du manuscrit de Genève, qui sera également supprimé dans la version publiée, l'adhésion du citoyen à sa patrie nous est présentée comme le moyen de concevoir la société générale du genre humain: « Nous concevons la société générale d'après nos sociétés particulières, l'établissement des petites Républiques nous fait songer à la grande, et nous ne commençons proprement à devenir hommes qu'après avoir été citoyens »[1]. Les *Lettres écrites de la montagne* reprennent manifestement cette caractérisation, puisque nous y lisons que « le parfait christianisme est l'institution sociale universelle »[2]. Mais il ne nous semble pas nécessaire de rappeler ici à quel point l'établissement d'un droit des gens cosmopolitique, c'est-à-dire conforme à la justice humaine visée dans la conversion du droit naturel raisonné en droit de l'humanité, s'avère problématique dans les termes que le *Contrat social* met en place définitivement – il suffit sur ce point de s'en remettre aux explications de Rousseau lui-même, telles que nous les lisons dans la Ire Lettre: « Le patriotisme et l'humanité sont (...), deux vertus incompatibles dans leur énergie, et surtout chez un peuple entier »[3]. Or il est possible de montrer que le développement complet du sentiment d'humanité, qui conditionne dans le manuscrit de Genève l'actualisation du droit naturel raisonné, répond au processus de généralisation des affections morales décrit au livre IV de l'*Émile*, qui nous fait passer de l'amour de soi à l'amour de l'humanité, exemplairement prescrit par l'Évangile[4]. On ne doit donc pas s'étonner que, dans la première version du *Contrat*, les préceptes du droit naturel se trouvent déjà identifiés avec le noyau essentiel du christianisme: « (...) on voit aisément que les saines idées du droit naturel et de la fraternité commune de tous les hommes se sont répandues assez tard et ont fait des progrès si lents dans le monde qu'il n'y a que le Christianisme qui les ait suffisamment généralisées »[5]. L'ensemble du passage consacré au droit naturel raisonné est supprimé dans la version définitive. Ainsi le chapitre VI du livre II ne traitera-t-il plus que « de la loi »: Rousseau abandonne le

1. MsG, I, 2, OC III, p. 287.
2. LEM I, OC III, p. 704.
3. *Ibid.*, p. 706.
4. Qu'il nous soit permis de renvoyer à notre étude, « Du droit naturel au droit naturel raisonné », *Les Cahiers philosophiques de Strasbourg*, t. 13, printemps 2002.
5. MsG, I, 2, OC III, p. 287.

programme arrêté par le titre du chapitre correspondant du manuscrit de Genève, c'est-à-dire qu'il renonce à fournir « le principe de la justice civile », qui inscrivait le pacte sous l'horizon d'un ordre universel. Dans le premier texte, il est clair que les sociétés particulières nous donnent l'idée de « l'institution sociale universelle » dont parleront les *Lettres de la montagne* et qui se confond avec le vrai christianisme. Autrement dit, il n'y aurait jamais qu'un décalage entre l'établissement du corps politique et l'expression privilégiée de la religion naturelle dans le christianisme authentique – la Genève du second *Discours* donnant au fond l'idée d'un tel accord, puisqu'il y faut « placer au rang de nos meilleurs citoyens, ces zélés dépositaires des dogmes sacrés autorisés par les lois, ces vénérables pasteurs » qui portent « dans les cœurs les maximes de l'Évangile »[1]. Les textes ultérieurs montrent en revanche que cette possibilité, si elle fut jamais envisagée par Rousseau, s'est trouvée écartée, jusqu'à ce que le *Contrat social* et les *Lettres* prononcent l'incompatibilité des mœurs du citoyen et de la morale du vrai chrétien. On notera d'ailleurs que le chapitre publié du *Contrat* se termine sur la prise en compte des circonstances *particulières* en fonction desquelles le législateur doit implicitement orienter la volonté générale. La comparaison la plus éloquente est alors celle de l'ouverture des chapitres qui, dans les deux versions du *Contrat*, sont consacrés à la loi :

> Ce qui est bien et conforme à l'ordre est tel par la nature des choses et indépendamment des conventions humaines. Toute justice vient de Dieu, lui seul en est la source; mais si nous savions la recevoir de si haut nous n'aurions besoin ni de gouvernement ni de loi. Sans doute il est [MsG : pour l'homme] une justice universelle émanée de la raison seule [MsG : et fondée sur le simple droit de l'humanité]; mais cette justice pour être admise [*version définitive* : entre nous] doit être réciproque[2].

Dans le texte définitif du *Contrat social*, Rousseau passe donc sous silence l'identification acquise dans l'*Émile*, entre l'amour de l'humanité et une justice universelle fondée dans l'ordre. D'une façon encore plus significative, il élimine la mention d'un « droit de l'humanité » qui, à terme, pourrait s'expérimenter en dehors d'une communauté déterminée et qui fait le contenu normatif du christianisme authentique: « Le christianisme (...), est dans son principe une religion universelle, qui n'a rien d'exclusif, rien de local, rien de propre à tel pays plutôt qu'à tel autre », lisons-nous dans les *Lettres*[3]. Concrètement, il n'est donc plus question

1. Second *Discours*, Dédicace, OC III, p. 119.
2. MsG, II, 4; CS, II, 6, OC III, p. 378.
3. LEM I, OC III, p. 704.

d'envisager la conclusion du pacte comme la mise en œuvre préliminaire du droit de l'humanité, de saisir la cité des citoyens comme un moment dans l'établissement d'une cité divinement humaine – le célèbre argument des *Lettres* recevant ainsi une signification conceptuelle plus précise: « (...) comment ce qui nous occupe uniquement d'une autre patrie nous attacherait-il davantage à celle-ci ? ».

Le statut de la morale évangélique est donc étroitement fixé dans les principes du droit politique. Comme l'attestent les convergences textuelles qui rapprochent la première version du *Contrat social* et le livre IV de l'*Émile*, il existe une conformité foncière entre la seconde forme de droit naturel et le christianisme authentique. Or Rousseau, dans le dernier chapitre du *Contrat*, assume explicitement cette identité entre la restitution rationnelle des règles du droit naturel et l'ordre universel fondé dans la justice divine : la religion naturelle ou rationnelle, c'est-à-dire la religion de l'homme, « sans temples, sans autels, sans rites, bornée au culte purement intérieur du Dieu Suprême et aux devoirs éternels de la morale, est la pure et simple religion de l'Évangile, le vrai théisme, et ce qu'on peut appeler le droit divin naturel »[1]. La substitution du droit divin naturel (selon la terminologie de Grotius) au droit naturel raisonné assume les conséquences que l'on pouvait tirer du manuscrit de Genève: il s'agit alors, pour Rousseau, de désigner l'expression rationnelle des principes universels de la morale; mais le texte définitif insiste sur le fait que ce droit de l'humanité est affranchi de toute inscription communautaire déterminée et, du même coup, incompatible avec les exigences de la conservation de soi que l'on a étendues à toute la République – et seulement à celle-ci, en masquant l'horizon de l'amour de l'humanité que dessinait l'*Émile*. Le christianisme authentique des prosélytes du vicaire, dans les *Lettres écrites de la montagne*, fournit donc un remplissement hypothétique à une figure vraiment humaine et politiquement malsaine, dont le *Contrat social* dessine la place en creux, lorsque Rousseau biffe les spéculations sur le droit naturel raisonné – la mention d'une « société générale », dont l'État ne saurait bien sûr assumer les desseins et les exigences, est tout à fait sérieuse et constitue le moment du droit de l'humanité, que Rousseau oppose au droit de la cité. Et s'il faut lire de près les remarques sur la « société générale » que vise le vrai christianisme, c'est qu'elles expriment un danger contre lequel Rousseau lui-même, dans l'écriture du *Contrat social*, a dû se garantir.

Le résumé donné dans la Ire Lettre, sur ce point, s'avère plus complet que la présentation du *Contrat social*, mais il répond strictement aux

1. CS, IV, 8, OC III, p. 464.

difficultés qui s'y trouvaient mises en place : « La religion chrétienne est, par la pureté de sa morale, toujours bonne et saine dans l'État, pourvu qu'on n'en fasse pas une partie de sa constitution, pourvu qu'elle y soit admise uniquement comme religion, sentiment, croyance ; mais comme loi politique, le christianisme dogmatique est un mauvais établissement »[1]. Dès lors, force est de constater que les *Lettres écrites de la montagne*, tirant les leçons du *Contrat social*, accentuent implicitement une distinction entre la religion naturelle et le vrai christianisme, qui ne reçoivent pas le même traitement. Dans le *Contrat social*, Rousseau affirme tout à la fois que la religion naturelle s'exprime particulièrement dans le christianisme authentique et que la religion civile la comprend comme une de ses régions (Rousseau en reprend explicitement les trois dogmes fondamentaux dans le chapitre VIII du livre IV) ; dans les *Lettres*, si la défense des prosélytes du vicaire vise à produire une sorte de garantie d'innocuité pour la société qui les compterait parmi ses membres, il reste que le christianisme est bien exclu des lois de la cité, malgré l'adoucissement qu'il procure et qui restera cantonné à l'ordre des mœurs. Le tableau des prosélytes atteste que le principal bénéfice pratique de la religion naturelle, savoir le refus de l'intolérance, doit quant à lui faire partie de la loi de l'État, au titre de dogme négatif. Au fond, la reprise analytique des traités de 1762 proposée dans les *Lettres écrites de la montagne* conduit à distinguer entre le sens pratique de la religion naturelle (une prescription de tolérance) et son expression religieuse privilégiée (le christianisme). L'une et l'autre dimensions n'ont pas la même importance dans la société politique[2].

André CHARRAK

1. LEM I, OC III, p. 706.

2. Qu'il me soit permis de dédier ce texte à la mémoire de Guy Besse, disparu cette année, dont le *Jean-Jacques Rousseau, l'apprentissage de l'humanité* comporte une admirable présentation des *Lettres écrites de la montagne*.

CHAPITRE II

LE DISCOURS DES PROSÉLYTES DU VICAIRE ET SA CONTRADICTION

LETTRES DE LA MONTAGNE, I

Les prosélytes du vicaire apparaissent, dans la Ire lettre, lorsque Rousseau doit s'expliquer sur la *Profession de foi du Vicaire savoyard*, attaquée par les Magistrats de Genève. Rousseau a pris soin, auparavant, de déterminer le terrain sur lequel il était légitime, de la part des Magistrats, d'engager un examen. La distinction de la page 694, entre la partie de la religion qui regarde le dogme et celle qui regarde la morale, redoublée par une distinction, dans la partie qui regarde le dogme, entre la partie qui pose « les principes de nos devoirs » et celle qui « ne contient que des dogmes spéculatifs », cette distinction donc aboutit à la position d'un principe, selon lequel les Magistrats ne peuvent examiner et juger les thèses religieuses d'un auteur, que dans le lien qu'elles entretiennent avec la morale et les pratiques sociales [1]. Tout naturellement suit un exposé, où l'on voit la religion du vicaire, représentée par des prosélytes, examinée selon ses conséquences sociales et politiques dans différents cas de figure. Trois cas sont envisagés, qui constituent la totalité des situations pensables : dans le premier de ces cas de figure, la religion des prosélytes est « adoptée dans un coin du monde chrétien » [2], parmi d'autres religions ou confessions également tolérées; dans un deuxième cas, les prosélytes sont « maîtres du

1. « Quant à la partie de la religion qui regarde la morale, c'est-à-dire, la justice, le bien public, l'obéissance aux lois naturelles et positives, les vertus sociales et tous les devoirs de l'homme et du citoyen, il appartient au gouvernement d'en connaître », LEM I, OC III, p. 694-695.

2. *Ibid.*, p. 697.

pays où ils vivent »[1] ; dans le troisième enfin, ils sont « sous la domination d'autrui »[2], soumis au respect d'une religion différente de la leur et qui fait partie de la constitution de l'État.

L'objet de cet essai est une interrogation sur la contradiction qui se trouve au cœur des propos que Rousseau prête aux prosélytes. Nous affirmons, en effet, que les prosélytes se contredisent ; ou, si l'on préfère, qu'ils tiennent un propos qu'il leur est impossible de tenir en tant que prosélytes du vicaire savoyard, c'est-à-dire en tant que tenants ou représentants de la religion naturelle. Quel est ce propos que nous incriminons ? Le voici : Rousseau fait dire aux prosélytes que la religion qui les anime et dont ils témoignent comporte « tous les principes des devoirs de l'homme et du Citoyen »[3]. Dans les pages précédentes, d'ailleurs, avant que nos prosélytes n'entrent en scène, Rousseau avait déjà affirmé que la profession de foi du vicaire « est affirmative et démonstrative sur tous les points fondamentaux de la religion civile »[4]. Nous montrerons sans grande difficulté que cette proposition est insoutenable, et que la confrontation du chapitre sur la religion civile, dans le *Contrat social*, avec la *Profession de foi du Vicaire savoyard*, manifeste qu'il est impossible d'attribuer aux prosélytes une religion démonstrative sur *tous* les points fondamentaux de la religion civile.

Rousseau le sait parfaitement, et bien entendu nous n'insinuons pas ici qu'il est pris en flagrant délit de contradiction, bref qu'il ne sait pas ce qu'il dit. Il convient alors de nous interroger sur la raison de cette affirmation, dont l'auteur des *Lettres de la montagne*, répétons-le, sait très bien qu'elle ne résiste pas à l'examen. Notre conclusion sera que Rousseau a un excellent motif, dans la position d'accusé où il se trouve à ce moment, de ne pas reconnaître tout de go que la religion du vicaire, religion naturelle, ne suffit pas à jouer le rôle de cette religion politique dont tout État bien constitué a nécessairement besoin à ses yeux[5]. La « religion civile » de la fin du *Contrat social* doit être *inventée*, dans la mesure où aucune religion actuellement envisageable ne peut satisfaire à la tâche. Dans les conditions qui sont les nôtres, à savoir dans un monde qui a vu paraître le christianisme et qui ne peut plus réhabiliter purement et simplement les religions civiques païennes d'autrefois, il faut créer une religion qui soit comme une

1. LEM I, OC III, p. 700.
2. *Ibid.*, p. 701.
3. *Ibid.*
4. *Ibid.*, p. 695.
5. Voir à ce sujet, dans mon ouvrage *Rousseau. Religion et politique* (Paris, P.U.F., 2004), le chapitre « Religion et politique : le lien nécessaire ».

« profession de foi civile »[1], grâce à laquelle les citoyens seront attachés passionnellement à leur communauté particulière, sans être indifférents, voire hostiles et cruels, à l'humanité en général et à chaque étranger en particulier. Mais ce que Rousseau ne veut pas souligner dans la Ire lettre, c'est précisément qu'il est nécessaire d'*inventer* une telle religion, religion spécifiquement politique. Nous verrons pourquoi.

Cependant il ne pouvait se contenter, dans cette lettre, d'argumenter à partir de la seule *Profession de foi du Vicaire*, parce qu'il était également tenu de répondre aux accusations portées contre le chapitre du *Contrat social* consacré à la religion civile. Ce n'est d'ailleurs pas tant la religion civile comme telle qui est mise en cause par ses juges, que l'incapacité déclarée du christianisme de tenir lieu de religion politique, que ce soit sous les espèces de la « religion du prêtre » ou sous celles du « *pur Évangile* »[2]. Rousseau, on le sait, est convaincu de cette incapacité, et il a emprunté, pour l'établir, les accents vigoureux de l'argumentaire de Machiavel contre la faiblesse intrinsèque de la religion chrétienne[3]. De ce point de vue, impossible de rien masquer[4]. Certes, en jouant sur l'*équivoque* du mot société[5], il soulignera que « l'Évangile est sublime et le plus fort lien de la société »[6]. Il ajoutera que « son divin auteur embrassant également tous les hommes dans sa charité sans bornes, est venu (...) réunir tout le genre humain dans un peuple de frères »[7]. Mais justement, cela n'a rien de politique, tout au moins rien de *directement* politique. Et ce défaut d'aptitude politique vient de la qualité spécifique du christianisme, que

1. Voir la *Lettre à Voltaire* du 18 août 1756 : « Je voudrais (...) une espèce de profession de foi civile (...) Cet ouvrage fait avec soin, serait le livre le plus utile qui jamais ait été composé », OC II, 1073-74.

2. LEM I, OC III, p. 706.

3. Les textes les plus éloquents de Machiavel à ce sujet se trouvent dans les *Discours sur la première décade de Tite-Live*, II, 2. Voir également III, 1 où il est affirmé que le principe du christianisme est d'apprendre au peuple à courber l'échine devant les tyrans, si bien que « cette engeance, sans nulle crainte d'un châtiment auquel elle ne croit point et qu'elle ne voit pas venir, continue à faire tant de mal ».

4. Rousseau n'en a d'ailleurs manifestement aucune intention : son exposé du fameux chapitre 8 était tout à fait limpide à ce propos, et même s'il a hésité longtemps avant de le confier à son éditeur, puisqu'il ne figurait pas dans le premier envoi et qu'il n'a été ajouté qu'au tout dernier moment, Rousseau n'a pas cherché du tout à dissimuler la charge contre le christianisme, on constate même qu'entre la version du chapitre propre au *Manuscrit de Genève* et le texte définitif, cette charge est plutôt accentuée, contrairement à ce qu'affirme (curieusement) Robert Derathé à ce sujet (voir OC III, 1427, note 1 de la page 336).

5. « N'y aurait-il point ici quelque nouvelle équivoque (...) ? Ce mot de *Société* présente un sens un peu vague : il y a dans le monde des sociétés de bien des sortes, et il n'est pas impossible que ce qui sert à l'une nuise à l'autre » (LEM I, OC III, p. 703).

6. *Ibid.*

7. *Ibid.*, p. 704.

Rousseau rappelle avec emphase devant ses juges : « loin de taxer le *pur Évangile* d'être pernicieux à la société, je le trouve, en quelque sorte, trop sociable, embrassant trop tout le genre humain pour une Législation qui doit être exclusive »[1]. Bref, c'est à force d'être sociable que, sous un certain angle, il ne l'est plus assez.

Rousseau ne manque pas de hardiesse, et même de panache, en ne retranchant rien de ses thèses sur la relation du christianisme à la politique, mais il nous pose, ce faisant, un véritable problème, puisqu'il nous conduit à creuser un écart entre « la pure et simple religion de l'Évangile »[2] et la religion naturelle, présentée et vécue par le vicaire. Écart d'autant plus important que, dans cette première lettre, la religion naturelle est présentée comme tout à fait apte à être une partie constitutive de l'État, nous l'avons dit au début et nous y reviendrons, tandis que le christianisme est tout à fait dépourvu de cette capacité[3]. Ecart d'autant plus troublant aussi que les prosélytes revendiquent avec ardeur le « précieux titre »[4] de vrais chrétiens, et que Rousseau, estimant « qu'on aurait tort de refuser à ces hommes bons et pieux le nom de chrétiens »[5], les déclare cependant aptes à pourvoir l'État d'une religion politique qui n'aura que de bons côtés[6] ! L'ordre selon lequel nous allons nous efforcer de résoudre notre problème est donc tout tracé. Dans un premier temps, nous nous demanderons s'il y a véritablement une différence entre la religion naturelle du vicaire et le christianisme des Évangiles. Nous montrerons qu'en réalité il n'y en a pas, que les Évangiles sont une spécification de la religion naturelle, et que Jésus, figure privilégiée, puisqu'il est le *premier* homme « selon la nature dans les temps de l'histoire »[7], et figure capitale, bien qu'elle ne soit pas posée comme une figure exclusive, nécessairement unique, constitue bien une actualisation complète de la religion naturelle[8]. Cette espèce de coïncidence de l'une et l'autre religions étant acquise, nous pourrons alors établir les raisons pour

1. LEM I, OC III, p. 706.
2. CS, IV, 8, OC III, p. 464.
3. Voir à ce propos la contribution d'A. Charrak : « "J'ai dû me borner à raisonner…" : la présentation des traités de 1762, *Lettres écrites de la montagne*, I ».
4. LEM I, OC III, p. 700.
5. *Ibid.*, p. 702.
6. *Ibid.*
7. Nous reprenons ici l'heureuse expression d'H. Gouhier, *Les méditations métaphysiques de Jean-Jacques Rousseau*, *op. cit.*, p. 209.
8. Aux yeux de Rousseau, Jésus n'est pas l'incarnation d'un Dieu transcendant (et Rousseau n'adhère nullement au dogme trinitaire, énoncé dans le symbole du premier Concile de Nicée). Jésus est un homme exceptionnel dont les actes relèvent « du Dieu », ou encore il est un « homme divin ». Il arrivera même une fois à Rousseau de présenter Jésus comme « le sage hébreu » (cf. pour ces trois dernières références, *Lettre à M. de Franquières*, OC IV, p. 1145-46).

lesquelles, selon notre interprétation, Rousseau a dû donner le sentiment de creuser la différence entre religion naturelle et christianisme des Évangiles. Nous comprendrons également pourquoi nos prosélytes, adeptes de la religion naturelle et vrais chrétiens, ne peuvent pas apporter à la cité la religion politique qui lui convient.

Coïncidence du christianisme des Évangiles avec la religion naturelle

Cette coïncidence peut être établie de deux façons; soit par une analyse *externe* à la Ire lettre, soit en fonction d'une analyse *interne*. Commençons par l'analyse *externe* : elle sera courte.

A la fin de la première partie de l'exposé du vicaire, le jeune auditeur résume le propos et déclare : « J'y vois, à peu de choses près *le théisme ou la religion naturelle* que les chrétiens (des Églises constituées) affectent de confondre avec l'athéisme ou l'irréligion, qui est la doctrine directement opposée »[1]. Et le vicaire de déclarer, peu après : « Vous ne voyez dans mon exposé que la religion naturelle. Il est bien étrange qu'il en faille une autre ! »[2]. L'identité du théisme et de la religion naturelle est donc clairement posée. Reportons-nous à présent au chapitre du *Contrat social* sur la religion civile : la religion de l'homme y est définie comme « la pure et simple religion de l'Évangile, le *vrai théisme*, et ce qu'on peut appeler le droit divin naturel »[3]. Etre un adepte du « vrai théisme », c'est adopter « la pure et simple religion de l'Évangile ». Or le théisme est un synonyme de « religion naturelle » pour Rousseau, qui ne conteste nullement par la voix du vicaire les propos du jeune auditeur, nous venons de le voir. En outre, l'auteur d'*Émile* confesse dans notre Ire lettre que, s'il « n'adopte pas en entier » les professions de foi de Julie et du vicaire, qui s'expliquent l'une par l'autre, « du moins il les favorise beaucoup »[4]. Inutile d'être grand clerc pour relever la litote, et l'on peut accorder sans grand risque que Rousseau adhère sans réserves à des professions de foi qui s'inscrivent au-delà des divisions confessionnelles, pourtant bien réelles, puisque le vicaire est de confession catholique, et qu'il souhaite devenir curé de campagne, tandis que Julie peut dire d'elle-même : « J'ai vécu et je meurs dans la communion protestante »[5]. S'il était besoin d'insister sur l'accord de Rousseau avec ces professions de foi, nous pourrions encore ajouter qu'il déclare sans hésitation vouloir présenter devant Dieu, pour sa justification, la *Profession de*

1. *Profession de foi*, OC IV, p. 606.
2. *Ibid.*, p. 607.
3. CS, OC III, p. 464.
4. LEM I, OC III, p. 964.
5. *Nouvelle Héloïse*, VIe partie, lettre XI, OC II, p. 714.

foi du Vicaire[1]. Quoi qu'il en soit, il apparaît clairement que le « vrai chrétien », ou chrétien selon Jésus-Christ[2], est celui qui professe la religion naturelle *sans rien y ajouter d'obscur*.

Aussi, et nous sommes ramenés par-là à une analyse *interne* de la Ire lettre, les prosélytes du vicaire peuvent, sans difficulté, être qualifiés de vrais chrétiens[3] ou de « chrétiens paisibles »[4], et être simultanément, parce qu'il s'agit de la même chose, les tenants de la religion naturelle. D'ailleurs, les prosélytes du vicaire ont « deux règles de foi qui n'en font qu'une, la Raison et l'Évangile »[5]. Le vicaire lui-même n'a-t-il pas déclaré que « la majesté des Écritures (l') étonne » et que « la sainteté de l'Évangile parle à (son) cœur »[6]? La conscience témoigne donc en faveur de l'Évangile, et indique en même temps que les paroles et les actes de Jésus n'ont rien de contraire à la raison. Aussi les prosélytes ne retiennent de l'Évangile *que* ce qui est reconnaissable par la raison; en cela, ils se manifestent comme purs chrétiens, et non pas comme chrétiens dogmatiques ou d'Église. « Nous reconnaissons l'autorité de Jésus-Christ, parce que notre intelligence acquiesce à ses préceptes et nous en découvre la sublimité »[7]. Si Jésus dit la vérité, c'est simplement parce qu'il affirme ce que la raison, renforcée ou confirmée par le témoignage de la conscience, affirme également. Son message n'a rien de surnaturel. Tout ce qui apparaît comme surnaturel dans les Évangiles a été ajouté par l'imagination d'hommes frustes, qui ne pouvaient se passer de signes. Toutes ces choses incroyables, ne supportant pas l'épreuve de la raison, tombent dans une sorte d'indifférence pour tous ceux qui ont suffisamment généralisé leurs idées, indifférence stratégi-

1. LEM I, OC III, p. 697 : « Moi qui, plein de confiance espère un jour pouvoir dire au Juge suprême : daigne juger dans ta clémence un homme faible; j'ai fait le mal sur la terre, mais j'ai publié cet écrit ».

2. *Lettre à Christophe de Beaumont*, OC IV, 960 : « Monseigneur, je suis Chrétien, et sincèrement Chrétien, selon la doctrine de l'Évangile. Je suis Chrétien non comme un disciple des prêtres, mais comme un disciple de Jésus-Christ. Mon maître a peu subtilisé sur le dogme, et beaucoup insisté sur les devoirs; il prescrivait moins d'articles de foi que de bonnes œuvres; il n'ordonnait de croire que ce qui était nécessaire pour être bon (...) Moi de mon côté; très convaincu des vérités essentielles au christianisme, *lesquelles servent de fondement à toute bonne morale*, cherchant au surplus à nourrir mon cœur de l'esprit de l'Évangile sans tourmenter ma raison de ce qui m'y paraît obscur... ».

3. LEM I, OC III, p. 700 : « Voilà ce qui fait le vrai chrétien ».

4. *Ibid.*, p. 698. Juste après, les prosélytes disent d'eux-mêmes : « Nous sommes Chrétiens, chacun à notre manière, nous en gardant sa parole (à Jésus-Christ), et vous en croyant en lui ». Les « chrétiens paisibles » sont opposés aux « chrétiens disputeurs » que sont les chrétiens d'Église.

5. *Ibid.*, p. 697.

6. *Profession de foi*, OC IV, p. 625.

7. LEM I, OC III, p. 698.

quement présentée comme un respect silencieux[1]. Il n'y a donc rien de plus dans le « parfait christianisme »[2] que dans la religion naturelle. Jésus ne fait qu'exemplifier celle-ci d'une manière particulièrement saisissante, vu le contexte de sa vie.

On pourrait cependant objecter que si les paroles de Jésus inclinent ses disciples à tourner toutes leurs pensées vers la vie à venir et à être indifférents à l'existence présente, en s'occupant « uniquement d'une autre patrie »[3], la religion naturelle est dépourvue de ce visage sacrificiel, et que cela marque une différence sensible. Mais c'est faire erreur que de ne pas voir au cœur de la religion naturelle rousseauiste une dévaluation de la vie présente. À la fin de la première partie de la *Profession de foi*, en effet, avant qu'il soit question d'examiner les religions particulières, alors même que le mot de christianisme n'a pas été prononcé, le vicaire déclare, après avoir souligné la difficulté pour l'homme de rester maître de soi et de ses passions :

> *J'aspire au moment où, délivré des entraves du corps* je serai moi sans contradiction, sans partage, et n'aurai besoin que de moi pour être heureux : en attendant je le suis dès cette vie, parce que j'en compte pour peu tous les maux, *que je la regarde comme presque étrangère à mon être* et que tout le vrai bien que j'en peux retirer dépend de moi[4].

Il s'agit de se montrer digne du bonheur en maîtrisant ses passions, entreprise très difficile, et pas seulement pour des raisons sociales, mais aussi à cause de notre constitution aliénante. L'âme est soumise aux sens, enchaînée à un corps qui l'asservit et auquel il faut livrer bataille en vue d'une félicité à venir : « si l'esprit de l'homme fut resté libre et pur, quel mérite aurait-il d'aimer et suivre l'ordre qu'il verrait établi et qu'il n'aurait nul intérêt à troubler ? »[5]. La tonalité stoïcienne de l'ensemble de ces propos ne doit pas masquer l'insuffisance des ressources propres à l'âme pour obtenir une véritable satisfaction, et le contentement dans le présent est surtout enraciné dans des raisons négatives, à savoir que les misères de l'existence ne sont pas grand chose, que la vie présente n'est pas notre être

1. Dans le cas du vicaire, les dogmes incompréhensibles (comme la transsubstantiation) deviennent une occasion d'adorer, au-delà d'eux, le mystère de Dieu, c'est-à-dire tout ce qui assurément dépasse l'intelligence (OC IV, p. 627-28). Ainsi sans reconnaître pour lui-même la vérité de la transsubstantiation, le vicaire ne la conteste pas devant les fidèles, qui adhèrent à ces formes requises par le dogme du catholicisme romain et ne sont pas mûrs pour les critiquer (OC IV, p. 630). Rousseau présente donc aux autorités catholiques un vicaire à la fois inattaquable et sceptique (quant aux dogmes de l'Église romaine).

2. LEM I, OC III, p. 704.

3. *Ibid.*

4. *Profession de foi*, OC IV, p. 604-605. C'est nous qui soulignons.

5. *Ibid.*, p. 603.

ou est extérieure à notre être véritable, qui du coup est déplacé par rapport à la vie présente. Cette orientation des prosélytes du vicaire vers la vie à venir les détourne naturellement de se préoccuper beaucoup d'être de libres citoyens, et nous permet de conclure à la coïncidence du vrai christianisme et de la religion naturelle.

L'examen approfondi de cette coïncidence doit pourtant nous rendre attentifs à des différences d'accent, que nous ne contesterons pas. En un sens, le pur Évangile dispose d'un avantage sur la religion naturelle, parce qu'il en est une illustration concrète et que Jésus, homme divin et sublime, peut constituer un modèle, une figure sensible à laquelle ordonner son comportement. Plus encore, Jésus joue le rôle d'un révélateur de la religion naturelle, manifestement le premier révélateur, et c'est à partir du rapport à sa personne et à ses paroles que survient, dans un contexte déterminé, une rupture historique décisive. Sur un plan strictement théorique, certes, les hommes auraient dû parvenir naturellement à la connaissance d'un Dieu unique et universel, par le simple effet de la généralisation de leurs idées[1]. En réalité, les obstacles sociaux et politiques sont tels, que les choses ne pouvaient pas du tout se passer de manière simple et linéaire. Le choc, qu'ont constitué la parole et l'exemple inédits et inattendus de « l'homme divin », a été nécessaire à la naissance d'une connaissance nouvelle de la divinité, connaissance suscitée par ce choc même[2]. Jésus est cette irruption extérieure qui joue le rôle d'un révélateur d'intériorité, car c'est bien sûr de l'intérieur que le message de Jésus est véritablement validé, et non pas par une autorité de prêtre. De ce point de vue, qui est celui de la divine surprise que constitue son surgissement hautement improbable dans le monde juif, le “héros”[3] de l'Évangile peut être revêtu de « l'autorité divine », et l'on comprend que l'intelligence dise « qu'il était au-dessus (des hommes) de trouver (les préceptes de Jésus) »[4]. Cette affirmation revient incontestablement à accorder un privilège à Jésus. Mais lequel ? C'est à ce propos que le malentendu avec les chrétiens d'Église peut se révéler le plus grand. Ces derniers demanderont aux prosélytes s'ils *croient* en Jésus, et par “croyance” ils entendront l'admission d'un ensemble dogmatique, qui comprend l'affirmation de la résurrection, de la transsubstantiation, des miracles. En fait, pour les chrétiens d'Église, croire en Jésus, c'est croire « dans (leur) idée »[5]. Or pour le vicaire et ses disciples, le signe de la

1. *Profession de foi*, OC IV, p. 625.

2. À ce propos, nous nous permettons de renvoyer de nouveau à notre *Rousseau. Religion et politique*, chapitre « Du paganisme au christianisme, la figure de Jésus ».

3. *Profession de foi*, OC IV, p. 627.

4. LEM I, OC III, p. 698.

5. *Ibid.*

divinité de Jésus réside dans le fait qu'il a su découvrir ses préceptes, les enseigner et les mettre en pratique au milieu d'un peuple grossier, qui n'était pas du tout en état de l'entendre : « Où Jésus avait-il pris chez les siens cette morale élevée et pure dont lui seul a donné les leçons et l'exemple ? »[1]. Nulle part, puisque « du sein du plus furieux fanatisme la plus haute sagesse se fit entendre »[2]. C'est toute la différence avec Socrate, on le sait, qui n'a fait selon Rousseau que définir la vertu pratiquée avant lui. Mais il y a davantage encore : si le *signe* auquel on reconnaît « l'homme divin » est le contraste entre la personne de Jésus et le milieu historique dans lequel il vit, qui interdit d'expliquer sociologiquement, dirions-nous, son apparition, la "divinité" de la personne de Jésus resplendit dans la révolution morale à laquelle il a abouti, non sans avoir cheminé longuement lui-même[3], et qui surmonte largement la sagesse de Socrate. La différence essentielle étant que Socrate n'a pas dépassé le cadre d'Athènes : il parlait aux Grecs, en Grec. Tandis que Jésus, parce qu'il s'est rendu compte de l'impossibilité de rétablir, comme il en avait d'abord l'intention, le message de Moïse, Jésus, lui, a projeté de réaliser, par ses disciples, une révolution « dans l'univers »[4] et non plus seulement chez son peuple. C'était, en un sens, sortir de l'histoire pour retrouver la nature au cœur des temps historiques, et accepter le sacrifice de sa vie dans des conditions épouvantables, sur lesquelles le vicaire insiste, pour inviter les hommes à abattre toutes les frontières. Jésus a donc bien, aux yeux de Rousseau, quelque chose de plus qu'humain. Il est, dirions-nous en songeant à Bergson[5], surhumain. Qui plus est, il est le premier à l'être de cette manière. Mais rien ne dit qu'il ne puisse avoir son pareil.

Mais c'est assez illustrer l'avantage de l'Évangile et de Jésus sur la religion naturelle. À l'inverse maintenant, et sous un autre angle, on peut dire que la religion naturelle a le primat, puisque la raison pleinement développée, en laquelle se déploie la religion naturelle, est et demeure le *metron* à partir duquel tout est mesuré et authentifié, y compris les paroles contenues dans les Évangiles. La raison ne se résorbe pas dans la singularité d'une affirmation historique. Elle enveloppe la figure de Jésus, qui, du point de vue de la raison, n'est plus qu'une manifestation parmi d'autres possibles de la vérité religieuse. La religion naturelle, en tant que fruit d'une démarche raisonnée, constitue le noyau de toute religion acceptable,

1. *Profession de foi*, OC IV, p. 626.
2. *Ibid.*
3. Les étapes de ce cheminement sont très brièvement présentées à la fin de la *Lettre à M. de Franquières*.
4. *Lettre à M. de Franquières*, OC IV, p. 1146.
5. *L'évolution créatrice*, chapitre 3 « Signification de l'évolution », p. 721 dans *Œuvres*, Paris, P.U.F., 1959, 2001[2].

et le pur Évangile est déjà trop particularisé pour être absolument identifié à ce noyau. En d'autres termes, le christianisme des Évangiles coïncide avec la religion naturelle, mais l'inverse n'est pas vrai ; ce qui est une manière incorrecte de dire que la religion naturelle, tout en s'accordant entièrement avec le christianisme des Évangiles, l'excède, c'est-à-dire peut être exemplifiée sous d'autres formes. L'avantage du pur Évangile est donc compensé par un autre, en faveur de la religion naturelle. Ces subtiles nuances empêchent sans doute d'affirmer une coïncidence radicale, mais elles doivent demeurer ce qu'elles sont, et ne peuvent mettre véritablement en cause l'équivalence de l'un et de l'autre.

La contradiction délibérée

Tirons-en la conclusion qu'écarter le christianisme de la constitution politique, c'est aussi bien écarter la religion naturelle. Dans cette perspective, il faut bien avouer que Rousseau a contribué, dans la Ire lettre, à renforcer l'équivoque, volontiers attribuée à la cécité de ses adversaires, et qu'une contradiction peut légitimement lui être imputée. Il est troublant en effet de lire, lorsqu'il envisage l'éventualité d'une prise de pouvoir par les disciples du vicaire, deuxième cas de figure signalé dans notre introduction, que l'institution religieuse imposée par ces nouveaux « maîtres du pays », « aussi simple que leur croyance », comporterait « les principes des devoirs de l'homme et du Citoyen »[1]. Devoirs de l'homme, la cause est entendue, puisque leur religion est précisément la religion de l'homme[2]. Mais les devoirs du citoyen… Nous ne pouvons qu'en être étonnés. Cependant Rousseau insiste : la profession de foi « est affirmative et démonstrative sur *tous les points fondamentaux de la religion civile* ; elle est décisive sur tout ce qui tient à la Providence éternelle, à l'amour du prochain, à la justice, à la paix, au bonheur des hommes, *aux lois de la société*, à toutes les vertus… »[3]. Notre trouble n'en est que redoublé. Certes, nous pourrions dire que les « lois de la société » ici nommées sont les lois de la société générale du genre humain, mais ce serait faire semblant d'ignorer l'affirmation relative à « tous les points fondamentaux de la religion civile ». Contrairement à cette affirmation, nous établirons qu'il y a au moins un point fondamental de cette religion civile, sur lequel la profession de foi n'est ni affirmative ni démonstrative, puisqu'il en est tout

1. LEM I, OC III, p. 701.
2. CS, IV, 8, OC III, p. 464.
3. LEM I, OC III, p. 695.

simplement absent: « la sainteté du contrat social et des lois »[1]. Cette absence justifie la mise à l'écart des prosélytes, identifiables aux chrétiens selon l'Évangile, dans la constitution de la religion civile. La religion dont ils sont porteurs et témoins est, en effet, « l'institution sociale universelle » qui « n'est point un établissement politique » et qui « ne concourt point aux bonnes institutions particulières »[2].

Au fond, dans la Ire lettre, Rousseau dit à la fois que la religion des prosélytes reconnaît ou inclut tous les points de la religion civile et qu'elle ne peut concourir à l'établissement politique. Cette contradiction, enracinée dans la revendication de concordance entre la religion des prosélytes et la religion civile, peut s'expliquer par la situation d'accusé dans laquelle se trouve Rousseau[3]. Il est certain que la pression des Genevois est considérable, et Rousseau risque de devoir reconnaître que selon lui le protestantisme genevois ne peut continuer de prétendre au titre de religion de l'État, si son esprit, tel qu'il le définira dans la IIe lettre, est bien identique à celui des prosélytes du vicaire. Sans doute est-ce l'aveu dont Rousseau veut se garder, en troublant quelque peu les pistes.

On ajoutera qu'il est à ses yeux plus urgent de combattre le christianisme d'Église sous ses diverses formes, dont aucune ne correspond au *pur Évangile*. On n'aura d'ailleurs pas tort, car le christianisme d'Église ou « christianisme dogmatique » est le premier ennemi politique. Mais on sera surpris de s'apercevoir que Rousseau semble vouloir aussi indiquer que le destin du « parfait christianisme » ou christianisme des Évangiles, s'il entre en politique, est de se transmuer nécessairement en « christianisme dogmatique ». Cette intention se décèle dans le passage suivant, vers la fin de la Ire lettre :

> La *religion chrétienne* (dans son véritable esprit) est, par la pureté de sa morale, toujours bonne et saine dans l'État, pourvu qu'on n'en fasse pas une partie de sa constitution, pourvu qu'elle y soit admise uniquement comme religion, sentiment, croyance; mais comme loi politique, le *christianisme dogmatique* est un mauvais établissement[4].

Le *déplacement* est ici manifeste. Logiquement, on s'attendrait à voir le christianisme « dans son véritable esprit » stigmatisé comme un mauvais établissement politique; au lieu de cela, le « christianisme dogmatique » est évoqué, sur le plan politique, et rien n'est dit du « parfait christianisme »,

1. CS, IV, 8, OC III, p. 468.
2. LEM I, OC III, p. 704.
3. Sur l'illégitimité de la procédure intentée contre lui, voir le commentaire de F. Guénard : « Faux délit, peine arbitraire : la procédure en question. *Lettres de la montagne*, IV et V ».
4. LEM I, OC III, p. 706.

dont on sait pourtant qu'il ne doit pas entrer dans la constitution de l'État. Ce silence pourrait s'expliquer par le fait que l'entrée en politique du vrai christianisme est également sa perversion, ou même sa destruction en tant que tel. Telle semble être la position de Rousseau. Une considération historico-politique entre ici en ligne de compte, que nous voyions jouer dans le développement du *Contrat social* sur la religion civile : en entrant en politique, la parole de Jésus, universelle, est devenue une Église qui a organisé « sous un chef visible le plus violent despotisme dans (ce monde-ci) »[1]. Le fil qui conduit de Jésus aux Églises dogmatiquement constituées, se réclamant de son nom, est le fil de l'entrée en politique. L'entrée en politique produit simultanément la perversion du christianisme et la ruine du politique. La conséquence est particulièrement manifeste avec le christianisme romain ou « religion du prêtre »[2], puisque dans cette religion, le chef de l'Église se pose comme un souverain despotique, à la fois supérieur et extérieur au gouvernement de tout État particulier. Mais la Réforme genevoise n'échappe pas à la critique[3]. En devenant religion de l'État, le christianisme réformé a trahi son esprit et Rousseau montre, dans les IIe et IIIe lettres, que, devenu dogmatique, ce christianisme rivalise avec l'Église romaine : les raisons mêmes qui lui ont permis de critiquer cette dernière s'appliquent maintenant parfaitement au christianisme réformé pour le délégitimer[4]. D'une manière générale, l'expérience montre que ceux qui ont adopté le christianisme comme religion politique, « au lieu de simplifier la machine du gouvernement, l'ont composée, lui ont donné des ressorts étrangers superflus et (l'ont assujetti) à deux mobiles différents »[5]. Ils ont constitué le *problème théologico-politique*, qui traverse tout le monde médiéval, hante le développement de l'Europe et atteint son acmé dans la lutte pour la *plenitudo potestatis* et ses suites.

En fait, lorsque le christianisme devient une religion politique, de « vrai christianisme », il mue en « christianisme dogmatique ou théologique ». C'est pourquoi il faut empêcher le vrai christianisme d'être un élément constitutif de l'État :

> Bien que le vrai christianisme soit une institution de paix, qui ne voit que le christianisme dogmatique ou théologique est, par la multitude et l'obscurité de ses dogmes, surtout par l'obligation de les admettre, un champ de bataille toujours ouvert entre les hommes, et cela sans qu'à force d'interprétations et

1. CS, IV, 8, OC III, p. 462.
2. *Ibid.*, 464.
3. Voir à ce propos la contribution de B. Bernardi : « Le christianisme de Jean-Jacques Rousseau ».
4. LEM II, OC III, p. 716.
5. *Ibid.*, I, OC III, p. 704.

de décisions on puisse prévenir de nouvelles disputes sur les décisions mêmes[1]?

Il faut bien admettre que le processus de perversion que nous venons d'analyser est relativement dissimulé dans le texte. Sans doute est-ce une démarche volontaire, puisque la mise en évidence d'un tel processus constitue la critique la plus radicale adressée aux Genevois. L'oubli de l'esprit de leur religion, en effet, n'est pas un accident, auquel on pourrait remédier par un vigoureux retour aux sources, mais une marche inexorable qui, si l'on en tirait toutes les conclusions, inviterait plutôt à supprimer le statut de religion de l'État donné à la Réforme. La Réformation aurait dû demeurer libre[2]. Elle n'eût pas été tordue par la «dure orthodoxie»[3] des Réformateurs.

Mais quelle est la logique de ce passage inexorable de l'«institution de paix» au «champ de bataille» théologique, de cette perversion de la religion naturelle dès qu'elle entre dans la constitution de l'État? Elle a son ressort dans l'*ambition* des croyants, une fois élevés aux dignités politiques et constitués en autorité. Sur ce point, Rousseau reprend les thèses héritées d'Erasme[4] et de l'École de Meaux. Ses *Observations* au roi Stanislas mettaient cette filiation érasmienne pleinement en évidence. Une dialectique irrépressible conduit l'Église de la simplicité apostolique à la construction dogmatique, pour répondre d'abord aux païens puis aux hérésies, et de là naît chez les théologiens le désir de devenir chef de secte et d'exercer un pouvoir. «La science s'étend et la foi s'anéantit (...) nous sommes tous devenus Docteurs, et nous avons cessé d'être Chrétiens»[5]. La politique s'en mêlant, être le maître de la doctrine, c'est finalement devenir le chef de tous. Et la chefferie ne se maintient que par une définition inflexible de l'orthodoxie.

Le déplacement évoqué précédemment est donc en réalité l'affirmation ou plutôt la mise en évidence d'un *lien*, d'une liaison que le cours du temps établit du pur Évangile au christianisme dogmatique, liaison constituée dans l'élément du politique. Si le christianisme romain demeure la pire perversion, le christianisme réformé de Genève n'échappe pas aux mauvaises conséquences du lien, puisque «tout ce qui s'est passé dans Genève à mon

1. LEM II, OC III, p. 705.

2. Libre, elle apporte avec elle l'esprit de tolérance. Voir à ce sujet la contribution d'I. Bouvignies.

3. LEM II, OC III, p. 716.

4. La lettre d'Erasme à Carondelet, du 5 janvier 1523, constitue un modèle rhétorique pour expliquer le mouvement de dégénérescence de l'Église (citée dans J.-C. Margolin, *Erasme*, Paris, Seuil, 1967).

5. *Observations de J.-J. Rousseau, sur la Réponse à son Discours (Réponse à Stanislas)*, OC III, p. 48.

égard n'est fait que pour établir ce chapitre en exemple »[1]. Ce lien et cette perversion inévitable semblent donc écarter sans réserve religion naturelle et christianisme des Évangiles de la constitution de la religion civile.

De la religion civile comme d'une invention

Nous aurions bien tort pourtant d'affirmer que la religion naturelle est étrangère à la religion civile, puisqu'il faut dire au contraire que, sans la religion naturelle, il n'y aurait pas de religion civile du tout. Toutefois il y a loin de cette affirmation à l'idée que la religion civile n'est qu'un autre nom de la religion naturelle, ou cette dernière envisagée sous l'angle politique. Examinons les choses d'un peu plus près, et commençons par rappeler le contenu dogmatique, très simple, de la religion civile.

> Les dogmes de la Religion civile doivent être simples, en petit nombre, énoncés avec précision sans explications ni commentaires. L'existence de la Divinité puissante, intelligente, bienfaisante, prévoyante et pourvoyante, la vie à venir, le bonheur des justes, le châtiment des méchants, la sainteté du Contrat social et des Lois; voilà les dogmes positifs. Quant aux dogmes négatifs, je les borne à un seul; c'est l'intolérance : elle entre dans les cultes que nous avons exclus[2].

À partir de cette définition, qui est en réalité l'exposition d'une liste qui n'a pas à être explicitée, nous pouvons établir une table de correspondance des dogmes de cette religion civile avec les dogmes de la profession de foi du vicaire[3]. Le résultat est le suivant :

I – « L'existence de la divinité puissante » (RC) = Dieu met en mouvement l'univers (premier dogme de la religion naturelle), lui seul peut communiquer par son vouloir le mouvement que la matière ne possède pas en elle, donc il existe (RN)[4].

II – "intelligente" (RC) = Dieu est un Dieu d'ordre, l'univers est unifié par des lois auxquelles il obéit et dont l'origine est en l'intelligence divine (deuxième dogme de la RN)[5].

1. LEM I, OC III, p. 705.

2. CS, IV, 8, OC III, p. 468-69.

3. On peut accorder la dénomination de dogmes ou d'articles de foi aux principales affirmations de la religion naturelle. Si le vicaire ne cite explicitement que trois dogmes, il ne déclare pas moins : « L'homme est donc libre dans ses actions et comme tel animé d'une substance immatérielle; c'est mon troisième article de foi. *De ces trois premiers vous déduirez aisément tous les autres* sans que je continue à les compter » (*Profession de foi*, OC IV, p. 587). Je souligne.

4. *Profession de foi*, OC IV, p. 576. RC = religion civile; RN = religion naturelle.

5. *Ibid.*, p. 578.

III – “bienfaisante” (RC) = de la toute puissance de Dieu est directement déduite sa nécessaire bonté (RN) [1].

IV – « prévoyante et pourvoyante » (RC) = Dieu m'a donné la liberté et les moyens de remplir ma destination, à savoir une âme immatérielle (troisième dogme de la RN) et il ne me décevra pas, car il est juste [2].

V – « la vie à venir » (RC) = comme nous le sentons intimement, l'âme survit au corps, et elle est d'une substance différente de la sienne (RN) [3].

VI – « le bonheur des justes » (RC) = les justes seront heureux (RN) [4].

VII – « le châtiment des méchants » (RC) = les méchants regretteront nécessairement et amèrement leur conduite et leur vie sur la Terre aura été, malgré les apparences de la réussite, une sorte d'enfer (RN) [5].

VIII – Le dogme négatif de “l'intolérance” (RC) = le respect de l'ordre public, c'est-à-dire des lois de la communauté politique, ne doit pas aller jusqu'à prôner l'intolérance et à admettre que l'intolérance soit constituée en loi du pays (RN) [6].

On le voit, tous les dogmes de la religion civile sont présents dans la profession de foi du vicaire, et sont par là même des éléments issus de la religion naturelle. Tous, *sauf un*, que la religion civile ajoute (dans l'ordre, c'est le dernier des dogmes positifs) et dont on s'efforcerait en vain de retrouver la trace dans l'exposé du vicaire. Il s'agit de « la sainteté du Contrat social et des lois [7] ». Ce dogme est ajouté, et cet ajout change tout. Sa présence permet de *subordonner* les mobiles de la seule religion naturelle, de les accorder à la particularité de l'État et à la souveraineté des lois particulières. La subordination s'exprime dans cette remarque de l'*Émile*, choquante pour un lecteur un peu candide : « Voit-on dans une rue ou sur un chemin quelque acte de violence et d'injustice? À l'instant un mouvement de colère et d'indignation s'élève au fond du cœur, et nous

1. *Profession de foi*, OC IV, p. 581.

2. *Ibid.*, p. 589-590.

3. *Ibid.*, p. 590 : « J'aurais à la vérité l'embarras de me demander où est l'homme quand tout ce qu'il avait de sensible est détruit. Cette question n'est plus une difficulté pour moi sitôt que j'ai reconnu deux substances. Il est très simple que durant ma vie corporelle, n'apercevant rien que par mes sens, ce qui ne leur est point soumis m'échappe. Quand l'union du corps et de l'âme est rompue, je conçois que l'un peut se dissoudre et l'autre se conserver ».

4. *Ibid.*, p. 591 : « je dis que les bons seront heureux ».

5. *Ibid.*

6. *Ibid.*, p. 628 : « Le devoir de suivre et d'aimer la religion de son pays ne s'étend pas jusqu'aux dogmes contraires à la bonne morale tels que celui de l'intolérance. C'est ce dogme horrible qui arme les hommes les uns contre les autres et les rend tous ennemis du genre humain. La distinction entre la tolérance civile et la tolérance théologique est puérile et vaine. Ces deux tolérances sont inséparables et l'on ne peut admettre l'une sans l'autre. Des anges mêmes ne vivraient pas en paix avec des hommes qu'ils regarderaient comme les ennemis de Dieu ».

7. CS, IV, 8, OC III, p. 468.

porte à prendre la défense de l'opprimé ; mais un devoir plus puissant nous retient, et les lois nous ôtent le droit de protéger l'innocence »[1]. Cette limite apportée au mouvement spontané du chrétien selon l'Évangile exprime bien la spécificité de la religion civile : elle consiste à protéger la cité particulière de certaines initiatives nocives ou intempestives, provoquées par la foi des prosélytes. À l'inverse, la propension de toute religion nationale à susciter le fanatisme est neutralisée par la présence d'un dogme qui a son origine dans la religion naturelle : l'exclusion de l'intolérance. La religion civile exprime ainsi une totalité originale qui réalise un double mouvement : elle intègre les exigences de la religion naturelle, du christianisme de l'Évangile, et elle les encadre ou les borne en même temps. Car si « la fraternité commune de tous les hommes »[2] a réalisé quelques progrès grâce au christianisme, il ne faudrait pas cependant qu'elle soit, à cause d'une application prématurée ou mal à propos, la source d'un accroissement de troubles ou, malgré elle, un vecteur de la tyrannie[3]. Certes, n'hésitons pas à le répéter, le christianisme de l'Évangile a introduit un élément de progression dans l'histoire humaine, progression sensible bien que non assurée, vers une société générale du genre humain. Ce qui en atteste, c'est qu'au début de l'histoire, les États bien constitués avaient une religion civique à laquelle on ne peut plus en appeler désormais, lorsque l'on propose comme Rousseau, de tracer la constitution de l'État selon les principes du droit politique. L'exclusivisme doit être tempéré ; « il faut bien serrer le nœud social, mais non pas aux dépens du reste des hommes »[4]. Pourquoi donc ? Qu'est-ce qui rend intolérable l'allègre massacre des habitants du pays d'à côté ? Pourquoi ne pas continuer d'en être fiers, comme ces hommes d'autrefois qui nous ont laissé le souvenir de grandioses hécatombes gravées dans le marbre ? Qu'est-ce qui légitime, après tout, l'introduction dans la religion politique d'éléments fondamentaux d'universalisation, si ce n'est notre destination d'hommes ? Cependant, tant que la société générale du genre humain n'est pas réalisée – et ce n'est pas demain qu'elle le sera – il faut continuer à former des patriotes, des citoyens, c'est-à-dire des hommes passionnément attachés à leur communauté particulière, et à leur liberté dans cette communauté. D'un autre côté, il faut tenir compte de la révolution qui a engendré la religion de l'homme. Il n'est plus possible, désormais, d'admettre les

1. *Profession de foi*, OC IV, p. 596-97.

2. MsG, I, 2, OC III, p. 287.

3. CS, IV, 8, OC III, p. 466, où Rousseau explique que les ambitieux et les hypocrites ont « bon marché de (leurs) pieux compatriotes ». Sur ce lien entre christianisme et tyrannie, et ses conséquences, voir la contribution d'A. Charrak sur la première lettre.

4. MsG, chapitre [religion civile], 6e alinéa, OC III, p. 337.

religions nationales d'autrefois, « utiles à l'État comme parties de sa constitution, cela est incontestable ; mais (…) nuisibles au genre humain »[1].

La religion civile est l'invention destinée à répondre à ce problème. En réalisant une sorte de synthèse entre les éléments fondamentaux de la religion naturelle et un élément essentiel des religions nationales, Rousseau fait entrer sur la scène de la philosophie politique une religion *ad hoc*. Nous ne dirons pas que la religion civile est la religion du vicaire *plus* quelque chose. Nous ne pensons pas non plus que Victor Goldschmidt ait eu raison de parler d'un *compromis*[2], passé entre les exigences de la religion de l'homme et celles des religions nationales, dans la mesure où un compromis suppose toujours, au-delà des concessions mutuelles, le maintien des instances en présence, sans crase. Or dans le cas d'espèce que nous étudions, la religion naturelle n'est plus présente en tant que telle, alors même qu'elle est entrée pour une très grande part dans la constitution de cette religion civile. De même on ne peut dire que la religion nationale au sens classique se maintient, malgré d'importantes concessions, grâce au dogme de la sainteté du contrat et des lois. En fait, les religions de l'homme et du citoyen ne sont plus présentes en tant que telles dans la religion civile, résultat de leur synthèse, de leur mélange. Ainsi que Rousseau l'annonçait à Voltaire dès 1756, il s'agit de proposer aux hommes quelque chose de neuf, qu'il aura fallu « méditer longtemps »[3].

C'est pourquoi nous retrouvons à présent notre point de départ. Nous avons montré qu'en reconnaissant à la religion des prosélytes la capacité de constituer à elle seule une saine religion politique, dont les hommes ont besoin, la Ire lettre comporte une contradiction manifeste. Cette contradiction devient éclatante si l'on considère que les prosélytes peuvent tout à fait, aux yeux de Rousseau, être assimilés à de vrais chrétiens. Car la Ire lettre s'achève, sans ambiguïtés, par une justification des propos du chapitre du *Contrat social* sur la religion civile, selon lesquels la religion des vrais chrétiens ne saurait en aucune façon apporter à la société politique la religion qu'il lui faut. La religion des prosélytes n'est donc pas une religion de l'homme et du citoyen, malgré l'affirmation de la Ire lettre. La question est alors de savoir pourquoi Rousseau s'est délibérément contredit. Au cours de cet essai, nous avons entrevu une raison : Rousseau ne désirait sans doute pas s'entendre dire par les Genevois que la religion réformée dans son véritable esprit, à l'en croire, ne peut satisfaire aux exigences d'une religion politique, et qu'il faudrait donc l'écarter de la

1. LEM I, OC III, p. 705.
2. Voir « Rousseau et le droit » dans *Écrits II. Études de philosophie moderne*, Paris, Vrin, 1984, p. 146.
3. *Lettre à Voltaire*, OC IV, p. 1074.

constitution de l'État. Voilà certainement une raison qui nous permet de comprendre la contradiction. Mais à notre avis il s'en ajoute une autre, et qui tient en ces mots : Rousseau ne souhaitait pas s'exposer à une stigmatisation supplémentaire, qui l'aurait inévitablement accablé s'il avait été perçu comme un novateur radical en matière de religion. Il pouvait appuyer sans difficulté la religion de l'homme sur la figure de Jésus. À quoi aurait-il pu adosser la religion civile ? Cette dernière était une nouveauté, une religion telle qu'on n'en avait encore jamais vu se manifester dans la réalité historique. Tout cela n'incitait-il pas à la prudence ? Probablement était-ce déjà le motif de son hésitation à introduire le chapitre sur la religion civile dans le *Contrat social*[1], alors même qu'il estimait ce chapitre très important, et bien qu'il ne pensât pas que la profession de foi du vicaire (la religion de l'homme) et les propos sur le christianisme soulèveraient l'ire des autorités[2]. Dans ces conditions, il apparaît plausible qu'il n'ait pas souhaité insister, dans les *Lettres écrites de la montagne*, sur le fait que la situation politique des hommes exige à ses yeux, désormais, la création d'une nouvelle religion.

Ghislain WATERLOT

1. Sur cette hésitation, voir les remarques de Robert Derathé dans OC III, p. 1498, note 1 de la page 460.

2. Les *Confessions* laissent entendre que les persécutions à cause de *la Profession de foi* et les idées sur le christianisme furent une surprise. « La profession de foi d'Héloïse mourante est exactement la même que celle du vicaire savoyard. Tout ce qu'il y a de hardi dans le *Contrat social* était auparavant dans le *Discours sur l'inégalité* ; tout ce qu'il y a de hardi dans l'*Émile* était auparavant dans la *Julie* » (*Confessions*, IX, OC I, p. 407). On notera que la religion civile, dont la proposition est pour le moins hardie, n'était pas dans le second *Discours*.

CHAPITRE III

LE CHRISTIANISME DE JEAN-JACQUES ROUSSEAU

LETTRES ÉCRITES DE LA MONTAGNE, II ET III

« Si mes objets sont petits mes sujets sont grands, et dignes de l'attention de tout honnête homme. Laissons Genève à sa place, et Rousseau dans sa dépression ; mais la Religion, mais la liberté, la justice ! voilà, qui que vous soyez, ce qui n'est pas au-dessous de vous » [1]. Malgré l'avertissement de Rousseau, les *Lettres écrites de la montagne* ont constamment été prises pour une œuvre de circonstance, éclairante pour tel point de sa pensée mais, dans l'ensemble, secondaire et marginale. Globalement contestable, une telle minoration est irrecevable pour les seconde et troisième lettres dont le "sujet" n'est autre que le christianisme et la Réforme selon Jean-Jacques Rousseau.

Il s'agit en ce sens d'un texte unique. Si, dans la *Lettre à Voltaire*, Rousseau s'explique sur ce que sont ses raisons de croire, et ce qu'est croire pour lui, si la *Profession de foi du Vicaire savoyard* développe sa conception de la religion naturelle, si *La Nouvelle Héloïse* nous montre ce que peut être la foi d'une vraie chrétienne, si enfin le *Contrat social* interroge la place de la religion par rapport à « la constitution de l'État », nulle part comme ici Rousseau ne dit de façon aussi positive ce qu'est le christianisme et plus précisément le christianisme réformé dont il se réclame. À certains égards, la *Lettre à Christophe de Beaumont* pourrait supporter le parallèle mais elle est essentiellement consacrée à une défense de l'*Émile*, et le cadre spécifique d'une discussion avec un prélat catholique marque souvent d'un biais le propos. Ici rien de tel. C'est à des accusateurs qui se réclament de la « sainte Réformation évangélique » qu'il s'agit de

1. LEM, OC III, p. 685.

répondre. Le Magnifique Conseil de la République de Genève a qualifié ses écrits de « *téméraires, scandaleux, impies, tendant à détruire la Religion Chrétienne* »[1]. Pour s'en défendre, Rousseau va devoir dire positivement ce que sont pour lui « les principes de la Réformation ». La plus grande partie de la seconde lettre y est consacrée. Il lui faudra ensuite montrer quelle application il en fait, en particulier concernant la question des miracles. Thème rebattu qu'il traitera de façon très singulière.

Mais la meilleure défense est l'attaque. Aussi Rousseau engage-t-il la discussion en montrant que l'on serait bien en peine de savoir ce que sont le christianisme et la Réformation pour ses accusateurs. Plus même, il verra dans leurs accusations la preuve qu'ils trahissent le véritable esprit de la Réformation. Apparemment sinueux, le mouvement de la pensée obéit donc à une logique précise. Abusivement supprimée par les éditions modernes, la « table des lettres et de leur contenu » que donnent aussi bien l'édition originale que l'édition Du Peyrou le montre clairement : « LETTRE II. De la Religion de Genève. Principes de la Réformation. L'Auteur entame la discussion des miracles. / LETTRE III. Continuation du même Sujet. Court examen de quelques autres accusations ». Commençant par caractériser l'état présent de la religion à Genève, Rousseau va énoncer les véritables principes de la Réformation, au nom desquels il récusera les accusations portées contre lui.

La religion de Genève, les Réformateurs et « le véritable esprit de la Réformation »

Si la « lettre d'abdication » adressée au Premier Syndic Jacob Favre, le 12 Mai 1763, marque la rupture politique avec Genève, les *Lettres écrites de la montagne*, en la consacrant, signent également la rupture religieuse. Lorsqu'il rédige la *Lettre à Christophe de Beaumont*, Rousseau se veut encore citoyen de Genève[2] et membre de l'Église. Le Rubicon est désormais doublement franchi. Rien désormais ne lui impose les ménagements ou les silences auxquels il s'était cru tenu. Peut-être les événements le conduisent-ils à renoncer à des illusions qu'il avait lui-même entretenues : les éloges qu'il avait faits des Ministres Genevois dans la Dédicace du second *Discours* et dans la *Lettre à d'Alembert* sont bien loin. Il les avait crus de bonne foi, il ne le croit plus. On pourra discerner dans son propos un peu d'aigreur. La façon dont il articule son argumentation et, au lieu de se

1. Voir ci-dessous, p. 278, le relevé de ce jugement dans les registres du Conseil, à la date du 25 juin 1763.

2. C'est la dernière fois qu'il arguera de ce titre.

restreindre à la mise en cause de l'état présent de la religion à Genève, étend sa contestation à l'ensemble de la religion réformée dans la profondeur de son histoire, laisse plutôt penser qu'il exprime ici, enfin, le fond de sa pensée.

Deux lignes d'argumentation se chevauchent en effet dans ces pages[1]. L'état de la religion à Genève constitue le moyen d'un plaidoyer en défense: comment des "ministres" incapables de dire ce qu'ils croient, pourraient-ils convaincre quiconque d'hérésie? Mais, non content de se défendre, Rousseau expose positivement ce que sont les « véritables principes de la Réformation ». Ces principes lui permettent de mesurer l'écart entre l'esprit de la Réforme et sa réalité historique (reproduction de l'écart originaire entre « l'esprit des Réformateurs » et celui de la Réformation), ils lui permettront, ensuite, de se justifier par sa propre fidélité des accusations lancées contre lui.

Lorsqu'en 1757, dans le volume VII de l'Encyclopédie, parut l'article "Genève" rédigé par d'Alembert, deux points déclenchèrent une polémique. Le premier concernait la religion des pasteurs genevois, le second le projet d'établissement d'un théâtre à Genève. Délibérément, Rousseau avait choisi de se focaliser sur ce second point. Sur le premier, malgré les sollicitations dont il était l'objet, il s'était contenté d'un « service minimum »[2]. Quelques paragraphes, écrits comme pour s'en débarrasser, avaient suffi[3]. Disant d'emblée avoir « répugnance à traiter » un tel sujet, il faisait état du "socinianisme" attribué par d'Alembert aux ministres genevois, pour marquer que, s'il ne voyait là rien d'infamant, qualifier la croyance de quiconque sans son aveu était cependant inacceptable. Surtout, s'agissant de ministres du culte, on pouvait y voir une dénonciation. Défense sur la forme donc, plus que sur le fond. Délié de toute fidélité par son exclusion, Rousseau ne s'embarrasse plus de ces précautions. Revenant sur le propos de d'Alembert, il assène vertement: « Un Philosophe jette sur eux un coup d'œil rapide; il les pénètre, il les voit Ariens, Sociniens; il le dit, et pense leur faire honneur: mais il ne voit pas qu'il expose leur intérêt temporel; la seule chose qui généralement décide ici-bas de la foi des hommes »[4]. On ne saurait être plus dur. Mais ce n'est pas simplement pour stigmatiser ceux qui viennent de le condamner que Rousseau s'exprime ainsi : s'il lui importe de souligner le flou qui marque la doctrine des ministres (il taxe d'amphigouri la déclaration par laquelle ils

1. LEM, OC III, p. 712-718.

2. Sur ces sollicitations, voir la lettre à Jacob Vernes, *Correspondance complète*, V, n°616 et celle de J.-F. Deluc, *ibid.*, V, n° 736.

3. *Lettre à d'Alembert*, OC V, p. 9-14.

4. LEM, OC III, p. 717.

avaient répondu à d'Alembert), c'est pour montrer combien il est inconséquent, quand on est incapable de dire en quoi consistent les principes chrétiens, de l'accuser, lui, de les nier.

Cette argumentation était suffisante pour assurer sa défense en disqualifiant ses juges. Rousseau ne s'en contente pas. S'il est impossible de savoir « en quoi consiste à Genève aujourd'hui la sainte Réformation »[1], il se fait fort de dire en quoi elle consiste pour lui. Encore faut-il ne pas se tromper sur ce qu'il entend par là. La Réforme ne se caractérise pas par les divergences doctrinales entre les réformateurs et Rome, mais par le principe au nom duquel ses divergences sont exprimées. La présentation de l'acte réformateur est éloquente :

> Quand les Réformateurs se détachèrent de l'Église Romaine ils l'accusèrent d'erreur; et pour corriger cette erreur dans sa source, ils donnèrent à l'Écriture un autre sens que celui que l'Église lui donnait. On leur demanda de quelle autorité ils s'écartaient ainsi de la doctrine reçue? Ils dirent que s'était de leur autorité propre, de celle de leur raison. Ils dirent que le sens de la Bible étant intelligible et clair à tous les hommes en ce qui était du salut, chacun était juge compétent de la doctrine, et pouvait interpréter la Bible, qui en est la règle, selon son esprit particulier; que tous s'accorderaient ainsi sur les choses essentielles; et que celles sur lesquelles ils ne pourraient s'accorder ne l'étaient point[2].

Le plus remarquable dans ce “récit” des premiers moments de la Réforme est non seulement qu'il fait abstraction des circonstances et des personnes, mais qu'il ne fait pas même mention des erreurs reprochées par les réformateurs à l'Église romaine, ni des vérités qu'ils faisaient valoir contre elles. Rousseau ne retient qu'un geste : le refus de l'autorité. L'acte réformateur ne consiste pas en la défense d'un corps de doctrine particulier mais dans ce simple geste de poser la raison individuelle en autorité ne devant se soumettre à aucune autre. Loin de constituer une circonstance ni même une condition de la Réforme, le rejet de l'autorité de l'Église est l'essence même de la réformation. Il vaut donc en tout temps, pour tout homme. Il a exactement la valeur d'un principe :

> Voilà donc l'esprit particulier établi pour unique interprète de l'Écriture; voilà l'autorité de l'Église rejetée; voilà chacun mis, pour la doctrine, sous sa propre juridiction. Tels sont les deux points fondamentaux de la Réforme : reconnaître la Bible pour règle de sa croyance, et n'admettre d'autre interprète du sens de la Bible que soi. Ces deux points combinés forment le principe sur lequel les Chrétiens Réformés se sont séparés de l'Église

1. LEM, OC III, p. 718.
2. *Ibid.*, p. 712.

Romaine, et ils ne pouvaient moins faire sans tomber en contradiction; car quelle autorité interprétative auraient-ils pu se réserver, après avoir rejeté celle du corps de l'Église?

Or ce principe, toute la lettre le montre, ne concerne pas les seuls réformateurs, entendus comme instituteurs de la Réforme, mais bien tous les chrétiens réformés. Que le libre examen soit reconnu pour seule autorité, telle est la définition de la Réforme que veut retenir Rousseau. Les formules radicales reviennent avec insistance :

> Chacun [il s'agit de la doctrine] en demeure seul juge pour lui-même, et ne reconnaît en cela d'autre autorité que la sienne propre. Les bonnes instructions doivent moins fixer le choix que nous devons faire que nous mettre en état de bien choisir. Tel est le véritable esprit de la Réformation; tel en est le vrai fondement. La raison particulière y prononce, en tirant la foi de la règle commune qu'elle établit, savoir l'Évangile; et il est tellement de l'essence de la raison d'être libre, que quand elle voudrait s'asservir à l'autorité, cela ne dépendrait pas d'elle. Portez la moindre atteinte à ce principe, et tout l'évangélisme croule à l'instant. Qu'on me prouve aujourd'hui qu'en matière de foi je suis obligé de me soumettre aux décisions de quelqu'un, dès demain je me fais Catholique, et tout homme conséquent et vrai fera comme moi [1].

On peut sans doute contester l'exactitude historique de cette présentation des principes de la Réforme et, tout autant, son orthodoxie. C'est ce que, tout au long de son annotation, Jean-Daniel Candaux fait avec véhémence, reprochant à Rousseau d'avoir attribué aux réformateurs une doctrine du libre examen et de la tolérance qui n'était pas la leur et que cherchaient à leur attribuer les théologiens catholiques [2]. Il va même jusqu'à parler de "sophisme" [3]. On peut, au contraire, estimer que la part de l'héritage réformé est essentielle dans la constitution de la pensée religieuse de Rousseau [4]. Mais l'écart marqué par Rousseau, aussi bien avec la figure historique des premiers réformateurs qu'avec la réalité des églises réformées de son temps, est dans ces pages tout sauf une ignorance historique ou une erreur théologique: c'est une distance volontairement marquée et explicitement posée.

La notion même de «principe de la Réformation» est à cet égard décisive. Les principes sont pour Rousseau, en toute matière, ce qui permet de mesurer l'écart entre le fait et le droit. Comme il l'objecte à Montesquieu

1. LEM, OC III, p. 713
2. OC III, p. 1599.
3. *Ibid.*, p. 1597.
4. Voir, dans ce volume, I. Bouvignies: «Constitutionnalisme et Réformation dans les *Lettres de la montagne*».

au sujet des principes du droit politique, « Il faut savoir ce qui doit être pour bien juger de ce qui est »[1]. C'est bien ainsi qu'il entend également la fonction des principes de la Réformation : constituer les critères permettant de « juger sainement » ce qui se présente concrètement comme église réformée.

Cela vaut d'abord pour le procès intenté à Rousseau : « L'Église de Genève n'a donc et ne doit avoir comme Réformée aucune profession de foi précise, articulée, et commune à tous ses membres. Si l'on voulait en avoir une, en cela même on blesserait la liberté évangélique, on renoncerait au principe de la Réformation, on violerait la Loi de l'État »[2]. Rousseau ne plaide pas l'innocence concernant l'accusation portée contre sa doctrine religieuse, il plaide le non lieu : un tel procès n'a pas lieu d'être parce que, comme il l'avait nettement établi dès la *Lettre à Voltaire*, aucun homme « ne doit compte à personne de la manière dont il sert Dieu »[3]. Cette règle universellement valable, en inscrivant la Réforme au fondement de son institution politique, Genève l'a constituée en loi positive. En la bafouant, le Conseil viole à la fois la loi de l'État et les principes de la réformation. En refusant à Rousseau le libre usage de son jugement en matière de foi, un ministre contredit la Réforme, un magistrat viole la constitution, un juge commet une illégalité[4].

Cette contradiction entre le droit et le fait n'est pas un fait nouveau, elle traverse de part en part l'histoire de Genève : « votre histoire et celle en général de la Réforme est pleine de faits qui montrent une inquisition très sévère, et que, de persécutés les Réformateurs devinrent bientôt persécuteurs »[5]. C'est à coup sûr ne pas chercher à atténuer le jugement que d'employer envers des protestants le terme d'inquisition. Pourtant, Rousseau n'en conclut pas à la disqualification de la Réforme : « ce contraste, si choquant dans toute l'histoire du Christianisme, ne prouve autre chose dans la vôtre que l'inconséquence des hommes et l'empire des passions sur la raison ». Il se borne à constater une pente de la croyance à dégénérer en fanatisme, comme il y a une pente du gouvernement à dégénérer en despotisme. La Réforme et Genève vérifient l'une et l'autre[6].

1. *Émile* V, OC IV, p. 836-837. La fonction critique des principes apparaît une seconde fois dans les LEM à propos du *Contrat social*. Voir, ci-dessous, mon commentaire de la Lettre VI.

2. LEM, OC III, p. 717.

3. *Lettre à Voltaire*, OC IV, p. 1072.

4. Sur les deux derniers points, voir ci-dessous, F. Guénard : « Faux délit, peine arbitraire : la procédure en question. *Lettres de la montagne*, IV et V ».

5. LEM, OC III, p. 715.

6. *Ibid.*, VI, OC III, p. 809 : « voilà l'histoire du Gouvernement de Genève ». Voir ci-dessous mon commentaire.

Cela ne remet pas plus en cause l'esprit de libre examen qui est au principe de la Réforme que le principe démocratique qui est au fondement des institutions de Genève.

Comme pour mieux marquer à la fois l'écart qu'il prend avec l'expérience historique de la Réforme et l'adhésion sans faille qu'il garde envers ce que sont pour lui ses principes, Rousseau n'hésite pas à discerner les mêmes contradictions dans la personne et l'œuvre des initiateurs mêmes de la Réforme : « Calvin, sans doute, était un grand homme ; mais enfin c'était un homme, et qui pis est, un Théologien : il avait d'ailleurs tout l'orgueil du génie qui sent sa supériorité, et qui s'indigne qu'on la lui dispute : la plupart de ses collègues étaient dans le même cas ; tous en cela d'autant plus coupables qu'ils étaient plus inconséquents »[1]. Le cas de Luther est pire encore : « De toutes les sectes du Christianisme la Luthérienne me paraît la plus inconséquente. Elle a réuni comme à plaisir contre elle seule toutes les objections qu'elles se font l'une à l'autre. Elle est en particulier intolérante comme l'Église Romaine ; mais le grand argument de celle-ci lui manque : elle est intolérante sans savoir pourquoi »[2]. Cela ne l'empêche pas d'affirmer au même lieu : « La Religion protestante est tolérante par principe, elle est tolérante essentiellement, elle l'est autant qu'il est possible de l'être, puisque le seul dogme qu'elle ne tolère pas est celui de l'intolérance ».

Seul, contre la réalité présente et passée de l'histoire du protestantisme, Rousseau s'arroge le droit de dire ce que sont les principes de la Réforme. On ne peut s'empêcher de penser qu'il s'applique ce qu'il dit des premiers réformateurs : « On leur demanda de quelle autorité ils s'écartaient ainsi de la doctrine reçue ? Ils dirent que c'était de leur autorité propre, de celle de leur raison ». À ses yeux à coup sûr, la fidélité aux principes de la Réforme et la prise d'écart avec son histoire concrète sont une seule et même chose.

Pourquoi, après une telle démonstration, Rousseau se donne-t-il la peine de réfuter en détail des accusations qu'il a réfutées en bloc ? Il a récusé ses juges et le principe même de son procès, qu'est-ce qui le pousse à reprendre en particulier leurs chefs d'accusations ? Sans doute ne veut-il pas donner le sentiment de se dérober. Mais, plus fondamentalement, comme il a voulu, une bonne fois, déclarer ce qu'étaient les principes de la Réformation, il veut mettre en lumière avec quelle conséquence il les met en œuvre. C'est sans doute parce qu'elle permet de le faire avec un maximum de clarté qu'il choisit d'accorder une importance centrale à la question des miracles.

1. LEM VI, OC III, p. 715.
2. *Ibid.*, p. 716.

Les miracles : fonction argumentative d'un exemple

Au moins depuis Bayle et Fontenelle, la question des miracles est, strictement, un lieu commun. Lorsque Voltaire affirme tranquillement : « dès que la raison vient les miracles s'en vont », il ne fait que résumer une maxime des Lumières[1]. Peuvent s'y reconnaître aussi bien ceux qui opposent la raison à toute croyance que ceux qui estiment possible une rationalisation de la croyance religieuse.

Les développements de Rousseau sur ce thème ont été jugés par ses commentateurs sans véritable originalité : Jean-Daniel Candaux affirme : « ses arguments ne sont en général pas nouveaux »[2] et Frédéric S. Eigeldinger, conclut la note qu'il consacre à cette question[3] en constatant : « l'historien de la pensée religieuse reconnaît que la critique des miracles par Rousseau s'inscrit dans une tradition et que l'auteur de la Profession de foi n'a guère innové dans le domaine ». Cette appréciation, on le verra, peut se discuter. Mais le but que je poursuivrai est différent. Il me semble possible de montrer que la question des miracles est abordée par Rousseau en rupture avec la tradition que l'on vient d'évoquer, parce qu'il en conçoit l'enjeu de façon différente. Des principaux textes qu'il y consacre (*Profession de foi*, *Lettre à Ch. de Beaumont*, *Lettres écrites de la montagne*), le dernier et le plus développé me paraît le plus propre à mettre ce point en évidence. Rompant avec les commentaires habituels des *Lettres écrites de la montagne*, je proposerai une lecture qui en déplace la problématique : les miracles, à mon sens, ne sont pas l'objet véritable de ces pages mais pour une part le leurre qui dissimule leur véritable objet, pour une autre le dispositif qui permet de viser cet objet.

La place même occupée par ce développement dans les lettres II et III l'indique déjà[4]. La « table des lettres et de leur contenu » citée plus haut met en évidence ce qui peut d'abord paraître une anomalie : la discussion que Rousseau consacre aux miracles aurait pu former l'objet d'une lettre entière qui aurait eu une unité d'objet bien marquée et une longueur identique à celle de la troisième lettre. Au lieu de cela, elle est scindée en deux parties inégales (la première, un peu plus de quatre pages, clôt la seconde lettre ; la seconde en compte près de 25 et forme l'essentiel de la troisième). C'est donc volontairement que Rousseau a refusé de faire

1. *Conformez vous aux temps* (1764), dans *Mélanges*, « Bibliothèque de la Pléiade », Paris, Gallimard, 1961, p. 710.

2. Voir son édition des *Lettres écrites de la montagne* dans le volume III des *Œuvres Complètes* « Bibliothèque de la Pléiade », Paris, Gallimard, (OC III, p. 1608).

3. Article « Miracles », dans *Dictionnaire de J.-J. Rousseau*, sous la dir. de R. Trousson et F.S. Eigeldinger, Paris, Champion, 1996, p. 598.

4. LEM, OC III, p. 722 à 751.

coïncider l'unité textuelle avec celle de l'objet de la discussion. Il en est ainsi parce que l'examen de la question des miracles n'est pas conduit pour lui-même mais pour sa fonction dans la ligne argumentative. Loin d'être une faiblesse de construction, l'économie du texte en souligne le principe d'organisation, qui n'est pas la question des miracles considérée pour elle-même. C'est s'interdire d'emblée la compréhension du texte que d'isoler la question des miracles.

L'examen de la façon dont cette question est amenée puis de la façon dont elle se poursuit est éclairant. C'est explicitement comme exemple que Rousseau aborde la question des miracles : « Tirons de ce fatras un seul article pour servir d'exemple, leur article le plus triomphant, celui pour lequel leurs prédicants se sont mis en campagne, et dont ils ont fait le plus de bruit : les miracles »[1]. Le premier brouillon (R 91 de Neuchâtel) s'arrêtait d'ailleurs ici, Rousseau ayant laissé plusieurs pages blanches destinées à recevoir ce développement. De même, lorsqu'il achève l'examen de la question c'est à nouveau comme "exemple" des « autres accusations » qu'il passe à l'examen de la prière[2]. Si décisif soit-il, ce développement sera beaucoup plus rapide. Deux questions se posent donc : de quoi la question des miracles se veut exemple ? Qu'est-ce qui a motivé le choix de cet exemple ?

Sur le premier point, il faut remonter un peu plus haut dans le texte pour bien déterminer les choses. Rousseau accorde volontiers avoir soulevé dans ses écrits « des objections, des difficultés des doutes »[3]. On l'accuse, dit-il, de faire porter ces doutes sur « des points fondamentaux de la foi ». C'est ce qu'il conteste. Il s'agit pour lui de montrer que ce que l'on présente comme des points fondamentaux de la foi ne le sont pas en effet. C'est ce dont les miracles vont fournir un exemple. Si donc Rousseau s'attarde sur la question des miracles, c'est parce qu'elle présente un exemple privilégié d'un prétendu point fondamental de la foi qui n'en est pas un. Il faut s'attendre à ce que le critère qui permettra de refuser aux miracles un tel statut ait plus généralement un pouvoir discriminant en matière de foi.

Pourquoi privilégier cet exemple parmi « la multitude de points sur lesquels ils [ses adversaires] m'ont attaqué » ? Pour le comprendre, il faut examiner avec soin la présentation ramassée qu'il donne de l'argumentation de ces adversaires (c'est, en l'occurrence, un résumé des deux premières « Lettres sur le christianisme de J-J Rousseau » de Jacob Vernes) : « Dieu ne révèle pas sa volonté immédiatement à tous les hommes. Il leur parle par ses Envoyés, et ces Envoyés ont pour preuve de

1. LEM, OC III, p. 722.
2. *Ibid.*, p. 751.
3. *Ibid.*, p. 721.

leur mission les miracles. Donc quiconque rejette les miracles rejette les envoyés de Dieu, et qui rejette les envoyés de Dieu rejette la Révélation. Or J.-J. Rousseau rejette les miracles »[1].

Dans ce syllogisme, l'invocation des miracles est un moyen : ils garantissent la mission des envoyés de Dieu qui garantissent eux-mêmes la révélation. Contester ce moyen, comme va le faire Rousseau, peut s'inscrire dans trois stratégies d'argumentation distinctes :

– la première porte sur les envoyés de Dieu : il s'agit de montrer que les envoyés de Dieu ne tiennent pas leur autorité des miracles. Deux conceptions des envoyés de Dieu doivent alors être opposées : l'une enveloppe le recours au miracle, l'autre le récuse.

– la seconde porte sur la révélation : il s'agit alors de montrer que la révélation est indépendante des miracles. Ici encore il faudra distinguer deux conceptions antagonistes de la révélation. On verra que l'une implique le surnaturel, l'autre non.

– la troisième ligne d'argumentation, plus radicale, vise la thèse elle-même selon laquelle « Dieu ne révèle pas immédiatement sa volonté à tous les hommes ». C'est alors l'idée même de révélation qui est en question,

Je tenterai de montrer que Rousseau met en œuvre conjointement ces trois stratégies. Il se livre à un véritable travail de déconstruction de la notion de miracle qui tend à re-former les notions d'envoyé de Dieu et de révélation. On pourrait même dire que le miracle est ici un leurre et que les véritables objets de Rousseau sont la figure des envoyés de Dieu et la notion de révélation. Plus essentiellement encore l'argumentation porte sur la thèse elle-même et tend à conforter une idée bien singulière, celle de « révélation immédiate ».

Miracles et envoyés de Dieu

Le premier enjeu de la question des miracles c'est donc les envoyés de Dieu. Jacob Vernes fait des miracles un principe d'authentification de leur mission. C'est ce que Rousseau commence par contester. Mais au juste qui sont ces envoyés de Dieu ? La question va recevoir plusieurs réponses successives.

En un premier sens, ces envoyés de Dieu sont « les réformateurs ». Calvin, Farel, Froment, sont donnés en exemple. Ils sont bien des envoyés de Dieu en ce qu'ils parlent au nom d'une mission. Ils se reconnaissent comme tels. Mais, de leur propre dire, ils ne sont pas des envoyés de Dieu investis d'une mission extraordinaire. Qu'est-ce qu'une mission ordinaire ?

1. LEM, OC III, p. 722.

c'est celle que l'on reçoit de « la conscience, la raison, la lumière intérieure »[1], « elle est dans l'impulsion d'une conscience droite, dans les lumières d'un entendement sain »[2]. On remarquera au passage que dans ces textes Rousseau conjoint constamment la conscience et la raison que, dans la *Profession de foi,* il avait pris soin de distinguer par leur fonction (l'une prescrivait, l'autre permettait) et par leur champ d'application : la conscience nous portait à nous décider sur ce que la raison ne pouvait que laisser dans le doute[3]. La ligne des *Lettres écrites de la montagne* est plus "rationaliste" que celle de la *Profession de foi*. Non seulement le recours au miracle n'est pas enveloppé par cette conception de la mission, mais il est totalement contradictoire avec elle. Toute la fin de la seconde lettre est consacrée à mettre en évidence cette conception de la mission divine.

Suivre l'impulsion de sa conscience, les lumières de son entendement, voilà ce qui définit, nous l'avons vu, le « véritable esprit de la réformation ». Que ses commentateurs réformés émettent des doutes sur cette définition n'y change rien : telle est la conception de la Réforme que se fait Rousseau. C'est, sans rien y changer, celle qu'il donne de la mission des « envoyés de Dieu » que sont les premiers réformateurs. La suite évidente de ce rapprochement est que le même principe définit la mission des envoyés de Dieu, au sens où un réformé doit l'entendre, et gouverne la foi de tout chrétien réformé. C'est la conscience qui donne la mission, c'est l'entendement qui la dirige. On doit même en déduire cette conclusion remarquable : *tout homme est, à sa façon, un envoyé de Dieu.*

La troisième lettre semble avoir affaire à un autre type d'envoyés de Dieu[4]. On serait tenté, d'après ce qui précède, de leur reconnaître une « mission extraordinaire ». Leur mission est d'être les médiateurs de la révélation (laissons en suspens ce qu'il faut mettre sous ce terme). Comme médiateurs, ils doivent pouvoir être accessibles à des esprits différents et mettre en œuvre des preuves de différents "genres" (qui renvoient à différents genres de connaissance)[5]. Rousseau en distingue trois :

1. LEM, OC III, p. 723.
2. *Ibid.*, p. 724.
3. Sur ce point voir mon édition de la *Profession de foi du vicaire savoyard*, Paris, GF-Flammarion, 1996, introduction, p. 33-34 et note 127. En parallèle, le texte du préambule du *Contrat social*, voir également mon édition, Paris, GF-Flammarion, 2001, note 6.
4. LEM, OC III, p. 727-729.
5. *Ibid.*, p. 727. Il y a dans ce texte une résonance spinoziste qui n'est pas rare chez Rousseau, non seulement dans l'ordre politique comme on sait depuis longtemps mais aussi dans la façon d'envisager la rationalité comme processus. À ce sujet, voir A. Charrak, « Nature, raison, moralité dans Spinoza et Rousseau », *Revue de Métaphysique et de Morale*, n°3, 2002, p. 411-426.

– Pour qui sait "raisonner", la preuve adéquate est dans la nature de la doctrine ; « son utilité, sa beauté, sa sainteté, sa vérité, sa profondeur ».

– Pour les « gens bons et droits », la sainteté de l'envoyé est une preuve en leur faveur. Cette preuve est cependant beaucoup plus faible parce que l'imposture existe et que la droiture ne préserve pas de la naïveté.

– Pour ceux qui sont gouvernés par les sens et l'imagination, les miracles peuvent être déterminants. Ils ne sont pas nommés ici, mais une définition en est proposée. Ils sont l'effet d'« une émanation de la Puissance divine, qui peut interrompre et changer le cours de la nature à la volonté de ceux qui reçoivent cette émanation ». Mais cette preuve est encore plus litigieuse que la seconde. Son examen est renvoyé à la suite. J'y reviendrai avec l'examen de cet examen !

C'est alors que Rousseau considère cet envoyé de Dieu par excellence qu'est Jésus [1]. D'emblée il aborde les miracles, re-qualifiés comme *signes*. La thèse ne porte pas sur la réalité des miracles de Jésus mentionnés par les Évangiles. À ce stade, ils ne sont ni niés ni affirmés. Leur possibilité est seulement envisagée : « s'il a fait des miracles durant sa vie » [2], mais c'est pour aussitôt affirmer qu'ils ne sont jamais évoqués pour authentifier sa qualité d'envoyé de Dieu : « il n'en a point fait en signe de sa mission ». C'est d'ailleurs la thèse qui est de bout en bout défendue : « Il ne s'annonça pas par des miracles mais par la prédication » [3] ; il « déclare qu'il n'a point de signe à donner » [4] ; « la preuve est donc dans la parole et non dans les miracles » [5]. Comme envoyé de Dieu, Jésus ne donne pour garantie de son enseignement que la vérité de sa parole ; ses preuves s'adressent au jugement des hommes, non à leur imagination.

Est-ce à dire qu'il ne vérifie pas le second caractère des envoyés de Dieu ? Tout au contraire, c'est sans nul doute à lui que s'applique ce passage, écho direct de la *Profession de foi* : « leur sainteté, leur véracité, leur justice, leurs mœurs pures et sans tache, leurs vertus inaccessibles aux passions humaines sont, avec les qualités de l'entendement, la raison l'esprit le savoir la prudence, autant d'indices respectables, dont la réunion, quand rien ne s'y dément, forme une preuve complète en leur faveur, et dit qu'ils sont plus que des hommes » [6]. Aussi les miracles attribués à Jésus, s'ils ne sont en aucune façon preuve de la vérité de son enseignement, manifestent sa bonté : « C'étaient simplement des actes de bonté, de charité,

1. LEM, OC III, p. 730-736.
2. *Ibid.*, p. 732.
3. *Ibid.*, p. 730.
4. *Ibid.*, p. 731.
5. *Ibid.*, p. 734.
6. *Ibid.*, p. 728.

de bienfaisance » ; « C'étaient des vertus plus que des miracles » [1]. Mais ce second caractère des envoyés de Dieu, parce qu'il porte sur l'envoyé et s'adresse à la bonté du cœur, qui peut être trompé, reste inopérant. Au bout du compte, une seule chose fait assurément de Jésus un envoyé de Dieu : la sainteté et la vérité de sa doctrine.

Ainsi, loin de remettre en question ce qui avait été dit des envoyés de Dieu dans la seconde lettre, la troisième le confirme et voit en Jésus une preuve insigne de sa vérité. Le caractère extraordinaire de sa mission ne tient en aucune façon aux moyens qu'il emploie pour la remplir mais seulement à son objet : la prédication de l'Évangile.

Miracles et révélation

L'examen de la question des miracles vient de permettre d'élucider le statut des envoyés de Dieu, permettra-t-elle d'en faire autant pour l'idée de révélation ?

Le syllogisme attribué à Vernes au début de l'enquête sur les miracles ne reliait les miracles à la révélation que par la médiation des envoyés de Dieu. Il aurait donc été logique de borner la discussion à celle que nous venons de retracer. Or Rousseau, loin de s'y tenir, envisage une relation distincte et directe entre miracles et révélation et fait de l'idée même de miracle un problème qu'il envisage longuement[2]. La question à examiner est donc double : quelle est exactement la nature du lien entre miracles et révélation ? Qu'est-ce que la récusation des miracles induit pour la notion même de révélation ?

On répète souvent que l'argumentation de Rousseau sur les miracles n'est pas originale. Encore une fois, c'est sans doute une mauvaise perception de son véritable objet qui motive ce jugement. Et pour commencer, il convient de prêter une attention un peu soutenue à sa définition de la notion même de miracle. Celle-ci, il faut y prendre garde, est donnée en deux fois, la première éclairant la seconde.

C'est la présentation du troisième caractère des envoyés de Dieu qui est, on l'a vu, l'occasion de la première définition des miracles. Ce n'est pas du miracle comme événement, contrairement à la conception traditionnelle, que Rousseau part, mais de la faculté de faire des miracles qui est attribuée aux envoyés de Dieu; elle est (ou plutôt serait, Rousseau la traitant d'emblée d'équivoque) « une émanation de la Puissance divine, qui peut interrompre et changer le cours de la nature à la volonté de ceux qui

1. LEM, OC III, p. 735.
2. *Ibid.*, p. 736-751.

reçoivent cette émanation ». Le couple émanation / puissance doit d'abord retenir l'attention. Il contient en lui une logique de l'immanence. L'émanent renvoie à l'immanence comme principe de sa production. Définir le divin comme puissance c'est dire que la puissance divine ne s'applique pas à un objet qui lui serait extérieur, le monde, mais se déploie sur le mode de l'extension. C'est exactement ainsi que, dans un texte célèbre, la *Profession de foi du Vicaire savoyard* parlait de la puissance divine[1] : « La bonté est l'effet nécessaire d'une puissance sans borne et de l'amour de soi essentiel à tout être qui se sent. Celui qui peut tout étend, pour ainsi dire, son existence avec celle des êtres. Produire et conserver sont l'acte perpétuel de la puissance... ». On a souvent souligné les résonances malebranchiennes de ces formules[2]; il faudrait tout autant marquer l'usage fort peu malebranchien que Rousseau en fait. Il y a loin du sens dynamique donné ici à la notion d'extension au sens distributif que lui accorde Malebranche[3]. Pour Rousseau, Dieu étend son existence *avec* celle des êtres, il ne les pose pas hors de lui[4]. Sa puissance, par sa nature même, est indivisible, elle n'a pas d'extériorité. Et cela n'est pas vrai de la seule puissance divine mais, aux yeux de Rousseau, appartient au concept même de puissance[5]. C'est pourquoi une puissance ne se délègue pas comme peut le faire le pouvoir, elle se répand par ses émanations. Le *Contrat social* (II, 2) récusait ainsi ceux qui croyaient pouvoir diviser la souveraineté en parties, méconnaissant son caractère de puissance : « Cette erreur vient de ne s'être pas fait des notions exactes de l'autorité souveraine, et d'avoir pris pour des parties de cette autorité ce qui n'en était que des émanations ». C'est le même principe qui fait que « La Souveraineté ne peut être représentée »[6]. Dieu non plus : sa puissance ne saurait se commettre. Il peut avoir des envoyés, pas des représentants. Si donc la puissance de faire des miracles devait exister, il faudrait la penser comme *émanation* de la puissance divine. D'où l'étrange syntagme, logiquement et linguistiquement : « recevoir une émanation ». Les miracles émanent de la même

1. *Émile,* OC IV, p. 588.

2. Au demeurant, plus qu'aux références proposées par Charles Wirz dans son annotation (OC IV, p. 1545), c'est à la IXe *Méditation Chrétienne*, Œuvres Complètes, t X, Paris, Vrin, 1967, qu'il faut d'abord se reporter.

3. *Entretiens sur la mort* II, p. 403, OC, XII-XIII, Paris, Vrin, 1976. « Dieu est tellement étendu dans l'Univers qu'il est tout entier partout ».

4. Pour Malebranche, au contraire, le Créateur « sort pour ainsi dire hors de lui-même ». *Entretiens sur la métaphysique et sur la religion*, OC, X, p. 226.

5. Pour Malebranche, il n'y a « point d'idée claire de puissance » (*Méditation Chrétienne IX).* Rousseau estime sans doute avoir trouvé dans le politique le moyen de surmonter l'obstacle que constituait le référent physique.

6. CS, III, 15.

puissance qui crée et conserve l'ordre du monde. Pourront-ils être distingués de cette création et de cette conservation ?

C'est exactement le problème que pose la seconde définition des miracles (encore une fois hypothétique ou plutôt nominale : il s'agira de savoir si un objet peut la remplir) que Rousseau donne au moment d'en engager l'examen frontal : « Un miracle est, dans un fait particulier, un acte immédiat de la puissance divine, un changement sensible dans l'ordre de la nature, une exception réelle et visible à ses Lois. Voilà l'idée dont il ne faut pas s'écarter si l'on veut s'entendre en raisonnant sur cette matière »[1]. L'immédiateté renvoie au couple puissance / émanation et à la logique de l'immanence. Les notions de changement et d'exception, qu'implique la notion de miracle, entrent manifestement en conflit avec la conception de la puissance divine comme production et conservation. Aussi bien cette définition est-elle d'emblée donnée comme problématique : « Cette idée offre deux questions à résoudre. La première : Dieu peut-il faire des miracles ? [...]. Seconde question : Dieu veut-il faire des miracles ? C'est autre chose ». Si Rousseau donne sans ambages une réponse positive à la première question, c'est que, pour la puissance divine, pouvoir et possibilité sont ramenés à l'identité. Cela signifie simplement qu'il n'y a pas lieu de distinguer la puissance créatrice de la généralité des lois et celle de la particularité des faits dits miraculeux. Pour la puissance divine la distinction de l'ordre et de l'événement tombe. On remarquera que cette argumentation ne récuse pas le miracle comme recours au surnaturel, ni ne voit en lui une contradiction de Dieu avec lui-même comme défaisant l'ordre qu'il a fait. Rousseau vide plutôt de tout contenu la catégorie de surnaturel : au regard de la puissance divine, nature et surnature ne se différencient pas. La seconde question (Dieu veut-il faire des miracles ?) ne peut avoir de sens que dans la perspective d'une pédagogie divine : le miracle comme preuve de la révélation. Or on a déjà vu, s'agissant des envoyés de Dieu et particulièrement dans le cas de Jésus, l'inadéquation de la preuve à son objet. La suite montrera son inanité. Mais il faut revenir d'abord sur la notion même de miracle par le biais de la terminologie.

Au terme de miracle Rousseau associe successivement ceux de signe, vertu, prestige et prodige. Qualifier les miracles de signes, c'est s'inscrire dans la stricte tradition scripturaire. Lorsque Jésus exprime son refus de donner des miracles comme preuve de sa mission[2], références faites en note à Marc (VIII, 12) et Matthieu (XVI, 4), c'est bien le terme de *séméïon* qui est à chaque fois utilisé. On sait d'ailleurs que Paul dans la première

1. LEM, OC III, p. 736-737.
2. *Ibid.*, p. 731.

épître aux Corinthiens (I, 22) théorise ce refus des signes (encore une fois *séméïon*) que réclament les juifs comme des raisons (*logoi*) que réclament les grecs. Et Paul très logiquement renvoie (I, 25) les uns à la puissance (*dunamis*) et les autres à la sagesse (*sophia*). Les miracles sont des signes au sens où ils manifestent une puissance. Aux yeux de Rousseau, si Jésus refuse de donner des signes c'est que cela supposerait de mettre d'un côté la puissance et de l'autre la prédication, ce serait donc supposer que la prédication n'est pas une émanation de la puissance divine alors qu'elle en est au contraire la manifestation par excellence. Quand il choisit au contraire le terme de vertu pour parler des seuls miracles qu'il envisage comme ayant été réalisés par Jésus, le langage de Rousseau semble au contraire insolite[1]. Candaux, reprenant Claparède et Bergeon, ironise sur cette traduction fautive révélant la méconnaissance du grec par Rousseau[2]. Dans la perspective de Rousseau l'emploi du terme *vertu* se justifie parfaitement. Par le contexte d'une part : il vient de montrer que ces actes n'étaient pas motivés par la volonté de prouver mais étaient des « actes de bonté de charité de bienfaisance ». Par une thèse beaucoup plus essentielle encore exposée dans le passage de la *Profession de foi* déjà cité : en Dieu la bonté et la puissance sont une seule et même chose. « La bonté est l'effet nécessaire d'une puissance sans borne ». Quant au contresens incriminé, on peut discuter. Dans les textes invoqués par Rousseau ici (Luc X ; 25, 32, 38), Jésus emploie le terme d'*ergon* pour désigner des actes dignes de son père. C'est aller vite en besogne que d'y substituer *dunamis* ! C'est surtout méconnaître que la *virtus* (Rousseau connaissait bien le latin) peut précisément constituer le terme adéquat pour rendre compte de cette unité de la puissance et de la bonté. *En discriminant les signes des manifestations de la vertu Rousseau oppose deux conceptions radicalement opposées de la puissance divine qui font éclater l'unité de la notion de miracle.*

Les notions de *prestige* et de *prodige* viennent achever la déconstruction de la notion de miracle. Elles sont étroitement corollaires : le prestige renvoie à la production de faits extraordinaires, le prodige à leur perception. Le prestige les désigne comme artefacts, le prodige comme effets d'imagination. Les pages mordantes qui leur sont consacrées réunissant sous une même rubrique la chimie amusante et les miracles de Josué, ont précisément pour objet de mettre la conception vulgaire des miracles sous le signe de la puissance artificieuse et de l'imagination[3]. C'est parce qu'il ne percevait pas les enjeux de l'argumentation que Voltaire a été incapable de voir la dérision et l'autodérision qui gouvernent la figure du Rousseau

1. LEM, OC III, p. 735.
2. OC III, p. 1613.
3. LEM, OC III, p. 739-743.

sorcier[1]. Les arguments employés dans ces pages sont à coup sûr traditionnels : pour constater une infraction aux lois de la nature il faudrait les connaître toutes, cela est hors de notre portée ; considérer un fait comme miraculeux c'est borner le champ du possible, ce que nous ne saurions faire ; c'est l'imagination qui nous pousse à voir du miraculeux parce que « l'esprit voit du prodige là où le cœur nous fait désirer fortement d'en voir »[2]. Mais la cause à laquelle il sont employés ne l'est pas. Rousseau, encore une fois, ne s'attache pas dans ces pages à donner une énième réfutation des miracles et à montrer l'incompatibilité d'une telle notion avec celle de lois de la nature et la possibilité même de la science. Cela était la ligne des Lumières, de Bayle à Voltaire. Son objet est tout autre : c'est la fausse conception du divin et de la puissance divine qui y est à l'œuvre qu'il veut mettre en évidence. En cela, sa démarche est beaucoup plus proche de celle de Spinoza (dont on pourrait à plusieurs reprises dans cette lettre percevoir des échos).

Dieu se révèle immédiatement à tous les hommes

Je voudrais pour finir tenter de dégager la portée positive de la déconstruction de la notion de miracle. C'est un travail d'interprétation ; il en comportera les risques.

Au début de la deuxième lettre, face à l'obscurité des principes de la religion de Genève défendue par ses adversaires, Rousseau a voulu poser dans la plus grande clarté ce que sont à ses yeux les « principes de la réformation ». Nous avons déjà lu ces principes. Tentons d'en faire une nouvelle lecture. « Voilà donc l'esprit particulier établi pour unique interprète de l'Écriture ; voilà l'autorité de l'Église rejetée ; voilà chacun mis, pour la doctrine, sous sa propre juridiction. Tels sont les deux points fondamentaux de la Réforme : reconnaître la Bible pour règle de sa croyance, et n'admettre d'autre interprète du sens de la Bible que soi ». Encore une fois, laissons de côté la question de l'orthodoxie réformée de Rousseau : c'est de *sa* conception de la Réforme qu'il s'agit ici. Deux principes donc : la Bible, la conscience. Dans l'ordre de présentation adopté (il est très classique), la Bible est un donné auquel la libre interprétation s'applique. La révélation est donc le principe selon lequel la règle est donnée, le libre examen étant le principe selon laquelle elle est reçue. Mais comment ce second principe se met-il en œuvre ? Nous l'avons également vu, c'est en obéissant à « la conscience, la raison, la lumière

1. LEM, OC III, p. 738 et note.
2. *Ibid.*, p. 742.

intérieure ». *La règle de l'interprétation se trouve donc établie en critère de la règle révélée. L'ordre des principes se trouve par là même inversé en ce sens que cela seul sera reçu comme révélé que la lumière intérieure reconnaît pour vrai.* Cette conséquence n'est pas à proprement parler explicitée, mais elle est rigoureusement mise en œuvre. Le choix de la question des miracles apparaît alors sous un nouveau jour. La notion de miracle a en effet cette parenté profonde avec celle de révélation qu'il s'agit dans les deux cas d'une *manifestation* divine. La révélation est manifestation de la sagesse divine, son effet est de vérité; le miracle est manifestation de la puissance divine, son effet est de persuasion. Entrer dans le questionnement sur les miracles par le statut des envoyés de Dieu, c'est directement confronter ces deux modèles. Qu'en résulte-t-il? Concernant les envoyés ordinaires de Dieu que sont les réformateurs on a vu que la réponse est radicale : c'est de l'impulsion de leur conscience seule qu'ils se réclament. Les envoyés extraordinaires présentent bien deux autres caractères, mais ceux-ci sont minorés ou disqualifiés par le fait qu'ils s'adressent à la bonté ou à l'imagination. Reste donc, une fois encore, la seule vérité de la doctrine qui ne s'adresse qu'aux lumières de l'esprit. L'attitude de Jésus vis-à-vis des miracles est là pour valider cette thèse : c'est dans la parole que se trouve la preuve. Il y a là une logique d'épuisement de la révélation par le principe de la lumière intérieure. Faut-il en conclure que la notion de révélation perd toute consistance? Ce n'est pas si simple. Il me semble plutôt qu'on voit émerger une notion proprement paradoxale de *révélation immédiate*. Pour le montrer, un rapide passage par la question de la prière, qui suit immédiatement celle des miracles, peut être utile[1].

On accuse Rousseau de « rejeter la prière ». Il le récuse, cette fois encore, au prix d'une redéfinition de la notion elle-même. Il est une forme de prière qu'il refuse avec autant de douceur que de fermeté, c'est la prière de demande; il en est une autre qu'il défend c'est la prière d'adoration. Cette discrimination (classique elle aussi) renvoie à deux représentations opposées de la puissance divine : la prière de demande réclame l'intervention de la puissance divine comme si l'ordre du monde n'était pas déjà son expression, la prière d'adoration ou d'hommage est reconnaissance (au double sens du terme) de ce que la puissance de Dieu est tout uniment sa bonté. *C'est toujours la conception de la puissance divine qui est l'enjeu des débats théologiques qui, aux yeux de Rousseau, valent la peine d'être menés.*

Repris sous cet éclairage, le premier caractère des envoyés de Dieu, le seul qui ait au bout du compte une véritable valeur, dit peut-être plus que je

1. LEM, OC III, p. 751-752.

n'y avais d'abord lu. « Le premier, le plus important, le plus certain de ces caractères se tire de la nature de cette doctrine; c'est-à-dire, de son utilité, de sa beauté, de sa sainteté, de sa vérité, de sa profondeur, et de toutes les autres qualités qui peuvent annoncer aux hommes les instructions de la suprême sagesse, et les préceptes de la suprême bonté ». L'enseignement des véritables envoyés de Dieu, c'est sans aucun doute l'évangile proclamé par Jésus qui est ici visé, est la manifestation de la sagesse et de la bonté divines. Si la notion de révélation doit avoir un sens chez Rousseau, c'est de signifier cette double dimension de la puissance divine en tant qu'elle s'adresse aux hommes et que ceux-ci peuvent la reconnaître. Rien, dira-t-on, de bien nouveau? Il faut y regarder de plus près. Puissance et bonté divines, on l'a vu, sont identiques. Les manifestations les plus hautes de la bonté divine sont donc aussi celles de sa suprême puissance. Or, en ce qui regarde l'homme, c'est par « les instructions de la suprême sagesse » et « les préceptes de la suprême bonté » que la puissance divine se manifeste au plus haut degré. Ceux qui veulent chercher dans les miracles la preuve de la puissance divine se trompent avant tout parce qu'ils ne savent pas reconnaître cette puissance où elle réside, dans ces "instructions" et ces "préceptes". Or, ces instructions et ces préceptes, comment les hommes peuvent-ils les recevoir? Nous l'avons vu : en consultant « la conscience, la raison, la lumière intérieure » [1]. C'est dans l'esprit de chaque homme que la puissance de Dieu se manifeste. On peut dire qu'elle se révèle « dans l'impulsion d'une conscience droite, dans les lumières d'un entendement sain » [2]. L'impulsion de la conscience correspond à la suprême bonté dont elle porte les préceptes, et les lumières de l'entendement à la suprême sagesse dont elles dispensent les instructions. Il y a bien une révélation chez Rousseau, mais ce n'est pas une révélation médiate et extérieure, mais une révélation immédiate et intérieure. Certes les envoyés de Dieu, au premier rang desquels Jésus, peuvent servir d'adjuvant à cette révélation intérieure (ce thème, central dans la dernière partie de la *Profession de foi*, est mineur dans les *Lettres écrites de la montagne*), mais ils ne sauraient rien y ajouter.

Il n'y a pas de transcendance du divin chez Rousseau, parce que la puissance divine se manifeste dans tous les êtres de façon immanente.

Bruno BERNARDI

1. LEM, OC III, p. 723.
2. *Ibid.*, p. 724.

CHAPITRE IV

FAUX DÉLIT, PEINE ARBITRAIRE : LA PROCÉDURE EN QUESTION

LETTRES DE LA MONTAGNE, IV ET V

Dans les trois premières *Lettres de la montagne*, Rousseau a prouvé que les accusations de Tronchin étaient fausses : il n'attaque pas la religion chrétienne mais défend au contraire la sublimité de l'Évangile, et s'il a commis des erreurs sur la foi, celles-ci ne sont en rien nuisibles à la société [1]. Dans les lettres IV et V, il change de stratégie : il ne cherche pas à prouver son innocence, mais se supposant coupable, il montre que la procédure intentée contre lui n'a respecté ni le droit ni les institutions de Genève. C'est là pour sa défense un argument *a fortiori* décisif : « Jugez de ce qu'une procédure injuste contre un coupable doit être contre un innocent ! » [2].

Ainsi, c'est sur la qualification du délit, la nature de la peine et la légitimité des magistrats du Petit Conseil à se prononcer dans cette affaire que Rousseau s'arrête dans ces deux lettres. C'est à la première des *Lettres de la campagne* qu'il répond directement. Dans celle-ci, Tronchin examine les critiques formulées dans les *Représentations* à l'encontre de la procédure engagée contre Rousseau. Pour le procureur général de Genève, cette procédure est en tous points régulière.

Elle l'est dans son *contenu*, puisque la question n'est pas d'examiner si la liberté de tout écrire est légitime, mais « de savoir si le Jugement du Conseil contre les ouvrages de M. Rousseau et le décret sur sa personne sont contraires à nos lois » [3]. Ce n'est nullement le cas selon Tronchin : le

1. LEM, *op. cit.*, p. 711.
2. *Ibid.*, p. 800.
3. *Lettres de la campagne*, I, *op. cit.*, p. 30.

Conseil a condamné Rousseau puisqu'il ne vit pas selon l'Évangile qu'il critique avec audace.

Elle l'est également dans sa *forme* car, contrairement à ce que disent les Représentants, elle est en accord avec l'article 88 des Ordonnances ecclésiastiques[1] : certes, celui-ci stipule que celui qui dogmatise contre la doctrine doit être appelé au Consistoire avant d'être convoqué devant le Conseil. Mais l'esprit de l'article n'est pas de limiter la puissance exécutive, à qui il appartient de punir ceux qui menacent, comme Rousseau, la société genevoise.

Il ne s'agit pas pour Rousseau d'en appeler à l'équité contre l'injustice qui lui est faite, mais de prouver, d'une part que le délit n'en est pas un, d'autre part qu'à supposer qu'il y ait délit, la peine notifiée par le Petit Conseil n'est pas proportionnée à la faute commise, enfin qu'en tout état de cause, les magistrats n'avaient aucunement le droit de le sanctionner, si l'on en croit les Ordonnances ecclésiastiques de 1541 et les Édits politiques de 1543, d'inspiration calviniste, qui fixent la répartition des pouvoirs dans la République de Genève. Argumenter de cette manière, c'est prouver que le Petit Conseil et Tronchin non seulement se sont trompés sur la culpabilité de Rousseau, mais encore se sont attribués des compétences que la République ne leur reconnaît pas. Et c'est là tout l'enjeu de ces deux lettres, politique tout autant que juridique : elles vérifient à partir d'un cas singulier ce que le *Contrat social* a montré, à savoir que tout gouvernement dans un régime républicain finit par dégénérer et usurper les pouvoirs du Souverain. *Autrement dit, la condamnation du* Contrat social *prouve sa vérité, et disculpe radicalement son auteur*. Rousseau le rappellera à Tronchin dans la lettre VI : le *Contrat social*, c'est en quelque sorte l'histoire de Genève puisqu'il décrit à la fois ses institutions et la lente marche vers le despotisme qui menace toute constitution républicaine, même la mieux établie[2]. La condamnation du *Contrat social* et de l'*Émile* est aux yeux de Rousseau la preuve irréfutable que la dégradation de la République est proche.

Ainsi, dans la quatrième lettre, Rousseau montre que le délit qu'on lui impute n'est qu'une erreur sur la foi, qu'en conséquence, c'était au Consistoire et non au Conseil d'en juger, et que Tronchin, pour justifier la procédure intentée, dissimule et blasphème[3]. Dans la cinquième lettre, il

1. *Lettres de la campagne*, I, *op. cit.*, p. 13.

2. LEM, OC III, p. 809. Sur cette question, voir ci-dessous le commentaire de B. Bernardi.

3. « Car quel blasphème n'est-ce pas de supposer l'Évangile et le recueil de mes livres si semblables dans leurs maximes qu'ils se suppléent mutuellement, et qu'on en puisse indifféremment brûler un comme superflu, pourvu que l'on conserve l'autre ? », *ibid.*, p. 764-767.

reprend sa démonstration en insistant sur la comparaison entre la procédure menée en 1563 contre Jean Morelli et celle qui est menée contre lui en 1762 : si Jean Morelli a été correctement jugé, avec toute la douceur et la bienveillance réclamées en pareil cas, en revanche Rousseau deux cents ans après a été condamné à une peine sévère sans rapport avec le délit supposé, après une procédure injuste. Ce sont deux siècles d'une lente dégénérescence, théorisée dans le *Contrat social*, que cette comparaison permet d'apprécier. Aussi bien, si Rousseau dans ces deux lettres ne se défend pas *stricto sensu*, en revanche il défend la République de Genève contre elle-même, en l'occurrence contre Tronchin et le Petit Conseil.

Écrire n'est pas machiner

Le début de la quatrième lettre en définit l'objet: supposons, dit Rousseau, que je sois coupable et voyons la punition que je mérite. Mais pour cela, il faut d'abord déterminer la nature du délit. On l'accuse d'avoir violé son serment de Bourgeois (ou plutôt, comme il le précise lui-même, celui que ses ancêtres ont prêté lorsqu'ils sont devenus des Bourgeois [1]) dont le premier article spécifie que tout citoyen de Genève s'engage à vivre selon les principes de la Réforme et à ne rien faire ou dire qui les mette en question. C'est au Conseil qu'il appartient de juger si ce serment est respecté ou s'il est violé. Autrement dit, c'est le seul délit dans le cas présent qu'il est à même de juger. Il suffit donc à Rousseau de montrer que ce serment n'a pas été violé pour déplacer la question et interroger la légitimité du Conseil à condamner, comme il l'a fait, l'*Émile* et le *Contrat social*.

Or, de toute évidence, Rousseau n'a pas trahi le serment de ses ancêtres.

D'abord, il s'est toujours efforcé de vivre selon la Réforme, confession qu'il a rejointe en 1754 (il avait abjuré en 1728). Il s'en expliquera dans *les Confessions*, au livre VIII : c'est parce qu'il déplorait n'être plus citoyen de Genève, étant devenu catholique, qu'il résolut de reprendre le culte de ses pères. Je pensais, dit-il, que

> l'Évangile étant le même pour tous les Chrétiens, et le fond du dogme n'étant différent qu'en ce qu'on se mêlait d'expliquer ce qu'on ne pouvait entendre, il appartenait en chaque pays au seul souverain de fixer et le culte et ce dogme inintelligible, et qu'il était par conséquent du devoir du citoyen d'admettre le dogme et de suivre le culte prescrit par la loi (...). Voulant être citoyen je devais être protestant et rentrer dans le culte établi dans mon pays [2].

1. LEM, OC III, p. 755.
2. *Les Confessions*, OC I, p. 392.

C'est par amour pour sa patrie qu'il épouse à nouveau la religion réformée. Ne pas vivre selon la Réforme, c'est ne pas se comporter en citoyen. Il paraît difficile d'accuser Rousseau, comme le fait Tronchin, de manquer à la Réforme à laquelle il s'est volontairement converti en 1754 et qu'il n'a jamais séparée des institutions genevoises.

Et quand bien même il aurait écrit, par erreur, contre la religion réformée, il ne pourrait être accusé d'avoir manqué au serment de ses ancêtres. C'est bien pour cela que le serment sépare les deux articles: « vivre selon la Réformation », « ne faire, ne souffrir aucune pratique, machination ou entreprise contre la Réformation ». Même s'il est prouvé que Rousseau a écrit *contre* la Réforme (ce qui n'est pas, comme l'ont montré les trois premières lettres), on ne peut de là conclure qu'il ne s'est pas conduit *selon* la Réforme. La distinction est importante : Rousseau est bien, quoi qu'on en dise, le citoyen de Genève qui signait ainsi les deux discours et le *Contrat social* mis en accusation par le Conseil.

Il se trouve qu'en outre il n'a pas violé le deuxième article du serment des Bourgeois, justement parce qu'il signe ce qu'il écrit. Cet article parle de "machinations". Or, un livre ne peut être une machination puisqu'il est public. Rousseau n'est pas un auteur anonyme, et c'est bien pour cette raison qu'il ne peut être soupçonné de complot. La publicité des écrits commande un statut juridique spécifique : en tout état de cause, l'*Émile* et le *Contrat social* ne peuvent être confondus avec ces ouvrages, qui sont « dictés par l'esprit de parti, par la haine » et qui « vont à la faveur de l'anonyme porter dans le public le poison de la calomnie et de la satyre »[1]. Celui qui machine se cache: écrire et signer, ce n'est pas machiner. Rousseau raisonne devant ses contemporains, il ne dogmatise pas, comme le font ceux qui entendent tromper un peuple trop souvent facile à séduire. L'auteur d'un livre

> n'attroupe point, il n'ameute point, il ne force personne à l'écouter, à le lire; il ne vous recherche point, il ne vient que quand vous le recherchez vous-même ; il vous laisse réfléchir sur ce qu'il dit, il ne dispute point avec vous, ne s'anime point, ne s'obstine point, ne lève point vos doutes, ne résout point vos objections, ne vous poursuit point[2].

Le vicaire l'a souvent répété : je n'enseigne pas mes sentiments, je les expose[3]. Tronchin tient à séparer le livre et l'auteur : ce n'est pas l'homme

1. LEM, OC III, p. 791-792.
2. *Ibid.*, p. 782.
3. *Émile*, OC IV, p. 581.

que le Petit Conseil a condamné, c'est l'écrit[1]. Cette distinction pour Rousseau n'a pas lieu d'être: signer ses livres, c'est les revendiquer publiquement et s'en déclarer responsable – ce que l'auteur anonyme ne veut ou ne peut pas faire[2].

Voilà qui milite très certainement pour une entière liberté d'expression pour ceux qui signent leurs ouvrages. Tronchin s'est exprimé sur cette question dans ses *Lettres de la campagne.* Rousseau rapporte ses propos : « la politique et la philosophie pourront soutenir cette liberté de tout écrire, mais nos lois l'ont réprouvée »[3]. Mais existe-t-il des lois à Genève qui réprouvent cette liberté d'expression et qui forcent à punir les auteurs des livres ? Rousseau pose la question à juste titre[4]. Il est d'autant plus fondé à la poser qu'il a montré dans le *Contrat social* et la *Lettre à d'Alembert* que les questions d'opinion publique ne se règlent pas par des lois et des édits[5]. Là encore, le Conseil semble avoir outrepassé les pouvoirs que lui accorde la Constitution républicaine de Genève: car la censure, c'est l'œuvre du législateur qui doit s'efforcer de maintenir les mœurs en empêchant les opinions de se corrompre. Il s'occupe en secret de cette quatrième sorte de lois « qui ne se grave ni sur le marbre ni sur l'airain mais dans les cœurs des citoyens »[6].

Quand bien même on admettrait que la censure se règle au tribunal pénal et qu'elle fait partie des attributions du gouvernement, pourquoi faut-il condamner l'*Émile* et le *Contrat social*? Rousseau ne complote pas, la *Profession de Foi* se conclut sur une justification des cultes établis et le *Contrat social* défend les lois. Au pire, ces livres, qui ne sont pas dangereux, sont inutiles. Le délit si terrible se réduit à une erreur sur la foi et ce n'est pas au Conseil qu'il appartient d'en juger. La procédure intentée contre Rousseau, auteur de livres, n'est donc absolument pas justifiée. Et

1. « (...) ce n'est que le livre qu'on juge; le livre est le corps du délit; il est présent, il est interrogé par l'examen qu'en font les Juges, c'est le livre et le livre seul qui porte avec lui tout ce qui peut servir à l'absoudre ou à le condamner », *Lettres de la campagne*, I, p. 19.

2. Montrer que cette distinction dissimule une stratégie de complot est l'enjeu des dialogues de *Rousseau juge de Jean-Jacques* : celui qui a si bien célébré la vertu dans ses écrits ne peut être l'homme abominable que décrit l'opinion. Voir *Rousseau juge de Jean-Jacques,* OC I, p. 668-674 et le commentaire sur ce point de Michel Foucault, présentation de *Rousseau juge de Jean-Jacques*, Paris, Colin, 1962. Soulignons qu'au moment où Rousseau entreprend d'écrire les *Lettres de la montagne* en réponse aux lettres de Tronchin, Diderot écrit à Sartine sa *Lettre sur le commerce de la librairie*, dont l'objet essentiel est d'établir les droits des auteurs sur leurs écrits. Voir Diderot, *Œuvres,* édition de L. Versini, t. III, Paris, Robert Laffont, 1995, p. 53-116.

3. LEM, OC III, p. 778.

4. *Ibid.*, p. 778 et 785.

5. CS, OC III, p. 459; *Lettre à d'Alembert*, OC V, p. 60 *sq.*

6. CS, OC III, p. 394.

c'est le Conseil qui, en l'espèce, s'est rendu coupable en confondant le civil et l'ecclésiastique et en se substituant au Consistoire. *Rousseau inverse l'accusation : ce n'est pas celui qui signe ses écrits qui machine, ce sont ceux qui en secret confondent les puissances pour usurper la souveraineté*[1].

Le civil et l'ecclésiastique

La première lettre avait nettement séparé ce qui, dans la religion, relève du gouvernement et des théologiens : celui-là est juge du bien public, de l'obéissance aux lois, des vertus sociales, des devoirs de l'homme et du citoyen, bref « de tout sentiment nuisible qui tend à couper le nœud social »[2], mais il n'est pas juge des erreurs de spéculation sur la foi. La Constitution de Genève a respecté ces principes de raison : au Consistoire, le Souverain a confié la tâche de déterminer ce qui est conforme ou contraire à la religion et de punir, par des châtiments spirituels, les manquements à la foi ; au Conseil, il a confié dans ce domaine le soin de punir celui qui est désigné coupable par le Consistoire, s'il mérite une punition civile. Tronchin a raison sur un point : le maintien de la doctrine et du culte appartient au Consistoire *et* au Conseil. Mais il ne voit pas que leurs attributions sont radicalement différentes parce que, dans la République de Genève, le civil et l'ecclésiastique sont nettement séparés. L'un s'occupe des corps, l'autre des âmes ; l'un punit les crimes, l'autre les péchés ; l'un défend l'ouvrage des hommes, l'autre celui de Dieu[3]. Les tribunaux civils sont les gardiens de l'État, les tribunaux ecclésiastiques de l'Église.

Les termes de cette distinction sont d'inspiration lockienne. Dans la *Lettre sur la tolérance,* Locke insiste sur la séparation des attributions. Les compétences du magistrat sont limitées aux intérêts civils pour lesquels est instituée une société d'hommes. Ces intérêts sont la vie, la liberté, la santé et la possession des biens extérieurs. Le magistrat, par conséquent, ne peut avoir soin des âmes : le consentement du peuple ne saurait justifier l'attribution d'un tel pouvoir « puisqu'il est comme impossible qu'un homme abandonne le soin de son salut jusqu'à devenir aveugle lui-même et à laisser au choix d'un autre, soit prince ou sujet, de lui prescrire la foi ou le

1. Sur l'importance de l'opposition entre l'usage public du raisonnement et les pratiques secrètes du Prince dans la constitution d'un espace public, voir Habermas, *L'espace public*, trad. Marc B. de Launay, Paris, Payot, 1978, p. 61 *sq.* Voir également R. Chartier, *Les origines culturelles de la Révolution française*, Paris, Seuil, 2000, p. 37-60. Voir ci-dessous le commentaire de G. Radica.

2. LEM, OC III, p. 695.

3. *Ibid.*, p. 788.

culte qu'il doit embrasser »[1]. En outre, le pouvoir du magistrat est borné à la seule force extérieure : les peines ne peuvent convaincre l'esprit. Enfin, un seul chemin conduit au ciel, alors que les religions autorisées par les magistrats sont nombreuses. Par conséquent, le salut des âmes n'est pas du ressort de la puissance civile.

Ces arguments trouvent incontestablement un écho dans les *Lettres de la montagne*. Cela étant, l'objet de Rousseau est moins ici de fonder la tolérance, civile et ecclésiastique (le *Contrat social* a montré que les deux n'étaient pas séparables[2]), que d'examiner les rapports de l'Église et de l'État dans la constitution républicaine de Genève. Tronchin considère que la puissance civile ne peut être jugulée par l'Ordonnance ecclésiastique : c'est mal l'interpréter, pense-t-il, de croire qu'elle ne commande pas au Conseil de réprimer les délits contre la religion. En effet, dans ce cas, il suffirait à celui qui est jugé coupable par le Consistoire de se repentir pour se voir délivré de toute peine[3]. En outre, il déclare dans ses lettres que « tout ce qui est du ressort de l'autorité en matière de religion est du ressort du gouvernement. C'est le principe des Protestants, et c'est singulièrement le principe de notre Constitution qui en cas de dispute attribue aux Conseils le droit de décider sur le dogme »[4].

Rousseau répond en montrant que cette interprétation des Ordonnances ecclésiastiques n'est conforme ni aux principes ni même à l'esprit du protestantisme. Elle n'est pas non plus conforme aux principes républicains que le Conseil, en condamnant l'auteur de l'*Émile* et du *Contrat social*, a transgressés.

D'abord, il est vrai que le Magistrat peut intervenir dans une affaire qui regarde le Consistoire, mais seulement si les ministres de ce dernier ne peuvent s'accorder entre eux. En ce cas, le Magistrat s'efforce de rétablir l'ordre dans le Consistoire qui doit permettre à celui-ci de bien juger. Si dans ce cas, le Conseil est juge de la doctrine, c'est après l'examen du Consistoire. Mais de cette mesure d'exception, on ne peut déduire, comme le fait Tronchin, que le Conseil a droit de décider sur le dogme[5].

Ensuite, si l'Église et l'État ne sont pas séparés à Genève, le Magistrat n'en a pas pour autant un droit de regard sur les affaires de religion. C'est ce qui ressort de l'*Institution de la Religion chrétienne* de Calvin, qui inspire les institutions de Genève. Celui-ci sépare nettement gouvernement civil et

1. Locke, *Lettre sur la tolérance*, trad. Jean Le Clerc, Paris, GF-Flammarion, 1992, p. 169.
2. CS, OC III, p. 469.
3. LEM, OC III, p. 778.
4. *Lettres de la campagne*, p. 15.
5. LEM, OC III, p. 773.

gouvernement spirituel. Chaque autorité est autonome, on ne doit pas confondre choses terrestres et choses célestes. Ni théocratique, ni césaropapiste, l'ecclésiologie de Calvin insiste sur la complémentarité de l'Église et de l'État dans l'instauration du règne de Dieu[1].

Enfin, si Tronchin ne sépare pas nettement les attributions du Conseil et celles du Consistoire, comme y incitent les principes de la Réforme, c'est parce qu'il confond ou plutôt affecte de confondre *souveraineté* et *gouvernement.* Il est vrai que dans certaines monarchies, illégitimes au regard des principes de droit politique, la puissance exécutive est jointe à l'exercice de la souveraineté : le roi gouverne, « par ses ministres, par son conseil, ou par des corps qui dépendent absolument de sa volonté »[2]. Mais dans une République, le souverain n'agit pas par lui-même et délègue à un gouvernement la puissance exécutive. Autrement dit, « dans les Républiques, surtout dans les démocraties », c'est-à-dire là où le peuple détient la souveraineté, il est nécessaire qu'une puissance séparée exécute ses décisions[3]. À Genève, les citoyens détiennent la souveraineté, forment un Conseil Général qui, en tant que tel, a approuvé les Ordonnances. En cela il est bien législateur ecclésiastique[4]. Mais on ne peut déduire de là, comme le fait Tronchin, que le Petit Conseil n'est nullement tenu par ces mêmes Ordonnances. Le gouvernement n'est et ne peut être au-dessus des lois.

Tronchin ne fait ici nullement une erreur ; c'est délibérément, aux yeux de Rousseau, qu'il joue sur les deux sens du terme "gouvernement". C'est délibérément qu'il attribue au Petit Conseil des pouvoirs qui n'appartiennent, dans une République, qu'au souverain. Il s'agit bien là d'une stratégie, celle de l'usurpation : il déjoue les lois en attribuant au gouvernement l'autorité en matière de religion, qui ne peut appartenir qu'à la puissance législative. C'est bien de cette stratégie qu'est victime Rousseau : Tronchin, et avec lui le Petit Conseil, confondent les termes et, par glissements insidieux, s'emparent du pouvoir. Le pouvoir, c'est d'abord une rhétorique, le pouvoir de dissimuler la nature des choses derrière d'habiles représentations, le pouvoir de détourner les signifi-

1. Voir Calvin, *Institution de la Religion chrétienne,* Paris, Vrin, 1960, III, 19, 15, p. 324-325 ; 1961, IV, 11, 15 et 16, p. 235-237 ; IV, 20, p. 505 *sq.* Je dois ces références à Ghislain Waterlot, que je remercie.

2. *Ibid.*, p. 771.

3. Rousseau ne contredit pas ici ce qu'il a affirmé dans le *Contrat social.* Si dans une démocratie le pouvoir exécutif et le pouvoir législatif sont en principe joints, il se trouve qu'il n'a jamais existé de démocratie au sens strict du terme. Le peuple qui détient la souveraineté ne peut exercer les fonctions du gouvernement. Voir *Contrat social*, OC III, p. 404. Sur les rapports entre souveraineté et gouvernement, voir ci-dessous la lettre VII et mon commentaire.

4. LEM, OC III, p. 772.

cations. Aussi pour Rousseau, comme le dira la lettre VI, sa meilleure défense est le *Contrat social* qui entend prévenir l'usurpation de la souveraineté par la puissance exécutive en fixant les principes de droit politique et en séparant ce que les despotes confondent : l'État et la famille, l'obligation et la contrainte, la loi et le décret, le souverain et le gouvernement. Et de même, que Rousseau dans ces lettres IV et V s'efforce de distinguer ce que Tronchin emmêle ne doit pas nous étonner : le civil n'est pas l'ecclésiastique, l'erreur sur la foi n'est pas un délit, les péchés ne sont pas des crimes, écrire n'est pas dogmatiser.

De cet ensemble de remarques, on conclura que si le délit de Rousseau n'est en fait qu'une erreur sur la foi, *en revanche l'erreur de Tronchin est bien à la fois un crime délibéré contre les institutions républicaines et un manquement avéré aux principes du protestantisme*. Dans cette perspective, c'est bien Tronchin et non Rousseau qui manque de religion.

La naturalité des peines

La séparation du civil et de l'ecclésiastique, soit du Conseil et du Consistoire, est la garantie d'une peine qui corresponde à la nature du délit, si délit il y a. C'est parce qu'on n'a pas respecté les attributions et les compétences que Rousseau a été condamné, à tort, à un châtiment sans rapport avec la faute commise, qui au pire n'est qu'une erreur sur la foi. Autrement dit, on n'a pas respecté dans cette affaire un principe de justice élémentaire qui consiste à tirer la peine de la nature du délit. Rousseau le rappelle à Tronchin : « les meilleures lois criminelles sont toujours celles qui tirent de la nature des crimes les châtiments qui leur sont imposés »[1]. Pour Rousseau, un tel principe doit mettre à l'abri des caprices des juges, à qui il revient de fixer la peine.

À Genève en effet, caractéristique en cela de la justice d'Ancien Régime, la peine n'est pas fixée par des lois écrites. C'est le juge, en l'occurrence le Petit Conseil, qui en est l'arbitre. Il tient compte, pour l'établir, des circonstances atténuantes ou aggravantes du crime ou du délit[2]. Pour Tronchin, partisan de la douceur des châtiments, un tel système, loin d'être la porte ouverte à toutes les injustices, est la garantie d'une pénalité modérée. Il y a deux raisons à cela. D'une part, apprécier les

1. LEM, OC III, p. 779.

2. Sur les caractéristiques d'un tel régime pénal, et notamment sur le rôle du Procureur général dans un tel système, voir M. Porret, *Le crime et ses circonstances*, *op. cit.* et « Une peine en "juste proportion du crime" : le rôle du Procureur général de Genève dans la limitation de l'arbitraire (17560-1790) », dans *Beccaria ou la culture juridique des Lumières*, études historiques éditées et présentées par M. Porret, Genève, Droz, 1997, p. 253-276.

délits cas par cas en tenant compte de leur singularité, c'est ne pas rendre la justice en aveugle et tenir compte des situations. Voilà pourquoi, ce qu'il rétorque aux Représentants, il n'est pas toujours bon de comparer les procès et de « raisonner d'après un exemple »[1], celui de Morelli ou celui de Nicolas Antoine. D'autre part, lorsque les peines ne sont pas fixes, l'indulgence à laquelle tous les juges inclinent naturellement devient la règle[2]. Rousseau en a bénéficié puisque les juges ont distingué l'écrit et l'auteur, ainsi préservé de l'infamie.

Pour Rousseau, la liberté républicaine exige que les lois criminelles soient déterminées selon une règle fixe. Il s'inspire de Montesquieu, qu'il cite explicitement[3]. Pour ce dernier, il est en effet quatre sortes de crimes : les crimes contre la religion, les crimes contre les mœurs, les crimes contre la tranquillité, les crimes contre la sûreté des citoyens. À ces quatre sortes de crimes doivent correspondre des peines de nature différente. Ainsi, on ne punit pas les sacrilèges qui ne troublent pas la tranquillité et la sûreté des citoyens comme on punit les délits civils. Les lois humaines ne peuvent vouloir venger la divinité : car alors « quelle serait la fin des supplices ? Si les lois des hommes ont à venger un être infini, elles se règleront sur son infinité, et non pas sur les faiblesses, sur les ignorances, sur les caprices de la nature humaine »[4]. Les peines contre les sacrilèges ne peuvent consister qu'en la privation des avantages que donne la religion. Cela se passe entre l'homme et Dieu, et le magistrat n'a pas à intervenir. S'il le fait, c'est la liberté des citoyens qui est menacée.

Dans un régime de liberté, la distinction des crimes est nécessaire à la fixation des peines. Rousseau reprend pleinement ces distinctions à son compte. Il souligne ainsi que la discipline n'est pas la religion : la « loi ordonne de faire ou de s'abstenir, mais elle ne peut ordonner de croire »[5]. Autrement dit, on attaque les lois civiles si l'on attaque la pratique de la religion, c'est-à-dire si on met en question l'un des fondements du lien social. Dans ce cas, c'est bien – comme l'a montré Montesquieu – la tranquillité et la sûreté des citoyens qui sont menacées. Beccaria reprendra ces principes, jetant ainsi les fondements du droit pénal moderne. Contre la justice traditionnelle, qui ne respecte aucune règle de proportionnalité, il insistera notamment sur la nécessité d'une échelle des délits et des peines[6].

1. *Lettres de la campagne*, I, p. 16.
2. *Ibid*, p. 162.
3. LEM, OC III, p. 798.
4. Montesquieu, *De l'esprit des lois*, XII, 4, *Œuvres complètes*, « Bibliothèque de la Pléiade », Paris, Gallimard, 1951, t. II, p. 433 *sq*.
5. LEM, OC III, p. 787.
6. Beccaria, *Des délits et des peines*, § VI, trad. M. Chevallier, Paris, GF-Flammarion, 1991, p. 72.

Il importe de ne pas confier au juge la responsabilité d'interpréter les lois pénales. C'est au législateur et au législateur seulement que revient le pouvoir légitime de dire le sens des lois. Confier cette tâche au juge des affaires criminelles, c'est d'une part ne pas respecter la logique des institutions et désavouer le souverain, qui seul est dépositaire de la volonté générale, d'autre part ouvrir la porte à l'arbitraire et à l'injustice[1].

C'est incontestablement Montesquieu et Rousseau qui inspirent Beccaria sur ces questions[2]. La préoccupation du philosophe genevois est bien, dans ces deux lettres, d'éviter que les lois puissent être interprétées par les magistrats. Il a écrit dans l'*Émile* qu'il existe deux sortes de dépendance : la dépendance à l'égard des hommes, qui engendre tous les vices, et la dépendance à l'égard des choses, qui ne nuit point à la liberté. Obéir à la loi, c'est dépendre des choses : « si les lois des nations pouvaient avoir comme celles de la nature une inflexibilité que jamais aucune force humaine ne put vaincre, la dépendance des hommes redeviendrait alors celle des choses »[3]. Mais permettre aux magistrats d'interpréter les lois, n'est-ce pas ébranler cette inflexibilité qui garantit la liberté des citoyens ?

C'est dire que Rousseau ne fait aucunement confiance à l'équité des juges, contrairement à Pufendorf, qui y fait explicitement appel. Pour ce dernier en effet, l'administration des peines appartient à la prudence du gouvernement : les magistrats doivent juger selon leur sens de la justice[4]. La vraie justice est dans la rencontre entre la loi et l'équité : et cette justice est universelle, elle n'est pas propre à tel ou tel État. Puisque les lois positives ne peuvent tout prévoir, puisqu'elles sont parfois obscures, il est nécessaire que les juges les corrigent au nom d'une justice qui trouve son fondement dans la loi naturelle. Il ne s'agit pas, souligne Pufendorf, d'équilibrer la faute et la sanction : la peine a une vertu morale et pédagogique, on punit le coupable pour qu'il s'amende et pour que l'exemple dissuade. Et c'est au juge d'apprécier cette utilité et de déterminer, en fonction des circonstances, la nature de la sanction.

Mais ceci n'est justifié que si l'on prouve qu'il existe une justice universelle et clairement compréhensible, par-delà les lois positives des nations. Or c'est justement ce que Rousseau conteste, dans le *Contrat social* notamment. S'il est une justice universelle fondée sur la loi naturelle, nous ne savons pas la recevoir. Et seules les lois positives sont à même de

1. *Ibid.*, § IV, p. 66.

2. Voir C. Larrère, « Droit de punir et qualification des crimes de Montesquieu à Beccaria », dans *Beccaria ou la culture juridique des Lumières*, *op. cit.*, p. 89-108.

3. *Émile*, OC III, p. 311.

4. Pufendorf, *Du droit de la nature et des gens*, trad. Barbeyrac, Bâle, Thourneisen Frères, 1732, rééd. Caen, Publications de l'Université de Caen, 1987, livre VIII, chap. III, § V, p. 380.

fonder la réciprocité : car les lois de la justice « ne font que le bien du méchant et le mal du juste, quand celui-ci les observe avec tout le monde sans que personne les observe avec lui »[1]. À supposer qu'il existe bien une loi naturelle, quel est son contenu ? Rousseau l'a souligné dans la préface du second *Discours*, les modernes l'ont interprété de telle manière qu'il est impossible de l'entendre sans être « un grand raisonneur et un profond métaphysicien »[2]. Aussi, il est préférable, aux yeux de Rousseau, que les sanctions soient fixées par un droit pénal écrit. Ajoutons que, puisque nous ne savons pas recevoir la justice universelle, « les crimes les plus atroces, les assassinats même ne sont pas et ne doivent pas être poursuivis pardevant d'autres tribunaux que ceux des lieux où ils ont été commis »[3]. Tronchin considère que Genève ne pouvait pas ne pas condamner des ouvrages sévèrement jugés en France. Il déroge donc aux plus élémentaires notions de droit public, qui stipulent qu'un homme ne peut être coupable du même délit dans deux États différents.

Considérer qu'un magistrat est juge des lois revient, par là même, à le placer *de facto* au-dessus des lois. C'est d'ailleurs un défaut des institutions de Genève, que Rousseau ne manque pas de souligner : « comme il n'y a point à Genève de lois pénales proprement dîtes, le magistrat inflige arbitrairement la peine des crimes ; ce qui est assurément un grand défaut dans la législation et un abus énorme dans un État libre »[4]. À Genève, en l'absence de droit pénal écrit, le magistrat est l'interprète des lois civiles. Mais de toute évidence, c'est incompatible avec l'esprit de la République qui place les lois au-dessus des hommes. C'est une raison de plus pour bien séparer les tribunaux, pour veiller à ce que le civil n'empiète pas sur l'ecclésiastique, bref pour ne pas vouloir venger la divinité. On remarquera sur ce point encore la proximité de Rousseau avec ce que Beccaria publiera un an après les *Lettres de la montagne*. Le juriste italien mettra en garde contre ceux qui se réclament de l'esprit de la loi pour juger : « C'est dresser une digue bientôt rompue par le torrent des opinions (...). Chaque homme a son point de vue, qui diffère selon les moments. L'esprit de la loi serait donc le résultat de la bonne ou de la mauvaise logique d'un juge (...). On verrait donc le sort d'un citoyen changé plusieurs fois en passant devant différents tribunaux »[5].

Les considérations de droit pénal, on le constate, ont un enjeu politique. Car ne pas respecter le principe de la naturalité des peines, c'est manquer à

1. CS, OC III, p. 378.
2. Second *Discours*, OC III, p. 125.
3. LEM, OC III, p. 765.
4. *Ibid.*, p. 779, note.
5. Beccaria, § IV, p. 68.

la justice et à la liberté, menacées par l'arbitraire. Rousseau accusé par le Conseil et par Tronchin dénonce à la fois une usurpation de la souveraineté et un manquement aux lois de Genève. Pour n'avoir pas voulu que le délit, en cas de repentir, reste impuni, Tronchin n'a pas suivi la lettre de la loi, mais lui a préféré ce qu'il a cru être son esprit. Il n'a pas vu que les conséquences de l'impunité étaient sans commune mesure avec l'effet de cette décision sur la liberté à Genève.

La rigueur des lois

Si maintenir la liberté commande qu'on fixe les peines en fonction de la nature des délits, elle commande de la même manière de ne pas appliquer trop sévèrement les lois en donnant des sanctions trop lourdes. Rousseau et Tronchin semblent s'accorder sur ce point. Rousseau l'a montré dans la *Lettre à d'Alembert* à propos de Genève, des lois trop sévères ne peuvent être appliquées : « la force des lois a sa mesure ; celle des vices qu'elles répriment a aussi la sienne. Ce n'est qu'après avoir comparé ces deux quantités et trouvé que la première surpasse l'autre, qu'on peut s'assurer de l'exécution des lois »[1]. La sévérité des lois les rend inapplicables. Et des lois inapplicables jettent le discrédit sur l'idée même de loi. Pour Tronchin, il faut savoir mener les hommes par la douceur, ce que le Petit Conseil, contrairement à ce que pensent les Représentants, s'applique à faire.

Mais l'un et l'autre ne conçoivent pas la sévérité de la même manière. Pour Rousseau, non seulement la peine qu'on lui a infligée est sans rapport avec le délit supposé, mais encore elle est beaucoup trop rude. Le philosophe genevois s'attache à le montrer à Tronchin qui pense au contraire que la peine est indulgente. Le Conseil considère qu'en s'en prenant au livre, on ne s'en est pas pris à l'auteur, qu'en conséquence, celui-ci est resté maître de lui-même et apte à se défendre[2]. Il est vrai que le jugement n'a pas mis en cause l'auteur dans sa personne, mais il a atteint son honneur. La peine est lourde parce qu'elle est infamante. On a jugé le livre « impie et téméraire », mais on a joué sur les mots : un livre ne peut être ni impie ni téméraire, c'est nécessairement son auteur qui est désigné ainsi. En déshonorant Rousseau, ne l'a-t-on pas atteint dans ce qu'un individu a de plus cher, plus que la vie même, si l'on en juge par la pratique des duels qu'on a bien du mal à interdire, comme l'a montré la *Lettre à d'Alembert*[3] ?

1. *Lettre à d'Alembert*, OC V, p. 60.
2. LEM, OC III, p. 791.
3. *Lettre à d'Alembert*, OC V, p. 66.

Or, l'excessive sévérité ne joue pas en faveur de la liberté. Rousseau suit Montesquieu quand celui-ci affirme que « la sévérité des peines convient mieux au gouvernement despotique, dont le principe est la terreur, qu'à la monarchie et à la république »[1]. Elle ne joue pas non plus en faveur de l'efficacité. D'une part, à supposer même que Rousseau soit coupable, la rigueur semble arbitraire et la peine dès lors non fondée. D'autre part, la sanction se retourne contre elle-même : Tronchin veut une peine sévère parce qu'il veut éviter que le délit reste impuni en cas de repentir. Son souci, louable en tant que tel puisqu'il est procureur, de ne pas favoriser l'impunité tourne court, puisqu'il punit lourdement un auteur qui signe ses livres, sans voir que par là même il conforte la pratique de l'anonymat. En d'autres termes, la peine lourde et injustifiée contre Rousseau sert de fait l'impunité. C'est bien là une faute politique : les accusateurs de Rousseau ne savent pas ce qu'est une bonne loi. Ils ne savent pas que dans une République, l'essentiel ne passe pas par la loi, mais par « l'opinion publique »[2], qui seule peut infléchir les mœurs. Aussi, les questions que le philosophe genevois adresse à ses juges ne sont pas de simples artifices rhétoriques : « Et pourquoi cette franchise d'un auteur qui se nomme tournerait-elle ainsi contre lui ? Ne doit-elle pas, au contraire, lui mériter des égards ? Ne doit-elle pas imposer aux juges plus de circonspection que s'il ne se fut pas nommé ? »[3]. Le sage législateur n'aurait pas sanctionné l'*Émile* et le *Contrat social*, il aurait au contraire rendu hommage à leur auteur, qui a refusé d'écrire anonymement. Signer ces ouvrages était incontestablement l'acte d'un homme d'honneur, qu'on a déshonoré par une peine trop lourde.

La comparaison avec la procédure intentée en 1563 contre Morelli le prouve. Celui-ci fut poursuivi pour un livre jugé blasphématoire. Mais si le livre seul était accusé, on n'en entendit pas moins l'auteur, qui fut auditionné par le Consistoire. Son ouvrage ne fut brûlé qu'à la fin de la procédure. Tronchin justifie la sévérité dont on a usé avec Rousseau par cet exemple, alors que ce dernier a été jugé beaucoup plus rigoureusement, sans même avoir été écouté par le Consistoire. De même, en 1632, on jugea Nicolas Antoine, devenu fou et accusé d'avoir blasphémé contre la religion. Alors qu'il était interné, les Magistrats se sont constamment efforcés de le ramener à la raison et l'ont sans cesse incité à abjurer ses erreurs. Rousseau, qui signe ses ouvrages, qui les assume publiquement, qui ne dogmatise pas mais ne fait que raisonner, est jugé sans qu'on l'entende et condamné à une peine qui l'atteint dans son honneur.

1. *De l'esprit des lois*, VI, 9.
2. CS, OC III, p. 394.
3. LEM, OC III, p. 793.

S'agissait-il de faire un exemple ? Cela ne pourrait se comprendre que si Rousseau avait menacé l'ordre public ou les liens sociaux, ce qu'il n'a pas fait puisqu'il n'a pas écrit contre la discipline. On voit bien que la procédure menée contre lui n'était en rien justifiée, quand bien même il aurait été coupable de sacrilège. La comparaison avec la condamnation de Morelli et celle d'Antoine, un siècle plus tard, est pleinement justifiée en ce qu'elle permet de mesurer ce qui s'est perdu. Comme Rousseau l'écrit à Tronchin dans la sixième lettre, la destruction est prochaine. La procédure menée contre ses ouvrages le rend sensible. Elle montre que le gouvernement s'accapare les pouvoirs qui sont réservés au souverain en s'attribuant toute autorité en matière de religion; que les lois ne sont plus suivies à la lettre, mais qu'on s'en réfère davantage à leur esprit; que les sanctions sont devenues excessivement sévères, ce qui n'est pas convenable aux mœurs républicaines. Ce sont là incontestablement des indices que la République est menacée, ce que la deuxième partie des *Lettres de la montagne* démontrera.

L'esprit de tolérance

L'infamie jetée sur Rousseau est une lourde peine alors qu'il n'a fait que raisonner et qu'un raisonnement est toujours réfutable. Voltaire l'aurait dit à tous ces accusateurs s'il s'était exprimé sur cette affaire. Rousseau le fait d'ailleurs parler, en une étonnante prosopopée. Il y défend la philosophie contre le fanatisme, le raisonnement contre le dogmatisme. Il souligne qu'un philosophe n'est jamais dangereux, qu'au pire il est ennuyeux. Il prône la tolérance à l'égard des écrits des philosophes, qui ne sont pas des sectateurs.

Cette prosopopée est remarquable. D'abord parce qu'elle prouve le talent de Rousseau pour les pastiches. Ensuite, parce que son ironie est fine et mordante (elle rendra Voltaire furieux)[1].

Rousseau par cette prosopopée (c'est son premier niveau de lecture) prend habilement comme défenseur celui qui a attaqué le *Contrat social* et qui est fortement lié au parti des aristocrates de Genève, donc aux accusateurs de Rousseau. Il le rappelle en préambule de la prosopopée : « Ces Messieurs voyent si souvent M. de Voltaire »[2]. C'est dans une brochure probablement rédigée en 1762, *Idées républicaines par un membre d'un corps*, que Voltaire a émis de rudes critiques contre le *Contrat social.*

1. Sur la polémique entre Rousseau et Voltaire dans ces années, je renvoie à H. Gouhier, *Rousseau et Voltaire. Portrait dans deux miroirs*, Paris, Vrin, 1983, p. 195 *sq.*

2. *Ibid.*, p. 799.

Il y conteste, notamment, la critique rousseauiste de la représentation, la condamnation du commerce, le droit accordé au souverain de destituer les magistrats quand il le juge bon, ce qui est évidemment une raison supplémentaire pour Rousseau de le convoquer dans cette lettre.

En outre, faire parler Voltaire que connaissent bien ses accusateurs, c'est pour Rousseau les mettre en face de leurs propres contradictions. Car Voltaire est un auteur qui publie beaucoup sans signer. Rousseau le dénonce ici et le donne comme l'auteur du *Sermon des cinquante*, attribué un temps à Rousseau lui-même.

Il s'agit enfin, dans cette habile prosopopée, de profiter des leçons de tolérance de Voltaire. Celui-ci n'a de cesse de prôner l'indulgence à l'égard des positions philosophiques et des pratiques religieuses. C'est ainsi, selon lui, qu'il faut combattre le fanatisme: en tolérant les différences religieuses, en les incitant elles-mêmes à se tolérer mutuellement, on les émousse[1]. La tolérance est de l'intérêt des nations: nos mœurs sont plus douces, nous sommes plus humains depuis que nous admettons les différences religieuses. L'intérêt et la tranquillité des nations en sont les conséquences[2]. En outre, c'est un devoir que nous avons à l'égard de nos faiblesses. L'article "Tolérance" du *Dictionnaire philosophique* insiste sur cette dimension : « nous devons nous tolérer mutuellement parce que nous sommes tous faibles, inconséquents, sujets à la mutabilité, à l'erreur. Un roseau couché par le vent dans la fange dira-t-il au roseau voisin couché dans un sens contraire: « rampe à ma façon, misérable, ou je présenterai requête pour qu'on t'arrache et qu'on te brûle ? »[3].

Pourtant, si Rousseau semble reprendre à son compte la leçon de tolérance que Voltaire adresse à ses contemporains, il le fait avec une ironie qui indique implicitement que les divergences entre eux sont profondes.

Ainsi, Voltaire célèbre les peuples dont la civilisation a été brillante pour leur grande tolérance: les Romains, les Grecs, les Egyptiens, ou encore les Chinois. Ces nations ont pratiqué une religion tolérante à l'égard des autres cultes. Il le souligne dans l'article "Tolérance" du *Dictionnaire philosophique* :

> Les Romains permettaient tous les cultes, jusqu'à celui des Juifs, jusqu'à celui des Egyptiens, pour lesquels ils avaient tant de mépris. Pourquoi Rome tolérait-elle ces cultes? C'est que ni les Egyptiens, ni même les Juifs, ne cherchaient à exterminer l'ancienne religion de l'Empire, ne couraient point

1. Je renvoie sur ce point à l'analyse de G. Waterlot, dans son article « Voltaire ou le fanatisme de la tolérance », *Esprit,* août-septembre 1996.

2. *Traité sur la tolérance,* chap. IV, *Mélanges,* « Bibliothèque de la Pléiade », Paris, Gallimard, 1961, p. 580.

3. *Dictionnaire philosophique*, article "Tolérance", Paris, GF-Flammarion, 1964, p. 368.

la terre et la mer pour faire des prosélytes : ils ne songeaient qu'à gagner de l'argent[1].

Il le souligne également dans le *Traité sur la tolérance*, au chapitre VII où il célèbre la tolérance des Grecs : « Les peuples dont l'histoire nous a donné quelques faibles connaissances ont tous regardé leurs différentes religions comme des nœuds qui les unissaient tous ensemble : c'était une association entre les dieux comme entre les hommes »[2]. Dans le chapitre suivant, il vante celle des Romains, qui permirent tous les cultes. Dans l'article « Catéchisme chinois », c'est celle des Chinois et de tous les peuples asiatiques qu'il met en avant[3].

Toutes ces religions furent tolérantes : mais le Christianisme des Églises est fanatique. Sur cette question, la divergence entre Rousseau et Voltaire est sensible. Dans une note à la fin de la *Profession de foi du vicaire savoyard*, le philosophe genevois s'oppose à l'argument des Lumières : partout où les lettres ont brillé, l'intolérance a triomphé et « les cruautés des Athéniens, des Egyptiens, des Empereurs de Rome, des Chinois, en font foi »[4]. Dans le chapitre sur la religion civile, Rousseau souligne que la religion du citoyen, qui réunit le culte divin et l'amour des lois, est mauvaise en ce qu'elle rend intolérant[5]. C'est ce dont témoignent les religions nationales historiques dans les anciens temps. Il y avait autant de Dieux que de peuples, « des divisions nationales résulta le polythéisme, et de là l'intolérance théologique et civile qui naturellement est la même »[6].

Voltaire, dans les *Idées républicaines par un membre d'un corps,* a évidemment relevé ce passage qu'il critique radicalement : selon lui, on se faisait la guerre alors qu'on adorait le même dieu. Donc le polythéisme ne résulte pas des guerres nationales. Et il n'existait pas d'intolérance théologique chez les Grecs et les Romains[7]. Ainsi, si l'un et l'autre s'accordent à penser que le Christianisme des Églises tend au fanatisme, s'ils s'accordent également à penser que l'Évangile a pourtant donné de belles leçons d'humanité et d'indulgence, en revanche ils n'ont pas la même interprétation des conditions de la tolérance.

Pour Rousseau, il n'est pas possible de concevoir une République chrétienne. Les Chrétiens ne peuvent être de bons citoyens prêts à défendre leur patrie. Leur religion est trop douce pour les choses terrestres,

1. *Dictionnaire philosophique*, article "Tolérance", p. 363.
2. *Traité sur la tolérance*, chap. VII, *op. cit.*, p. 584.
3. *Dictionnaire philosophique*, *op. cit.*, p. 87.
4. *Émile*, OC IV, p. 634.
5. CS, OC III, p. 465.
6. *Ibid.*, p. 460.
7. *Idées républicaines*, § XXXVIII, *Mélanges*, *op. cit.*, p. 514.

particulièrement pour les rapports de force qu'impose la politique. Le lien social exige une religion, qui ne peut être ni le christianisme, « occupée uniquement des choses du ciel » [1] ni une religion du citoyen trop « exclusive et tyrannique ». Il faut une religion civile, et c'est à elle d'exclure l'intolérance. Voltaire considère que l'intolérance ne disparaîtra que lorsque le théisme, religion vraie et universelle, triomphera en étouffant les religions positives [2], et lorsque le commerce aura renforcé les liens entre les peuples [3]. Rousseau veut une religion propre à la cité, ou à défaut justifie, dans la *Profession de foi*, les religions particulières qui ne sont pas intolérantes au nom de leur fonction sociale [4] ; et il ne cesse de montrer que le commerce, loin d'adoucir les mœurs, attise les rivalités entre les nations. Leurs divergences sont profondes : l'esprit de tolérance dominera, pour Voltaire lorsque règnera une religion universelle, pour Rousseau lorsque la religion sera civile.

Rousseau a-t-il écrit des livres pernicieux ? Non, puisqu'il n'avait aucune intention d'attaquer la religion (il l'a montré dans les trois premières lettres) ni les gouvernements (il le montrera dans la deuxième partie). La procédure menée contre lui est doublement injuste : il est accusé alors qu'il est innocent et il est puni sévèrement pour un délit qui n'est qu'une erreur sur la foi.

Les trois premières lettres rectifient une erreur d'interprétation : les accusations sont fausses. Les lettres IV et V ont une inflexion différente : Tronchin ne se trompe pas sur ce qu'il lit, il veut condamner un auteur dangereux qui met au jour la stratégie du gouvernement et sa volonté d'usurper la souveraineté. Voilà qui rend complexe la défense de Rousseau, voilà qui lui impose une stratégie fine d'écriture. Il faut, comme il l'avait fait dans sa *Lettre à Beaumont*, dire qu'on a mal raisonné sur ses écrits et en même temps suggérer qu'on a vu juste, prouver que ses ouvrages ne sont pas dangereux et en même temps montrer leur portée. C'est-à-dire se défendre et se faire soi-même accusateur.

On l'a souligné en introduction, les accusations dont Rousseau est victime vérifient les principes de sa philosophie. C'est tout l'enjeu de ces

1. CS, OC III, p. 466.

2. *Dictionnaire philosophique*, article "Théiste", *op. cit.*, p. 361-362.

3. Les nations se rassemblent dans les bourses : « Entrez dans la Bourse de Londres, cette place plus respectable que bien des cours, vous y voyez rassemblés les députés de toutes les nations pour l'utilité des hommes; là le juif, le mahométan et le chrétien traitent l'un avec l'autre comme s'ils étaient de la même religion, et ne donnent le nom d'infidèle qu'à ceux qui font banqueroute ; là le presbytérien se fie à l'anabaptiste, et l'anglican reçoit la promesse du quaker », *Lettres philosophiques*, VI, *Mélanges, op. cit.*, p. 17-18.

4. *Émile*, OC IV, p. 627.

considérations de droit pénal, dont le *Contrat social* avait dit que ce n'était pas un objet en soi pour un traité politique, que la nature des lois pénales découlait de la nature des lois politiques et civiles. Les lois criminelles sont « moins une espèce particulière de lois que la sanction de toutes les autres » [1]. Examiner le droit pénal d'une République, c'est bien se pencher sur l'état de ses institutions. *Dans le cas présent, c'est pointer une dérive despotique, sensible dans la confusion du civil et de l'ecclésiastique, dans le non respect de la naturalité des peines et dans la sévérité excessive des sanctions.*

On a là sans doute la première apparition dans l'œuvre de Rousseau de l'argument autobiographique : ceux qui m'accusent ne font que confirmer aux yeux du public et la vérité et l'utilité de mes écrits. C'est en ce sens que sa vie est un objet philosophique : il a éprouvé ce que signifiaient des rapports sociaux désordonnés, des passions sociales haineuses, des décisions arbitraires. Si *les Confessions*, qui offrent « une première pièce de comparaison pour l'étude des hommes » [2] vérifie l'anthropologie de Rousseau, si les dialogues de *Rousseau juge de Jean-Jacques*, qui décrivent la genèse sociale de la méchanceté, vérifient ses analyses politiques, dans la condamnation par Genève de l'*Émile* et du *Contrat social*, dont les *Lettres de la montagne* veulent retrouver les raisons, Rousseau fait l'expérience de la mort lente et pour partie inévitable de la République.

Florent GUÉNARD

1. CS, OC III, p. 394.
2. *Les Confessions*, préambule, OC I, p. 3.

CHAPITRE V

ROUSSEAU LECTEUR DU *CONTRAT SOCIAL* : LA FONCTION CRITIQUE DES PRINCIPES

LETTRES ÉCRITES DE LA MONTAGNE, VI

L'*Émile* et le *Contrat social* ont été condamnés comme « tendant à détruire la religion chrétienne et tous les gouvernements ». Les cinq premières lettres ont répondu à la première accusation, la sixième suffit à l'examen de la seconde : elle est sans objet : « C'est comme si l'on jugeait quelqu'un pour avoir tué un homme sans dire ni où, ni qui, ni quand; pour un meurtre abstrait »[1]. Faute d'accusation précise, Rousseau devra lui-même déterminer ce dont on l'accuse : que signifie donc *tendre à détruire les gouvernements ?*

Un glissement de formulation entre le jugement du Conseil et son commentaire par Tronchin permet d'engager la discussion :

> Le Conseil prononce que mes Livres tendent à détruire tous les Gouvernements. L'Auteur des Lettres dit seulement que les Gouvernements y sont livrés à la plus audacieuse critique. Cela est fort différent. Une critique quelque audacieuse qu'elle puisse être n'est point une conspiration. Critiquer ou blâmer quelques Lois n'est pas renverser toutes les Lois. Autant vaudrait accuser quelqu'un d'assassiner les malades lorsqu'il montre les fautes des Médecins[2].

La conspiration, secrète, vise à renverser le gouvernement. La critique, ouverte, appelle à corriger les défauts de la constitution, les fautes de gouvernement. Cette distinction prolonge celle déjà faite entre *écrire* et

1. LEM, OC III, p. 804.
2. *Ibid.*, p. 804-805.

machiner[1], mais en diffère aussi. En matière politique Rousseau revendique la portée pratique de la critique. La métaphore le dit : un médecin ne propose pas une théorie mais préconise un traitement, la critique relève moins ses erreurs que ses fautes. De même le citoyen peut et doit juger des défauts de la constitution et des fautes du gouvernement.

Cette responsabilité du citoyen est double. Elle requiert que, s'instruisant des principes, il s'interroge sur les fondements et la constitution du corps politique. Le *Contrat social* vise à satisfaire cette exigence. Si ce n'est ni comme prince ni comme législateur que Rousseau l'a écrit, ce n'est pas non plus comme théoricien en chambre, mais comme citoyen : « Né citoyen d'un État libre, et membre du souverain, quelque faible influence que puisse avoir ma voix dans les affaires publiques, le droit d'y voter suffit pour m'imposer le devoir de m'en instruire »[2]. Sur ce point, ses accusateurs ne se sont pas trompés : « si je n'avais fait qu'un système, vous êtes bien sûr qu'on n'aurait rien dit : on se fût contenté de reléguer le Contrat social avec la République de Platon, l'Utopie et les Sévarambes, dans le pays des chimères »[3]. Le *Contrat social,* en dégageant les principes du droit politique, met le citoyen en état d'exercer sa responsabilité critique.

Mais il ne suffit pas de s'instruire des principes : il faut aussi juger de leur application. Un passage du brouillon le dit expressément : « Par tout pays libre un bon Citoyen qui trouve un vice dans la constitution, et qui voit le moyen d'ôter ce vice, est obligé de le dire (surtout en proposant le moyen d'y pourvoir), et si l'on ne suit pas l'avis qu'il donne, au moins ne s'avisera-t-on pas de l'en punir »[4]. C'est ce que font les *Lettres écrites de la montagne.* La première partie porte sur des actes de gouvernement déterminés : la condamnation de Rousseau et le refus de faire droit aux Représentations. La seconde étendra la critique à la politique genevoise dans son ensemble.

Comme il a profité de l'accusation d'impiété pour poser les véritables principes de la réformation[5], Rousseau se saisit de l'accusation politique pour poser les principes de la constitution des gouvernements. Ils sont aussi les critères qui permettront de juger celui de Genève. Dans l'économie de l'ouvrage, la sixième lettre occupe une position charnière : on peut y voir, au double sens qu'on vient d'établir, une *introduction à la critique de la politique*.

1. LEM, OC IV, p. 755-758. Voir, ci-dessus, le commentaire de F. Guénard.
2. CS, Préambule au Livre I.
3. LEM, OC III, p. 810.
4. Variante donnée par J.-D. Candaux, OC III, p. 1664.
5. Voir ci-dessus mon commentaire des Lettres II et III : « Le christianisme de J.-J. Rousseau ».

Exposer le système, analyser le livre, suivre la méthode de l'auteur

Comment répondre à une accusation indéterminée? Deux impossibilités sont à écarter: choisir tel point de l'ouvrage (l'ensemble de la pensée politique est en jeu), examiner le détail de ses propositions (entreprise absurde et redondante). Reste à caractériser cette pensée dans sa globalité. Cela engagera Rousseau dans un rapport inédit avec son œuvre.

C'est le *Contrat social* qui est en question : « De mes deux livres, brûlés à la fois sous des imputations communes, il n'y en a qu'un qui traite du droit politique et des matières de gouvernement. Si l'autre en traite, ce n'est que dans un extrait du premier » [1]. La référence à ces pages de l'*Émile* comme à un "extrait" du *Contrat social* est éclairante[2]. Une note y usait déjà de ce terme: « Ces questions et propositions sont pour la plupart extraites du traité *Du Contrat social*, extrait lui-même d'un plus grand ouvrage entrepris sans consulter mes forces, et abandonné depuis longtemps. Le petit traité que j'en ai détaché, et dont c'est ici le sommaire, sera publié à part » [3]. Extraire désigne à la fois séparer une partie d'un tout (le « petit traité » tiré des *Institutions politiques*) et résumer un texte plus étendu (les pages de l'*Émile* sont le *sommaire* du *Contrat social*). Le terme est utilisé dans ces deux sens pour les écrits de l'Abbé de Saint-Pierre. Ses œuvres, publiées et inédites, étaient doublement pléthoriques: innombrables et profuses. Rousseau s'était vu confier la tâche d'en extraire (premier sens) les plus significatives, et d'en rédiger (second sens) des extraits. Ce qu'il fit pour la *Polysynodie* et le *Projet de paix perpétuelle*. Extraire était une activité fort ancienne de formation et de transmission du savoir[4] et reste

1. LEM, OC III, p. 806.

2. *Émile*, V, OC IV, p. 837-848. La « triangulation » des textes du *Contrat social*, de l'*Émile* et des *LEM*, déborderait le cadre de ce volume. Y. Vargas, laissant de côté le troisième, a comparé les deux premiers (*Introduction à l'*Émile, Paris, P.U.F., 1995, p. 249-264); il croit discerner une perte de radicalité, Rousseau étant « révolutionnaire dans ses prémisses et conservateur dans ses conclusions ». La prise en compte des LEM porte plutôt à souligner l'importance des contextes. Ouvrage de droit politique, le *Contrat social* établit les principes d'une société légitime. L'*Émile* donne à une personne les critères pour juger sous quel gouvernement et comment il lui convient de vivre. Les LEM procurent au citoyen les principes au nom desquels juger leur gouvernement. L'accentuation de l'*Émile* est plus juridique, celle des *LEM* plus politique. (Florent Guénard est à la source de cette remarque et de plusieurs autres sur la comparaison de ces trois textes).

3. *Émile*, V, OC IV, p. 842-843.

4. Depuis l'Antiquité tardive. Pour la culture byzantine: P. Lemerle, *Le premier humanisme byzantin*, Paris, P.U.F., 1971. Pour l'occident, les articles « Florilège classique » (L. Houltz) et « Florilège patristique » (J.-P. Bouhot) du *Dictionnaire du Moyen Âge*, sous la dir. de C. Gauvard, A. de Libera et M. Zink, Paris, P.U.F., 2002.

jusqu'à la fin du XVIIIe siècle très répandue[1]. Deux genres lui correspondent : le florilège, recueil de morceaux choisis pour leur contenu ou leur forme, et l'extrait proprement dit qui condense la matière d'un ouvrage en discriminant le conventionnel du spécifique et l'essentiel du secondaire. Sa vie durant, Rousseau a pratiqué ces deux modèles : à usage personnel, pour forger son « magasin d'idées », en professionnel, au service des Dupin puis à celui, posthume, de l'Abbé de Saint-Pierre[2].

Mais la sixième lettre qualifie autrement son objet. Il ne s'agit pas de faire un extrait du *Contrat social* mais d'en produire *l'analyse* :

> C'est le système établi dans le corps de l'ouvrage qui détruit les Gouvernements; il ne s'agit donc que d'exposer ce système, ou de faire une analyse du Livre; et si nous n'y voyons évidemment les principes destructifs dont il s'agit, nous saurons du moins où les chercher dans l'ouvrage, en suivant la méthode de l'Auteur[3].

Rousseau donne ici une règle de lecture de son œuvre.

Il s'agit d'abord de considérer le *Contrat social* comme l'exposition d'un *système*, cette fois entendu non comme utopie mais comme ensemble de principes ayant une cohérence entre eux. Les principes, à ce niveau de lecture, sont des propositions. Rousseau revendique ce statut pour ses *Principes du droit politique*[4]: dans son propos «tout se tient». On ne saurait donc se contenter de la démarche descriptive et sommative en quoi l'extrait consiste. Plus que chaque proposition en elle-même importe leur enchaînement.

L'équivalence entre «exposer ce système» et «analyser le livre» est décisive. Chez Rousseau, la notion d'*analyse* est toujours chargée de son arrière-fond chimique[5]. L'analyse (ou diagrèse) est cette opération qui consiste, en résolvant un corps en ses principes constitutifs, à montrer comment il est formé[6]. Analyser une pensée, c'est remonter à ses *principes constitutifs*. Mais cette dernière notion est l'objet d'un jeu : les principes du

1. Les *Essais* de Montaigne, le *Dictionnaire* de Bayle, le *Spicilège* de Montesquieu en témoignent.

2. La bibliothèque de Neuchâtel, celle de Bordeaux en conservent des traces abondantes.

3. LEM, OC III, p. 806.

4. Il y a deux valeurs du système chez Rousseau : négative selon l'abstraction (en cela il participe d'un courant que Condillac symbolise), positive selon la cohérence (il revendique la systématicité de sa pensée).

5. Il faudrait, c'est impossible ici, consacrer une étude particulière à la spécificité du modèle chimique de l'analyse.

6. *Institutions chimiques*, *passim* : par exemple, Livre I, chap. I (rééd. Paris, Fayard, 1999, p. 11). Voir M. Rueff, «L'élément et le principe : Rousseau et l'analyse», *Corpus*, n° 36, *Rousseau et la chimie*, 1999, B. Bensaude-Vincent et B. Bernardi (dir.), p. 141-162, et B. Bernardi, « Constitution et gouvernement mixte », *ibid.*, p. 163-194.

droit politique sont *constitutifs* de la pensée de Rousseau, leur objet est de penser la *constitution* du corps politique. En ce second sens, ils sont opposés à d'éventuels *principes destructifs* que l'on prétend voir dans son ouvrage. Il y a, une fois encore, un arrière-plan chimique à cet emploi : un principe constitutif est producteur d'association, un principe destructif facteur de dissolution[1]. L'analyse rend compte du système, entendu comme ensemble cohérent des principes. Or ces principes ont pour objet la constitution du corps politique. Quelle meilleure réponse quand on l'accuse de tendre à la destruction des gouvernements que de montrer que son objet est leur constitution ?

Comment conduire cette analyse ? Notre texte le dit formellement : « en suivant la méthode de l'Auteur ». La méthode, c'est à la fois les procédures de l'enquête et sa logique interne. Les véritables principes de l'œuvre seront donc moins des propositions que des opérations, des résultats que des conditions de possibilité. "Suivre" une méthode, c'est mettre en évidence la façon dont l'auteur procède à sa "recherche"[2]. Prendre au sérieux ce propos demande de montrer comment par l'analyse Rousseau met en évidence sa méthode de recherche et, par là, éclaire les principes de son système.

Un autre Contrat social *?*

La concision de l'analyse en souligne la structure[3]. Respectant en apparence la division en quatre livres du *Contrat social*, elle s'en écarte par le mode de présentation, la distribution des matières, l'importance relative qui leur est accordée, et l'élagage opéré.

Les titres des parties et chapitres du *traité* sont formés par la désignation de leur objet (Du Souverain) ou de la proposition qu'ils démontrent (*Qu'il faut toujours remonter à une première convention*)[4]. Pour mettre en évidence la méthode, l'analyse remonte aux questions qui commandent la recherche : *Qu'est-ce qui fait que l'État est un ? Qu'est-ce qu'une loi ? Qu'est-ce que le gouvernement ? Quelle est la police la plus favorable à la constitution de l'État ?* Toutes quatre sont présentes dans le texte du

1. *Institutions chimiques*, Livre II, chap. II, p. 65-142 : le feu, *instrument* chimique, est à la fois principe destructif et constitutif.

2. CS, I, préambule : « Je veux chercher si dans l'ordre civil… ».

3. LEM, OC III, p. 806-809.

4. Cela est occulté dans les éditions modernes, dont celle de la Pléiade, par la suppression abusive de la « table des livres et des chapitres » (rétablie dans mon édition, Paris, GF-Flammarion, 2001).

Contrat social[1], mais les ramener au premier plan met en lumière la démarche qui a présidé à sa rédaction. Leur statut diffère : la première et la dernière sont problématiques, les autres définitionnelles. L'analyse en rendra compte.

Ce décalage induit une redistribution des matières. Sous la première question est envisagée, outre la matière du livre I, celle des trois premiers chapitres du Livre II. La deuxième correspond au seul chapitre *De la loi*, exhaussé ainsi de façon remarquable. La troisième et la quatrième coïncident assez bien avec les livres III et IV. On verra que l'économie de chaque partie est également remaniée. La table des matières et l'ordre de la recherche ne coïncident pas.

Aussi importants sont les effets de condensation et de proportion. Globalement : la première question occupe une moitié de l'analyse, la définition de la loi quelques paragraphes, celle du gouvernement nettement plus, la dernière partie est traitée en quelques lignes. À l'intérieur de chacune des parties : les quatre premiers chapitres du livre I sont ramenés à une phrase, comme les chapitres IX à XVIII du livre III et les chapitres I à VII du livre IV.

Enfin, Rousseau se livre à un élagage sévère, sans reste. Comparer la table des matières du traité au menu de la lettre montre qu'il efface des parties entières : les trois derniers chapitres du livre I[2] et – plus notable encore – une part essentielle du livre II : le chapitre sur le législateur et la séquence sur « l'institution d'un peuple ».

On peut rendre compte d'un certain nombre de ces décalages par le contexte des Lettres. Certaines questions minorées trouvent leur développement dans d'autres lieux : la religion civile dès la première lettre[3], les considérations sur la pente à dégénérer des gouvernements à la fin de la lettre VI et dans les suivantes. Ce qui dans le *Contrat social* concerne la formation du corps politique peut être passé sous silence parce que l'existence de Genève comme république (ou gouvernement légitime) est présupposée. L'accent mis sur la théorie des gouvernements prépare son application à celui de Genève.

Satisfaisantes séparément, ces explications ne rendent pas compte de l'effet d'ensemble produit par ces remaniements : le livre que l'on écrirait

1. CS, I, 5 : « Il serait bon d'examiner l'acte par lequel un peuple est un peuple » ; II, 6 : « Mais qu'est-ce donc enfin qu'une loi ? » ; III, 1 : « Qu'est-ce donc que le Gouvernement ? ». En IV, 1, la quatrième question est plus implicite : la bonne « police » (ou « loi de l'ordre public ») doit faire que la volonté générale « soit toujours interrogée et réponde toujours ».

2. La suppression du chapitre *Du domaine réel* est d'autant plus notable que l'*Émile* met en relief la question de la propriété (Émile cherche une patrie où son droit de propriété sera assuré).

3. Voir ci-dessus les commentaires d'André Charrak et Ghislain Waterlot.

par ampliation de l'analyse serait un autre livre que le *Contrat social* ! Plus exactement, tout se passe comme si, pour Rousseau, analyser son livre consistait à dégager sous la masse du texte la substructure qui le gouverne.

Mettre en série les chapitres ou séquences de chapitres qui font l'objet d'une minoration ou d'une élision fait apparaître, en effet, une cohérence. Est minoré ou effacé, semble-t-il, ce qui relève d'une problématique historique : les premières sociétés et le passage à l'état civil, l'institution des peuples, le processus de dégénérescence des gouvernements, de dissolution du corps politique, les exemples historiques. Est privilégié, *a contrario*, le système des concepts politiques : obligation, contrat, volonté générale, loi, gouvernement, formes de gouvernements, constitution de l'État. Le texte de l'analyse prend la figure d'un pur enchaînement conceptuel, non dépourvu de sécheresse. Par là est mis en évidence, dans le texte du *Contrat social*, un double registre, historique et politique. Au second seulement s'appliquerait la notion de système.

Faut-il voir dans l'analyse que Rousseau propose dans la lettre VI la preuve qu'il serait possible d'isoler une « théorie pure du droit politique », noyau du *Contrat social* ?[1]. On peut, au contraire, en tirer une objection majeure à cette interprétation : si l'on doit discerner un double registre, historique et politique, dans le *Contrat social*, c'est évidemment leur articulation qu'il faut comprendre, leur unité. Nous serons amenés à voir que, loin d'éliminer la dimension historique du politique, l'analyse proposée par Rousseau détermine cette articulation de manière précise.

Sous le signe de l'obligation

Qu'est-ce qui fait que l'État est un ? La question abrupte qui engage l'analyse semble s'écarter du *Contrat social*, qui tirait sa problématique du contraste entre la liberté naturelle de l'homme et sa servitude dans la société civile[2]. On peut y reconnaître cependant la question posée au chapitre v : « il serait bon d'examiner l'acte par lequel un peuple est un peuple » et à laquelle répond le chapitre *Du pacte social*. Rousseau fait ici l'économie du passage par la réfutation des « fausses notions du lien social »[3] et par la question de l'origine des sociétés, pour poser la question de leur fondement

1. S. Goyard-Fabre, *Philosophie et politique dans l'œuvre de J.-J. Rousseau*, Paris, P.U.F., 2001, p. 108.

2. L'état de nature, doublement présent par l'affirmation de la liberté naturelle (CS, I, 1) et la thématique des « premières sociétés » (CS I, 2), ne joue aucun rôle dans l'« exposition du système ». L'*Émile* au contraire l'évoque longuement : OC IV, p. 837-838.

3. Titre du chapitre du MsG, OC III, p. 297-305, qui couvre la matière des chapitres 2, 3 et 4 du *Contrat*. Il vient, c'est notable, après celui consacré au « pacte fondamental », p. 289-293.

en termes proprement politiques. Loin d'être un artifice de présentation, cette "économie" effectue ce que la première phrase du chapitre V suggérait : « Quand j'accorderais ce que j'ai réfuté jusqu'ici, les fauteurs du despotisme n'en seraient pas plus avancés ». Geste répété par la chapitre VI à propos de l'origine des sociétés [1]. Il y aurait donc deux points de départ à la recherche menée, le chapitre I et le chapitre V, définissant deux lignes discursives (l'une posant la question de l'origine, l'autre celle du fondement) que le traité lie comme chaîne et trame. L'analyse, nous allons le voir, met en évidence sous la chaîne, la trame.

> Qu'est-ce qui fait que l'État est un ? C'est l'union de ses membres. Et d'où naît l'union de ses membres ? De l'obligation qui les lie. Tout est d'accord jusqu'ici.
> Mais quel est le fondement de cette obligation ? Voilà où les auteurs se divisent. Selon les uns, c'est la force ; selon d'autres, l'autorité paternelle ; selon d'autres, la volonté de Dieu. Chacun établit son principe et attaque celui des autres : je n'ai pas moi-même fait autrement, et, suivant la plus saine partie de ceux qui ont discuté ces matières, j'ai posé pour fondement du corps politique la convention de ses membres, j'ai réfuté les principes différents du mien [2].

La question de l'unité est donc posée comme question matricielle de toute pensée politique. La terminologie de Rousseau appellerait plutôt la notion de *corps politique* que celle d'*État*. Il se conforme à l'usage commun pour saisir ensemble les théorisations du politique au regard desquelles il va se situer [3]. Mais ce n'est pas tout : la question même enveloppe deux propositions qui la déterminent. La première définit l'État comme résultant de la liaison d'une pluralité d'individus, ses membres. La modalité de ce lien, seconde proposition donnée comme évidence reconnue, est l'obligation. En son sens obvie, ce à quoi on est tenu en droit.

Il serait exorbitant de déployer ici tous les attendus de cette présentation de la problématique du politique, mais il est possible d'en indiquer les principaux traits en s'en tenant au cadre de la lettre VI [4]. Elle enveloppe implicitement (« tout est d'accord jusqu'ici ») une analyse puissante de la pensée politique moderne comme ordonnée à un présupposé commun : l'unité de l'État procède de l'obligation, et au problème contraignant qui en découle : comment fonder l'obligation ? Rousseau occupe ainsi une

1. « Je suppose les hommes parvenus à ce point… ».
2. LEM, OC III, p. 806.
3. Dans ce passage Rousseau emploie le vocabulaire politique dans son acception reçue.
4. Je me permets de renvoyer au chapitre, consacré à la problématique de l'obligation, d'un ouvrage en préparation *sur la genèse et le statut de la volonté générale chez Rousseau* : ces indications en sont… extraites !

position de surplomb qui lui permet de dresser une typologie de ses devanciers. Il distingue deux lignées. Viennent d'abord ceux qui prétendent fonder l'obligation sur la soumission et pour cela sont récusés. Il les présente en une phrase qui résume les quatre premiers chapitres du livre I : « Selon les uns, c'est la force; selon d'autres, l'autorité paternelle; selon d'autres, la volonté de Dieu ». Les lecteurs du second *Discours* et du *Contrat social* mettent sous ces thèses stylisées les noms de Filmer, Ramsay, Bossuet, Hobbes, Grotius, Pufendorf, Barbeyrac même. Mais il est une autre lignée dont Rousseau se réclame, au point de se présenter comme un successeur : « suivant la plus saine partie de ceux qui ont discuté ces matières, j'ai posé pour fondement du corps politique la convention de ses membres ». Ici encore la convention est prise dans son sens obvie : c'est une obligation contractuelle, par opposition à l'obligation naturelle. Il y a là, au sens strict, l'explication de ce que disait le premier chapitre du *Contrat social* : « L'ordre social est un droit sacré, qui sert de base à tous les autres. Cependant ce droit ne vient point de la nature; il est donc fondé sur des conventions ». Loin d'en faire une thèse nouvelle, Rousseau y voit ce qui unit la lignée dont il relève.

La dernière page de la lettre aide à préciser cette seconde lignée[1]. Les Représentants s'étaient insurgés contre le traitement réservé au *Contrat social*: on aurait dû le ranger au nombre des livres « qui traitent du Droit naturel et Politique, sur lesquels nos Loix ne donnent au magnifique Conseil aucun pouvoir, et qui se sont toujours vendus publiquement dans notre ville »[2]. Sortant de cette généralité, Rousseau donne des noms : Sidney, Althusius, Locke, Montesquieu, l'Abbé de Saint-Pierre. Liste remarquable par ceux qu'elle exclut (ils forment la première lignée) comme par ceux qu'elle inclut. Cette filiation acceptée est soulignée en deux cas : « L'infortuné Sidney pensait comme moi »; « Locke en particulier les a traitées [ces matières] exactement dans les mêmes principes que moi »[3]. Si Rousseau se reconnaît une originalité (qui pourrait croire qu'il en soit autrement?), c'est dans sa façon de fonder et mettre en œuvre le principe commun. Voilà ce qu'il faut chercher dans la suite du texte.

Le premier argument peut déconcerter. Poser un principe n'est pas le fonder. On attendrait que Rousseau démontre la vérité de celui qu'il soutient. Cette attente sera déçue :

1. LEM, OC III, p. 812.

2. Voir, ci-dessous le texte des Représentations.

3. Rousseau cite ses devanciers en raison inverse de l'ordre de proximité avoué ici : Locke est rarement cité (jamais dans le *Contrat social*). Grotius, Pufendorf, Hobbes sans cesse.

> Indépendamment de la vérité de ce principe, il l'emporte sur tous les autres par la solidité du fondement qu'il établit; car quel fondement plus sûr peut avoir l'obligation parmi les hommes que le consentement de celui qui s'oblige?

D'un geste, l'établissement de la vérité du principe est écarté. Ce n'est certes pas que Rousseau en doute. Que l'homme soit naturellement libre et, par conséquent, que seul son consentement puisse l'engager, cette proposition est au cœur de son anthropologie. Là est ce qu'il partage avec cette « plus saine partie » de ses prédécesseurs [1]. Le second *Discours* l'a démontré à nouveaux frais [2]. Le *Contrat social* y revient (« L'homme est né libre »), mais dans le cadre de la réfutation des « fausses notions du lien social », donc de cette première ligne discursive que nous avons qualifiée de chaîne, non de celle qui l'occupe ici en propre, sa trame [3]. De ce second point de vue, déterminé par la question : *comment fonder l'unité politique ?*, l'accent doit être déplacé. Il s'agit de comprendre, c'est le problème commun, comment fonder « l'ordre social », c'est-à-dire un lien d'obligation. C'est pourquoi l'argument déterminant en faveur du consentement est que, seul, il permet de donner à l'obligation un fondement *sûr*. Écho direct de la première phrase du *Contrat social* : « Je veux chercher si dans l'ordre civil il peut y avoir quelque règle d'administration légitime et sûre ». La liberté naturelle est ce qui fait du consentement le seul fondement légitime de l'ordre social. Il faut en outre montrer qu'il en est le seul fondement sûr. La réfutation elle-même, dans les premiers chapitres du *Contrat*, n'est pas étrangère à cette dimension : l'héritage de l'autorité est incertain, la force n'est pas durable, l'engagement des pères n'entraîne pas celui des fils, une aliénation complète est vaine. Seul l'engagement positif par lequel une volonté libre constitue une obligation contractuelle, une convention, peut la lier de façon indiscutable. Les plus proches de ses prédécesseurs (Sidney, Locke) ont fait du consentement le *présupposé* de l'union, Rousseau en fait le *principe constitutif*. Cette distinction va le pousser à former, pour penser ce que cette convention a de spécifique, la notion de contrat social.

Dire en effet que la liberté seule peut fonder l'obligation n'est pas dire comment elle le peut. Cette belle formule est équivoque : la libre décision de soi envers soi ne crée aucun engagement [4]; l'engagement réciproque de

1. Ainsi, Locke, *Traité du Gouvernement civil,* § 211, trad. D. Mazel, Paris, GF-Flammarion, 1984.

2. Il la repense au demeurant sur des bases qui lui sont propres, bien différentes de Locke.

3. Cette distinction de deux lignes discursives permet de comprendre pourquoi Victor Goldschmidt peut déployer de façon cohérente des « principes du système de Rousseau » avant le *Contrat social* : à l'inverse de ce que fait Rousseau ici, il suit la chaîne et ignore la trame.

4. CS I, 7 : « Nul n'est tenu aux engagements pris avec lui-même ».

deux personnes crée une obligation morale n'induisant aucun effet de contrainte[1]; si on pense l'obligation comme engagement déterminant une obéissance envers autrui, on contredit le principe[2]? L'analyse de son propre texte par Rousseau produit ce premier résultat remarquable: *c'est une théorie de l'obligation politique qu'il faut constituer.*

Si la fonction accordée au principe commun distingue Rousseau de ses prédécesseurs, *a fortiori* la mise en œuvre qu'il va en faire:

> Mais par cette condition de la liberté, qui en renferme d'autres, toutes sortes d'engagements ne sont pas valides, même devant les tribunaux humains. Ainsi, pour déterminer celui-ci, l'on doit en expliquer la nature; on doit en trouver l'usage et la fin; on doit prouver qu'il est convenable à des hommes, et qu'il n'a rien de contraire aux lois naturelles. Car il n'est pas plus permis d'enfreindre les lois naturelles par le Contrat social, qu'il n'est permis d'enfreindre les lois positives par les contrats des particuliers; et ce n'est que par ces lois mêmes qu'existe la liberté qui donne force à l'engagement[3].

Ce qui fait la liberté d'un engagement et donc peut fonder une obligation n'est pas seulement son caractère volontaire. C'est aussi son objet, sa "fin". Il faut que celle-ci ne soit pas contraire aux lois naturelles. Intuitivement on comprend ce que Rousseau entend par là: nul ne peut, même librement, renoncer à sa vie[4] ni à sa liberté[5]. Mais la référence aux « lois naturelles » fait problème.

Derathé fait un usage central de ce texte dans le chapitre qu'il consacre à la position de Rousseau à l'égard du droit naturel[6]. L'orientation générale de son propos consiste à distinguer les théories modernes du droit naturel, que Rousseau récuse, de la loi naturelle, héritée du stoïcisme, qui serait l'assise de sa pensée. La fonction de la loi naturelle est précisément, pour Derathé, de fonder l'obligation et de donner aux engagements une « *sanction morale* »[7]. L'obligation de respecter ses engagements serait une règle morale antérieure au lien politique et sa condition de possibilité: la règle *pacta sunt servanda*, loi naturelle par excellence, métapolitique et métajuridique. Curieusement, pour appuyer cette thèse, il s'appuie non sur Rousseau mais sur Pufendorf: « Mais comment les sociétés ont-elles pu se

1. CS I, 7, La loi politique « rend légitimes les engagements civils ».

2. C'est pourquoi Rousseau récuse le contrat de soumission, dans toutes ses versions, de Hobbes à Barbeyrac.

3. LEM, OC III, p. 807.

4. Sur ce point, B. Bernardi, « Le droit de vie et de mort selon Rousseau : une question mal posée ? », *Revue de Métaphysique et de Morale*, n° 1/2003, p. 89-106.

5. Contradiction dénoncée dans CS I, 4.

6. R. Derathé, *J.-J. Rousseau et la science politique de son temps*, *op. cit.*, p. 151-171. Ce texte est cité p. 158.

7. *Ibid.*, p. 159 (c'est Derathé qui souligne).

maintenir si l'on ne croyait pas auparavant qu'il fût juste de tenir sa parole et injuste d'y manquer»[1]. Sans pouvoir reprendre ici l'ensemble de la question, je montrerai que la Lettre VI, suivant une autre voie, s'efforce de substituer à une problématique morale une problématique politique de l'obligation.

On conviendra pour commencer de la distinction entre loi naturelle et théories modernes du droit naturel. D'ailleurs, dans les *Lettres écrites de la montagne*, les deux occurrences de la notion de *droit naturel* sont reprises du texte des représentations[2]; Rousseau utilise pour sa part l'expression *lois naturelles*. Mais «retrouve-t-on» ici, comme dit Derathé, «la distinction traditionnelle admise par tous les théoriciens du droit naturel» entre loi naturelle et lois positives? Et doit-on admettre que, pour Rousseau, «l'obligation de respecter le pacte a son unique fondement dans la loi naturelle et dans le devoir de tenir ses engagements»?

Une observation mineure doit d'abord être faîte: notre texte parle des lois naturelles au pluriel[3]. Que peut signifier cette pluralité? Certes, Pufendorf aussi peut employer au pluriel la notion de loi naturelle, globalement dans le sens que lui donne Derathé. Mais Rousseau donne clairement à cette expression son statut par la proportion qui commente cette proposition: les lois naturelles sont au contrat social ce que les lois positives sont aux contrats des particuliers. Cette proportion obéit à une règle de translation qui va de la nature à l'institution. On connaît la façon dont Rousseau pense cette translation: l'ordre des lois d'institution doit s'efforcer d'imiter la nécessité des lois de la nature. «Si les lois des Nations pouvaient avoir comme celles de la nature une inflexibilité que jamais aucune force humaine ne put vaincre, la dépendance des hommes redeviendrait alors celle des choses, on réunirait dans la République tous les avantages de l'état naturel à ceux de l'état civil...»[4]. Le pluriel *lois naturelles* équivaut aux lois de la nature.

Que sont ces lois de la nature quand il s'agit de l'homme? Le *Contrat social* le dit en toutes lettres: «Cette liberté commune est une conséquence de la nature de l'homme. Sa première loi est de veiller à sa propre conservation, ses premiers soins sont ceux qu'il se doit à lui-même, et, sitôt qu'il est en âge de raison, lui seul étant juge des moyens propres à se

1. *Droit de la nature et des gens*, livre VIII, chap. I, § 5, trad. Barbeyrac, reprint Caen, vol. II. p. 358. Derathé invoque aussi Hobbes: *Le Citoyen* (De Cive), chap. III, § 1, trad. S. de Sorbiére, Paris, GF-Flammarion, 1982, p. 113.

2. LEM, I, OC III, p. 690; VI, OC III, p. 812.

3. Derathé parle toujours de *la* loi naturelle, les textes de Rousseau qu'il cite *des* lois naturelles.

4. *Émile*, OC IV, p. 311.

conserver devient par là son propre maître »[1]. Les lois qui découlent de la nature de l'homme expriment une nécessité immanente. Le concept de la loi dont use ici Rousseau est plus proche de Spinoza que des théoriciens du droit naturel. On peut donc interpréter le passage qui nous occupe de la façon suivante, qui confirme la compréhension intuitive initialement proposée : l'obligation politique ne peut déroger à cette loi qui veut que l'homme ne peut en s'obligeant faire usage de sa liberté qu'en faveur de la conservation de sa vie et de sa liberté. Comme les contrats entre particuliers ne peuvent pas déroger aux lois positives (ils seraient nuls), le contrat social ne peut déroger aux lois de la nature (il serait vain).

Une difficulté demeure dans ce passage décisif. La proportion que nous venons d'examiner (Lois naturelles / contrat social = lois positives / contrats entre particuliers) est suivie de cette remarque : « et ce n'est que par ces Lois-mêmes qu'existe la liberté qui donne force à l'engagement ». Quelles sont « ces lois-mêmes » ? Le mouvement de la lecture fait remonter aux lois naturelles, la relation d'antécédence désigne les lois positives, le parallélisme établi semble les conjoindre. Il paraît en effet qu'il faut rapporter cette proposition aux deux sortes de lois. En ce qui concerne les lois positives, il s'agit d'un principe fondamental de droit : ne peut contracter que celui en qui la loi reconnaît un sujet de droit, c'est-à-dire qui peut librement s'engager[2]. Cette condition donne au contrat force de droit et oblige légalement au respect des contrats librement souscrits. L'obligation juridique tire sa force contraignante de la liberté des contractants. L'analogie conduit à poser que le contrat social ne peut être pensé qu'à condition que les contractants soient considérés comme libres : l'obligation politique de respecter le contrat social tire sa force de cette liberté reconnue et préservée. La liberté des contractants fait la force de l'obligation, d'elle dépend la "solidité" de l'union, sa "sûreté".

Le raisonnement de Rousseau ne consiste donc pas à poser la liberté naturelle de l'homme et à en déduire que les hommes ne peuvent se lier entre eux que par libre consentement. Cela, il l'a démontré dans le second *Discours*, en accord avec cette « plus saine partie » de ses devanciers. Ce qu'il démontre ici est autre : comme, pour exiger le respect des contrats, le droit positif doit considérer des libres sujets de droit, le droit politique pour exiger le respect du contrat social doit considérer les membres de l'État comme y étant librement engagés. La liberté est le fondement le plus sûr de l'ordre politique parce qu'elle est seule à pouvoir produire une obligation. Il y a une approche anthropologique du principe du libre engagement, il en

1. CS, I, 2.
2. L'incapacité ou la contrainte frappent de nullité les contrats.

est une autre proprement politique. Elles sont complémentaires mais indépendantes. C'est la seconde, que nous avons définie comme trame, que l'analyse met en évidence. Elle est la seule réponse adéquate à la question : qu'est-ce qui fait l'unité du corps politique ? La façon dont il reforme la problématique commune et dont il donne un nouveau statut au principe du libre consentement constitue bien, aux yeux de Rousseau, le noyau de sa pensée politique.

Aussi bien, la problématique ainsi déterminée, c'est sur un mode déductif que l'analyse se poursuit. La rigueur de la déduction conditionne la sûreté de l'obligation[1]. Elle portera d'abord sur la notion même de contrat social.

> J'ai pour résultat de cet examen que l'établissement du Contrat Social est un pacte d'une espèce particulière, par lequel chacun s'engage envers tous, d'où s'ensuit l'engagement réciproque de tous envers chacun, qui est l'objet immédiat de l'union[2].

L'analyse est si loin de l'extrait que Rousseau ne cite ni ne résume le chapitre « Du pacte social », il le commente et dégage la structure conceptuelle du contrat dont il s'agit. La notion de contrat est pertinente parce qu'il s'agit d'un engagement réciproque constitutif d'une obligation. Mais ce contrat n'a pas la structure d'un contrat civil parce qu'il n'engage pas deux volontés particulières l'une envers l'autre mais la volonté de chacun et celle de tous. Ce à quoi chacun s'engage, c'est à obéir la volonté générale. Ce à quoi tous s'engagent, c'est à préserver la vie et la liberté de chacun : tel est bien « l'objet immédiat de l'union »[3]. Le plus remarquable dans cette formulation est que l'obligation créée par le contrat social est d'abord celle du souverain envers les particuliers. C'est elle qui fixe les « bornes du pouvoir Souverain »[4]. L'obligation des particuliers envers le souverain lui est suspendue : ce n'est que parce le contrat social la reconnaît pour libre que la volonté de chacun est obligée d'obéir à la volonté commune. L'obligation ne précède pas le contrat, elle en procède. Son institution politique donne son effectivité à la liberté naturelle. On retrouve par une autre voie le résultat auquel Roger Masters était arrivé : « la loi naturelle est non naturelle »[5].

1. CS, I, 6 : « Les clauses de ce contrat sont tellement déterminées par la nature de l'acte, que la moindre modification les rendraient vaines et de nul effet ».

2. LEM, OC III, p. 807.

3. La formulation du « problème fondamental dont le contrat social donne la solution », CS, I, 6, le disait en toutes lettres.

4. CS, II, 4 : chapitre dont la portée est généralement sous évaluée.

5. *La Philosophie politique de Rousseau*, *op. cit.*, p. 311-315.

Les caractères qui le distinguent, le contrat social du contrat civil sont ordonnés à la spécificité de l'obligation politique.

– L'obligation de tous envers chacun rend possible celle de chacun envers tous : la préservation de la vie et de la liberté de chacun étant la règle du souverain, il ne peut vouloir leur nuire sans entraîner sa dissolution immédiate et délier les membres du corps politique de toute obligation. Rousseau souligne le caractère suspensif de cette condition : « Il n'est pas possible que le corps se veuille nuire à lui-même, *tant que le tout ne veut que pour tous* »[1].

– Aussi importante est la seconde remarque : « Il est encore d'une espèce particulière, en ce qu'il lie les contractants sans les assujettir à personne; et qu'en leur donnant leur seule volonté pour règle il les laisse aussi libres qu'auparavant »[2]. Plus précise que celle du *Contrat social*[3], cette formulation définit l'obligation politique : elle lie sans assujettir. Ce lien consiste à faire que le citoyen ait affaire à la volonté générale comme à sa propre volonté. Non seulement il n'obéit à personne mais il n'obéit pas, il veut[4]. Bien différente est l'obligation qui, comme membre de l'État, l'assujettit à la loi.

Rousseau rend bien compte de sa démarche comme de l'élaboration rigoureuse du concept de l'obligation politique : elle est irréductible à l'obligation morale, comme le contrat social qui en est le titre est irréductible au contrat synallagmatique.

Politique et histoire : un chassé-croisé

Parvenu à ce point, Rousseau semble considérer que l'analyse a porté l'essentiel de ses fruits. Son mode d'exposition se distingue moins de l'extrait. Il multiplie les citations directes du *Contrat social*. Mais, plus discrètement, la méthode d'analyse continue à régler l'exposition. La condensation produit un effet de conceptualisation et de politisation[5]. Je me limiterai à deux exemples : les définitions de la loi et celle du gouvernement.

1. LEM, OC III, p. 807. Je souligne.

2. *Ibid.*

3. CS, I, 6 : « Enfin chacun se donnant à tous ne se donne à personne ».

4. Locke, Sidney, Cumberland pensent la convention comme consentement, Rousseau comme volonté.

5. Il ne faudrait pas voir là un quelconque idéal du purement politique, mais un effort pour mettre en évidence la discursivité propre du droit politique, comme nous avons vu pour l'obligation.

> Mais comment agit cet être abstrait et collectif? Il agit par des lois, et il ne saurait agir autrement.
> Et qu'est-ce qu'une loi? C'est une déclaration publique et solennelle de la volonté générale sur un objet d'intérêt commun.
> Je dis, sur un objet d'intérêt commun; parce que la Loi perdrait sa force, et cesserait d'être légitime, si l'objet n'en importait à tous.
> La Loi ne peut par sa nature avoir un objet particulier et individuel; mais l'application de la Loi tombe sur des objets particuliers et individuels [1].

Ce que l'on pourrait prendre pour un résumé du chapitre *De la loi* ne lui emprunte aucune de ses formulations [2]. L'effet de condensation fait ressortir ce qu'a de précisément thétique l'enchaînement des concepts. Le souverain est une puissance, il agit. Plus précisément, c'est une volonté qui agit. La modalité de cette action est la déclaration. C'est ainsi qu'il faut entendre que la loi est un « acte de la volonté générale » [3]. La déclaration n'est pas une simple énonciation. L'action informe le concept de la volonté générale en la déterminant comme puissance, elle informe pareillement le concept de la déclaration en la déterminant comme décision et commandement. La décision relève seulement du souverain; le commandement, lui, s'effectue par les actes de gouvernement, dont les fonctions sont appliquer et faire obéir. La notion d'intérêt détermine celle d'objet: l'intérêt fait de l'objet ce qui est voulu [4]. De même, le dernier alinéa éclaire l'usage chez Rousseau des notions de particulier et d'individuel: le particulier se rapporte à l'objet, l'individuel aux sujets. La double généralité de la loi est celle des objets sur lesquels elle porte et des sujets pour lesquels elle vaut.

> Qu'est-ce que le Gouvernement? C'est un corps intermédiaire établi entre les sujets et le souverain pour leur mutuelle correspondance, chargé de l'exécution des lois et du maintien de la liberté, tant civile que politique.
> Le Gouvernement, comme partie intégrante du Corps politique, participe à la volonté générale qui le constitue; comme corps lui même, il a sa volonté propre. Ces deux volontés quelquefois s'accordent, et quelquefois se combattent. C'est de l'effet combiné de ce concours et de ce conflit que résulte le jeu de toute la machine [5].

La définition du gouvernement est simplement extraite du *Contrat social* [6]. Mais la terminologie du second alinéa, qui résume le chapitre

1. LEM, OC III, p. 807-808.
2. CS II, 6. Un certain nombre d'énoncés ou syntagmes se trouvent, épars, dans tel ou tel autre chapitre.
3. CS II, 2, et *passim*.
4. B. Bernardi, « La notion d'intérêt chez Rousseau », *Cahiers philosophiques de Strasbourg*, t. XIII, Printemps 2002, p. 149-173.
5. LEM, OC III, p. 808.
6. CS, III, 1.

suivant, peut d'abord poser problème. Dans le *Contrat social,* Rousseau parle du gouvernement comme «partie constitutive de l'État»[1]. À y regarder de près, le vocabulaire est très rigoureux. Les parties intégrantes sont les parties homogènes d'un corps, obtenues par section; les parties constitutives sont les composants hétérogènes d'un mixte, obtenus par dissolution. Le gouvernement est d'abord considéré dans ses membres. Comme citoyens, ils sont parties intégrantes, homogènes entre elles, du corps politique. À ce titre leur volonté est la volonté générale. Mais le gouvernement d'autre part est un corps qui, avec cet autre corps qu'est le souverain, est une des deux «parties constitutives de l'État», entre elles hétérogènes. Comme tel, le gouvernement a sa volonté propre qui peut s'opposer à la volonté générale[2].

D'autres exemples confirmeraient que, loin de dresser à la va-vite un sommaire de son livre, Rousseau mène l'analyse jusqu'à son terme: la problématique politique commande rigoureusement l'ensemble des principes. Mais il est nécessaire surtout d'éviter la grave méprise que la présentation donnée de la *méthode* mise au jour par l'*analyse* pourrait induire. Nous avons distingué deux discursivités à l'œuvre dans le texte du *Contrat social,* comme la chaîne et la trame de la pensée de Rousseau. Ordonnée à la question commune: *qu'est-ce qui fait que l'État est un?* (devenue dans l'horizon propre de Rousseau: *quel est cet acte par lequel un peuple est un peuple?*), la seconde ligne, la trame, proprement politique, nous a semblé faire l'économie de la problématique de l'origine des sociétés et plus généralement de leur histoire (de leur institution à leur dissolution). La ligne propre du *Contrat social* serait-elle donc celle d'une «théorie pure du droit politique» n'ayant affaire que par raccroc à la problématique de l'histoire? C'est à inverser cette conclusion que nous allons être conduit.

Une attention particulière doit être accordée, à cet égard, au sort réservé à la deuxième partie du livre III, comptée comme partie de l'œuvre ayant fait l'objet d'une élision. Ceci demande à être précisé. Plutôt que d'une élision il s'agit d'un déplacement, d'un recentrage. L'examen de la théorie des gouvernements (objet du livre) s'achève bien, dans l'analyse, avec la typologie des gouvernements (soit au chapitre VI du livre III). Mais la matière des chapitres suivants (la pente du gouvernement à dégénérer, la

1. CS, III, 7, *Des Gouvernements mixtes*. Voir B. Bernardi, «Constitution et gouvernement mixte», art. cit.

2. La notion de partie constitutive est employée un peu plus loin de façon aussi rigoureuse: «Je termine ce Livre et tout l'ouvrage par des recherches sur la manière dont la religion peut et doit entrer comme partie constitutive dans la composition du Corps politique». Il s'agit bien de savoir si et comment la religion peut, à côté du souverain et du gouvernement et entre eux, jouer un rôle dans la composition de l'État.

façon dont l'État se détruit) est abordée, de façon anticipée, comme suite logique de la définition même du gouvernement :

> Le principe qui constitue les diverses formes du Gouvernement consiste dans le nombre des membres qui le composent. Plus ce nombre est petit, plus le Gouvernement a de force ; plus le nombre est grand, plus le Gouvernement est faible ; et comme la souveraineté tend toujours au relâchement, le Gouvernement tend toujours à se renforcer. Ainsi le Corps exécutif doit l'emporter à la longue sur le corps législatif ; et quand la Loi est enfin soumise aux hommes, il ne reste que des esclaves et des maîtres ; l'État est détruit.
>
> Avant cette destruction, le Gouvernement doit, par son progrès naturel, changer de forme et passer par degrés du grand nombre au moindre [1].

On pensera à juste titre qu'un propos complexe est ramené ici à des règles bien simples. Il ne faudrait pas cependant minimiser la portée des énoncés produits. La proportion continue entre gouvernement et souveraineté est tendue entre deux pôles : la démocratie (tous les membres du souverain le sont aussi du gouvernement) et la monarchie (tous sauf un en sont exclus). Mais ces pôles ne sont pas équipotents. La puissance du souverain tend à l'affaiblissement, le pouvoir du gouvernement à l'augmentation. C'est la pente au despotisme : l'usurpation de la souveraineté par le gouvernement [2]. Cela concerne d'abord la démocratie : le gouvernement de Genève, démocratique dans son fond, est premier concerné. Il n'y a pas de gouvernement pur mais une infinité de gouvernent mixtes. Aristocratique dans sa forme (les conseils restreints) la constitution de Genève est démocratique dans son principe (le Conseil Général contrôle le gouvernement). Trois causes de dégénérescence ont fait son histoire : la pente à dégénérer de tout gouvernement, les défauts propres de sa constitution, l'affaiblissement du sens civique et les machinations politiques [3]. En faisant de ce principe inexorable d'entropie politique celui de la constitution même de tout État, Rousseau affirme que la pente à la dégénérescence est dans la nature même du corps politique [4]. Pour cela elle est le principe de son histoire. La thèse est déjà dans le *Contrat social* mais l'économie du livre tend à en dissimuler la rigueur. Ici elle est mise en relief.

Non seulement l'analyse n'écarte pas toute perspective historique mais elle énonce de la façon la plus formelle la loi constitutive de l'histoire des

1. LEM, OC III, p. 808.
2. CS, III, 10.
3. Voir ci-dessous les commentaires de F. Guénard et A. Charrak.
4. Il est possible de freiner ce mouvement par l'art politique (en formant une bonne constitution), la vertu politique (qui forme les bons citoyens). Ou de l'accélérer : la corruption des gouvernements.

corps politiques[1]. D'une certaine manière elle est tout entière tendue à la mettre en évidence. L'analyse des principes permet l'intelligence de l'histoire. C'est exactement ce que va lui demander la suite de la lettre VI.

> Que pensiez-vous, Monsieur, en lisant cette analyse courte et fidèle de mon livre ? Je le devine. Vous disiez en vous-même : Voilà l'histoire du Gouvernement de Genève. C'est ce qu'ont dit, à la lecture du même ouvrage, tous ceux qui connaissent votre constitution.
>
> Et en effet, ce Contrat primitif, cette essence de la souveraineté, cet empire des lois, cette institution du Gouvernement, cette manière de le resserrer à divers degrés pour compenser l'autorité par la force, cette tendance à l'usurpation, ces assemblées périodiques, cette adresse à les ôter, cette destruction prochaine, enfin, qui vous menace et que je voulais prévenir, n'est-ce pas, trait pour trait, l'image de votre République, depuis sa naissance jusqu'à ce jour ?[2]

On a lu dans ce texte la preuve de ce que la pensée de Rousseau doit à la constitution de Genève, au point parfois d'y voir sa mise en système. En un sens cela est vrai. Mais en quel sens ? Rousseau ne dit pas que le *Contrat social* décrit la constitution de Genève. Il affirme qu'il y a adéquation entre son *analyse* et *l'histoire* du Gouvernement genevois. Huit déterminations sont énumérées pour accréditer la thèse. Les quatre premières, positives, concernent la *constitution* de la République (contrat primitif, souveraineté, empire des lois, institution du gouvernement). Les quatre suivantes, négatives, concernent sa *destruction* annoncée (resserrement du gouvernement, usurpation, assemblées éludées, dissolution prochaine). Genève est moins un modèle qu'une preuve démonstrative de cette loi tendancielle : tout corps politique est menacé de dissolution par l'usurpation de la souveraineté par le gouvernement. Preuve de ce que la clef de l'histoire se trouve dans la constitution de la « machine politique » (ce que l'analyse a montré par le recentrage du livre III). Dès lors, le rapport à Genève est remis sur son erre proprement critique. Il s'agit de faire un diagnostic : voilà la destruction qui menace et dont je vous préviens[3].

Faut-il pour autant faire de Genève un anti-modèle ? Ce serait bien évidemment abusif. Ce n'est pas simple effet de manches si Rousseau dit un peu plus loin :

1. Il faudrait articuler cette histoire politique avec l'histoire de l'homme du second *Discours*.

2. LEM, OC III, p. 809.

3. OC III, p. 1665, J.-D. Candaux cite un passage du brouillon qui assume cette dimension : « L'esprit prophétique qui m'éclaire quelquefois m'a trop bien servi dans ce moment-là, mais mes prophéties sont comme celles de Cassandre. Elles annoncent toujours des malheurs, on ne les écoute jamais et elles s'accomplissent toujours ».

> Comment pouvais je tendre à renverser tous les Gouvernements, en posant en principes tous ceux du votre ? Le fait seul détruit l'accusation. Puisqu'il y avait un Gouvernement existant sur mon modèle, je ne tendais donc pas à détruire tous ceux qui existaient. Eh monsieur, si je n'avais fait qu'un système, vous êtes bien sûr qu'on n'aurait rien dit : on se fût contenté de reléguer le Contrat social avec la République de Platon, l'Utopie et les Sévarambes, dans le pays des chimères. Mais je peignais un objet existant, et l'on voulait que cet objet changeât de face [1].

Le propos est souvent cité pour le rôle exemplaire attribué à Genève et le refus déclaré de l'utopie. Mais on oublie de mettre l'accent sur la fin de la phrase et son retournement : cet objet existant, *on* voulait qu'il changea de face. Qui ? L'Europe entière, d'Alembert et Voltaire ; à Genève, les gens du haut, les corrompus. Qui agit pour ceux-là ? Le Petit Conseil, c'est-à-dire le gouvernement. Le paradoxe devient alors très compréhensible : c'est à Genève seule que le *Contrat* a soulevé une telle opposition parce qu'il avait la puissance critique suffisante pour mettre en évidence le mécanisme implacable de dégénérescence et d'usurpation en cours. *De te fabula narratur*, voilà ce que Rousseau dit à Genève [2]. Et le Petit Conseil l'a parfaitement compris. C'est ce que dit en toutes lettres la phrase qui suit immédiatement : « Mon livre portait témoignage contre l'attentat qu'on allait faire : voilà ce qu'on ne m'a pas pardonné ». Rousseau ici n'est pas dans la fièvre du complot, il n'est pas dans la folie de la persécution. Il fait un diagnostic sur une situation politique. C'est parce que son livre rendait intelligible le mécanisme de dégénérescence à l'œuvre, parce qu'il anticipait l'acte d'usurpation en voie de préparation que le *Contrat social* a été brûlé.

La sixième lettre doit être comptée parmi les textes essentiels de Rousseau. L'analyse qu'elle fait du *Contrat social* en donne une règle d'interprétation comme *théorie de l'obligation politique*. Elle met en évidence la dimension *critique* de sa démarche : la critique est la façon d'être concerné par la politique en tant que membre du souverain, elle est *dimension théorique de la citoyenneté*. Elle permet par là de marquer l'assise du rapport que Rousseau entretient avec Genève.

Les *Lettres écrites de la montagne*, réplique de l'abdication par Rousseau de sa citoyenneté, sont une *critique de la politique genevoise*, acte ultime de citoyenneté que Rousseau se devait de poser.

Bruno BERNARDI

1. LEM, OC III, p. 809-810.
2. Autrement dit : « *Voilà l'histoire du Gouvernement de Genève* ».

CHAPITRE VI

PUISSANCE LÉGISLATIVE ET PUISSANCE EXÉCUTIVE : LA MARCHE VERS LE DESPOTISME

LETTRES DE LA MONTAGNE, VII

Dans la première partie des *Lettres de la montagne*, Rousseau s'est défendu contre les attaques portées contre lui par Tronchin. Il a ainsi montré que, loin d'avoir fait preuve d'irréligion, il s'était efforcé de prouver que la religion est utile au peuple (lettre I), que s'il a mis en question certains dogmes, c'est à l'orthodoxie catholique qu'il s'en est pris, non à la religion réformée de Genève (lettre II), enfin que douter des miracles, ce n'est pas être impie (lettre III). Il a également montré dans les lettres IV et V que quand bien même il aurait été coupable de ce qu'on lui reproche, la procédure suivie contre lui n'est pas conforme aux lois de Genève, puisqu'on a confondu ce qui ressort du Consistoire avec ce qui est de la compétence du tribunal civil. Il a enfin montré, dans la sixième lettre, que loin d'avoir voulu détruire tous les gouvernements, il les avait tous établis : dans un État légitime, le gouvernement exécute les lois décidées par le peuple souverain, et toutes les formes de gouvernement peuvent être pleinement justifiées par des raisons locales.

C'est dire que Rousseau a achevé dans cette première partie sa réfutation des accusations de Tronchin : il est innocent et même s'il est coupable, il n'a pas été traité convenablement. L'injustice, double par conséquent, est le signe de la corruption de la République. Rousseau le souligne au début de la lettre VII : à Genève, l'innocence n'est plus en sûreté, les lois ne sont plus respectées[1]. Voilà qui justifie, voire qui impose aux yeux de Rousseau *un changement de sujet* : de la condamnation de Rousseau auteur du *Contrat*

1. LEM, OC III, p. 813.

social et de l'*Émile*, on passe, comme d'un principe à sa conséquence, à la situation des Citoyens et Bourgeois au sein d'une République où liberté et sûreté sont menacées. De cette double injustice, on remonte à ses conditions de possibilité. C'est l'objet de la seconde partie des *Lettres*: montrer comment le despotisme menace la République et indiquer aux citoyens les moyens de le freiner. C'est ainsi que dans les lettres VII et IX, Rousseau met en évidence les usurpations du Petit Conseil; dans la lettre VIII, il défend le droit de représentation des Citoyens et Bourgeois et invite le Conseil Général à se réunir périodiquement.

À Genève, la liberté assurée par les institutions s'est muée insidieusement en servitude. Il n'est que de comparer l'état légitime de la République à son état présent pour s'en apercevoir. L'histoire de Genève vérifie ainsi les principes du *Contrat social*, résumés dans la lettre VI : le gouvernement, volonté particulière, agit contre la souveraineté, volonté générale; aucun État, par conséquent, ne peut durer éternellement; l'autorité souveraine peut espérer se maintenir le plus longtemps possible à condition que le peuple s'assemble régulièrement. Genève obéit ainsi à une loi générale dont Sparte et Rome avant elle ont été des illustrations [1].

C'est à apprécier cet écart entre l'état légitime et l'état actuel qu'est consacrée la lettre VII. Une telle comparaison suppose que soient résolus deux ensembles de questions.

D'une part, la servitude de l'état actuel à Genève n'est en aucune manière l'état de servitude décrit dans le second *Discours* et qui est le dernier terme dans l'histoire des gouvernements. Autrement dit, si le despotisme s'introduit à Genève, ce n'est nullement comme il est dit dans le second *Discours*, après « des temps de troubles et de calamités », où il cesse « d'être question de mœurs et de vertu » [2] et où le peuple n'a plus ni lois ni chefs. Cet état ainsi décrit est le terme d'une dégradation des institutions, correspondant à une inégalité extrême de condition et de fortune; il ne saurait qualifier l'état présent des institutions et des mœurs de Genève, qui résulte de la corruption d'un état légitime.

D'autre part, il importe de comprendre que si l'état légitime s'est dégradé en un état présent illégitime, il ne faut imputer cette corruption ni aux institutions républicaines qui distinguent l'invention des lois et leur exécution, ni au peuple de Genève qui n'aurait pas été capable d'exercer pleinement sa souveraineté. Autrement dit, la dégénérescence de l'état légitime, quoique inévitable, ne lui est pas imputable. L'histoire du gouver-

1. CS, OC III, p. 424.
2. Second *Discours*, OC III, p. 191.

nement de Genève n'infirme pas le *Contrat social*, elle le vérifie, comme Rousseau l'avait déjà souligné dans les lettres V et VI.

Ainsi, comment caractériser la servitude du peuple genevois et quelle en est l'origine? Comment expliquer que les Citoyens et Bourgeois se trouvent dépossédés de la souveraineté, puisqu'on ne peut expliquer cette dépossession par une corruption générale des mœurs ni par une usurpation violente? À ces deux ensembles de questions, Rousseau apporte deux réponses qui constituent les deux axes argumentatifs de la lettre VII: *l'usurpation de la souveraineté par le gouvernement est un conflit de puissances; la marche vers le despotisme est une évolution insensible.*

La volonté et la force

Pouvoir et puissance

Dans la lettre VII, souveraineté et gouvernement sont présentés moins comme des *pouvoirs séparés* que comme des *puissances en conflit*. La nuance est capitale : il s'agit pour Rousseau de montrer que la marche vers le despotisme n'est pas un problème d'ordre institutionnel qu'il faudrait régler par une organisation constitutionnelle garantissant le législatif des empiètements de l'exécutif. Ce n'est pas en ces termes que la question se pose : au sens strict, il s'agit moins d'un problème de droit politique qu'un problème de politique pratique – c'est-à-dire *un problème politique*, qui se trouve être le problème de *la* politique. Autrement dit, il s'agit moins, comme nous le verrons, d'utiliser un pouvoir contre un autre, afin qu'ils se fassent équilibre, que de rendre la puissance législative supérieure dans son action à la puissance exécutive.

Si le problème ne s'énonce pas ainsi, c'est pour deux raisons.

D'une part, parce qu'il n'y a dans l'État qu'une seule autorité : celle du peuple souverain, dont le gouvernement n'est que l'instrument. Le *Contrat social* l'a ainsi défini : le gouvernement est « un corps intermédiaire établi entre les sujets et le Souverain pour leur mutuelle correspondance, chargé de l'exécution des lois, et du maintien de la liberté tant civile que politique »[1]. Les pouvoirs, autrement dit, ne doivent pas être *séparés*, ils doivent être *subordonnés*. C'est justement contre la tendance du pouvoir exécutif à se séparer que Rousseau veut mettre en garde.

D'autre part, Rousseau semble ne pas croire que, dans une constitution républicaine, les pouvoirs puissent être *équilibrés*, comme l'entend Locke. Pour ce dernier, il est essentiel que le législatif et l'exécutif soient l'un pour

1. CS, OC III, p. 396.

l'autre des contrepoids. Il est dès lors nécessaire de remettre au pouvoir exécutif une partie du pouvoir législatif, tout en subordonnant celui-là à celui-ci : le gouvernement détient ainsi le pouvoir de convoquer l'assemblée et celui de proposer les lois[1]. Il n'est pas question pour Rousseau, comme le précisera la lettre IX, que le peuple exerce sans règle la puissance législative : voilà pourquoi le droit négatif du Petit Conseil ne doit pas être remis en cause[2]. Mais – c'est ce que nous apprennent les *Lettres de la montagne* plus encore que le *Contrat social* – l'équilibre des pouvoirs pourrait constituer une solution institutionnelle acceptable si le gouvernement n'était pas une puissance qui ne cesse de vouloir usurper la souveraineté. *Autrement dit, l'équilibre des pouvoirs n'est possible que lorsque les puissances ne sont pas en conflit.* Allons plus loin : *l'équilibre des pouvoirs pourrait être un obstacle au despotisme si les forces dans le conflit des puissances n'étaient pas à ce point disproportionnées* – ce que l'histoire du gouvernement de Genève vérifie très largement[3].

État légitime et état actuel

Le Conseil Général est légitimement à Genève la puissance législative. Sa puissance d'agir se mesure aux compétences que les lois politiques lui confèrent : les citoyens assemblés sont « Législateurs, Souverains, indépendants de toute puissance humaine »[4]. Ils élisent leurs chefs (les syndics), ils se soumettent aux impôts qu'ils déterminent eux-mêmes, ils ne sont jugés que dans des formes que les lois ont fixées, enfin le droit de ratifier les traités et de décider de la guerre et de la paix leur revient. Le peuple qui ne dépend que de lui-même est, dans l'état légitime, parfaitement libre.

Mais la puissance qu'il forme est enchaînée par une autre puissance, celle d'un corps qui entrave son action. Elle l'est dans les quatre domaines précédemment cités : en matière de législation, dans l'élection des chefs, dans l'organisation des finances publiques et en matière judiciaire. Il suffit de consulter la Médiation pour en être convaincu.

En matière de législation d'abord : la puissance exécutive fait bien plus qu'exécuter les lois puisqu'elle les interprète, les étouffe, les viole quand son intérêt est en jeu. Ce sont là les germes du despotisme : le Petit Conseil

1. Locke, *Second traité du gouvernement*, chap. XIII, § 154.

2. LEM, OC III, p. 873-874.

3. On ne peut pour cette raison considérer que la théorie de la séparation des pouvoirs est au cœur de la pensée politique de Rousseau. Sur ce point, nous sommes en désaccord avec A. M. Melzer (*Rousseau. La bonté naturelle de l'homme*, trad. J. Mouchard, Paris, Belin, 1998, p. 340-353).

4. LEM, OC III, p. 813.

est « au-dessus des lois »[1] – c'est la définition que Rousseau donne du despote dans le *Contrat social* : « le tyran est celui qui s'ingère contre les lois à gouverner selon les lois ; le despote est celui qui se met au-dessus des lois mêmes »[2]. La condamnation même de Rousseau par le Petit Conseil le prouve. Comme les Représentations l'ont souligné, l'Édit dans l'affaire Rousseau n'a pas été respecté. Le Petit Conseil a interprété la loi comme il l'entendait, faisant comme si elle pouvait ordonner de croire alors qu'elle n'ordonne que de faire ou de s'abstenir[3]. Il l'a fait taire puisqu'elle stipule que le Consistoire est le premier juge de la doctrine[4]. Pire encore, il a violé les lois de Genève puisque, comme le remarquent les Représentations, il a interdit un livre imprimé hors du territoire et traitant du droit naturel et politique, genre d'ouvrages sur lequel les lois ne donnent au Conseil aucune compétence[5].

Certes, le Conseil Général élit les chefs de Genève. Mais l'élection n'est libre qu'en apparence. En effet, le choix de ceux qui sont présentés au peuple souverain revient au Petit Conseil. L'article II de la Médiation le stipule : « les Syndics ne pourront être pris que dans le Conseil des Vingt-cinq ». Voilà une disposition qui, aux yeux de Rousseau, est particulièrement préjudiciable au peuple, puisque les Syndics sont à la fois les chefs, les juges et les protecteurs des citoyens contre les membres du Petit Conseil, qu'il ne choisit pas[6]. D'une part, il n'appartient pas réellement au peuple de désigner les Syndics, puisqu'il ne fait, à peu de choses près, qu'entériner les choix du Petit Conseil ; d'autre part, et c'est lié, comment espérer que des membres à vie d'un corps prennent parti contre ce corps ? La volonté de corps du magistrat se heurte à la volonté générale qu'il a comme membre du souverain. Dès lors, au mieux le Conseiller élu Syndic sera indifférent à la protection des citoyens, au pire il constituera, contre eux, un allié de la puissance exécutive. Il faudrait, pour que l'élection des Syndics fut vraiment libre, que le Conseil Général puisse rejeter tous ceux qui sont proposés par le Petit Conseil. Rousseau, comme le suggère J.-D. Candaux[7], fait-il erreur sur la constitution de Genève, puisque l'Édit, comme la Médiation, stipulent que les Citoyens et Bourgeois ont le droit de refuser les Magistrats désignés par le Petit Conseil en totalité ou en partie ? Ils peuvent certes rejeter les Conseillers proposés, mais ce rejet n'est que provisoire puisqu'il n'est nullement dit que le Conseil Général, après un tel

1. LEM, OC III, p. 814.
2. CS, OC III, p. 423.
3. LEM, OC III, p. 787.
4. *Ibid.*, p. 773.
5. *Représentations au premier syndic* du samedi 18 juin 1763, cf. *infra*, p. 275.
6. LEM, OC III, p. 824.
7. *Ibid.*, note 3, p. 1669.

rejet, peut élire des Syndics qui ne soient pas des Conseillers. Rousseau ne fait donc pas erreur. Le Conseil Général, dont l'autorité ne saurait légitimement être limitée, est bien *contraint* de choisir. Le choix n'est pas libre, la puissance du souverain n'est sur ce point qu'apparente, plus encore elle est transformée en impuissance.

Impuissante à faire exécuter les lois qu'elle a déterminées, impuissante à élire les chefs de la République, la souveraineté est également impuissante en matière de finances publiques. La Médiation le stipule : le Conseil Général a le pouvoir « d'agréer ou de rejeter les nouveaux subsides qui lui seront proposés, pour subvenir aux nécessités de l'État, à l'exception de ceux qui étaient établis avant l'année 1714, qui continueront d'avoir lieu comme dans le passé »[1]. Il a la mainmise sur les nouveaux impôts, mais comme le souligne Rousseau, il ne peut rien dire contre les impôts déjà établis. La limitation de la souveraineté est là encore réelle : autant dire en effet que les finances publiques ne sont pas de sa compétence, puisque les perceptions ne dépendent pas d'elle. Il n'appartient pas par conséquent au souverain de changer les lois sur les impôts. Cette limitation de sa puissance le soumet au gouvernement, plus puissant que lui en ce domaine[2].

En matière de procédures judiciaires enfin, le gouvernement n'est contraint par personne de suivre ce qui est prescrit par la loi. C'est bien ce que déplorent les Représentations, et ce que les lettres IV et V ont largement établi : à l'encontre de Rousseau lui-même, les procédures judiciaires n'ont pas été suivies[3].

Restent les attributions de la puissance souveraine en matière de politique étrangère. Elles sont établies dans la Médiation comme étant du strict ressort du Conseil Général[4] : nul traité ne peut être signé, nulle guerre ne peut être déclarée sans que le peuple n'ait donné son consentement. Mais c'est là la conséquence d'une regrettable confusion. Car la politique étrangère pour Rousseau n'est pas du ressort de la souveraineté : « l'exercice extérieur de la Puissance ne convient point au Peuple »[5]. Cette proposition se comprend triplement. En premier lieu, *par l'argument du spécialiste* : dans un tel domaine, il faut une vue à la fois large et précise des intérêts de la nation. Les chefs sur ce point sont éclairés et n'ont aucun intérêt à nuire à la nation à laquelle ils appartiennent[6]. En second lieu, *par l'argument réaliste* : il est évident que, dans un tel domaine, le secret est essentiel,

1. *Règlement de la Médiation*, article III, 5.
2. LEM, OC III, p. 826.
3. Voir sur ce point ci-dessus mon commentaire des lettres IV et V.
4. *Médiation*, III, 3 et 4.
5. LEM, OC III, p. 826-827.
6. *Ibid.*, p. 827.

qu'on ne peut pas se permettre de porter sur la place publique les modalités des négociations afin d'en débattre. Enfin, *par la nature même de la souveraineté*: le peuple agit par des lois, les traités ou les déclarations de guerre ne sont pas des lois. On doit conclure de ces arguments qu'à Genève, *la puissance du Conseil Général n'est pas limitée dans le seul domaine où, de fait, elle ne peut qu'être impuissante.*

La loi et la règle

Le renversement de la puissance semble ainsi complet et radical. Il l'est encore plus lorsqu'on s'intéresse aux règles qui déterminent le fonctionnement du Conseil Général. Elles sont précisées dans la Médiation, aux articles V et VI: « toutes les matières qui seront portées au Conseil Général ne pourront y être proposées que par les Syndics, Petit et Grand Conseils »; « Il ne pourra rien être porté au Conseil des Deux-Cents qu'auparavant il n'ait été traité et approuvé dans le Conseil des Vingt-Cinq; et il ne sera rien porté au Conseil Général qui n'ait été auparavant traité et approuvé dans le Conseil des Deux-Cents ». Rousseau s'étend longuement sur ce point, qui lui paraît fortement contrarier l'action de la puissance législative: car avec ce règlement, l'ordre que l'on veut mettre dans le Conseil Général finit par étouffer la liberté des citoyens.

Tronchin a défendu longuement dans ses lettres la nécessité de régler les réunions du Conseil Général. Il faut à Genève une constitution qui garantisse la liberté des citoyens et qui puisse donner à l'État une stabilité indispensable à la conservation des institutions. Or, si l'on donne le droit à n'importe quel citoyen de convoquer le Conseil Général, on prend le risque d'une discussion permanente et d'une incertitude perpétuelle[1]. Il faut mettre les lois à l'abri des innovations, qui peuvent être pour l'État des causes de troubles et de dissolution[2]. Le pouvoir ne sait pas se borner par lui-même: la puissance législative peut devenir un danger pour la liberté des citoyens si elle n'est pas réglée[3].

Réfuter les arguments de Tronchin, c'est pour Rousseau montrer que le peuple assemblé n'est pas en lui-même impuissant parce qu'incapable de s'ordonner; c'est également montrer que son impuissance naît de sa dépendance à une puissance extérieure et non de ses propres incapacités. À vouloir trop policer l'assemblée des citoyens, *on finit par étouffer la loi sous la règle*. La conservation des institutions l'emporte alors sur l'esprit même de ces institutions: la République, loin d'en être fortifiée, est

1. *Lettres écrites de la campagne*, IV, p. 88.
2. *Ibid.*, IV, p. 85.
3. *Ibid.*, p. 97.

dénaturée. Des règles sont nécessaires, mais l'assemblée des citoyens n'est pas tumultueuse par nature. Autrement dit, elle est pleinement capable de voir le bien commun et d'organiser les lois en fonction. L'argument est aristotélicien : la masse est supérieure à l'individu[1]. Ce que ne comprend pas Tronchin, c'est que l'assemblée des citoyens est le lieu où ce qu'il appelle les "fantaisies" des citoyens[2] se corrigent les unes les autres. C'est ce que peuvent confirmer de nombreux exemples historiques. À Athènes, les citoyens étaient plus nombreux qu'à Genève, plus enflammés, et la cité était bien dirigée; en Angleterre, le Parlement est agité, des cabales s'y forment mais « cette grande monarchie va son train »[3].

Allons plus loin : Tronchin craint les désordres qui pourraient naître du peuple assemblé et qui pourraient menacer l'État de dissolution. Mais il ne voit pas que le pouvoir arbitraire du Petit Conseil est le pire des désordres pour la République. *C'est la notion d'ordre elle-même qui est ainsi radicalement renversée : ce qui est arbitraire est désordonné, ce qui est légitime est ordonné.* Les règles de police imposées par le Petit Conseil à l'assemblée des citoyens sont la vraie source de dissolution de l'État. Car les institutions légitimes se conservent lorsqu'elles ne sont pas ébranlées par la tendance de la puissance exécutive à usurper la souveraineté. Rousseau ne sépare pas la question de la conservation du corps politique et celle de sa légitimité : ce ne sont pas deux questions différentes, comme le pense notamment Maurizio Viroli[4], mais une seule et même question, puisque la dissolution de l'État est un processus qui naît dès que se creuse un écart entre l'état actuel et l'état légitime.

La genèse du despotisme

C'est donc bien contre le gouvernement qu'il faut protéger la République, non contre ses citoyens. Entre le législatif et l'exécutif, il s'agit bien d'un conflit de puissance[5] – conflit entre une puissance légitime et une volonté de puissance illégitime. Rousseau décrit la genèse d'une telle opposition. Dans le *Contrat social*, il distingue deux voies par lesquelles le gouvernement dégénère. Il se resserre en passant du grand nombre au petit nombre, de la démocratie à l'aristocratie et de l'aristocratie à la royauté. Ou

1. Aristote, *Les Politiques*, III, 11, trad. P. Pellegrin, Paris, GF-Flammarion, 1990, p. 240 *sq*.

2. *Lettres écrites de la campagne*, p. 88.

3. LEM, OC III, p. 832.

4. M. Viroli, *La théorie de la société bien ordonnée chez J.-J. Rousseau*, Berlin-New York, Walter de Gruyter, 1988, p. 56 *sq*.

5. Sur la notion de puissance, voir ci-dessus B. Bernardi, « Le christianisme de Jean-Jacques Rousseau ».

bien l'État se dissout lorsque le prince usurpe le pouvoir souverain. Dans ce cas, c'est l'État qui se resserre, puisqu'il est réduit à l'ensemble des membres du gouvernement[1]. La genèse du despotisme proposée dans la lettre VII associe les deux voies distinguées dans le *Contrat social*. Elle se déroule en trois phases.

Dans une République, où le peuple est souverain, le gouvernement est d'abord démocratique : le peuple exécute les lois[2]. Il n'existe à ce stade aucun conflit de puissance, puisqu'il n'y a qu'une seule puissance, celle du peuple. La confusion des deux fonctions apparaît bientôt incommode, et le peuple charge alors une partie de ses membres d'exécuter ses volontés. Autrement dit, à ce stade le rapport entre le législatif et l'exécutif est celui du tout à sa partie : le peuple mandate une partie des citoyens, qui leur tâche terminée redeviennent simples citoyens. Si l'on en vient à confier l'exécutif à un petit nombre de magistrats, c'est, comme l'a précisé le *Contrat social*, parce que le régime démocratique est confronté à deux difficultés : il faut que le « peuple reste incessamment assemblé pour vaquer aux affaires publiques » et qu'« il détourne son attention des vues générales pour la donner aux objets particuliers »[3]. Le moment désigné ici dans cette genèse rationnelle trouve sa correspondance dans l'histoire de Genève. Les Franchises de Fabri établissent en 1387 les libertés communales et l'organisation politique de Genève. Pour Rousseau, cette administration municipale était aussi démocratique que possible. Il le souligne dans son *Histoire du gouvernement de Genève* : le peuple agissait par lui-même, puis par « ses procureurs appelés Syndics qu'il élisait annuellement et qui lui rendaient compte de leur administration »[4]. L'élection des syndics par le peuple assemblé marque ainsi la première distinction entre le législatif et l'exécutif. La magistrature cependant n'était pas à vie : « tous les ans le peuple assemblé en conseil général reprenait les pouvoirs qu'il avait donnés et les confiait de nouveau à qui il lui plaisait »[5]. Le régime est en cela encore, aux yeux de Rousseau, pleinement démocratique. Les syndics ont des conseillers, qui ne sont pas élus par le peuple, mais qui n'ont à l'époque qu'un rôle purement consultatif.

Mais ces conseillers deviennent permanents : le savoir et l'expérience acquis dans leur fonction les rendent indispensables au gouvernement de la cité. Commence ainsi la deuxième étape dans la marche progressive vers le

1. CS, OC III, p. 421 *sq.*
2. LEM, OC III, p. 815.
3. *Ibid.*, p. 404.
4. *Histoire du gouvernement de Genève*, OC V, p. 510. Voir A. Dufour, *Histoire de Genève*, Paris, P.U.F., 1997, p. 22.
5. *Ibid.*, p. 513.

despotisme. Se forme en effet un corps « qui agit toujours »[1]. Ce corps peu à peu devient autonome : il finit par ne plus rendre compte de ce qu'il fait à la puissance souveraine. Si l'on en croit Alfred Dufour, ce long processus de formation d'un corps gouvernemental et aristocratique trouve son achèvement à Genève avec la domination des Eidguenots : ce sont eux qui confient la désignation préalable des syndics au Conseil des Deux-Cents, ce sont eux qui mettent en place l'élection réciproque du Petit Conseil et du Conseil des Deux-Cents[2]. La démocratie devient dans ce processus une aristocratie : le gouvernement se resserre.

On assiste bien alors à un conflit de puissances. C'est la troisième phase dans la marche vers le despotisme. La puissance qui veut se heurte à la puissance, désormais constituée, qui agit. Il faut prendre garde aux termes utilisés par Rousseau dans cette genèse. Il distingue en effet *la puissance* et *la force*. Dans un corps politique, comme dans un corps naturel, il est une cause morale, la volonté, et une cause physique, la force[3]. *La puissance exécutive n'est une puissance que dans la mesure où elle est subordonnée à la puissance législative*. Elle cesse en toute rigueur d'être une puissance lorsqu'elle se sépare radicalement de la souveraineté : quand « au lieu d'agir pour la puissance qui veut, elle agit sur elle »[4]. La puissance exécutive qui veut au lieu d'exécuter est réduite à n'être qu'une force illégitime. Si un tel conflit est inévitable, c'est parce que l'action de la puissance législative et celle de la puissance exécutive sont disproportionnées : il faut agir toujours pour appliquer les lois, il ne faut pas que le peuple soit toujours assemblé. Ce serait menacer la stabilité de l'État par des innovations dangereuses. Tronchin, on l'a souligné, met en garde contre un tel danger. Le despotisme, souligne Rousseau, s'installe lorsque les actions de l'exécutif deviennent indépendantes de la volonté populaire. Le dernier stade de cette évolution est le règne exclusif de la force : mais l'État est dissout, il n'existe plus de lien entre les citoyens, l'association est devenue une simple agrégation[5].

Si la puissance exécutive indépendante n'est plus ni une *puissance* (elle n'est qu'une force) ni au sens strict *exécutive* (puisqu'elle décide elle-même de son action), la puissance législative est elle-même évidemment dénaturée dans ce processus : elle n'est plus une puissance puisqu'elle est coupée de ce qu'elle peut, elle ne légifère plus puisque qu'elle ne peut plus vouloir. *Autrement dit, la volonté et la force ne sont dans l'État puissance*

1. LEM, OC III, p. 815.
2. A. Dufour, *op. cit.*, p. 39.
3. CS, OC III, p. 395.
4. LEM, OC III, p. 815.
5. CS, OC III, p. 359.

législative et puissance exécutive que dans leur rapport réciproque, qui est rapport de subordination. Tronchin juge qu'il est impossible d'éviter les conflits d'autorité dans la constitution d'une République : chaque puissance est jalouse de ses prérogatives, et cette jalousie les trompe souvent sur les limites de leurs droits. Pour cette raison, il faut selon lui s'en remettre à une limitation réciproque des puissances, qui se font ainsi équilibre[1]. Mais ce que ne voit pas Tronchin, c'est que les conflits d'autorité sont une menace pour les puissances elles-mêmes : *les pouvoirs ne peuvent être l'un pour l'autre des contrepoids parce que, lorsque le rapport de subordination entre elles s'inverse, le législatif et l'exécutif sont dénaturés.* La volonté de puissance du gouvernement rend impossible toute balance des pouvoirs.

Cette genèse du despotisme appelle trois remarques.

1) La disproportion dans l'activité des puissances peut être réduite. Il faut pour cela réunir périodiquement l'assemblée des citoyens. Rousseau reprend cette question dans la lettre VIII : les conseils généraux doivent être périodiques. Il n'y a qu'ainsi qu'on peut conserver la liberté[2].

2) Rousseau dans cette genèse articule les deux voies par lesquelles le gouvernement dégénère et que le *Contrat social* distingue seulement : dans le cas présent, l'État est en voie de dissolution parce que le gouvernement s'est resserré et transformé en un corps. La démocratie, régime certes incommode et convenable à un peuple de Dieux[3], reste un indéniable rempart contre le despotisme, et partant contre la dissolution de l'État. On peut le dire autrement : s'il n'est pas bon que celui qui fait la loi l'exécute, il n'est pas bon non plus que celui qui agit se sépare de celui qui veut. L'impossibilité de la politique tient dans cette tension qu'on dira indépassable : pour que le peuple conserve sa liberté, il faudrait qu'il soit capable de se gouverner lui-même – il faudrait que la volonté générale puisse ne pas se perdre dans l'attention prêtée aux objets particuliers.

3) La corruption de la démocratie telle qu'elle est ici décrite ne s'explique pas par la corruption des mœurs des citoyens. C'est en ces termes que Montesquieu la décrit : la démocratie dégénère lorsque son principe se dégrade. Cette perte s'opère de deux manières : « on perd l'esprit d'égalité » ou on prend « l'esprit d'égalité extrême »[4]. L'esprit

1. « La composition d'un gouvernement libre est un ouvrage bien délicat et bien difficile (...). Il a donc fallu le composer de diverses puissances, qui se balançant l'une l'autre, pussent se contenir mutuellement; les limites entre ces puissances sont en général assez bien marquées, mais la ligne qui les sépare n'est pas aisée à discerner », *Lettres de la campagne,* V, p. 107.

2. Voir sur ce point ci-dessous le commentaire de C. Spector.

3. CS, OC III, p. 404-405.

4. Montesquieu, *De l'esprit des lois*, VIII, 2, *Œuvres complètes*, « Bibliothèque de la Pléiade », Paris, Gallimard, 1951, t. II, p. 349.

d'inégalité mène à l'aristocratie et au gouvernement d'un seul, l'esprit d'égalité extrême mène au despotisme d'un seul ou au despotisme de tous[1]. Rousseau rejette cette explication dans le *Contrat social* en distinguant la souveraineté et le gouvernement : pour n'avoir pas suffisamment distingué l'un et l'autre, Montesquieu a cru que la vertu était essentielle au seul régime républicain, alors qu'elle l'est pour toute République[2]. Aussi bien, le passage de la démocratie à l'aristocratie n'est pas nécessairement dû à la corruption du principe d'égalité. De même, la marche vers le despotisme n'est pas dû à l'esprit d'égalité extrême, mais à la volonté de puissance d'un corps. L'usurpation est à l'origine du despotisme, et non à proprement parler la corruption : le peuple n'est nullement responsable de sa privation de liberté, pour avoir voulu, comme l'affirme Montesquieu, « tout faire par lui-même, délibérer pour le sénat, exécuter pour les magistrats, et dépouiller tous les juges »[3]. Ce serait d'une certaine manière le contraire : le peuple est dans l'incapacité de se gouverner, et c'est pour cela qu'il entre dans un processus inévitable qui mène au despotisme. Quoi qu'il en soit, les Citoyens et Bourgeois de Genève ne sont nullement responsables : ce n'est ni leur vertu ni leur vigilance qui sont en cause. La marche vers le despotisme était inévitable, et le procès insensible.

Les changements insensibles

Les « entreprises d'éclat »

Rousseau considère comme un fait établi que le Petit Conseil complote contre la République pour usurper la souveraineté. Et c'est bien pour cette raison que le gouvernement de Genève a condamné le *Contrat social*: celui-ci révèle au grand jour ce que les Conseillers font en sous-main. Aussi bien, ils ont raison, de leur point de vue, de ne pas permettre qu'on lise cet ouvrage de droit politique: c'est véritablement un ouvrage pernicieux – simplement il l'est pour les patriciens, non pour les partisans du peuple.

Les entreprises du Petit Conseil contre la souveraineté populaire ont des fortunes diverses. Les entreprises d'éclat ont toutes échoué, mais les entreprises insensibles réussissent. Cette distinction est essentielle : elle permet de comprendre que le peuple de Genève, dont les mœurs ne sont pas corrompues, ait pu être trompé. Si la République est menacée, c'est parce que les Citoyens et Bourgeois sont dupés. Le premier pacte entre les riches

1. Sur ces différentes formes de corruption voir les analyses de B. Binoche, *Introduction à la lecture de* L'esprit des lois, Paris, P.U.F., 1998, p. 199-241.

2. CS, OC III, p. 405.

3. Montesquieu, *De l'esprit des lois*, *op. cit.*, p. 349-350.

et les pauvres fut trompeur, le second *Discours* nous l'enseigne. Ce n'est pas parce que l'entreprise des propriétaires était secrète, mais parce que les hommes étaient grossiers, ignorants, qu'ils formaient à peine un peuple, si l'on réserve le terme à l'ensemble des associés qui adhèrent au pacte social en toute connaissance de cause [1]. Si le peuple de Genève n'a pas su, ce n'est pas parce qu'il était incapable de savoir, mais parce que le complot est resté insensible. *L'usurpation n'est pas la conséquence d'une entreprise tribunitienne, mais de machinations institutionnelles.*

Lorsque les entreprises des Magistrats ne furent pas secrètes, la résistance publique fut telle qu'elles furent conduites à l'échec [2]. Les exemples dans l'histoire de Genève ne manquent pas. On songe ainsi à la crise de 1707 et à « l'affaire Fatio », lorsque Jean-Robert Chouet, défendant le patriciat, et Pierre Fatio, partisan de la bourgeoisie, s'affrontaient sur l'étendue de la souveraineté populaire. Des émeutes se déclenchèrent, parce que le peuple jugea que sa souveraineté avait été limitée. On songe également aux troubles qui éclatèrent en 1734 parce que de nouveaux impôts avaient été instaurés pour la réfection des fortifications (commencée en 1713). On songe enfin à l'Affaire du Tamponnement, au cours de laquelle le Petit Conseil prit des dispositions militaires contre le peuple. Cette crise ne fut apaisée que par la Médiation du roi de France, qui sera codifiée dans le Règlement de l'Illustre Médiation.

Dans toutes ces affaires, le peuple s'est défendu : « presque toutes leurs entreprises d'éclat ont échoué, parce qu'alors ils ont trouvé de la résistance, et que dans un État tel que le vôtre, la résistance publique est toujours sûre, quand elle est fondée sur des Lois » [3]. Le terme de résistance figure dans ce passage en bonne place. Quel sens faut-il lui donner? Doit-on considérer que cette résistance publique trouve son fondement dans un droit de résistance du peuple à l'encontre de ceux qui le dirigent? La question est complexe. On doit remarquer que l'expression « droit de résistance » n'est pas utilisée ici et qu'il semble qu'il y ait à cela deux raisons. Une raison *théorique* d'abord: le système de Rousseau semble interdire une conception classique du droit de résistance. Une raison *stratégique* ensuite: la résistance aux décisions du Petit Conseil peut être interprétée comme un facteur de troubles et de séditions. C'est ainsi que Tronchin l'interprète, notamment dans la quatrième des *Lettres de la campagne* : on ne peut pas autoriser les citoyens à juger des actes du Conseil, car on risque de se condamner à une agitation perpétuelle. On a moins à craindre l'oppression du gouvernement, qui n'a nullement intérêt à opprimer le peuple, que les

1. Second *Discours*, OC III, p. 177.
2. LEM, OC III, p. 816.
3. *Ibid.*

dissensions qui peuvent s'introduire dans l'État lorsque les lois sont soumises à l'interprétation des particuliers. Les Conseils, pour Tronchin, sont les gardiens, non « les violateurs de la loi [1] ». Tronchin ne nie pas le droit de résistance du peuple mais estime qu'il est à réserver pour les cas extrêmes, « comme on emploie la main d'un chirurgien quand la gangrène se déclare » [2].

La pensée politique de Rousseau, articulée sur la distinction essentielle de la souveraineté et du gouvernement, déplace la problématique classique du droit de résistance. Trois différences sont sur ce point particulièrement significatives.

1) Les Monarchomaques pensent le droit de résistance comme devoir des magistrats, qui sont tenus de veiller au respect de la justice, de s'opposer au souverain lorsque celui-ci n'agit pas en vue du bien public. C'est dire qu'aucun individu privé ne détient en tant que tel un droit de résistance. C'est en ces termes que Théodore de Bèze détermine le droit des magistrats [3]; c'est également ainsi que Duplessis Mornay explique le devoir de résister au souverain de ceux qui participent au gouvernement du royaume et qui représentent le peuple [4]. Comme le souligne Jean Terrel, la représentation est ce qui transforme la multitude en corps, et ce qui exclut la résistance des particuliers [5]. Si Rousseau s'accorde sur ce point aux Monarchomaques, parce que la résistance ne peut appartenir aux particuliers, qu'elle est nécessairement publique, en revanche il ne peut certainement pas accorder que le peuple n'est un peuple que par ses représentants. Le droit de résistance, si droit de résistance il y a, ne peut appartenir qu'aux citoyens.

2) Grotius considère l'argument des Monarchomaques comme nul : « une espèce mitoyenne est toujours une espèce par rapport au genre supérieur, quoi qu'elle soit un genre par rapport à l'espèce inférieure » [6]. Autrement dit, un magistrat, quoique supérieur à un simple particulier, n'en reste pas moins lui-même un particulier à l'égard du souverain, envers lequel il doit, en tant que tel, obéissance. Il faut poser le droit de résistance sur d'autres fondements, qui ne doivent pas menacer l'obéissance que l'on

1. *Lettres de la campagne*, p. 98.

2. *Ibid.*, p. 101.

3. Théodore de Bèze, *Du droit des Magistrats*, VI, Genève, Droz, 1970, p. 15 *sq.*

4. Duplessis Mornay, *Vindiciae contra Tyrannos*, cité par J. Terrel, *Les théories du pacte social,* Paris, Seuil, 2001, p. 75-96. Voir également sur cette question le commentaire de Q. Skinner, *Les fondements de la pensée politique moderne*, trad. J. Grossman et J.-Y. Pouilloux, Paris, Albin Michel, 2001, p. 761-817.

5. J. Terrel, *op. cit.*, p. 80.

6. Grotius, *Le droit de la guerre et de la paix*, I, 4, § VI, trad. J. Barbeyrac, rééd. Caen, Bibliothèque de Philosophie politique et juridique, 1984, p. 180.

doit aux puissances légitimes. Car il faut éviter d'introduire des germes de dissolution dans l'État : si chacun a naturellement le droit de résister pour « se mettre à couvert des injures qu'on veut lui faire »[1], dès qu'on entre en société civile on doit obéissance à l'État qui garantit la tranquillité publique. Faut-il en conclure que le droit de résistance n'a aucune réalité pour Grotius ? On ne résiste pas légitimement à un souverain[2]. Mais lorsqu'un monarque se conduit avec la plus grande injustice et la plus grande cruauté, lorsqu'il se rend ennemi du peuple, lorsqu'il abandonne ses fonctions, alors il abdique par le fait même sa couronne, perd son statut de roi légitime ; dans ce cas, il devient tout à fait légitime de lui résister. La résistance est dans ce cas de droit naturel.

Fondé, le droit de résistance pour Grotius n'en est pas moins fortement limité. Il faut que le monarque soit déchu de sa légitimité pour qu'on soit autorisé à lui désobéir. Si droit de résistance il y a chez Rousseau, si ce droit appartient au peuple souverain, il ne peut être limité à ces cas d'extrême nécessité que décrit Grotius.

3°) Pour Locke enfin, le droit de résistance n'est pas limité aux cas d'extrême nécessité. La communauté confie l'exécution des lois au gouvernement. Si celui-ci n'assure pas la protection de la vie, de la liberté et des biens, alors, par la loi de nature, le peuple a droit de résister. Le gouvernement, dans cette situation, se met en effet en état de guerre avec son peuple[3]. Autrement dit, on est alors réduit à un rapport de force ; le gouvernement est déchu de sa légitimité. Ce qui signifie qu'on ne peut opposer la force qu'à la force, qu'il n'est pas légitime d'user de violence envers un souverain qui n'a pas lui-même été violent[4]. Un tel droit naturel de résistance n'appartient qu'au peuple : lui seul peut juger si la puissance législative outrepasse son pouvoir, puisque c'est celui qui a donné une commission qui est le plus à même de juger si celle-ci a été acquittée[5].

Le dispositif théorique de Rousseau interdit que l'on puisse penser le droit de résistance du peuple en des termes lockiens, précisément parce que le droit ne se pense nullement en fonction de la loi naturelle. Il y a au moins deux raisons à cela. D'une part, la loi naturelle n'est pas aussi claire que les penseurs du Droit naturel moderne le croient[6]. D'autre part, « faute de sanction naturelle les lois de la justice [naturelle] sont vaines parmi les

1. Grotius, *Le droit de la guerre et de la paix*, I, 4, § II, p. 170.
2. *Ibid.*, § VIII.
3. Locke, *Second traité du gouvernement civil*, chap. XVIII, § 205, *op. cit.*, p. 294.
4. *Ibid.*, § 204.
5. *Ibid.*, chap. XIX, § 240.
6. Second *Discours*, OC III, p. 124 *sq.*

hommes »[1]. Si le droit de résistance est compatible avec les principes de Rousseau, il ne peut être fondé que sur la loi positive.

Résumons : pour Rousseau, la résistance ne peut être que celle du peuple, elle ne peut pas être limitée, elle ne peut être fondée que sur les lois positives. *Mais ces conditions, précisément, empêchent de penser un droit de résistance au sens strict*. Le peuple est le souverain et la souveraineté ne s'aliène pas. Le droit de résistance ne se conçoit que dans cette aliénation, que Rousseau veut radicalement écarter. La volonté ne se transmet pas, elle s'exécute[2]. Entre le souverain et le gouvernement, il n'est aucun contrat, aucun pacte de soumission qui déterminerait les conditions d'un droit de résistance. On peut le dire autrement encore : le droit de résistance ne peut se penser qu'à travers trois conditions qui, en pratique, ne lui laissent que peu d'existence. Il faut ainsi qu'il soit compatible avec l'obligation d'obéir aux puissances légitimes ; il faut qu'il ne soit pas une menace pour l'ordre publique ; il faut que le peuple seul en soit investi, ce qui présuppose qu'il ait une existence substantielle. Ces trois conditions rendent un tel droit bien fragile. *Et c'est ce que l'argumentation de Tronchin rend sensible aux yeux de Rousseau*. Car Tronchin, particulièrement dans sa quatrième lettre, ne finit par concéder un droit de résistance au peuple qu'après avoir montré que la contestation des Citoyens et Bourgeois pouvait être une menace pour l'ordre public, que le droit négatif du Petit Conseil était pleinement légitime, enfin que le peuple assemblé est une multitude aveugle et désordonnée si le Petit Conseil n'y fait respecter des règles strictes.

Pour cette raison, il n'est pas question pour Rousseau de s'interroger sur la légitimité d'un droit de résistance. Au contraire, le philosophe genevois s'applique à déplacer les problématiques que cette question engage : *du juridique au politique*. Aussi bien, la « résistance publique » dans la lettre VII est comprise dans le cadre du conflit entre puissance législative et puissance exécutive ici décrit. Cette résistance n'est nullement fondée sur le droit naturel, mais sur la majorité : le peuple est souverain, la loi est l'expression de la souveraineté, lorsque s'installent des divisions dans l'État, il faut s'en remettre au plus grand nombre. Dans un État où la souveraineté appartient au peuple, on ne résiste pas *à la loi*, on résiste *par la loi*. La loi, c'est-à-dire la justice, était exprimée par les Citoyens et Bourgeois dans les conflits précédemment évoqués.

Le recours à la majorité des voix a une double signification. D'une part, il dissout l'indépendance des ordres établie dans la Médiation. D'autre part,

1. CS, OC III, p. 378. Sur ce texte, voir ci-dessus le commentaire d'A. Charrak.
2. *Ibid.*, II, 1.

il élimine l'argument du spécialiste : « Sitôt qu'il s'agit de l'autorité suprême, tout rentre à Genève dans l'égalité » [1].

La lente corruption des institutions

Si l'usurpation de la souveraineté par le Petit Conseil n'avait eu lieu que par des entreprises d'éclat, le peuple de Genève n'aurait pas été mis en défaut : « mais ce n'est pas par des entreprises marquées que vos Magistrats ont amené les choses au point où elles sont ; c'est par des efforts modérés et continus, par des changements presque insensibles dont vous ne pouviez prévoir la conséquence » [2]. Le despotisme s'installe par une suite de riens, par des différences insensibles. En termes leibniziens, on dira que des petites différences de degré finissent par instaurer une altération radicale de nature. La comparaison dans le *Contrat social* avec le corps naturel prend ici tout son sens : il s'agit bien comme d'un vieillissement du corps politique [3]. Le pire despotisme n'est pas celui qui usurpe la souveraineté par la violence, mais celui qui le fait en secret.

On déduit de ces remarques trois conséquences.

En premier lieu, le despotisme ainsi compris est bien une menace pour tout État républicain : ce ne sont pas les mœurs des citoyens qui sont en question.

En second lieu, c'est parce que le despotisme est un processus insensible que la science politique est de la plus grande utilité : il est nécessaire de rendre sensible l'insensible, de mesurer l'écart volontairement dissimulé entre l'état légitime et l'état actuel. C'est ce que fait Rousseau dans le *Contrat social* pour tout gouvernement républicain, c'est ce qu'il fait dans les *Lettres de la montagne* pour la République de Genève : il faut dissiper les illusions, montrer comment insidieusement les Chefs confondent ce qui est distinct. Nous l'avions déjà souligné dans notre commentaire de la Lettre V, la dégradation insensible des institutions passe d'abord par la confusion des concepts : on prend le mot "gouvernement" pour l'exercice de la souveraineté, on finit par « amener peu à peu les choses que ces mots signifient [4] ».

Enfin, toute la question est de savoir comment on peut lutter politiquement contre cette usurpation insensible. Ce sera plus spécifiquement l'objet de la lettre VIII : la solution est institutionnelle, elle passe par des conseils généraux périodiques. Mais la question est déjà bien présente dans la lettre VII. Or, la réduction de l'écart entre le légitime et l'actuel ne peut

1. LEM, OC III, p. 816.
2. *Ibid.*, p. 817.
3. CS, OC III, p. 424.
4. LEM, OC III, p. 771.

pas consister en un rétablissement pur et simple des institutions telles qu'elles étaient avant la corruption du régime démocratique. Il faut mesurer les transformations opérées: Genève a une histoire, et la prudence commande de prendre en compte les évolutions sociales et politiques. Voilà pourquoi la Médiation n'est pas radicalement rejetée par Rousseau. Il faut prendre au sérieux ce qu'il en dit: l'argument est à la fois stratégique et théorique. La Médiation « a été le salut de la République »[1]. Elle n'est pas parfaite en elle-même, elle l'est relativement aux circonstances dans lesquelles elle a été élaborée, « le meilleur qui pût vous convenir ». Le pire serait de rejeter la Médiation alors qu'il ne faut que modifier certains de ses articles. *La Médiation est l'état légitime convenable.*

Il faut bien comprendre que l'usurpation de la souveraineté est le fruit d'un complot secret et rusé. Les changements sont insensibles, à tel point que le retour à l'état qui a précédé ces changements est désigné alors comme une innovation dangereuse. C'est ainsi que le Petit Conseil refuse les Syndics *ad actum*[2]. Le mécanisme est celui de la servitude volontaire: on accoutume le peuple à la servitude par des changements insensibles qui conservent l'apparence de la liberté[3]. C'est, autrement dit, faire en sorte que l'état actuel apparaisse comme l'état légitime – l'état de liberté. La Boétie l'a souligné dans le *Contr'un*: la nature en nous a moins de pouvoir que la coutume, et si nous sommes naturellement destinés à la liberté, nous tombons par habitude dans l'assujettissement[4]. La ruse de la puissance exécutive consiste à jouer sur ce ressort, sans jamais provoquer la résistance publique. En fait, cette ruse est double: d'une part détourner les institutions au profit de son seul pouvoir, d'autre part faire oublier au peuple sa liberté en l'accoutumant à un état où sa souveraineté n'est qu'apparente.

Ainsi, c'est bien de ruse dont les Chefs font preuve, dans leur complot insensible pour s'emparer de la souveraineté. Machiavel l'a souligné: la force sans la ruse risque d'être impuissante, il faut être à la fois renard et lion[5]. Le Petit Conseil est en cela machiavélien: l'usurpation passe non par

1. LEM, OC III, p. 822.

2. Les Représentants souhaitent que, lorsque des Syndics présidant les tribunaux sont récusés (parce qu'ils ont des liens de parenté ou d'intérêt avec les prévenus), on ne laisse pas les tribunaux sans présidence et qu'on élise des Syndics *ad actum*, c'est-à-dire pour l'affaire en question. Tronchin s'y oppose dans la troisième des *Lettres de la campagne*.

3. « Un simulacre de liberté fait endurer plus patiemment la servitude », *ibid.*, p. 830.

4. *Discours de la servitude volontaire*, rééd. Paris, GF-Flammarion, 1983, p. 145; sur les réminiscences du *Discours de la servitude volontaire* dans la pensée de Rousseau, notamment dans le second *Discours*, voir B. Bachofen, *La condition de la liberté. Rousseau, critique des raisons politiques*, Paris, Payot, 2002, p. 228-230.

5. Machiavel, *Le Prince*, chap. XVIII.

des actions d'éclat qui buttent sur la résistance du peuple, mais par des changements insensibles, des riens qui trompent la vigilance du peuple. Voilà pourquoi il est si difficile pour un peuple de se protéger du despotisme : celui-ci est moins force brute que force rusée.

De là deux conséquences nécessaires. La première, c'est que la résistance publique, lorsqu'elle se manifeste pour lutter contre des tentatives avouées d'usurpation, ne met pas fin à la dégradation des institutions républicaines, dont l'essentiel est insensible. Si Rousseau s'accorde avec Machiavel pour penser que « les soulèvements d'un peuple libre sont rarement pernicieux à sa liberté »[1], en revanche il ne peut lui accorder que le conflit entre les grands et les peuples donne à une République puissance et liberté, puisqu'il semble bien que, quoi qu'on fasse, il tourne toujours à l'avantage des corps constitués au détriment de la grande masse des citoyens.

La deuxième conséquence paraît tout aussi nécessaire. Pour lutter contre le despotisme, il est vain d'en appeler à un droit de résistance du peuple, puisque par définition la résistance ne peut porter que sur les entreprises ouvertes d'usurpation, mais que l'essentiel reste secret et insensible. Si le droit de résistance pose problème quant à son fondement (droit naturel ou droit positif ?) et quant à son attribution (le peuple ou les particuliers ?), il pose également problème quant à son *efficacité*. Ce qui veut dire qu'en tout état de cause, on ne peut faire reposer la liberté du peuple sur son droit de renverser les souverains avec lesquels elle a passé contrat lorsqu'ils n'en respectent pas les clauses.

Raison de plus pour envisager l'association politique et le rapport entre le peuple et ses chefs de telle sorte que la question du droit de résistance n'ait pas à se poser – ce qui est l'objet du *Contrat social*.

Florent GUÉNARD

1. *Discours sur la première décade de Tite-Live*, I, 4, *Œuvres complètes*, « Bibliothèque de la Pléiade », Paris, Gallimard, 1952, p. 391.

CHAPITRE VII

GENÈVE EST-ELLE « BIEN CONSTITUÉE » ?

LETTRES DE LA MONTAGNE, VII

L'objet des présentes remarques est de cerner davantage les causes et les mécanismes de la dégénérescence du gouvernement de Genève, en discutant principalement la première des deux thèses remarquables avancées par F. Guénard dans sa contribution – savoir, d'une part, que la corruption de la République genevoise n'est pas imputable aux institutions elles-mêmes; d'autre part, qu'elle n'a pas sa cause dans les mœurs des citoyens. Pour des raisons textuelles précises sur lesquelles nous reviendrons, la discussion de la première proposition engage la question, nullement triviale, de savoir si Genève est « bien constituée ». D'une façon générale, toute forme de progrès ou de processus articule, chez Rousseau, le schéma de développement interne d'une nature (celle de l'homme ou celle de l'État, qui finissent également par se corrompre) et une série de facteurs extrinsèques, de circonstances contingentes qui fonctionnent assez exactement comme des causes occasionnelles. Il faudrait probablement ajouter à cela, au moins dans le cas des États véritables (cette situation n'épuise donc pas tout le champ du politique) l'acte même de la fondation du corps politique, qui inaugure une temporalité spécifique. C'est en fonction de ces différentes dimensions qu'on doit apprécier (et que Rousseau entreprend effectivement de jauger, dans différents textes qu'il faut rappeler) les dangers qui menacent Genève. Dans le cadre de cette contribution, nous considérerons les deux principales dimensions en fonction desquelles s'organise le devenir de Genève, savoir, la nature même des institutions et les causes extérieures ou factices, parmi lesquelles il est permis de compter les dispositions spécialement malveillantes des membres du Petit Conseil, sur lesquelles F. Guénard a apporté les précisions requises[1]. Sous ce point de vue (provisoirement) simpliste, il nous semble que certaines évolutions sautent aux yeux, qui aboutissent à l'admirable synthèse produite dans la septième des *Lettres écrites de la montagne*, et qui interdisent finalement de considérer que la dégénérescence des institutions genevoises est étrangère à leur nature.

Rappelons avant tout que la *Lettre à d'Alembert* abordait déjà la question des causes qui pourraient corrompre Genève. Or dans ce texte, et à s'en tenir à une première lecture, il est patent que Rousseau entendait prévenir sa patrie contre un facteur extérieur de dissolution, l'installation d'une comédie, c'est-à-dire de l'institution parisienne par excellence. Pour le reste, Genève présente dans la *Lettre à d'Alembert* le visage d'un établissement stable, qu'il s'agit de conserver en l'état : on est loin de la corruption déjà très avancée que *les Lettres de la montagne* diront prévisible depuis deux siècles. Il s'agit de faire, par exemple, que les pasteurs restent eux-mêmes – c'est-à-dire « un corps d'officier de morale et de ministres de la vertu »[2], et qu'ils ne se mêlent pas de querelles théologiques. La thèse, ici, nous importe moins que les termes dans lesquels elle est énoncée : « Ils nous importe de les conserver tels qu'ils sont ». Surtout, en un passage capital dont on chercherait en vain l'équivalent dans l'ouvrage de 1764, Rousseau compte expressément Genève parmi les États « bien constitués » et il

1. Nous laisserons ici de côté la question, spéculative mais sans doute un peu abstraite, aussi bien, de savoir si le naufrage relaté presque « en direct » dans les *Lettres de la montagne* tient au troisième paramètre, c'est-à-dire au type particulier d'instauration dont relève cet État. Sans qu'il soit utile de suivre une piste peu conforme aux intentions de l'auteur, on peut suggérer que l'esprit négateur (ou critique) de la Réforme se répète dans les différents moments de l'histoire genevoise, jusqu'à nier son principe, savoir la liberté de penser. La capacité critique de la raison impose d'abord la négation de l'autorité catholique, mais l'esprit de la réformation risque de nourrir en son propre sein cette négativité, et de l'appliquer hors de tout contrôle – sous l'impulsion des passions, les protestants oublieux d'eux-mêmes veulent abattre, non plus l'autorité despotique de Rome, mais l'expression individuelle de tout esprit singulier qui veut demeurer libre : s'agissant des ministres, « (...) on ne sait ni ce qu'ils croient ni ce qu'ils ne croient pas ; on ne sait pas même ce qu'ils font semblant de croire : leur seule manière d'établir la foi est d'attaquer celle des autres » (Lettre II, p. 718.) L'absolue liberté que Rousseau met au principe du protestantisme, dans la mesure où elle ne tolère aucune détermination extrinsèque, donnerait lieu à une négation universelle qui se retournerait contre elle-même : « (...) de persécutés les réformateurs devinrent bientôt persécuteurs : mais ce contraste, si choquant dans toute l'histoire du christianisme, ne prouve autre chose dans la vôtre que l'inconséquence des hommes et l'empire des passions sur la raison » (*Ibid.*, p. 715). S'il n'était fait mention ici des passions, qui maintiennent l'étude rousseauiste de la religion dans le champ classique d'une anthropologie, on serait bien près des pages de Hegel sur la terreur, auxquelles les *Lettres écrites de la montagne* m'ont parfois fait penser : « La liberté universelle ne peut (...) produire ni une œuvre positive ni une opération positive ; il ne lui reste que l'opération négative » (*Phénoménologie de l'esprit*, « La liberté absolue et la Terreur », trad. Hyppolite, Paris, Aubier, 1941, t. II, p. 135).

2. *Lettre à d'Alembert*, OC V, p. 14.

associe cette qualification à la capacité des institutions à se maintenir et à se conserver (nous reviendrons en conclusion sur ce qui nous paraît ainsi fournir une définition constante et décisive) : « Il n'y a point d'État bien constitué où l'on ne trouve des usages qui tiennent à la forme du gouvernement et servent à la maintenir »[1] – ce sont, par exemple, les cercles genevois, qui incarnent une forme de vigilance décisive pour le maintien de la République, et qui remplissent un rôle analogue à celui des censeurs romains. En somme, la *Lettre à d'Alembert* paraît opposer d'une façon un peu grossière la relative pureté des institutions et les causes extérieures de corruption. Mais dès ce texte polémique, il est établi que celles-ci n'ont prise sur l'État qu'autant qu'elles se greffent sur ses dispositions internes. Si par exemple une comédie venait à s'installer à Genève, malgré tous les obstacles (moraux, économiques) que Rousseau a longuement présentés, elle ne ferait qu'exprimer un vice caché de la République, intime à sa nature et qui serait cause réelle d'une corruption dont le théâtre ne serait que la cause occasionnelle : « Si nous avions le malheur de trouver quelque expédient propre à lever ces difficultés, ce serait tant pis pour nous ; car cela ne pourrait se faire qu'à la faveur de quelque vice secret qui, nous affaiblissant encore dans notre petitesse, nous perdrait enfin tôt ou tard »[2]. En somme, les circonstances qui déterminent l'État à dégénérer de telle ou telle façon, à tel ou tel moment, révèlent les défauts internes des mœurs (dont il est question dans la *Lettre à d'Alembert*) mais aussi, comme vont l'établir les *Lettres écrites de la montagne*, des institutions.

Il est tout de même frappant de constater que, dans le texte de 1764, la corruption des institutions genevoises, *i.e.* l'influence de plus en plus nette du Petit Conseil, est présentée comme un exemple typique (on peut même aller plus loin et parler de modèle) de corruption de la magistrature démocratique. Genève n'est pas victime de circonstances extérieures ou de la malignité spéciale des magistrats – elle suit normalement la loi absolument générale qui régit le devenir d'une démocratie : « Il vous est arrivé, Messieurs, ce qu'il arrive à tous les gouvernements semblables au vôtre »[3]. Et c'est ce qui ressort nettement d'une brève comparaison des deux textes fondamentaux que Rousseau consacre à la démocratie comme forme de gouvernement : le chapitre IV du livre III du *Contrat social*, dont nous suivrons le plan, et la septième des *Lettres écrites de la montagne*. Il n'est pas nécessaire de rappeler les principaux traits sous lesquels l'État genevois s'identifie avec le gouvernement démocratique dont le *Contrat social* a dressé le tableau. Dans une démocratie, le peuple tout entier, ou sa

1. *Lettre à d'Alembert*, OC V, p. 91.
2. *Ibid.*, p. 89-90.
3. LEM VII, OC III, p. 815.

plus grande partie, exerce directement la puissance exécutive, de sorte que le gouvernement ne se distingue pas réellement du souverain qui doit se réunir constamment. Telle est bien la situation de principe qui préside à la constitution genevoise et qui la rend (comme toute démocratie) difficile à actualiser constamment : « La constitution de la République de Pologne n'est bonne que pour un gouvernement où il n'y a plus rien à faire. La vôtre, au contraire, n'est bonne qu'autant que le corps législatif agit toujours »[1] – entendons concrètement qu'en droit, le peuple souverain contrôle en personne l'application des lois qu'il a promulguées. L'essentiel ne réside cependant pas dans cette organisation idéale de l'État, ni dans ses réquisits moraux, mais dans l'histoire prévisible de sa dégradation, qui trouve en Genève son illustration typique. En effet, la comparaison textuelle proposée ici permet d'établir que l'explication proposée dans la VIIe Lettre vérifie toutes les causes spécifiques de dégénérescence d'une démocratie dégagées plus ou moins explicitement dans le *Contrat social* – qu'elles tiennent à la vie institutionnelle, à l'économie du pays ou à l'état moral du peuple.

Soit d'abord l'aspect institutionnel, c'est-à-dire l'impossibilité dans laquelle se trouvent les citoyens de se réunir constamment pour s'occuper des affaires de l'État. Les actes du souverain demeurent exceptionnels, parce qu'ils sont généraux ; l'application des lois, en revanche, engage le gouvernement dans la série ininterrompue des cas particuliers. Entre ces deux extrêmes, la magistrature ne constitue d'abord qu'un moyen terme, dépourvu d'une consistance propre : « Qu'est-ce qu'un gouvernement ? C'est un corps intermédiaire entre les sujets et le souverain pour leur mutuelle correspondance »[2]. Toutefois, lorsque le souverain se décharge des actes de magistrature, le gouvernement acquiert nécessairement une certaine indépendance, c'est-à-dire, une volonté propre : « On ne peut imaginer que le peuple reste incessamment assemblé pour vaquer aux affaires publiques, et l'on voit aisément qu'il ne saurait établir pour cela des commissions sans que la forme de l'administration change »[3]. Et Rousseau identifie précisément une même déformation dans l'histoire de Genève – c'est le sens du long passage déjà commenté par F. Guénard :

> Il vous est arrivé, Messieurs, ce qu'il arrive à tous les gouvernements semblables au vôtre. D'abord la puissance législative et la puissance exécutive qui constituent la souveraineté n'en sont pas distinctes. Le peuple souverain veut par lui-même, et par lui-même il fait ce qu'il veut. Bientôt l'incommodité de ce concours de tous à toute chose force le peuple

1. LEM VII, OC III, p. 816.
2. *Ibid.*, VI, p. 808.
3. CS, III, 4, OC III, p. 404.

> souverain de charger quelques-uns de ses membres d'exécuter ses volontés. Ces officiers, après avoir rempli leur commission en rendent compte, et rentrent dans la commune égalité. Peu à peu ces commissions deviennent fréquentes, enfin permanentes. Insensiblement il se forme un corps qui agit toujours. Un corps qui agit toujours ne peut pas rendre compte de chacun de ses actes [il faudrait à nouveau réunir le souverain, et l'on retomberait dans le défaut que l'on souhaite éviter] : il ne rend plus compte que des principaux; bientôt il vient à bout de n'en rendre d'aucun[1].

Le grand intérêt de ce texte ne réside pas seulement dans le fait que l'histoire de l'administration genevoise correspond très exactement aux prévisions du *Contrat social* – dans les *Lettres de la montagne*, Rousseau prend surtout soin d'identifier, à l'origine de l'organisation gouvernementale démocratique, le vice qui commande sa fatale dénaturation : la confusion complète du législatif et de l'exécutif, même si elle place clairement le second sous les compétences du premier, produit une magistrature inefficace, « un gouvernement sans gouvernement »[2] qui requiert la particularisation du corps des magistrats à l'intérieur du corps social. L'indépendance du gouvernement, qui détruit la démocratie, est requise pour suppléer à l'inefficacité de la démocratie.

Une seconde cause de corruption de la démocratie signalée dans le *Contrat* tient aux conditions économiques et l'atteint tout particulièrement, sinon exclusivement. Elle se trouve répétée et illustrée dans les *Lettres*. On sait que Rousseau se prononce sur la prétention de Montesquieu à identifier la disposition qui constitue le principe de chaque type de gouvernement. Lorsque le *Contrat social* place, au fondement de l'État démocratique, « beaucoup d'égalité dans les rangs et dans les fortunes, sans quoi l'égalité ne saurait subsister longtemps dans les droits et l'autorité »[3], il comporte une allusion manifeste à *L'Esprit des lois* : « La vertu, dans une république, est une chose très simple; c'est l'amour de la république » ; et « L'amour de la république, dans une démocratie, est celui de la démocratie; l'amour de la démocratie est celui de l'égalité. | L'amour de la démocratie est encore l'amour de la frugalité »[4]. La démocratie requiert une égalité par les lois que les citoyens contribuent à élaborer et auxquelles ils sont également soumis, et une frugalité générale qui garantit matériellement cette égalité. C'est ainsi que le Conseil Général de Genève s'appuie sur une bourgeoisie besogneuse – mais : « Voyez, au contraire, de quoi l'autre parti s'étaye; de gens qui nagent dans l'opulence, et du peuple le plus abject. Est-ce dans

1. LEM VII, OC III, p. 815.
2. CS, III, 4, OC III, p. 404.
3. *Ibid.*, p. 405.
4. *De l'Esprit des lois*, livre V, chap. 2 et chap. 3, Paris, Seuil, 1964, p. 544.

ces deux extrêmes, l'un fait pour acheter l'autre pour se vendre, qu'on doit chercher l'amour de la justice et des lois ? »[1]. Même s'il faut nuancer l'apparente reprise, chez Rousseau, des principes discriminés par Montesquieu (tout simplement parce qu'on doit généraliser la vertu démocratique à tous les États véritables), il faut constater que la démocratie genevoise est menacée par une défaite de la vertu qui devrait l'animer.

Venons-en à la dernière difficulté qui, selon le chapitre du *Contrat social* que nous étudions ici, menace toute démocratie, et qui donne lieu au rapprochement le plus saisissant des deux textes. Il s'agit de l'instabilité foncière que suscite, dans un gouvernement démocratique, l'inquiétude constante d'un peuple jaloux de sa souveraineté : « Ajoutons qu'il n'y a pas de gouvernement si sujet aux guerres civiles et aux agitations intestines que le démocratique ou populaire, parce qu'il n'y en a aucun qui tende si fortement et si continuellement à changer de forme, ni qui demande plus de *vigilance* et de courage pour être maintenu dans la sienne »[2]. Le niveau de la vigilance des citoyens est encore plus décisif, pour l'évolution du gouvernement, que celui des mœurs. Celles-ci se caractérisent essentiellement par leur diffusion passive dans le corps social, au lieu que la vigilance dont nous parle Rousseau consiste en une disposition spontanée, c'est-à-dire active, à la poursuite du bien public – elle s'illustre dans les cercles genevois, ou chez les censeurs romains. Or le texte des *Lettres de la montagne* insiste explicitement sur l'importance de cette vigilance, qui garde le souverain contre les ambitions du Petit Conseil. Il est d'ailleurs assez remarquable que, sur cette question, la septième des *Lettres* ne se contente plus d'illustrer le chapitre du *Contrat social* consacré à la démocratie – elle en approfondit le propos, en ce qu'elle montre que la vigilance des citoyens est contraire à l'exercice du gouvernement, qui doit garantir l'État contre l'agitation publique : « Il n'est pas possible au peuple de se tenir sans cesse en garde contre tout ce qui se fait, et cette *vigilance* lui tournerait même à reproche. On l'accuserait d'être inquiet et remuant, toujours prêt à s'allarmer sur des riens. Mais ces riens-là sur lesquels on se tait, le Conseil sait avec le temps en faire quelque chose »[3]. Mais là où le rapprochement se fait le plus précis, on saisit aussi bien l'écart des deux ouvrages : l'analyse concrète menée dans les *Lettres* montre que le pur *mécanisme* de la dégénérescence, dégagé dans le *Contrat*, est investi d'une intention par les membres du Petit Conseil. La vigilance est facteur d'instabilité, on lui reproche d'être séditieuse, en dissimulant qu'elle incarne l'exigence constante de la démocratie. L'argumentation de

1. LEM IX, OC III, p. 890.
2. CS, III, 4, OC III, p. 405.
3. LEM VII, OC III, p. 817. Souligné par nous.

Rousseau dans les *Lettres* est particulièrement délicate en ce point : elle consiste finalement à montrer que la dégénérescence du gouvernement démocratique s'accélère au prétexte de compenser ce qui, dans le *Contrat*, nous est effectivement décrit comme une cause d'instabilité.

Il n'est plus très utile, après les indications données par F. Guénard, de revenir sur les modalités selon lesquelles les membres du Petit Conseil captent progressivement l'autorité politique : il suffit d'avoir montré que cette opération se moule dans la suite des transformations prévisibles des institutions démocratiques. Nous souhaitons simplement indiquer que le principal objet des soins du Petit Conseil doit être, selon la VIIe Lettre, de contourner cette vigilance qui constitue le garant moral de la démocratie. Les changements insensibles que Rousseau posait au principe de l'indépendance des commissions interviennent à nouveau, dans le contexte encore plus inquiétant d'une soumission effective de la puissance législative au seul gouvernement. Comment soustraire les changements d'administration à la vigilance des citoyens ? Les membres du Petit Conseil ont modifié les lois criminelles qui fixent les conditions selon lesquelles des peines peuvent être prononcées contre les citoyens, et ils se sont achetés les services du procureur général (Tronchin, depuis 1759 : l'auteur des *Lettres écrites de la campagne* auxquelles répond précisément Rousseau). Surtout, les magistrats ont su procéder à ce transfert de juridiction sans réveiller la vigilance du peuple :

> Mais cela ne suffit pas encore; il faut accoutumer le peuple même à ce transport de juridiction. Pour cela on ne commence pas par ériger dans d'importantes affaires des tribunaux composés des seuls Conseillers, mais on en érige d'abord de moins remarquables sur des objets peu intéressants. (...) Dans une occasion plus importante on érige un tribunal pour juger des citoyens. À la faveur de la loi des récusations, on fait présider ce tribunal par un conseiller. Alors le peuple ouvre les yeux et murmure. On lui dit, de quoi vous plaignez-vous ? Voyez les exemples ; nous n'innovons rien[1].

Le stratagème consiste ici à faire passer une sorte de jurisprudence pour une loi authentique ; et le souverain, lorsqu'il ne se prononce pas expressément, est supposé ratifier les lois auxquelles les citoyens qui le composent obéissent actuellement : « La loi d'hier n'oblige pas aujourd'hui, mais le consentement tacite est présumé du silence, et le souverain est censé confirmer incessamment les lois qu'il n'abroge pas, pouvant le faire »[2]. La réponse du citoyen, que Rousseau prend alors à son compte, consiste à dire que, « quand un nouvel abus s'introduit ce n'est point innover que d'y

1. LEM VII, OC III, p. 819.
2. CS, III, 11, OC III, p. 424.

proposer un nouveau remède; au contraire, c'est chercher à rétablir les choses sur l'ancien pied »[1]. Cette solution reste toutefois très circonstancielle, et ne saurait longtemps suppléer l'absence d'une réunion incessante du souverain – en effet, tout ce que le peuple accorde aux magistrats renforce réellement leur pouvoir, tandis que ce qu'il leur refusent ne les prive pas des avantages qu'il se sont déjà acquis : « Dans une entreprise exécutée ils gagnent des forces ; dans une entreprise manquée ils ne perdent que du temps »[2]. Le problème des magistrats est donc de ne pas réveiller une vigilance qui perturbe l'exercice légitime de leur fonction, en même temps qu'elle peut en limiter les abus. La malveillance du Petit Conseil n'est possible que parce qu'elle répond aux caractères spécifiques d'instabilité du gouvernement démocratique.

Genève réalise en somme toutes les conditions qui, selon le *Contrat social*, conduisent à sa perte le gouvernement démocratique; et c'est une telle exhaustivité qui, au fond, est exceptionnelle. La République genevoise n'est évidemment pas une démocratie toute pure (elle comporte des caractères aristocratiques), mais elle souffre bien (et sans doute parce qu'elle n'est pas pure, justement) de tous les maux d'une vraie démocratie. Il faut alors prendre un peu de recul par rapport à la discussion sur la forme du gouvernement, pour poser brutalement le problème de la nature de l'État que réalise la cité fondée par Calvin. Que vaut cet État, que pèse-t-il dans les circonstances de la vie moderne qui, rappelons-le, ne sont jamais favorables à une vraie démocratie? Pour répondre à cette question, que Rousseau se pose dans la VIIe Lettre, lorsqu'il rapporte l'appréciation qu'un "Politique" porterait sur le cas de Genève – il faut d'abord revenir au traité de 1762 pour se demander ce qu'est un État bien constitué. À quoi se reconnaît-il? Une réponse parfaitement explicite est donnée dans le *Contrat social*: « Le mieux constitué finira, mais plus tard qu'un autre, si nul accident imprévu n'amène sa perte avant le temps »[3]. Appliquons ce critère à Genève, et nous devons conclure, contre nos préventions, contre les illusions de la *Lettre à d'Alembert* également, que Genève n'est pas constituée au mieux : « (...) l'Institution que vous formez est bonne pour le présent, et mauvaise pour l'avenir; elle est bonne pour établir la liberté publique, mauvaise pour la conserver, et ce qui fait maintenant votre sûreté sera dans peu la matière de vos chaînes »[4].

André CHARRAK

1. LEM VII, OC III, p. 820.
2. *Ibid.*
3. CS, III, 11, OC III, p. 424.
4. LEM VII, OC III, p. 816.

CHAPITRE VIII

DROIT DE REPRÉSENTATION ET POUVOIR NÉGATIF : LA « GARDE DE LA LIBERTÉ » DANS LA CONSTITUTION GENEVOISE

LETTRES DE LA MONTAGNE, VIII ET IX

Les lettres VIII et IX sont consacrées à un problème constitutionnel d'envergure légué par le compromis de la Médiation : celui du conflit de compétence entre le droit de représentation accordé au peuple et le pouvoir négatif du Petit Conseil de juger du bien-fondé de ces représentations avant de les porter en Conseil Général. L'enjeu de ce débat, apparemment technique, est essentiel : il ne s'agit de rien moins que de la conception de la souveraineté populaire et de la démocratie elle-même. L'exercice de la souveraineté du peuple implique-t-il, à défaut du droit de proposer des lois, celui de présenter ses griefs sur la manière dont elles ont été interprétées et exécutées ? L'exercice du pouvoir législatif implique-t-il un contrôle réel de l'exécutif et de sa soumission aux lois ? Entre Tronchin, porte-parole des magistrats, et Rousseau, qui incarne ici pour l'essentiel les vues du parti bourgeois, le clivage ne se situe pas tant dans la définition de la liberté (que tous s'accordent à définir comme liberté sous la loi, ce qui implique la conservation plutôt que l'évolution du droit) que dans la question de l'attribution du droit de contrôle sur la Constitution. Il s'agit de savoir qui, ultimement, est le gardien des lois et, pour reprendre l'expression de Machiavel, qui détient la *garde de la liberté,* du peuple ou des grands. L'ensemble constitué par les lettres VIII et IX doit être lu, dans cette optique, comme une réflexion sur les garanties juridiques et institutionnelles de la stabilité de l'État, comme une réflexion sur la conservation de la liberté face aux risques de corruption. Sachant que la dynamique du politique est celle d'une corruption inéluctable – celle de l'usurpation de la souveraineté par le gouvernement – comment mettre en place des agencements institutionnels, des dispositifs politiques permettant de contrer la tendance à l'abus de pouvoir? Ici, Rousseau ne réfléchit plus ces conditions au niveau des mœurs – nécessité de la vertu des gouvernants comme subordination de leur volonté de corps à la volonté générale – mais au niveau du droit constitutionnel. Les développements qui vont suivre s'inscrivent dans l'espace du compromis politique de la Médiation, et en livrent l'enjeu idéologique : il s'agit de déterminer qui, de l'exécutif ou du législatif, des magistrats ou du peuple, menace réellement l'équilibre des pouvoirs; il s'agit en conséquence de savoir qui possèdera le droit de contrôle en dernière instance en vue de la conservation de l'État.

Le débat autour du « droit négatif » du Petit Conseil porte donc sur la qualification des droits respectifs du souverain et du gouvernement dans un État républicain : dans une « Constitution démocratique » [1], les droits de la souveraineté, qui sont les droits du peuple, impliquent-ils une garantie pour être autre chose que des droits formels, sans effectivité réelle? À défaut de contrôle du gouvernement grâce à une révocation possible de ses membres – la procédure du "grabeau" étant devenue caduque [2] – la liberté des Bourgeois exige-t-elle des garanties spécifiques sous la forme d'un droit de représentation efficace, dont les effets ne doivent pouvoir être contrés par le « droit négatif » conféré aux magistrats?

Représentants et Négatifs

La question du droit de représentation s'introduit dans l'écart possible entre la définition abstraite de la souveraineté et son expression effective, entre ce que la volonté a le droit de vouloir et ce que la volonté peut réellement vouloir. En d'autres termes : la souveraineté s'épuise-t-elle dans le consentement aux lois, ou la volonté générale est-elle habilitée à exercer un contrôle sur l'exécutif dans la mesure où celui-ci tend à s'exonérer du respect des lois?

Afin d'y répondre, il n'est pas inutile de rappeler les circonstances historiques qui ont présidé à l'écriture des *Lettres*, à savoir la condamnation

1. LEM VIII, OC III, p. 837. Il faut noter que « démocratique » est ici synonyme de « républicain »; il s'agit d'un gouvernement où le souverain et le gouvernement, la puissance législative et l'exécutive sont séparées et non confondues selon la définition du *Contrat social* (III, 4). C'est ce que n'ont pas compris les prédécesseurs de Rousseau : « La Constitution démocratique a jusqu'à présent été mal examinée ».

2. *Ibid.*, VII, p. 818, note. Sur le « grabeau », qui conduit à la révocation des magistrats et les débats qui entourent cette pratique, voir G. Silvestrini, *Alle radici del pensiero di Rousseau, op.cit.*

de Rousseau : à partir de juin 1763 se succèdent durant quatre mois Représentations itératives et réponses du Petit Conseil, qui portent la controverse sur la structure constitutionnelle du régime genevois. L'un des points essentiels de la polémique concerne les suites juridiques à accorder à l'exercice du droit de représentation [1]. Cette procédure date du XVIe siècle : le droit d'initiative législative a échappé en 1543 aux Citoyens et Bourgeois, mais il a été statué en 1551 que « quand un particulier, soit pour son propre cas soit pour le bien public, voudra proposer quelque chose, qu'il s'adresse au premier Syndic, qui le fera ouïr au Petit Conseil ». Par la suite, le droit de faire des représentations auprès du Procureur Général s'est imposé sous la forme d'une coutume, confirmée en 1707 par les Édits puis par le Règlement de l'Illustre Médiation. La représentation peut consister soit en une instance (proposition de modification des Édits), soit en une remontrance (plainte sur un cas de mauvaise application de la loi par les magistrats). La controverse, dès lors, porte sur les effets juridiques possibles de ces deux formes du droit : d'un côté, la Bourgeoisie soutient que le Petit Conseil, libre de donner une fin de non-recevoir à une instance, est dans l'obligation, en ce qui concerne les remontrances, de saisir le Conseil Général ; de l'autre, les membres du Petit Conseil se reconnaissent un « droit négatif » dans tous les cas, qui les dispense de porter les représentations qu'ils jugent infondées au Conseil Général. Si le désaccord ne porte donc pas sur les matières dont l'Édit de la Médiation a attribué la compétence à la généralité, il concerne en revanche les cas où les représentants et les magistrats sont en désaccord sur l'interprétation ou l'application des lois [2]. La raison en est simple : sous couvert d'interpréter une loi litigieuse, le Conseil Général pourrait lui conférer une signification nouvelle et reprendre *de facto* le droit d'initiative législative.

Sur ces deux partis, qui prirent respectivement le nom de Représentants et de Négatifs, l'affaire Rousseau eut des conséquences majeures en portant la question sur le terrain judiciaire. Alors que les Conseils restreints affirment dans leur première réponse que l'instance juridictionnelle a été menée conformément à la lettre de la loi, les Citoyens et Bourgeois estiment dans leur première représentation que Rousseau a été jugé et condamné en contradiction avec la loi qui régit la procédure criminelle en la

1. Voir M. Lahmer, *Volonté générale et séparation des pouvoirs chez Jean-Jacques Rousseau,* Thèse pour le Doctorat en Droit public, soutenue le 13 janvier 1998 : « L'opposition de principe entre Représentants et Négatifs », t. II, p. 564-638. Nous suivons cet auteur dans la présentation qui suit.

2. Voir ci-dessous la contribution de G. Silvestrini.

matière – d'où la légitimité d'une Représentation[1]. Selon les Représentants, l'article 7 de l'Édit de la Médiation relatif au droit de représentation vaut comme garantie réelle des articles 3 et 4 consacrés aux droits de la souveraineté; le Petit Conseil ne peut donc s'opposer à ce que le Conseil Général prenne connaissance des griefs de certains citoyens. Les Médiateurs n'ont pu vouloir donner au Petit Conseil « le pouvoir d'être juge en sa propre cause et de décider souverainement dans les différents qui pourront s'élever entre lui et les autres corps, tandis que tous ces autres corps n'auront que le droit stérile de lui faire des représentations qui n'auront d'efficace qu'autant qu'il voudra bien les approuver ». Le droit de représentation est illusoire et purement formel s'il ne s'accompagne d'une force obligatoire ; or sans droit de représentation efficace, l'exécutif risque toujours d'abuser de son pouvoir et d'anéantir la liberté politique en même temps que la souveraineté de la loi. La conclusion est claire : il faut remettre entre les mains du peuple le contrôle ultime de la Constitution afin de remédier aux abus potentiels des magistrats[2].

Face à ce discours, les *Réponses aux Représentations* déploient une argumentation en deux temps. S'il n'entend pas remettre en cause le droit de représentation, le Petit Conseil affirme qu'il est libre d'assembler ou non le Conseil Général et, en vertu du Règlement de la Médiation, qu'il ne peut être contraint de saisir le Conseil des Deux-Cents d'une demande à laquelle il n'aurait pas agréé lui-même. Faire droit à n'importe quel doute relatif à une obscurité supposée de la loi conduirait à l'anarchie : « Dans cette fluctuation continuelle de tout ce qui doit être le plus invariable, le respect pour les lois s'évanouira, les droits des particuliers seront dans un état incertain, l'ordre même et la Constitution du gouvernement seront exposés à un péril toujours renaissant; et les passions enfin ne manqueront pas de faire de la République un théâtre affreux d'anarchie »[3]. Les magistrats se fondent ainsi sur l'idée d'une souveraineté de la loi qui s'oppose aux innovations, et en particulier sur les articles 5 et 6 de l'Édit de la Médiation : l'article 5 porte que « toutes les matières qui seront portées au Conseil Général ne pourront y être proposées que par les Syndics, Petit et Grand Conseil » ; l'article 6 statue qu'« il ne pourra rien être porté au Conseil des Deux-Cents qu'auparavant il n'ait été traité et approuvé dans le Conseil des

1. Rousseau a sans doute rédigé lui-même un brouillon de la Représentation de septembre 1763 (voir H. Rosenblatt, *Rousseau and Geneva. From the First Discourse to the Social Contract,* 1749-1762, *op. cit.*, p. 278).

2. Cependant, les Représentants ne reprennent pas les propositions de Micheli du Crest sur le rôle de Tribunal suprême qu'il convient de conférer au Conseil Général afin de résister aux entreprises tyranniques du Petit Conseil (voir G. Silvestrini, *Alle radici del pensiero di Rousseau, op. cit.*).

3. Voir également Tronchin, *Lettres écrites de la campagne*, IV, p. 139-140.

Vingt-cinq; et il ne sera rien porté au Conseil Général, qui n'ait été auparavant traité et approuvé dans le Conseil des Deux-Cents». Tel est l'argument, que l'on pourrait qualifier de *strictement* légaliste, des magistrats.

Cette position du débat permet d'éclairer le discours de Rousseau sur les rapports entre droit de représentation et pouvoir négatif du Petit Conseil. Dans la VIIIe lettre, Rousseau reprend à son compte l'argumentation de la Représentation du 29 septembre 1763 afin de récuser l'interprétation minimaliste que donne Tronchin de ce droit. Certes, Rousseau concède que le droit négatif des Conseils «est l'appui de la République»[1]; mais il entend ce droit en un sens restreint, c'est-à-dire du point de vue de la seule conservation des lois fondamentales existantes. Or précisément, la Constitution ne peut demeurer immuable si le gouvernement est laissé à sa pente. La dynamique du politique a été explorée dans le *Contrat social*: la corruption de l'État provient de l'abus de pouvoir du gouvernement qui usurpe les prérogatives de la souveraineté et se place au-dessus des lois[2]. Dès lors, le droit de représentation est supposé prévenir cet abus en soumettant les magistrats au contrôle du législateur.

Au regard de cette fonction stratégique, le droit de représentation ne peut donc consister en un simple droit de se plaindre, liberté naturelle concédée selon Rousseau dans les gouvernements les plus absolus. Pour que le droit de formuler des représentations soit non une «chose vaine» mais un véritable droit, il faut que les gouvernants soient obligés de le prendre en compte dans l'exercice de leur pouvoir. Il convient donc de justifier du fait que le Petit Conseil puisse être soumis au Souverain – le Conseil Général – alors même que celui-ci ne se réunit que par la convocation du Petit Conseil. Pour cela, Rousseau va user d'un argument singulier: si la souveraineté ne s'exprime que dans l'assemblée générale du peuple, dans la réunion effective du Conseil Général, il n'en reste pas moins qu'elle reste en quelque sorte "dormante" alors même que le souverain n'est pas assemblé. Comment interpréter l'existence de ce peuple "dormant"? Sans doute le *Contrat social* invoque-t-il le droit « d'opiner, de diviser, de discuter, que le gouvernement a toujours grand soin de ne laisser qu'à ses membres»[3]; mais l'autorité souveraine n'agit que par des lois et «le Souverain ne saurait agir que quand le peuple est assemblé»[4]. Comment concevoir dès lors un droit de délibérer en dehors des assemblées du peuple? Si le droit de représentation consiste à « opiner sur les matières »

1. LEM VIII, OC III, p. 843.
2. CS, III, 10, OC III, p. 421.
3. *Ibid.*, IV, 1. Rousseau désigne par là ce qui est, et non ce qui doit être.
4. *Ibid.*, III, 12, p. 425.

qui doivent être portées au Conseil Général, s'il ne s'agit pas de donner son suffrage, mais seulement de dire son avis[1], comment le peuple fera-t-il entendre sa voix? Rousseau introduit la distinction entre la ratification et l'exécution des lois : les citoyens ont toujours à veiller sur l'exécution des lois; c'est ce qui explique la légitimité du droit de représentation, droit d'exercer une vigilance civique en vue de la protection des droits. Son argumentation, toutefois, est embarrassée sur ce point: car il veut faire reconnaître comme proposition ayant force de droit ce dont il est obligé de dire qu'il ne s'agit que d'un avis de particuliers, et non du peuple en corps. D'où la formulation très curieuse qu'il emploie: « Cet avis, dit-il, n'est, à la vérité, que celui d'un particulier ou de plusieurs; mais ces particuliers étant membres du souverain et *pouvant le représenter quelquefois par leur multitude,* la raison veut qu'alors on ait égard à leur avis, non comme à une décision, mais comme à une proposition qui la demande, et qui la rend quelquefois nécessaire »[2]. Deux notions absentes de l'économie théorique du *Contrat social* font ainsi leur apparition: celle de peuple dormant, gardien plutôt qu'acteur de la souveraineté[3]; celle de représentants du peuple, non élus mais titulaires néanmoins d'un droit de requête (requête que Rousseau prend soin de distinguer de la plainte dans la mesure où elle consiste, dit-il, à « demander en vertu d'un droit qu'on a d'obtenir »).

La question est donc celle de la légitimité d'un contrôle du législatif sur l'exécutif alors même que l'exécutif dispose du droit de convoquer l'assemblée du peuple et de décider de son ordre du jour. Mais la difficulté est plus généralement celle de savoir qui, des grands ou du peuple, est le véritable gardien du droit. C'est pourquoi Rousseau réintroduit la distinction entre deux usages possibles du droit de représentation. La voie des instances (en vue d'une modification des lois) est à proscrire : la VIIIe lettre prévient ainsi l'objection selon laquelle le système des Représentants conduirait à l'unité législative, puisque le Conseil Général aurait la possibilité de se saisir lui-même, via les Représentants, en raison de l'obligation faite au Petit et au Grand Conseil de porter devant lui toute représentation[4]. Rousseau distingue la phase d'élaboration de la loi de la phase de vote qui lui confère sa force obligatoire: il s'agit de contrer le

1. Sur cette distinction, on pourra se reporter à la VIIe lettre qui définit les actes politiques essentiels : « *Délibérer,* c'est peser le pour et le contre; *Opiner,* c'est dire son avis motivé; *Voter* c'est [donner] son suffrage » (LEM VII, OC III, p. 833, note). Dans le cas du droit de représentation, il ne s'agit plus cependant, comme dans la lettre VII, de donner son avis dans l'assemblée du peuple, puisque l'assemblée, en l'occurrence, ne se réunit pas.

2. LEM VIII, p. 845-846.

3. Il faudrait comparer à cela le rôle du tribunat à Rome, « conservateur des lois et du pouvoir législatif » (CS, IV, 5, OC III, p. 454); voir LEM IX, p. 879-880.

4. Voir M. Lahmer, *op. cit.*

processus de corruption de la République associé à la multiplication et au changement des lois qui ne manqueraient pas d'avoir lieu si n'importe quel citoyen pouvait proposer des lois.

En revanche, la seconde interprétation du droit de représentation (la possibilité de réparer une transgression des lois) est juste selon Rousseau, puisqu'elle permet d'écarter toute innovation et de maintenir la stabilité de l'État. Ce droit est même indispensable en raison de la dynamique de corruption du politique qui fait que l'on ne peut laisser les choses à elles-mêmes et *laisser faire* l'histoire. Le principe d'inertie ne vaut pas en politique : comme l'écrit Rousseau, « quand les choses tendent au changement par leur pente, il faut sans cesse de nouveaux soins pour les arrêter »[1]. Le discours des magistrats se trouve ainsi subverti. Selon Tronchin, le droit négatif n'est qu'une puissance défensive, semblable à une force d'inertie : « elle est dans le gouvernement politique ce qu'est la force d'inertie dans le monde physique ; elle arrête les effets des choix, c'est-à-dire, des déplacements ; elle ne tend donc qu'à conserver les choses dans la situation où la Constitution les a mises »[2]. Attribuer le droit négatif aux membres du Conseil Général serait leur conférer une puissance offensive, en leur permettant de proposer de nouvelles lois qui mettraient en péril la Constitution de l'État. Rousseau renverse l'argumentaire du magistrat : la force conservatrice n'est pas le gouvernement mais le peuple souverain ; c'est le gouvernement qui risque de faire usage de sa force offensive tandis que le peuple doit résister à sa tendance naturelle à l'usurpation[3]. Une fois tranchée cette question de droit, reste donc la question de fait : la loi a-t-elle été transgressée, autrement dit le droit de représentation s'est-il exercé légitimement ou non dans le cas précis dont il est question, et les magistrats se sont-ils placés au-dessus des lois ? Rousseau réfute l'argument selon lequel l'efficace systématique du droit de représentation reviendrait à laisser à tout citoyen la charge de l'interprétation des lois[4]. Le légalisme, en l'occurrence, est du côté des Représentants, et non des Magistrats ; nul n'a intérêt au Conseil Général à affaiblir le sens des termes de la loi[5]. La démarche des Représentants se place désormais dans le champ du pouvoir judiciaire : leur représentation ne vise pas à réinterpréter le droit, mais à montrer que les magistrats ont été hors la loi, qu'ils ont manifestement transgressé le droit.

1. LEM VIII, p. 847.
2. *Lettres écrites de la campagne*, V, p. 147-148.
3. LEM VIII, OC III, p. 843.
4. Sur cette question, voir l'article de G. Radica.
5. « Car l'intérêt de tous est trop grand, trop présent, trop sensible, surtout dans une ville de commerce, pour que la généralité veuille jamais ébranler l'autorité, le gouvernement, la législation, en prononçant qu'une loi a été transgressée, lorsqu'il est possible qu'elle ne l'ait pas été » (LEM VIII, OC III, p. 861).

Aussi la question n'est-elle pas celle de l'interprétation et de l'esprit de la loi, mais bien celle de la détermination d'un *fait* rapporté à la lettre de la loi. Nous sommes ici dans le cas d'un procès où deux parties sont en litige, la puissance publique étant elle-même scindée entre certains membres du législatif d'une part, et l'exécutif de l'autre, afin de déterminer s'il y a eu ou non violation de la loi : « les citoyens et bourgeois disent qu'elle l'a été; les magistrats le nient »[1]. Qui croire? À la suite des Représentants, Rousseau soutient qu'à l'évidence, les magistrats sont à la fois juges et parties dans leur propre cause; ils sont accusés d'une injustice (dans le cas Rousseau) et le refus de la représentation équivaut à un refus de se faire juger. Il faut donc s'en remettre à un juge impartial, dès lors qu'une injustice est dénoncée par le peuple, et ce juge n'est autre que le « public instruit » qu'il dit découvrir dans le Conseil Général[2]. Si le Conseil Général peut être le juge impartial de la conservation des lois, et en particulier du contrôle que l'exécutif se soumet bien aux lois, c'est qu'il est composé des deux partis (partisans du peuple et des magistrats), ce qui est censément garant de l'équité de son jugement – Rousseau passant sous silence la disproportion numérique qui joue au détriment des magistrats. Ici apparaît le point décisif: le droit de représentation bien entendu est un élément constitutif du pouvoir législatif, dans son rapport de résistance aux usurpations probables de l'"administration"[3]; il s'agit d'une voie de recours ultime, en appel, afin d'« obvier au déni de justice ». Rousseau fait donc du droit de représentation à force obligatoire la véritable clé de voûte de l'équilibre constitutionnel : ce droit permet de concilier autorité et liberté, d'éviter à la fois les abus de la puissance et les excès de la licence. Lorsque le grief n'a pas un « degré d'évidence » qui permette au Petit Conseil de dépasser le doute, il revient à la volonté générale d'en décider; cette volonté générale est selon Rousseau « le juge suprême et l'unique souverain »[4].

La volonté générale, juge suprême et unique souverain

« Le juge suprême et l'unique souverain » : cette locution est essentielle, car elle constitue l'une des très rares occurrences du concept de volonté générale dans les *Lettres écrites de la montagne*[5]. Rousseau, qui vient de

1. LEM VIII, OC III, p. 848.

2. Voir également la lettre à d'Ivernois, 17 janvier 1765, *Correspondance complète*, R. A. Leigh éd., Oxford, Voltaire Foundation, 1965-1998, t. XXII, p. 125-127.

3. LEM VIII, OC III, p. 843.

4. *Ibid.*, VIII, p. 850.

5. On n'en relève quasiment aucune hormis dans l'analyse du *Contrat social* à la lettre VI, qui l'identifie en outre à la volonté de tous (p. 807-808). Voir également LEM IX, p. 891.

reprendre à la lettre les arguments des Représentants, use ici de son propre concept. Le recours au *deus ex machina* de la volonté générale n'a rien d'anodin : il fonctionne en quelque sorte comme l'équivalent du « recours au Ciel » chez Locke, qui intervient dans le cadre du droit de résistance à l'abus de pouvoir et à la transgression des lois par les magistrats[1]. Le *Second traité du gouvernement civil* envisage en effet la possibilité que les sujets lésés par les actes du magistrat puissent porter la question devant la loi civile. Mais si le magistrat use de sa puissance pour empêcher que justice soit rendue, les deux partenaires se retrouvent dans l'état de nature, en l'absence d'arbitre pour régler leur litige; la partie lésée, selon Locke, peut alors « en appeler au Ciel »[2]. Or ce recours au ciel est en réalité un recours au peuple. C'est ainsi que Locke s'interroge :

> *Qui sera juge* que le prince ou le législatif agissent en contradiction avec leur mission ? Il peut s'agir de gens mal intentionnés ou de factieux qui répandent cette idée parmi le peuple, alors que le prince ne fait qu'user de sa légitime prérogative. Voici ma réponse : *c'est le peuple qui sera juge.* À qui appartient-il en effet de juger si le mandataire ou le député agit honnêtement et en conformité avec la mission qui lui a été confiée, sinon à celui qu'il l'a mandaté et qui, du fait même qu'il l'a mandaté, doit conserver le pouvoir de le démettre lorsqu'il faillit à sa mission ?[3].

Le second *Traité* en conclut que l'arbitre suprême est le peuple, bien qu'il soit à la fois juge et partie : « la partie lésée, dit-il, doit juger par elle-même si elle croit bon d'user de recours »[4]. Il reste que cette solution est délicate : la question du droit de résistance à la tyrannie pose le problème du rapport entre les prémisses individualistes associées au modèle du contrat (la conscience de chacun comme juge ultime du droit de résistance) et l'idée selon laquelle l'arbitre suprême est le peuple; elle pose le problème d'un recours ultime au droit du plus fort[5]. En regard, on voit ainsi ce qui caractérise la démarche de Rousseau, qui sort de cette aporie lockienne de l'institution susceptible d'exercer le droit de résistance : là où Locke recourt en quelque sorte au « peuple dormant » susceptible de reprendre le pouvoir exécutif *et* le pouvoir législatif en cas d'abus, *Rousseau va faire du*

1. Voir G. Silvestrini, « Républicanisme, contrat et gouvernement de la loi », dans *Jean-Jacques Rousseau, Les Cahiers philosophiques de Strasbourg*, t. 13, 2002, p. 61-66.

2. Locke, *Le Second traité du gouvernement*, trad. J.-F. Spitz, Paris, P.U.F., 1994, chap. 19, § 243.

3. *Ibid.*, § 240.

4. *Ibid.*, § 242.

5. Sur la difficulté que rencontre la doctrine lockienne du droit de résistance, on consultera notamment J.-F. Spitz, « Droit de résistance », dans *Dictionnaire de philosophie politique*, Ph. Raynaud et S. Rials éds., Paris, P.U.F., 1996, p. 147-152; J. Terrel, *Les Théories du pacte social*, Paris, Seuil, 2001, p. 278-287.

législatif lui-même le recours en dernière instance – ce qui a pour effet de neutraliser la problématique du droit de résistance[1]. Le droit de représentation se substitue au droit de résistance, l'arbitre en dernière instance étant désormais la volonté générale. Tout en reprenant l'idée d'un « peuple dormant », Rousseau fait ainsi l'économie du recours au Ciel et du droit de résistance ; mais il ne peut faire cette économie qu'à condition d'admettre que le peuple souverain, puisse également, dans certains cas précis (lorsque les magistrats ne parviennent pas à statuer avec évidence sur la légitimité d'une représentation), être l'ultime arbitre – ce qu'il dit conforme à la loi fondamentale de tous les pays qui « arme en dernier ressort le Souverain de la force publique pour l'exécution de ses volontés »[2]. Sans doute ne faut-il pas interpréter ce « jugement suprême » comme un acte judiciaire, en appel : les *Lettres* critiquent ceux – comme Micheli du Crest quelques années plus tôt – qui s'imaginent qu'« une démocratie est un gouvernement où tout le peuple est magistrat et juge »[3]. Pas plus que le parti bourgeois, Rousseau ne propose l'exercice direct par le peuple du pouvoir judiciaire (y compris en appel)[4]. Il reste que le Conseil Général est investi d'une fonction d'arbitrage en cas de litige entre représentants et magistrats, alors même qu'il s'agit de s'exprimer sur un cas particulier et non sur un objet général – ce qui marque la distance de Rousseau par rapport au *Contrat social*[5]. De ce point de vue, le droit de résistance aux abus que Tronchin concède en cas de situation extrême est vain : prendre les armes reviendrait à se perdre, car les magistrats réprimeraient toute tentative de renverser leur pouvoir. Rousseau écarte donc la voie du droit de résistance que Locke avait convoquée et que Tronchin avait admise comme limite théorique : « les moyens violents ne conviennent point à la cause juste »[6]. Remontrance et non résistance : la justice doit s'exercer conformément aux lois et non contre elles.

Il reste cependant une question en suspens. Dans la théorie du droit de résistance depuis les Monarchomaques, la question est celle du titulaire de ce droit : chacun en son âme et conscience, le peuple, les magistrats subal-

1. Problématique encore vivace dans le second *Discours*, OC III, p. 191. Voir l'article de F. Guénard ci-dessus.

2. LEM VIII, OC III, p. 850. Dans le *Contrat social*, Rousseau soutenait que la condamnation d'un criminel, en tant qu'acte particulier, n'appartient pas au souverain : « c'est un droit qu'il peut conférer sans pouvoir l'exercer lui-même » (CS, II, 5, OC III, p. 377). Voir ci-dessous l'article de G. Silvestrini.

3. *Ibid.*, p. 838.

4. Rousseau reconnaît que le Petit Conseil, à condition d'être présidé par les Syndics, juge en dernier ressort. Voir ci-dessous l'article de G. Silvestrini.

5. Voir *a contrario* CS, II, 4.

6. LEM VIII, OC III, p. 852.

ternes ? Une fois abandonnée la problématique du droit de résistance, la question se reporte sur celle du droit de représentation : quelle est l'instance qui le détient légitimement ? Revenant sur l'interprétation des Édits et de l'histoire de Genève, Rousseau émet deux propositions afin d'institutionnaliser le droit de remontrance. La première, en cas de fin de non recevoir des magistrats, est de procéder au vote des compagnies bourgeoises dissoutes au moment du Règlement de la Médiation, à l'issue des troubles civils : dénuées de tout pouvoir législatif, ces assemblées partielles seraient dotées d'un véritable pouvoir de contrôle de l'application des lois. Ainsi le jugement du bien-fondé des Représentations serait-il conféré à une institution réglée, ce qui lui fournirait une véritable légitimité ainsi qu'une efficacité juridique réelle[1]. Mais Rousseau propose également, au cas où cette voie serait jugée trop dangereuse par les magistrats, la possibilité d'en revenir à la périodicité des Conseils Généraux, l'une des plus anciennes revendications du parti populaire à Genève. Ainsi ces Conseils pourraient-ils se consacrer à l'examen des plaintes émises dans l'intervalle entre deux assemblées. La VIIIe lettre le précise : ces réunions n'auraient pas pour but de légiférer mais d'exercer une forme de pouvoir exécutif ; elles « n'auraient pas l'autorité du souverain mais du magistrat suprême » ; ainsi loin de pouvoir innover, elles n'auraient d'autre possibilité que d'empêcher toute innovation de la part des Conseils ; loin d'introduire le désordre (comme le prétend Tronchin et le parti gouvernemental), elles n'auraient pour fin que de « remettre toutes choses dans l'ordre de la Législation »[2].

L'ensemble du dispositif proposé par les *Lettres* vise donc à institutionnaliser le pouvoir du peuple en neutralisant certaines restrictions des droits du Conseil Général – restrictions stipulées par l'Édit de la Médiation, et conformes aux vœux du patriciat. Or pour justifier que la garde de la liberté soit confiée au peuple plutôt qu'aux grands, Rousseau va devoir montrer que cette attribution est plus sûre et plus fiable. Tel était déjà le point de vue de Machiavel :

> Tous les législateurs qui ont donné des constitutions sages à des républiques ont regardé comme une précaution essentielle d'établir une garde de la liberté ; et suivant que cette garde a été plus ou moins bien placée, la liberté a duré plus ou moins longtemps. Comme toute république est composée de grands et de peuples, on a mis en question aux mains de qui il serait plus convenable de la confier (…) je dirai qu'il faut toujours confier un dépôt à ceux qui ont le moins le désir de le violer. Sans doute, à ne considérer que le caractère de ces deux ordres de citoyens, on est obligé de convenir qu'il y a, dans le premier, un grand désir de dominer, et dans le second, le désir

1. LEM VIII, OC III, p. 854.
2. *Ibid.*

seulement de ne pas l'être; par conséquent, plus de volonté de vivre libre. Le peuple préposé à la garde de la liberté, moins en état de l'usurper que les grands, doit en avoir nécessairement plus de soin, et ne pouvant s'en emparer, doit se borner à empêcher que d'autres ne s'en emparent[1].

Rousseau applique ce principe machiavélien – du Machiavel ami des républicains – à la situation genevoise. En d'autres termes, et telle sera la ligne argumentative jusqu'à la fin des *Lettres,* il va désormais prouver que ce sont les grands (membres du Petit Conseil) qui sont source des innovations et le peuple (au Conseil Général) qui est à l'origine de la conservation des lois, et non l'inverse : car les grands veulent opprimer et le peuple seulement ne pas être opprimé, ce pourquoi il est meilleur garant de la liberté.

La garde de la liberté

Les *faits* sont donc convoqués par Rousseau contre les sophismes abstraits des magistrats : ce que l'histoire de Genève prouve par le fait, c'est que les droits accordés au Conseil Général et le droit de représentation ne menacent pas la stabilité de l'État, mais en sont au contraire les plus sûrs garants. Opposer le fait à l'interprétation abusive du droit que donnent les magistrats revient ici à fonder véritablement le droit. L'histoire prouve la sagesse des résolutions du Conseil Général, qui se défend des atteintes des grandes puissances menaçant la souveraineté de Genève, et qui jamais ne remet en cause l'édifice sacré des lois. Exposant les raisons de ces faits, Rousseau s'oppose méthodiquement au discours de Tronchin. Celui-ci partait de l'accord entre l'intérêt du gouvernement et l'intérêt de tous; il soutenait que les magistrats ne peuvent que vouloir le bien commun et la conservation de la République, tandis que le peuple, poursuivant ses passions plutôt que ses intérêts véritables et son imagination plutôt que sa raison, risque toujours de déstabiliser l'État. Selon Rousseau, c'est le contraire qui est vrai : le Conseil Général et la Bourgeoisie ont intérêt à l'ordre et à la justice[2], tandis que les magistrats ont intérêt à usurper le pouvoir et à outrepasser leurs droits. Loin d'être séditieuse, la bourgeoisie de Genève est trop légaliste, « toujours plutôt en deçà qu'en delà de ses

1. Machiavel, *Discours sur la première décade de Tite-Live,* trad. T. Guiraudet, Paris, Berger-Levrault, 1980, I, 5. Micheli du Crest avait déjà usé de ce schème machiavélien en montrant que la garde de la liberté ne peut revenir qu'au peuple (voir G. Silvestrini, *Alle radici, op. cit.*).

2. « Le premier et le plus grand intérêt public est toujours la justice » entendue comme égalité des droits. Or le peuple a intérêt à l'égalité, et les magistrats aux préférences; c'est pourquoi « la justice dans le peuple est un vertu d'état; la violence et la tyrannie est de même dans les Chefs un vice d'état » (LEM IX, OC III, p. 891).

droits »[1]. Dans une république commerçante, le temps consacré à la chose commune est restreint : l'intérêt dissuade de se mêler des affaires publiques et conduit les marchands à préférer l'ordre où ils prospèrent aux troubles de la liberté[2]. Le peuple de Genève est aux antipodes de l'image véhiculée dans la littérature anti-démocratique : peuple « paisible et froid » qui pour l'intérêt du commerce doit ménager les magistrats[3], les Bourgeois sont à la fois distraits de la chose publique par leurs occupations économiques et dissuadés de toute entreprise troublionne par des considérations de prudence. Là où Tronchin soutenait que dans un petit État les magistrats sous le contrôle du peuple ne peuvent comploter ni abuser de leur pouvoir, tandis que le peuple peut facilement communiquer et contrer les abus – ce pourquoi la tyrannie ne serait à craindre que dans les grands États[4] –, Rousseau répond que c'est précisément dans un petit État que chaque particulier, sous les yeux du Conseil, ne prend pas le risque d'offenser les puissants ; c'est dans les classes moyennes et non chez les magistrats que se réalise l'accord des intérêts de l'État par la visée du « bien de tous »[5] – ce pourquoi les représentants, associés à la « plus saine partie de la nation », ne sauraient abuser de leur droit. Ce droit, enfin, est d'autant plus nécessaire que le rapport de force est extrêmement défavorable au peuple : alors que l'injustice et la fraude émanant des puissants trouvent toujours des protecteurs, la voix du peuple, qui est « la voix de Dieu »[6], n'est pas assez forte contre l'oligarchie régnante ; il faut donc que l'innocent opprimé puisse bénéficier d'un recours contre la tyrannie des magistrats. Le droit de représentation, selon Rousseau, n'est donc pas un droit dangereux : son usage chez un peuple éclairé ne peut aller que dans le sens de la justice (de l'égalité des droits). À la fin de la lettre VIII, l'argumentation devient d'une très grande violence contre les magistrats : non seulement le Petit Conseil traite le peuple en esclave et le tyrannise, mais il l'infantilise en brouillant l'interprétation des lois et en se posant lui-même, violateur des lois, pour le garant du droit. En cela, la tyrannie exercée sous couvert de la république excède celle qu'a connue Genève sous la Souveraineté des Evêques et des Princes : l'exercice du pouvoir arbitraire dans le domaine judiciaire ôte au peuple toute garantie des droits.

Le réquisitoire de Rousseau apparaît dès lors comme un renversement complet de celui des magistrats. Là où Tronchin évaluait avec éloquence

1. LEM VIII, OC III, p. 853.
2. *Ibid.*, p. 862 ; IX, p. 881.
3. *Ibid.*, IX, p. 888.
4. Voir Tronchin, *Lettres écrites de la campagne, op. cit.*, p. 163-167. Rousseau lui-même allait en ce sens dans le *Contrat social* (III, 1, OC III, p. 398).
5. LEM IX, OC III, p. 890. Voir DEP, p. 59 ; CS, II, 11.
6. *Ibid.*, p. 862. Sur cette expression, voir CGP, OC III, p. 973 et DEP, p. 48.

les conséquences tragiques probables du droit de représentation à effet juridique obligatoire et les conséquences positives du droit négatif attribué au Petit Conseil, la lettre IX inverse les probabilités : ce qui est probable, ce sont les usurpations des magistrats et l'instauration d'un gouvernement arbitraire. Le risque est celui d'une concentration absolue des pouvoirs, qui revient à rendre le Petit Conseil « seul maître direct et absolu de l'État et de toutes les lois ». Dans ce cas, rien ne distingue plus Genève d'un État despotique dissimulé sous une forme républicaine – ce qui est le pire des gouvernements[1]. C'est donc face à ce cumul oligarchique des pouvoirs que prend sens la nécessité d'une *résistance* institutionnalisée et légale. Attribuer ce droit au peuple consiste bien à lui conférer une fonction négative de contrôle plutôt qu'une fonction positive de pouvoir : « le droit de représentation pris dans son vrai sens n'est lui-même qu'un droit négatif. Il consiste uniquement à empêcher la puissance exécutive de rien exécuter contre les lois »[2]. Seul l'exercice plein et entier du droit de représentation peut garantir que la liberté politique à Genève soit une liberté réelle et non une pure illusion – menacée par l'arbitraire du pouvoir[3]. Cette parodie ironique de Tronchin dénonce une évaluation partiale des abus escomptés dans chaque hypothèse : là où le Procureur général décrivait la participation aux Conseils restreints comme une charge onéreuse et sans avantage en termes de finance ou de prestige, Rousseau met en lumière les passions premières (désir de domination, désir de distinction) qui animent les magistrats et les incitent à toujours vouloir accroître leur pouvoir. Ce n'est donc pas le peuple, en tout cas pas le peuple marchand, qui est sujet aux passions susceptibles d'aboutir à une corruption de la Constitution; ce sont les magistrats qui sont mus par la passion du pouvoir, plus forte que l'intérêt et la rationalité pratique : « L'équité, la vertu, l'intérêt même ne tiennent point devant l'amour de la domination »[4]. Non seulement les magistrats ont le désir d'usurper le pouvoir souverain, mais ils en ont les moyens (ce que Tronchin avait nié point par point) : « armé de toute la force publique, dépositaire de toute l'autorité, interprète et dispensateur des lois qui le gênent », le Petit Conseil concentrant les pouvoirs peut user de l'arme des lois afin de transgresser les lois[5]. Ainsi la véritable menace procède-t-elle de ceux qui allient la passion, l'intérêt et la force de modifier l'équilibre institutionnel de l'État. Dans l'éloquence judiciaire, on reconnaît là une

1. LEM IX, OC III, p. 871 ; voir lettre VII, p. 814 : le Petit Conseil est « au-dessus des lois ».

2. *Ibid.*, p. 873.

3. *Ibid.*, IX, p. 867-868.

4. *Ibid.*, p. 893.

5. « Il peut attaquer la constitution en feignant de la défendre ; il peut punir comme rebelle quiconque ose la défendre en effet », *ibid.*, p. 889.

figure classique : l'accusé détient à la fois le mobile et l'accès à l'instrument du crime; il constitue à ce titre un véritable danger public dont la société doit se protéger afin d'assurer sa conservation. Le réquisitoire final de Rousseau est implacable : renversant la défense de Tronchin qui soutenait que le gouvernement étant équitable et doux, l'abus de pouvoir ne saurait avoir lieu, il qualifie l'ensemble des crimes d'ores et déjà commis par les magistrats (spoliation des biens, emprisonnement arbitraire, jugement illégal, protection des livres obscènes et destruction de ceux qui respirent la vertu, persécution de leur auteur et occultation des véritables textes de loi...). Les refus répétés opposés à l'exercice du droit de représentation témoignent d'un "plan" concerté afin de rendre caduc ce droit[1]. En un mot, le Petit Conseil a exercé « le plus dur despotisme » en détruisant la liberté même dont il prétendait avoir la garde.

Sans doute Rousseau conclut-il que le despotisme du Petit Conseil ne procède pas tant du vice ou de l'injustice de ses membres que de la structure même des institutions. Mais quand bien même ils auraient intérêt à la justice, les magistrats sont prêts à opprimer quiconque voudra faire obstacle à l'extension de leur pouvoir. Ainsi apparaît le rapport étroit qui unit liberté politique et liberté civile : afin d'amoindrir la liberté politique (les droits politiques du *peuple*), le Petit Conseil n'hésitera pas à contrevenir à la liberté civile des *individus*. Or la tyrannie apparaît dès que l'on attaque les défenseurs de la liberté et que l'on inspire la crainte à quiconque aspire à la défendre : c'est en détournant les citoyens de la chose publique que l'on instaure la servitude, qui, comme l'a vu Montesquieu[2], commence toujours par le sommeil. Dès lors, l'atteinte aux droits individuels (à la *liberté civile*), écartant les hommes de la lutte pour l'autonomie, conduit à la perte de la *liberté politique* : « quand *chacun* sera sous le joug, où sera la liberté *commune* ? »[3]. De ce long argumentaire qui fait feu de tous bois, Rousseau peut ainsi conclure que le droit négatif est bel et bien l'élément crucial qui, selon son extension, fera de Genève un gouvernement bien réglé, où autorité et liberté sont conciliées sous la puissance de la loi, ou au contraire un gouvernement corrompu, tendanciellement despotique, où les magistrats arbitrent leur propre obéissance aux lois. Dans ce dernier cas, la liberté ne sera plus qu'un « droit illusoire et vain »; il ne sera « point de servitude pareille » à celle de Genève, derrière le puéril simulacre de la liberté républicaine[4].

1. LEM IX, OC III, p. 887, note.
2. Montesquieu, *De l'esprit des lois*, XIV, 13.
3. LEM IX, OC III, p. 893.
4. *Ibid.*, p. 895.

En dernière instance, il convient d'évaluer les difficultés liées à la stratégie discursive de Rousseau : le philosophe s'engage sur un terrain balisé (l'opposition des Représentants et des Négatifs) tout en convoquant ses propres principes du droit politique. Cela n'est bien sûr possible que dans la mesure où les principes du droit politique sont conçus comme la vision "légitime" de la Constitution genevoise, et où l'histoire de Genève illustre celle de la corruption inéluctable de tout État[1]. Il ne semble pas opportun, de ce point de vue, d'opposer une théorie des principes à un art politique ou à une politique pratique et circonstancielle. La question de la corruption est au cœur du *Contrat social* comme elle est au cœur des *Lettres écrites de la montagne,* qui entendent définir les principes de la « Constitution démocratique ». Il n'en demeure pas moins que la tension est réelle entre les principes de *légitimité* défendus par Rousseau et les principes de *légalité* qu'il doit théoriser dans la situation historique qui est celle de Genève en 1765, dans le cadre de l'espace théorique ouvert par la Médiation. Cette tension s'éprouve tout particulièrement dans la définition de la liberté et dans la controverse relative à la balance des pouvoirs destinée à la garantir[2]. Au sein d'un rapport de force et dans l'optique d'une *défense* où l'intérêt de Rousseau rejoint celui des Bourgeois, la dimension stratégique des *Lettres* doit être mesurée : devant le tribunal de l'histoire, l'éloquence judiciaire soutient la vision politique.

On ne s'étonnera donc pas de voir que la position de Rousseau sur le droit négatif évoluera dans les années suivantes. La question, en effet, restera au cœur de la controverse constitutionnelle de la fin des années 1760, au moment où l'aggravation des conflits à Genève conduira à remettre en cause le compromis politique de la Médiation et à songer à une modification profonde des procédures d'élection et de contrôle des magistrats. Alors que Rousseau s'est vu rejeté par ceux qu'il avait voulu défendre et s'est donc retiré du débat, son ami Moultou demande en janvier 1768 à François Coindet de le prier d'écrire aux Représentants afin de les porter à accepter le projet de conciliation des magistrats qui a été refusé en Conseil Général et qui visait à accroître le poids du Conseil Général dans la formation des conseils. C'est l'occasion d'une lettre de février 1768 à François-Henri d'Ivernois dont Rousseau, appelé à nouveau comme recours dans une situation de crise, fit parvenir la copie à Coindet[3].

1. LEM IX, OC VI, p. 809. Voir ci-dessus le texte d'A. Charrak, « Genève est-elle bien constituée ? ».

2. Nous nous permettons de renvoyer à notre contribution ci-dessous, « Les principes de la liberté politique et la Constitution d'Angleterre ».

3. Voir n° 6239, Rousseau à Coindet, dans *Correspondance complète,* t. XXXV, 1980, p. 91-97 et n° 6240, p. 98-100. On se reportera à la première version non publiée de cette lettre, écrite elle aussi le 9 février. Voir aussi la lettre de février 1770 au Comte de Saint Germain

Rousseau est décidé à mettre fin au conflit des représentations et du droit négatif qui met en danger la paix civile; c'est la raison pour laquelle il défend une position beaucoup moins radicale que dans les *Lettres,* critiquant la démocratie pure autant que l'aristocratie dure. Le rôle imparti aux Deux-Cents dans la résolution du problème du droit négatif est désormais crucial. C'est eux qui devraient se prononcer sur les remontrances – solution que Moultou, au demeurant, avait préconisée dès février 1764[1] : « Le Petit Conseil tend fortement à la plus dure aristocratie. Les maximes des Représentants vont par leurs conséquences, non seulement à l'excès, mais à l'abus de la démocratie : cela est certain. Or il ne faut ni l'un ni l'autre dans votre République; vous le sentez tous. Entre le Petit Conseil, violent aristocrate, et le Conseil Général, démocrate effréné, où trouver une force intermédiaire qui contienne l'un et l'autre et soit la clef du gouvernement? Elle existe, cette force; c'est le conseil des Deux-Cents »[2] – pourvu qu'il ne soit pas l'esclave du Petit Conseil, ce qui suppose un changement dans la procédure d'élection[3]. En 1768, Rousseau insiste par conséquent sur la nécessité de réaliser un véritable équilibre des pouvoirs entre les Conseils, qualifiant Genève de gouvernement mixte : « Il s'agit d'un gouvernement mixte, mais difficile à combiner, où le peuple soit libre sans être maître, et où le magistrat commande sans tyranniser. Le vice de votre constitution n'est pas de trop gêner la liberté du peuple; *au contraire, cette liberté légitime ne va que trop loin, et, quoi qu'on en puisse dire, il n'est pas*

évoquant un complot contre Rousseau : « On dit avoir trouvé dans les papiers [d'un vieux compatriote habitant à Paris, en fait Lenieps] un projet de moi pour l'établissement d'une pure démocratie à Genève, et j'ai toujours blâmé la pure démocratie à Genève et partout ailleurs », n° 6673, t. XXXVII, p. 264-265.

1. Moultou avait posé le dilemme et proposé un arbitrage par un tiers : le droit négatif doit être accordé à un troisième corps « qui tiendrait l'équilibre entre les deux autres ». Voir la lettre décisive à Elie-Salomon Reverdil (*Correspondance complète,* t. XIX, 1973, n° 3150, p. 161).

2. Lettre de Rousseau à François-Henri d'Ivernois, n° 6241 bis, *Correspondance complète,* t. XXXV, p. 108. Voir la lettre à Coindet du 9 février 1768 : « Le droit négatif tel qu'il est réclamé par le Petit Conseil est absurde, inique, odieux, insupportable. Jamais le plus absolu despote ne se porta plus ouvertement Juge et Partie [...] D'autre part, que le peuple se fasse Juge de ses Juges dans les affaires particulières et que tout se tourne en appels au Conseil Général, c'est donner tête baissée dans la Démocratie la plus effrénée et dans ses plus criants abus. Le droit de représentation est un droit sacré qu'il faut respecter. Le droit négatif doit exister de même, le bon ordre l'exige absolument. Mais à qui l'attribuer? Cela me paraît tout simple : aux Deux-Cents qui sont les juges souverains de tous les appels » (n° 6239, p. 94). Il s'agit de maintenir les parties du gouvernement « dans une liaison plus intime et dans une meilleure harmonie » (p. 96).

3. *Ibid.,* p. 94-96 et n° 6241 et 6241 bis à François-Henri d'Ivernois. Voir *a contrario* LEM, VII, OC III, p. 828-835.

bon que le Conseil Général soit trop nécessaire à tout »[1]. Aussi surprenant que cela puisse paraître, Rousseau ne remet donc plus le droit d'inspection de l'exécutif à la volonté générale, seule instance souveraine; il fait dépendre la liberté politique de l'attribution du droit de décider du bien-fondé des remontrances à un *corps intermédiaire* entre les principaux magistrats et le peuple. Il y a là une singulière ironie de l'histoire, puisque Tronchin sera conduit à modifier lui aussi ses positions en les "démocratisant"[2] au moment où Rousseau, par crainte de la guerre civile, tendra à adopter une posture plus critique à l'égard de la constitution démocratique.

Céline SPECTOR

1. Lettre de Rousseau à François-Henri d'Ivernois, p. 93. Rousseau s'oppose alors à la procédure du grabeau, véritable inquisition, source de tumultes et d'intrigues (p. 94, 101-102).

2. Voir l'*Examen de notre situation* écrit en février 1767, où Tronchin cherche un « arrangement amiable » qui tienne compte de « l'esprit général » de Genève – « esprit d'égalité extrême » que la Constitution doit arrêter sans paraître le choquer. Tronchin reconnaîtra le caractère illusoire des droits du peuple dans la démocratie genevoise, véritable aristocratie, et le caractère inefficace du droit de représentation. Il proposera alors, entre autres mesures, « la translation de la voix négative du Petit Conseil à un tribunal plus désintéressé ». Dans le *Projet de réformation considérable,* qui envisage une refonte complète des institutions genevoises, le droit de connaître en dernière instance les représentations est attribué au conseil des 60, différemment élu et destiné à représenter l'élite du Grand Conseil, après suppression du Conseil Général (cité par G. Silvestrini, *Alle radici*, *op. cit.*, p. 184-86, et M. Lahmer, *op. cit.*, p. 626-27).

CHAPITRE IX

L'INTERPRÉTATION ET L'APPLICATION DES LOIS

LETTRES ÉCRITES DE LA MONTAGNE, VIII ET IX

Rousseau a étudié dans le *Discours sur l'économie politique* les cas où le gouvernement se voit amené à prononcer certaines décisions au nom de la volonté générale, ce qui contraste avec la définition qu'il donne plus tard de cette instance dans le *Contrat Social* : une puissance exécutive, chargée par le souverain d'actes uniquement particuliers, alors que ceux du souverain « ne peuvent être que des lois » faites par et pour la généralité[1]. Mais comme l'intérêt public est l'autre nom de la volonté générale et demande aussi des mesures particulières pour être poursuivi, et comme la possibilité d'une révolte populaire en cas d'action contraire à cet intérêt public constitue un motif fort opposé aux abus de pouvoir, le gouvernement exerce bien la fonction d'interprète de la loi et de la volonté générale[2].

Il est question dans les dernières *Lettres de la montagne* d'un problème apparemment symétrique : le droit de représentation, que Rousseau entend comme celui de faire parvenir devant le Conseil Général les réclamations des citoyens sur l'administration du gouvernement. Ce droit pose la question de l'attribution à l'organe souverain de Genève, le Conseil Général, du droit d'interpréter les lois en dernier ressort, c'est-à-dire de contrôler en cas d'infraction l'exécution et l'interprétation des lois que, comme pouvoir législatif, il a lui-même faites. Or si le rôle d'interprète de la volonté générale dévolu au gouvernement est délicat à concevoir, il est tout aussi délicat d'attribuer une tâche d'interprétation au pouvoir législatif, qui est censé ne statuer que sur des choses générales. En tant que penseur

1. CS, III, 1, OC III, p. 395-396.
2. DEP, p. 52.

de la souveraineté, Rousseau est conduit en effet comme Pufendorf[1] et Hobbes[2] à attribuer au souverain non seulement le pouvoir de faire les lois, mais aussi de vérifier qu'elles sont bien exécutées, et de les interpréter en cas de litige sur leur application[3]. Mais en tant que penseur d'une souveraineté qui ne se rapporte à ses membres que sur un mode général, Rousseau répugne à attribuer des fonctions d'application au corps souverain et à le faire se mêler de choses particulières. C'est l'articulation du général et du particulier, du souverain et du gouvernement que pose la question de l'interprétation. Comment le souverain chez Rousseau peut-il donc avoir le droit d'interpréter les lois et comment peut-il exercer ce droit ?

La difficulté d'attribuer ce pouvoir au souverain pourrait être réglée d'une *première* façon : il fait partie du droit essentiel du souverain de « limiter, modifier, reprendre quand il lui plaît » au gouvernement le droit d'exercer en son nom le pouvoir dont ce dernier est dépositaire[4]. Rousseau explique dans le *Contrat social* au sujet de la démocratie que « celui qui fait la loi sait mieux que personne comme elle doit être exécutée et interprétée »[5]. Telle est la démocratie où le souverain législateur est aussi exécutif et juge. Mais si Rousseau affirme ce principe de droit, il affirme surtout que le gouvernement démocratique connaît des maux pires que l'aristocratique, car la corruption du législateur est plus pernicieuse que celle du gouvernement. Et il est mauvais que la généralité soit occupée à des objets particuliers. En se demandant sous quelles conditions le souverain législateur peut devenir interprète des lois dans les *Lettres de la montagne*, Rousseau examine quelle dose de démocratie peut accepter un gouvernement, et non pas s'il est désirable d'installer une démocratie pure où le souverain réserverait en toutes circonstances un droit d'inspection sur l'interprétation des lois, sans jamais accepter de délégation[6]. Il est donc question de savoir, à propos du cas genevois, quand et comment le souverain devient juge à bon escient.

Il y aurait une *seconde* réponse triviale à cette difficulté d'attribuer l'interprétation au souverain. Il pourrait s'agir d'un faux problème, car si

1. *Droit de la nature et des gens*, VII, chap. IV, « Des parties de la souveraineté ».

2. *Léviathan*, trad. F. Tricaud, Paris, Sirey, 1983, chap. XXVI, § 6 *sq.*

3. LEM, OC III, p. 847.

4. CS, III, 1.

5. CS, III, 4, OC III, p. 404.

6. Cette question se pose en deçà du repérage de l'ambiguïté d'emploi du terme "démocratie" par Rousseau dans les LEM (ambiguïté qui joue entre la démocratie entendue comme mode de gouvernement et la démocratie entendue comme mode d'expression du souverain), puisque le problème que nous posons se situe précisément au point de charnière entre l'action du souverain et celle du gouvernement, et qu'il questionne les moyens d'organiser leurs rapports dans les affaires courantes de la cité.

l'application d'une loi est toujours rapport du général au particulier, l'interprétation des lois ne l'est pas nécessairement. L'article "Interprétation" de l'*Encyclopédie* définit l'interprétation comme « l'explication d'une chose qui paraît ambiguë ». Or, « On est quelquefois obligé d'interpréter certaines lois, soit parce que les législateurs n'ont pas prévu tous les cas qui se rencontrent, ou parce que les termes de la loi présentent différents sens »[1]. On pourrait ainsi imaginer de ne convoquer l'activité interprétative du législateur souverain qu'en cas de contradiction entre les lois, et de n'appeler "interprétation" que cette activité d'éclaircissement conceptuel des textes, qui se meut toujours dans le général.

Mais les choses ne sont pas si simples dans les *Lettres* et la distinction du particulier et du général que le *Contrat social* appelle de ses vœux est très délicate à situer dans la pratique politique. Statuer sur l'interprétation des lois, c'est bien souvent s'engager dans telle affaire particulière. Les ambiguïtés des lois occasionnent des interprétations divergentes de la constitution genevoise qui permettent de définir les partis en présence. L'interprétation des lois n'est donc pas politiquement neutre. Ainsi, mettre en avant la loi de récusation des juges, c'est se rallier au côté des négatifs, tandis que rappeler la nécessité "constitutionnelle" d'un syndic pour présider les tribunaux, c'est se rallier au côté de représentants. Or l'interprétation qu'on donne à ces textes de droit décide justement de l'instance qui est propre à interpréter les lois en dernier ressort. Y a-t-il là un cercle? Ces arguments militent en tout cas pour refuser de croire que l'interprétation des lois puisse se situer dans un domaine neutre, celui de la pure généralité. Si l'interprétation des lois dans le domaine civil et pénal renvoie au problème de l'équité, cette vertu du juge qui corrige la lettre de la loi lorsque son application est trop dure dans certaines circonstances, l'interprétation des lois politiques et fondamentales d'un État[2] pose le problème de la juste représentation des citoyens et des intérêts dans les institutions, et engage à identifier les différentes lectures juridiques en présence, dans une vision plus perspectiviste. En d'autres termes, la bonne interprétation procède seulement du fait que c'est la puissance légitime qui l'effectue, et non du fait qu'on découvre ou non la vérité absolue du sens des lois. La leçon perspectiviste qu'on peut tirer du texte de Rousseau est toutefois cachée par l'effort que doit déployer l'auteur pour faire passer son interprétation pour la meilleure, la plus objective.

Le problème de l'attribution au souverain du droit d'interpréter les lois en dernier ressort est comparable aux problèmes qui se posent dans ces

1. *Encyclopédie*, Paris, Samuel Faulche, 1765, t. VIII, p. 832-833.

2. Surtout celles qui, dans les affaires criminelles, décident de la sûreté accordée aux particuliers par la justice.

moments particuliers théorisés par Rousseau, où le souverain se fait gouvernement. Il s'agit des cas du droit de grâce[1], et de l'institution d'un gouvernement. Le souverain qui décide de la vie d'un particulier n'émet que des décrets. Cet acte particulier n'appartient qu'à « celui qui est au dessus du juge et de la loi »[2]. En second lieu, le souverain devient lui-même gouvernement au moment précis où il institue le gouvernement[3]. Or l'interprétation des lois par le souverain a en commun avec l'institution du gouvernement d'engager la confiance du souverain dans le gouvernement, lequel est alors suspendu. Si le souverain ne maintenait ce droit de regard sur l'application des lois, la complémentarité du souverain et du gouvernement disparaîtrait pour laisser place à un état de choses illégitime. La question du rôle d'interprète des lois que détient le souverain dans les *Lettres* est donc celle de la composante démocratique de Genève : quelle est la fonction gouvernementale minimale que doit exercer le souverain lui-même sans laquelle il n'y a plus de pouvoir légitime ? Quelle est la dose de démocratie nécessaire pour que l'État reste une république ? Il semble que cette pratique démocratique minimale soit reléguée dans les *Lettres* à l'interprétation *en dernier ressort* des lois par le souverain. Rousseau veut définir une démocratie moderne et modérée, et éviter les excès où tout le peuple est « magistrat et juge » en tous cas et en toutes causes[4]. Le meilleur gouvernement sera celui où tous les particuliers sont soumis à des juges et les juges, « tout-puissants au nom des lois », sont soumis au peuple qui les surveille[5]. Si l'interprétation des lois par le souverain n'est pas un acte ordinaire, est-elle alors un acte extraordinaire, ou bien un acte seulement virtuel, mais dont la possibilité est nécessaire au bon déroulement des affaires ordinaires ?

La notion d'interprétation mérite donc d'être étudiée dans les *Lettres*. Pourtant, malgré l'omniprésence de cette notion dans le texte, Rousseau ne thématise ni ne théorise de façon très originale la méthode d'interprétation. J'en chercherai la raison en revenant d'abord sur la transversalité de la notion, afin de déterminer ensuite la spécificité de l'interprétation des lois. Enfin, on verra que la réponse à cette question : « Comment interpréter les lois ? » reste décevante si on la dissocie de celle qui en est inséparable : « Qui interprète ? Qui a le droit d'interpréter ? ».

L'enjeu est la sûreté du citoyen, dans la mesure où les interprétations des lois peuvent créer des précédents, et devenir source subreptice de droit.

1. CS, II, 5.
2. *Ibid.*, OC III, p. 377.
3. CS, III, 17. Rousseau cite ce texte du CS dans les LEM, OC III, p. 854.
4. LEM, OC III, p. 838.
5. *Ibid.*, p. 843-844.

Mais alors que Rousseau pense surtout à la sûreté judiciaire et à la liberté politique, Tronchin entend aussi la sûreté comme tranquillité publique, absence de troubles politiques. D'où leurs interprétations diamétralement opposées du droit de représentation, qui assure la sûreté et la liberté pour Rousseau, et qui menace ces dernières chez Tronchin. S'agit-il vraiment de deux sens incompatibles de la sûreté ?

La multiplicité des champs interprétatifs dans les Lettres

Présupposée partout, plus qu'objet explicite du texte, l'interprétation constitue un des thèmes transversaux de l'ouvrage, et donne à celui-ci une unité plus que conjoncturelle. Dès la première lettre, il en est question. Ayant repoussé dans son exergue les voies de la persuasion, et s'étant résigné à la froide démonstration[1], Rousseau accepte de se soumettre à la critique et à l'interprétation. Il dit comment il a été mal lu et oppose à cette déformation des règles d'interprétation de base, reposant sur le principe de charité herméneutique. Certains préceptes valent pour tout le champ herméneutique : lire honnêtement[2], ne pas découper une œuvre arbitrairement dans la seule fin d'y faire ressortir la contradiction, ni isoler les propositions de leur contexte[3], considérer plutôt le texte dans son ensemble que dans ses incohérences mineures[4], hiérarchiser les matières selon leur importance et ne pas remettre en question l'essentiel d'une thèse au nom de l'accessoire[5] ; juger, à défaut d'autres arguments, les écrits par leurs effets[6], ne pas faire de procès d'intention[7]. Ces principes banals sont valables pour la lecture de n'importe quels livres, ceux de Rousseau comme la Bible[8].

Toutefois, tout texte ne s'interprète pas de la même façon. Le statut de l'auteur est important : alors que Tronchin écrit de façon anonyme, depuis la "campagne" (hors des débats de la ville), Rousseau, en écrivant de la montagne (au dessus de la mêlée, il n'est plus citoyen), en ne se pliant pas à la pratique de l'anonymat, en ne séparant pas ses écrits de sa personne, ne doit pas être lu de la même façon. Son crédit, son autorité sont des garants, puisqu'il les expose dans ses écrits[9]. Le texte des Écritures et les lois demandent aussi une méthode d'interprétation plus charitable et moins

1. LEM, OC III, p. 685-686.
2. *Ibid.*, p. 722.
3. À ce compte en effet, l'Évangile lui-même dit des horreurs (*ibid.*, p. 708-709).
4. *Ibid.*, p. 692.
5. *Ibid.*, p. 694.
6. *Ibid.*, p. 697 *sq.*
7. *Ibid.*, p. 696.
8. *Ibid.*, p. 707-708.
9. *Ibid.*, p. 792.

libre que les livres profanes, au nom du statut de leur auteur. Comme *a priori* Jésus dit la vérité, on doit adapter l'interprétation au texte de l'Évangile et non l'inverse. Même chose pour les lois, qui sont supposées justes, tandis qu'on ne sait pas avant de lire un auteur littéraire s'il est vrai ou faux, juste ou nocif. Cette critique moins charitable à laquelle Rousseau soumet volontiers ses propres livres, c'est le tribunal de la raison et du public [1]. Il se soumet toutefois à ce jugement dans la mesure où seule l'appréciation de la vérité de son ouvrage est en jeu. Dès lors que le Procureur a fait de cet écrit un objet qui doit être traité non comme une doctrine qu'on examine objectivement, mais aussi comme un délit, ce n'est plus le public qui est juge. L'administration de la preuve n'est plus la même : tout témoignage devient déterminant, car il y va des biens, de la vie et de l'honneur d'un particulier. Dans « les controverses sur les matières de jurisprudence, de morale, de Religion », de simples erreurs peuvent devenir des fautes [2]. Le public doit alors se taire car tout témoignage a des conséquences pour la sûreté de celui qui est jugé [3].

Quoique témoigner dans un procès criminel et donner son avis sur le raisonnement d'un auteur soient deux choses différentes par leurs effets, il y a un recours analogue au public dans la description rousseauiste. Le public et non un corps de spécialistes est appelé pour donner son avis sur les livres, et le Conseil Général détient selon Rousseau le droit de décider de l'interprétation des lois [4]. Le modèle du juge ultime n'est donc pas tant chez lui celui du tiers que celui du public. On est juge parce qu'on n'est d'aucun parti, et Locke et Rousseau s'entendraient aisément là-dessus. Mais la meilleure façon de n'être d'aucun parti selon Rousseau n'est pas d'être un tiers comme chez Locke, c'est d'être dans la généralité, celle de la volonté générale. De la même façon, le modèle de la bonne interprétation littéraire selon Rousseau est celle qui s'en remet au public [5].

Cette analogie entre le rôle littéraire du public et son rôle politique interdit précisément la perméabilité des deux domaines et leur interaction. Rousseau s'approche certes dans ce texte de ce que Habermas a décrit comme l'opinion publique, c'est-à-dire une instance intellectuelle et sociologiquement définie, l'élite des bourgeois cultivés, qui influence les gouvernants par ses critiques éclairées, et qui joue un rôle en politique par la

1. LEM, OC III, p. 692.
2. *Ibid.*, p. 691-692.
3. *Ibid.*, p. 692-693.
4. *Ibid.*, p. 849 : « Dans des faits notoires comparés aux lois, lorsque nombre de citoyens affirment qu'il y a injustice, et que le magistrat accusé de cette injustice affirme qu'il n'y en a pas, qui peut être juge, si ce n'est le public instruit, et où trouver ce public instruit à Genève, si ce n'est dans le Conseil général composé des deux partis ? ».
5. Et au-delà, le tribunal du juge suprême, *ibid.*, p. 697.

force de son opinion[1]. Mais le concept n'est pas présent chez Rousseau qui n'envisage pas de société civile autonome, entendue comme tissu d'activités économiques et privées prenant l'État pour le simple instrument de ses intérêts. Rousseau ne voit pas de tierce attitude entre agir en privé et agir en citoyen, par exemple entre donner son suffrage au Conseil Général, et lire en tant que personne cultivée. Surtout, toute instance privée qui voudrait influer sur la vie publique doit se donner préalablement une forme politique.

Le public peut juger les erreurs des auteurs sans statuer sur leur intention, et le magistrat peut les interdire comme nuisibles, mais « on ne doit punir dans le mal que la volonté ». Ce n'est que lorsque le livre est pernicieux et non involontairement erroné, que le magistrat peut punir son auteur, en plus d'interdire ses écrits. Alors que le public est juge des erreurs involontaires, nuisibles ou non, le magistrat seul peut punir les livres pernicieux comme des crimes[2].

Quant aux mœurs que Rousseau considère comme le support des opinions partagées par un peuple, elles ont une portée plus sociologique que politique[3], et un statut plutôt spontané que réfléchi, qui les empêche de tenir lieu d'opinion publique, au sens explicite et rationnel que cette expression reçoit chez Duclos, Helvétius, Mirabeau.

Se reposant tantôt sur le public, tantôt sur la généralité des citoyens, Rousseau déconsidère toutes les lectures et jugements partisans. Il commence donc sa défense en dévalorisant ses adversaires comme mauvais lecteurs, gens de mauvaise foi : comment pourraient-ils de ce fait être juges impartiaux et interprètes honnêtes des lois ?

L'interpretation des lois dans les Lettres

Les lieux communs de la méthode

La méthode d'interprétation des lois n'est, pas plus que la littéraire, théorisée de façon spécifique dans les *Lettres*. L'article "Loi" de *l'Encyclopédie* résume des principes canoniques de cette méthode que nous retrouvons plus ou moins dans les *Lettres* :

> Les magistrats sont les interprètes des *lois* : pour en pénétrer le sens, il faut comparer les nouvelles aux anciennes, recourir aux *lois* des lieux voisins, juger du sens et de l'esprit d'une *loi* par toute sa teneur, s'attacher plutôt à

1. *L'espace public*, trad. M. de Launay, Paris, Payot, 1992.
2. LEM, OC III, p. 691-692.
3. Comme le montre Keith Michael Baker, dans *Au tribunal de l'opinion*, trad. Louis Evrard, Paris, Payot, 1993, chap. VI : « L'opinion publique comme invention politique », p. 247.

> l'esprit de la *loi* qu'aux termes, suppléer au défaut d'expression par l'esprit de la *loi*[1].

Ainsi Rousseau affirme-t-il que celui qui interprète les lois doit se pencher sur l'ensemble et la cohérence des lois, et ne pas les considérer isolément[2].

> D'ailleurs, les lois ayant été faites en différents temps, et ces lois étant l'ouvrage des hommes, on n'y doit pas chercher un ordre qui ne se démente jamais et une perfection sans défaut. Il suffit qu'en méditant sur le tout et en comparant les articles, on y découvre l'esprit du Législateur et les raisons du dispositif de son ouvrage[3].

Rousseau renvoyait à «l'esprit des lois» dans le *Discours sur l'économie politique* (§ I), et renvoie à l'«esprit du législateur» dans les *Lettres*. L'expression ne désigne pas toutefois la personne concrète d'un législateur: comment ce dernier pourrait-il avoir fait les lois en différents temps et en différentes circonstances? C'est une simple idée qui donne de la cohérence aux lois. À qui s'adresser en effet en cas de conflit entre les lois, et entre leurs interprétations? Alors que Hobbes renvoie à la volonté de celui qui a l'exercice de la souveraineté[4], optant ainsi pour une solution clairement volontariste, Rousseau renvoie à deux choses différentes, qui ne sont pas explicitement distinguées: aux "raisons" des lois, c'est-à-dire le motif sur lequel elles sont fondées, et au souverain actuel, c'est-à-dire au Conseil Général, siège de la volonté générale, «juge suprême»[5].

En outre, l'interprète doit régler le problème de l'évolution historique du sens des lois. Mais à examiner la méthode de Tronchin, des représentants et de Rousseau, on a bien du mal à distinguer leurs positions sur ce point: non seulement le recours au sens historique ou originel des lois, comme à leur seul sens légitime, est un mot d'ordre qui se retrouve dans les deux partis – chacun reprochant pourtant à son adversaire d'y recourir[6]! –,

1. *Encyclopédie, op. cit.*, t. IX, p. 649.

2. LEM, OC III, p. 822-823: «La raison même qui (…) rend nécessaire» l'ouvrage de la Médiation, «le rend nécessaire dans son entier. Comme tous les articles balancés forment l'équilibre, un seul article altéré le détruit. Plus le règlement est utile, plus il serait nuisible ainsi mutilé».

3. *Ibid.*, p. 866.

4. *Léviathan*, *op. cit.*, chap. XXVI, § 6-7.

5. LEM, OC III, p. 850.

6. Tronchin se moque des représentants cherchant des garants dans les statuts genevois du Moyen Age d'Adhémar Fabri (*Lettres de la Campagne*, *op. cit.*, p. 61, 63, 64). Et il préfère se référer aux textes "constitutionnels" d'après la Réforme alors que les représentants renvoient volontiers à ces textes plus anciens et aux franchises: plus importante que la méthode abstraite qui consiste à se référer aux textes "originels", est donc la décision

mais la part d'arbitraire en jeu dans l'interprétation des lois risque d'être grande si de plus on doit combiner la prise en compte du sens primitif des lois à la méthode – commune elle aussi aux deux partis ! – qui veut adapter les lois aux circonstances et aux changements historiques. Il faut ainsi, selon Rousseau, poursuivre l'esprit louable des Médiateurs, dont l'ouvrage est cependant défectueux : ceux-ci ont voulu préserver le droit de représentation, sans toutefois lui donner de garantie[1]. Aussi faut-il rectifier l'interprétation de ce texte en fonction de cet objectif.

Rousseau dispense d'autres conseils classiques dans les *Lettres*. On doit faire passer une loi supérieure avant une inférieure et interpréter la seconde à la lumière de la première. Ainsi la présidence d'un tribunal par un syndic l'emporte-t-elle sur la loi des récusations parce qu'elle relève de la loi fondamentale[2].

La position de Rousseau se situe en revanche plus nettement par rapport à ces méthodes tranchées que sont la jurisprudence traditionnelle et la jurisprudence redéfinie par les jusnaturalistes, que par rapport aux méthodes d'interprétation similaires qu'on trouve chez ses adversaires ou alliés immédiats.

Droit naturel et redéfinition de la compétence jurisprudentielle

Plus que la présence de telle ou telle règle de méthode trop vague pour être significative, on doit remarquer une absence dans les *Lettres* : celle de la méthode d'interprétation technique et savante des romanistes, des jurisconsultes qui s'appuient sur les commentaires des lois et sur la jurisprudence des précédents. Si Rousseau a bien sûr étudié sérieusement les textes genevois, il se range, par son refus d'une telle jurisprudence et de la chicane, du côté de la démarche jusnaturaliste[3]. « Si la loi était assez claire, elle n'aurait pas besoin sans cesse de nouvelles interprétations, ou de nouvelles modifications si elle était assez sage »[4]. Le mot d'ordre est commun au XVIIIe siècle, comme le montre l'article "Loi" de *l'Encyclopédie* : « Les lois sont comme au pillage, entre les mains de ce cortège nombreux de jurisconsultes qui les commentent ». Or « c'est par des raisons, et non par des autorités qu'il faut décider les cas douteux »[5]. Il faut

politiquement forte d'inclure ou non un texte juridique ancien dans les textes genevois (merci à G. Silvestrini pour ses remarques en particulier sur ce point).

1. *Ibid.*, p. 850.

2. Rousseau reprend en cela l'argumentaire de la représentation du 18 juin 1763.

3. Refus que R. Sève a montré être constitutif de la démarche jusnaturaliste dans *Leibniz et l'école moderne du droit naturel*, Paris, P.U.F., 1989 (p. 26-27).

4. *Fragments politiques*, « Des Lois », n° 7, OC III, p. 493; voir le fragment n° 8 p. 494 et CGP, OC III, p. 1000.

5. *Encyclopédie*, *op. cit.*, p. 646.

noter que l'essor du droit naturel à Genève[1] contribue à marginaliser le droit romain. Le droit local n'était pas enseigné car les textes de loi n'étaient pas publiés. Or le droit naturel est plus présent à l'université ou dans les débats constitutionnels, alors que le droit romain est plutôt utilisé par les praticiens du droit, dans les procès civils où il comble les vides de la législation locale (coutumes et édits)[2].

Refusant le principe de l'argument d'autorité, les jusnaturalistes réclament que l'interprétation des lois débouche sur une solution simple et accessible à tout le monde. Pufendorf fait dans le chapitre XII du *Droit de la nature et des gens*[3] une synthèse des textes de Grotius sur l'interprétation des lois (*De Aequitate, indulgentia et facilitate*[4] et *Droit de la guerre et de la paix*, II, XVI[5])[6]. La tendance de ce chapitre de Pufendorf est à se passer des sources traditionnelles de commentaire des lois, pour établir des règles purement rationnelles d'explication. « Quand on s'engage, on est tenu à tout ce qui suit d'une droite et naturelle interprétation des signes dont on s'est servi »[7].

L'interprétation des lois relève de disciplines humanistes comme le rappelle Barbeyrac : de la logique, de la critique littéraire. Barbeyrac veut faire prévaloir l'interprétation « selon la raison toute seule »[8]. La compétence interprétative suppose l'habitude de parler et de bien parler la langue des lois, de connaître l'époque où ont été écrites les lois, ses coutumes, ses opinions, de connaître le style de celui qui écrit, ses dispositions, et enfin de connaître la matière dont il s'agit[9]. Mais cela n'implique pas de s'encombrer du fatras de la jurisprudence[10].

1. Avec Burlamaqui (qui occupe une chaire en 1723), Jean Cramer; voir A.-L. Poncet, « La renaissance des études juridiques au début du XVIIIe siècle et l'introduction du droit naturel à l'Académie », *Revue du Vieux Genève* 8, 1978, p. 77-84.

2. Voir J. Droin, *Factums judiciaires genevois*, Société d'histoire et d'archéologie de Genève, Genève, Droz, Champion, 1988, introduction.

3. Trad. J. Barbeyrac, Basle, Thourneisen, 1771, en 2 tomes, t. II, p. 138-173.

4. Opuscule que l'on trouve dans l'édition du *De jure belli ac pacis*, A. Leers, 1680, inséré dans le volume sans numéro de pages.

5. Trad. J. Barbeyrac, Amsterdam, Pierre de Coup, 1724, en 2 tomes, t. I, p. 493-517.

6. Voir Hobbes, *Léviathan*, chap. XXVI.

7. *Droit de la nature et des gens*, *op. cit.*, V, XII, § II, p. 139.

8. *Ibid.*, § I, note (1), p. 139.

9. *Ibid.*

10. La jurisprudence est même redéfinie par Burlamaqui comme la « science ou l'art de faire des lois, de les expliquer, et de les appliquer aux actions humaines », loin de la connaissance des commentaires des lois ou des précédents (*Principes du droit naturel*, X, édité dans *Principes du droit de la nature et des gens*, Paris, Janet et Cotelle, 1821 (édition qui comprend les *Eléments du droit naturel* et les *Principes du droit politique*), p. 97). Toutefois l'article "Jurisprudence" de l'*Encyclopédie* (*op. cit.*, t. VIII) définit celle-ci en conciliant plus droit naturel et droit positif.

La méthode d'interprétation que propose Pufendorf repose sur le postulat que tout conflit entre les lois a sa solution objective, du moins raisonnable, quelles que soient l'historicité et la complexité du corps des lois. Les exemples de problèmes interprétatifs qu'il choisit sont de ce fait des sophismes, des cas de mauvaise foi dans les contrats, comme celui de Mahomet II qui, ayant promis à quelqu'un de ne pas lui couper la tête, le fait scier par le milieu[1]. Les questions d'interprétation se voient réduites à des problèmes de mots, des paralogismes, de la chicane, ou encore à des conflits apparents entre les lois, dus par exemple au fait qu'il faut satisfaire des exigences légales apparemment incompatibles, mais en des temps différents[2]. Il y a moins chez Pufendorf des conflits d'interprétations réels, que des problèmes de compréhension et de clarté. Son recours à une raison naturelle, relativement atemporelle et impersonnelle, fait que la solution au problème d'interprétation préexiste à sa recherche et n'a qu'à être découverte par la sagacité de la droite raison. Et pour cela, Pufendorf considère l'intention de la loi plus que sa lettre.

Il arrive qu'on soit contraint de faire des conjectures pour déterminer le sens de la loi. Grotius et Pufendorf à sa suite énumèrent les indices qui doivent guider ces dernières : la nature de l'affaire, les suites de telle ou telle interprétation[3], la liaison que les termes ont avec d'autres paroles de la personne qui soient assez claires aident à décider.

Pufendorf présume que quelqu'un est d'accord avec lui-même, et prête *a priori* de la cohérence aux lois et au législateur. Il accorde par conséquent des droits à la raison de l'interprète qui cherche le sens raisonnable et juste que peut avoir la loi. On peut ainsi parfois deviner le « sens d'une loi » par « la considération des motifs du législateur »[4].

Cette cohérence des lois est à ramener à la volonté du souverain qui en est la source, et sur quoi on doit s'appuyer en dernier ressort. Une nuance est donc décisive dans la proposition précédente : on présumera que le législateur est d'accord avec lui-même, et qu'il a adopté une loi raisonnable, à moins d'avoir changé d'avis. Quelquefois, par un pur effet de sa puissance, le législateur prend des décisions dont on ne voit pas la raison : il faut le suivre malgré tout, même dans certains cas où la loi ne convient pas. L'objectivité du bien commun censée aider l'interprétation des lois comme

1. *Droit de la nature et des gens*, *op. cit.*, V, XII, § III, p. 140.

2. *Ibid.*, § XXIII-2, p. 170.

3. Si les conséquences de telle interprétation rendent l'acte nul ou absurde, il faut renoncer à cette interprétation. Même méthode chez Tronchin (*Lettres de la campagne*, *op. cit.*, p. 58), et chez Rousseau (LEM, OC III, p. 844 : l'acte de la Médiation aurait été nul s'il avait simplement assuré aux citoyens un droit de se plaindre sans être écouté).

4. *Droit de la nature et des gens*, *op. cit.*, V, XII, § X.

chez Saint Thomas[1] le dispute donc dans la doctrine de Pufendorf à la volonté réelle du législateur, et la dualité de ses présupposés volontaristes d'une part, et rationalistes de l'autre, se fait sentir nettement dans le traitement de l'interprétation des lois. Les conditions de l'interprétation en équité qui en appellent à la vertu du juge sont perturbées si on doit suivre en dernier lieu la volonté législatrice. Si l'unité du sens des lois est supposée et l'absence d'antinomie[2] écartée méthodologiquement, Pufendorf ne donne donc pas les moyens de déterminer pleinement cette unité, faute de faire un départ net entre la raison de l'interprète et la volonté du législateur.

Burlamaqui, qui résume Pufendorf, accentue le statut scientifique de l'interprétation des lois, et souligne l'importance de l'évidence naturelle[3]. Mais il a moins de mal que Pufendorf à affirmer qu'on peut interpréter une loi en fonction de son but, car il modère le volontarisme pufendorfien en refusant que les intentions du législateur soient les seules raisons de la loi ; c'est plutôt le bien public qui doit être invoqué pour expliquer les lois[4]. Hobbes résout le même problème de façon aussi conséquente : si la raison aide à interpréter les lois, en cas de conflit, on s'en remettra uniquement à la volonté du souverain[5].

Or Rousseau peut suivre à la fois Hobbes et Burlamaqui[6] parce qu'existe chez lui la certitude que la volonté générale du souverain ne peut que poursuivre l'intérêt public.

Quoiqu'il en soit, Pufendorf aussi bien que Burlamaqui ou Grotius tendent à masquer la conflictualité potentielle des lois. Réduire le conflit à un problème de mots, c'est une conception dogmatique de l'interprétation.

La méthode rousseauiste

Rousseau n'accorde pas une telle objectivité à la signification des lois, et ne se préoccupe pas des droits d'une raison intemporelle prête à interpréter les lois[7]. Son problème véritable n'est pas celui de l'équité, c'est un problème politique. S'il se rapproche plus de Hobbes que de Pufendorf par

1. Pour l'interprétation des lois selon Saint Thomas, je me fonde sur M. Bastit, *Naissance de la loi moderne*, Paris, P.U.F., p. 133 : « L'intention du législateur recherchée est donc cette visée du bien commun dans son objectivité ».

2. *Droit de la nature et des* gens, *op. cit.*, V, XII, § XXIII, p. 169.

3. Son modèle est celui des probabilités (*Éléments du droit naturel*, *op. cit.*, chap. XV, p. 545-556).

4. *Principes du droit naturel*, *op. cit.*, chap. X.

5. *Léviathan*, XXVI.

6. Il rappelle en effet que le bien public prime sur les autres règles, LEM, OC III, p. 828.

7. C'est dans l'interprétation de la Bible qu'il revendique les droits de la raison, *ibid.*, p. 712.

son souci de renvoyer à la volonté concrète et vivante du souverain, la spécificité de sa position réside surtout dans la nature de la volonté souveraine.

Sa méthode d'interprétation est sommaire :

> C'est au législateur, c'est au rédacteur des lois à n'en pas laisser les termes équivoques. Quand ils le sont ; c'est à l'équité du magistrat d'en fixer le sens dans la pratique ; quand la loi a plusieurs sens, il use de son droit en préférant celui qu'il lui plait : mais ce droit ne va point jusqu'à changer le sens littéral des lois et à leur en donner un qu'elles n'ont pas ; autrement il n'y aurait plus de loi. La question ainsi posée est si nette *qu'il est facile au bon sens de prononcer, et ce bon sens qui prononce se trouve alors dans le Conseil général.* Loin que de là naissent des discussions interminables, c'est par là qu'au contraire on les prévient ; c'est par là qu'élevant les édits au dessus des interprétations arbitraires et particulières que l'intérêt ou la passion peut suggérer, on est sûr qu'ils disent toujours ce qu'ils disent, et que les particuliers ne sont plus en doute, sur chaque affaire, du sens qu'il plaira au magistrat de donner à la loi [1].

Certainement les conceptions politiques de Rousseau expliquent cette simplicité. L'auteur se rapproche du modèle des républiques décrit par Montesquieu dans le livre VI de l'*Esprit des lois* : les lois sont les mêmes pour tout le monde, sans subtilités et on doit éviter à tout prix que l'interprétation puisse tourner au préjudice de la sûreté et de l'égalité des citoyens [2]. Or ce passage où Montesquieu décrit conjointement la simplicité de l'interprétation des lois dans les républiques, et la multiplicité de formalités qui forment un rempart pour protéger la liberté du citoyen, est cité dans la représentation du 18 juin 1763 [3].

La monarchie réclame des distinctions toujours renouvelées, mais non les républiques. Dans cette optique, il est stratégique pour Rousseau de restreindre le champ soumis à l'interprétation et d'en faire un simple problème *d'application des lois.* C'est seulement d'application qu'il s'agirait dans l'affaire qui agite les Genevois [4]. Il suffit alors qu'un seul sens

1. LEM, OC III, p. 861. (Je souligne).

2. « Plus le gouvernement approche de la république, plus la manière de juger devient fixe (…) Dans les états despotiques, il n'y a point de loi, le juge est lui-même la règle. Dans les états monarchiques, il y a une loi ; et là où elle est précise, le juge la suit ; là où elle ne l'est pas, il en cherche l'esprit. Dans le gouvernement républicain, il est de la nature de la constitution que les juges suivent la lettre de la loi. Il n'y a point de citoyen contre qui on puisse interpréter une loi, quand il s'agit de ses biens, de son honneur, ou de sa vie », *L'esprit des lois*, VI, 3, Paris, GF-Flammarion, 1979, t. I, p. 203.

3. *Représentations*, *infra*, p. 276. Dans leur représentation du 8 août 1763, les représentants réclament aussi que les lois soient appliquées sans acception ni distinction de personne (*infra*, p. 285) et citent encore Montesquieu à l'appui (*infra*, p. 285-286).

4. LEM, OC III, p. 861.

de la loi justifie l'action du gouvernement comme une application de cette loi, pour que les représentations cessent. L'allégeance à la loi est complète.

Mais plus encore que l'appel au règne de la loi, et à sa simplicité, ce qui explique le désintérêt rousseauiste pour la théorie de l'interprétation, c'est le fait que la formulation de la méthode est moins importante que l'assignation à la bonne instance du droit d'interpréter (qui certainement tiendra lieu de méthode d'interprétation). Aussi l'interprétation des lois politiques n'est-elle pas simple question d'objectivité, découverte de la vérité. Elle révèle un conflit de puissances. Encore n'a-t-on pas tout dit en disant cela, car la façon de donner la parole au peuple souverain est fort indirecte et médiatisée dans les *Lettres*.

Qui interprète les lois ?

Il serait utile de rappeler quelques faits sur la justice genevoise[1] : en 1528, un tribunal pour l'administration de la justice est créé qui comprend un syndic, deux membres du petit conseil, deux membres du conseil des Soixante et deux membres du conseil des Deux-Cents ; en 1529 est institué l'officier de justice ou Lieutenant, et l'organisation de la justice reçoit peu à peu des textes juridiques qui fixent la procédure. La hiérarchie des tribunaux révèle qui doit juger en dernière instance, et sur quelles matières. Or, elle comprend pour le civil, après quelques évolutions, le premier tribunal, celui du Lieutenant qui n'exerce que dans la première instance et soulage le tribunal suivant des causes civiles mineures ; le tribunal des « premières appellations », qui comprend un syndic et six conseillers ; le tribunal des « suprêmes appellations », où le Petit Conseil siège, sans les membres nommés pour les premières appellations ; enfin, un quatrième tribunal ajouté en 1604, le Deux-Cents qui joue le rôle d'ultime instance judiciaire dans les causes civiles uniquement. Seul le tribunal de première instance est confié à des professionnels de la justice, alors que les autres tribunaux reviennent à des hommes de l'exécutif. Mais alors que les causes civiles peuvent appeler jusqu'au quatrième niveau, celui du Deux-Cents, les affaires criminelles, dont dépendent pourtant éminemment la sûreté publique et la tranquillité judiciaire des citoyens, sont uniquement jugées par le Petit Conseil, car le Deux-Cents ne joue plus à leur égard le rôle d'un tribunal d'appel mais d'une instance qui peut faire grâce[2]. En outre les syndics, le Lieutenant, et ses assesseurs sont élus[3] : d'où la valeur démo-

1. Exposés dans les ouvrages de J. Droin et B. Roth-Lechner cités et surtout dans G. Silvestrini, *Alle radici del pensiero di Rousseau*, *op. cit.*, p. 22 *sq.*

2. Ce qui signifie que l'accusé qui solliciterait la grâce du Deux-Cents doit préalablement se reconnaître coupable, donc son jugement ne dépend que du Petit Conseil.

3. R. Guerdan, *Histoire de Genève*, Paris, Mazarine, 1981.

cratique accordée par les représentants à la présence de syndics dans le tribunal qui a jugé Rousseau.

Comment assurer que cette justice genevoise soit juste, et présente une garantie pour le citoyen ? En la soumettant au contrôle du souverain, répond Rousseau[1]. Mais on doit voir dans cette subordination autant l'identification de l'instance qui, en droit, interprète en dernier ressort, que la série des médiations grâce auxquelles on peut repousser le recours à cette instance le plus longtemps possible.

L'idée de faire du souverain le juge en dernière instance n'est pas originale[2] tant que n'est pas identifié, comme chez Rousseau ou chez ses contemporains genevois, le souverain au peuple. Si les Genevois s'accordent en effet progressivement pour attribuer le rôle d'interprète des lois au Conseil Général, et non au Deux-Cents, il revient surtout à Micheli du Crest de défendre en plus l'idée que le peuple a le droit de solliciter le Conseil général par ses représentations pour qu'il exerce ce droit[3]. Rousseau voit lui aussi dans le droit de représentation le refuge des prérogatives de la souveraineté du Conseil Général et le refuge du droit de celle-ci d'interpréter les lois. Sans ce droit, il n'y aurait plus de vérification de la régularité et de la mission du gouvernement. Le souverain législateur est certes considéré désormais comme gardien des lois plus qu'auteur de nouvelles lois : « Ce droit vous donne inspection, non plus sur la législation comme auparavant, mais sur l'administration »[4]. L'assiette des lois genevoises justifie ainsi que Rousseau complète les principes de droit politique énoncés dans le *Contrat social*, III, 15[5] par des maximes d'administration plus circonstanciées : si de droit, il n'y a pas de loi fondamentale que la volonté générale ne puisse révoquer, de fait, il est nécessaire de repousser toujours le plus possible le changement. Il y va de la différence entre régime

1. LEM, OC III, p. 871 : « Je soutiens qu'il n'y eut jamais un seul gouvernement sur la terre où le législateur enchaîné de toutes manières par le corps exécutif, après avoir livré les lois sans réserve à sa merci, fut réduit à les lui voir expliquer, éluder, transgresser à volonté, sans pouvoir jamais apporter à cet abus d'autre opposition, d'autre droit, d'autre résistance qu'un murmure inutile et d'impuissantes clameurs » (voir la Représentation du 20 août 1763, *infra*, p. 295).

2. En France, la justice est rendue au nom du roi qui n'accorde le droit d'interpréter à ses juges que tant que l'interprétation est conforme à la loi. « Le pouvoir législatif n'appartient en France, qu'au roi seul [...]. Les magistrats sont établis pour faire observer les lois, ils peuvent, sous le bon plaisir du roi, les interpréter, lorsqu'il s'agit de quelque cas qu'elles n'ont pas prévu ; mais il ne leur est pas permis de s'en écarter » (article « Loi », *Encyclopédie*, *op. cit.*, p. 649).

3. G. Silvestrini, *Alle radici*, *op. cit.*, p. 137 *sq.*, surtout p. 143 ; voir sa critique de l'édit de la Médiation, étudié p. 177.

4. LEM, OC III, p. 843.

5. CS, OC III, p. 430.

ordinaire des affaires et régime extraordinaire. Or il se trouve que le régime ordinaire des affaires se déroule correctement si on a bien pourvu aux cas extraordinaires et si on garantit qu'en cas de refus du Petit Conseil d'examiner les représentations, le Conseil Général a le droit de le faire lui-même. Rousseau raisonne ici en termes de garantie. La simple garantie, la simple existence juridique et "constitutionnelle" du droit de représentation devrait entraîner le Petit Conseil à accepter d'examiner toutes les représentations, sachant que s'il ne le fait pas, celles-ci peuvent être portées en Conseil Général.

Que propose ici Rousseau ? Un pouvoir judiciaire du Conseil Général, un pouvoir politique exercé sur le judiciaire, ou un pouvoir politique assuré par l'intermédiaire du judiciaire ?

Interpréter les lois, c'est avoir du pouvoir. Si le Conseil Général n'a pas le droit de les interpréter en dernier ressort, le pouvoir d'interpréter peut devenir en d'autres mains pouvoir d'appliquer et d'éluder les lois. La lettre VII est éloquente : si la liberté des Genevois réside dans le fait de faire leurs propres lois [1], leur servitude vient du fait que « le corps chargé de l'exécution de [leurs] Lois en est l'interprète et l'arbitre suprême ; il les fait parler comme il lui plaît ; il peut les faire taire ; il peut même les violer sans qu['ils puissent] y mettre ordre ; il est au dessus des lois » [2]. « Armé de toute la force publique, dépositaire de toute l'autorité, interprète et dispensateur des Lois qui le gênent », le corps de magistrats de Genève « s'en fait une arme offensive et défensive, qui le rend redoutable. C'est au nom de la Loi qu'il peut la transgresser impunément » [3].

Si l'interprétation des lois est un pouvoir, Rousseau veut justement minimiser le droit de représentation en n'en faisant pas un droit d'innover ni de tout réinterpréter. Le droit de représentation n'est qu'un droit d'empêcher d'innover et un droit de vérifier l'application des lois contre des interprétations inacceptables. En effet, à Genève, des pratiques nouvelles censées se subsumer sous les lois existantes et en être des applications créent des interprétations subreptices des lois, et donc des sens nouveaux : ainsi dans les procédures criminelles on s'accoutume peu à peu à faire présider les tribunaux par des gens non élus, par des conseillers au lieu de syndics, et la coutume crée le droit par jurisprudence, dérobant au souverain son droit de regard sur les lois et leur application [4]. Le magistrat ou le juge deviennent législateurs par le biais de ces précédents, progressant

1. Ainsi que d'élire leurs chefs, accepter les impôts, etc., LEM, OC III, p. 813.

2. *Ibid.*, p. 814. Voir les p. 826 et 895.

3. *Ibid.*, p. 889.

4. *Ibid.*, p. 818-819. Voir la même idée d'innovations insensibles créant peu à peu des précédents illégitimes, p. 873, 883-884 ; 886.

insensiblement vers un nouvel état de fait, et surtout vers une nouvelle lecture du droit. C'est pour cela que l'affaire Rousseau agite tant Genève : parce que les représentants désirent éviter qu'on crée des précédents et que la transgression des lois ne devienne leur sens officiel. Une interprétation particulière devient le sens de la loi et acquiert par là une portée générale. L'enjeu est politique et on est passé de l'interprétation d'un cas particulier (Rousseau a-t-il commis une action punissable?) à l'interprétation des lois politiques et judiciaires (Qui a le droit de juger en dernière instance?).

B. Roth-Lechner compare le quatrième niveau de juridiction civile (les Deux-Cents assemblés) à une cour de cassation, qui devrait porter sur des questions de droit[1]. Il se trouve que cette cour traite surtout des questions de fait, et constitue simplement une dernière instance. Comme de plus, les affaires criminelles ne bénéficient pas de cette hiérarchie des tribunaux, Rousseau regrette qu'une telle ressource manque à Genève, mais demande que le souverain s'en charge plutôt que le Deux-Cents :

> Il n'y a point d'État au monde où le sujet lésé par un magistrat injuste ne puisse par quelque voie porter sa plainte au souverain, et la *crainte que cette ressource inspire est un frein qui contient beaucoup d'iniquités*; en France même, où l'attachement des parlements aux lois est extrême, la voie judiciaire est ouverte contre eux en plusieurs cas par des requêtes en cassation d'arrêt[2].

L'idée est que le Conseil Général puisse examiner ce que le Petit Conseil ne veut pas examiner et qu'il exerce plutôt les fonctions d'une cour de cassation, ainsi que de ce qu'on appellerait de façon anachronique, une cour constitutionnelle. En effet il faudrait que le souverain puisse contrôler et expliquer le sens des lois, que celles-ci régissent l'organisation politique, les matières judiciaires, civiles ou criminelles, puisque tout ceci est lié. C'est la réponse au Petit Conseil[3] et à Tronchin[4] qui protestent contre la transformation des représentations en procédure subreptice d'appel. *Rousseau ne cherche pas la procédure d'appel[5], puisqu'il passe du prétexte des représentations à leur enjeu politique* et affirme : « Si mes sujets sont petits mes objets sont grands »[6]. Il ne demande même pas la révision de

1. *Messieurs de la justice et leur greffe*, *op. cit.*

2. *Ibid.*, p. 849.

3. L'extrait des registres du conseil (25 juin 1763), *infra*, p. 278, affirme que la seule façon de requérir contre un jugement c'est de s'adresser au conseil des Deux-Cents, et toute autre voie est séditieuse.

4. *Lettres écrites de la campagne*, *op. cit.*, p. 5.

5. Et c'est en ceci en revanche qu'il se distingue de Micheli du Crest qui voulait faire du Conseil Général une suprême instance d'appel (voir G. Silvestrini, *op. cit.*, p. 177).

6. LEM, OC III, p. 685. Voir la Représentation du 8 août 1763 (la liberté publique est intéressée par le sort du moindre de ses citoyens (*infra*, p. 294) et celle du 18 juin 1763.

son procès puisqu'il s'est retiré de la cité genevoise, mais veut que l'on contrôle l'administration des lois, notamment de celles qui font du souverain le contrôleur des lois ! Inversement, Tronchin passe stratégiquement de l'enjeu politique à la simple affaire Rousseau, en accusant les représentations d'être un appel déguisé portant sur la sentence du Petit Conseil et en rapprochant la demande de Rousseau de celle de Micheli du Crest.

Rousseau propose donc de faire reposer la sûreté judiciaire des citoyens de Genève sur cette clef de voûte que constitue le droit de représentation :

> Le droit de représentation est intimement lié à votre constitution : il est le seul moyen possible d'unir la liberté à la subordination, et de maintenir le magistrat dans la dépendance des lois sans altérer son autorité sur le peuple. Si les plaintes sont clairement fondées, si les raisons sont palpables, on doit présumer le Conseil assez équitable pour y déférer. S'il ne l'était pas, ou que les griefs n'eussent pas ce degré d'évidence qui les met au dessus du doute, le cas changerait et ce serait alors à la volonté générale de décider; car dans votre État cette volonté est le juge suprême et l'unique souverain [1].

Deux étapes sont nécessaires dans une représentation : soit le magistrat répond à la représentation, soit il ne le fait pas et alors on doit toujours pouvoir s'adresser à la volonté générale après cette espèce de déni de justice.

Il ne s'agit pas de faire que le souverain ne partage le droit d'interpréter avec personne, ni qu'il ait un pouvoir judiciaire ordinaire, mais qu'il ait sur ce pouvoir judiciaire le contrôle ultime en droit parce qu'il est législateur. Il s'agit de réaffirmer la supériorité de l'interprétation du législateur sur l'interprétation des juges, non de faire du législateur un juge ultime des causes particulières, mais un juge du sens général des lois. Le Conseil Général serait ainsi « juge suprême » du sens des lois sans exercer le pouvoir judiciaire lui-même.

Rousseau interprète les lois constitutionnelles par les effets absurdes qui découleraient du sens que leur donnent les “Négatifs” et rappelle la vigilance permanente que doit exercer le législateur :

> Le législateur existant toujours voit l'effet ou l'abus de ses lois : il voit si elles sont suivies ou transgressées, interprétées de bonne ou de mauvaise foi; il y veille; il y doit veiller; cela est de son droit, de son devoir, même de son serment. C'est ce devoir qu'il remplit dans les représentations, c'est ce droit, alors, qu'il exerce ; et il serait contre toute raison, il serait même indécent, de vouloir étendre le droit négatif du Conseil à cet objet-là (...) parce qu'alors toute la solennité des lois serait vaine et ridicule, et que réellement l'État n'aurait point d'autre loi que la volonté du petit Conseil, maître absolu de

1. LEM, OC III, p. 850.

négliger, mépriser, violer, tourner à sa mode les règles qui lui seraient prescrites, et de prononcer *noir* où la loi dirait *blanc*, sans en répondre à personne [1].

Si l'interprétation des lois demande de la compétence, la vérification de sa régularité et surtout de sa légitimité par le souverain ne demande pas de grande subtilité. En cela Rousseau poursuit l'entreprise des jusnaturalistes. Mais il n'en appelle pas à l'instance naturelle de la raison présente en tout homme pour vérifier la légitimité des interprétations de la loi. Il en appelle à l'instance réelle et effective de la volonté générale. Sa conception est originale et permet de souligner l'enjeu hautement politique, et non pas seulement littéraire ou logique, de la question de l'interprétation des lois. Plus qu'à la question isolée : « Comment interpréter les lois ? », Rousseau veut répondre à la question « Qui les interprète légitimement ? », ce qui conduit à une conception partiellement procédurale, sinon de l'interprétation des lois elles-mêmes, du moins de la validation des interprétations qui en sont faites. La bonne méthode consiste surtout à interroger la bonne instance; ensuite il n'est besoin que d'un peu de bon sens. Il n'y a pas un sens objectif des lois à découvrir derrière les mots, mais il y a des sens plus ou moins légitimes des lois à faire autoriser nécessairement par les bons organes.

Les juges détiennent donc *ordinairement* le droit d'interpréter les lois pour les appliquer, quand le Conseil Général détient *en dernier ressort* le droit d'interpréter les lois pour décider de leur sens, et ce droit s'exerce dans le droit de représentation bien compris. Cette complémentarité est plus importante que l'assignation de ses fonctions au souverain. Le législatif n'a donc qu'un contrôle limité sur l'exécutif et ne risque pas de concurrencer par là les fonctions de l'exécutif. Voilà la réponse rousseauiste à la crainte des désordres opposée par Tronchin à l'extension du droit de représentation. L'interprétation légitime des lois ne procède pas tant du seul Conseil Général que de la coopération de la compétence gouvernementale et de la garantie qu'offre le contrôle toujours possible du Conseil Général. On éviterait avec cette garantie à la fois les écueils de la démocratie directe et l'usurpation du gouvernement. Ce dispositif institutionnel ferait que les juges étant possiblement jugés, personne n'aurait intérêt à mal interpréter. Cette garantie disparaît-elle, l'interprétation n'est plus vérité, elle devient pouvoir sans norme. La fonction du Conseil Général, n'est donc que celle d'un frein, un accessoire de la démocratie très indirecte et très "négative" en quoi consiste la république de Genève [2].

Gabrielle RADICA

1. LEM, OC III, p. 847.

2. Rousseau lui-même suggère de penser le droit de représentation comme droit très « négatif » (LEM, OC III, p. 873).

CHAPITRE X

LES PRINCIPES DE LA LIBERTÉ POLITIQUE ET LA CONSTITUTION D'ANGLETERRE

LETTRES DE LA MONTAGNE, VIII ET IX

Au "despotisme" genevois, Rousseau oppose un modèle de liberté pensé à partir des institutions de l'Angleterre contemporaine[1]. Cette confrontation est rendue possible par la définition de la liberté comme sûreté et protection contre l'arbitraire[2], qui semble reléguer au second plan la question de la forme, républicaine ou monarchique, de la constitution. Ainsi à propos de la France où l'on a raison de punir les libelles et de laisser aux particuliers « une liberté honnête de raisonner entre eux sur les affaires publiques », Rousseau revient sur son propre parcours : « Après avoir tant aimé le Gouvernement républicain faudra-t-il changer de sentiment dans ma vieillesse, et trouver enfin qu'il y a plus de véritable liberté dans les Monarchies que dans nos Républiques ? »[3]. Ce qui est désormais crucial, au vu des circonstances (la condamnation injuste de l'auteur du *Contrat*, le contexte historique genevois), est la protection de la présomption d'innocence[4], la lutte contre l'arbitraire du gouvernement : « Ce qui importe

1. Au moment où écrit Rousseau, le débat sur la nature de son gouvernement n'est toujours pas tranché. Voir Hume, « Sur la question : le gouvernement britannique penche-t-il davantage vers la monarchie absolue ou vers la république ? », dans *Essais et traités*, trad. M. Malherbe, Paris, Vrin, 1999, p. 107-111.

2. LEM VII, OC III, p. 827. Cette définition constitue un point d'accord entre parti populaire et parti gouvernemental à Genève.

3. *Ibid.*, IX, p. 884, note.

4. Les *Lettres* rappellent les garanties fournies par les lois de Genève et soulignent l'importance de la « liberté civile » : « Je crois que dans un pays libre la Loi ne pouvait pas moins faite pour mettre un frein à ce terrible pouvoir [d'arrêter et d'emprisonner sans condi-

essentiellement à chaque citoyen, c'est l'observation des lois au-dedans, la propriété des biens, la sûreté des particuliers »[1]. Rousseau définit certes la liberté comme liberté sous la loi, mais en un sens nouveau : « Un peuple est libre, *quelque forme qu'ait son gouvernement,* quand celui qui le gouverne ne voit point l'homme, mais l'organe de la loi. En un mot, la liberté suit toujours le sort des lois, elle règne ou périt avec elle ; je ne sache rien de plus certain »[2]. À ce titre, la liberté du citoyen (protection face à l'arbitraire) paraît distincte de la liberté politique (définie comme autonomie) et il se peut que les citoyens perdent « étant libres » (en vivant dans une République) les droits dont ils jouissaient « étant sujets » (sous la souveraineté des évêques et des princes)[3]. La liberté politique sans la liberté civile est un leurre : « si telle est la liberté que vous ont acquis vos pères, vous avez de quoi regretter le sang qu'ils versèrent pour elle »[4].

De la lettre VII à la lettre IX, Rousseau convoque donc la référence à l'Angleterre, paradigme de la balance des pouvoirs et emblème de la liberté *civile.* Sans revenir sur le statut du modèle anglais dans les débats genevois au XVIIIe siècle, il faut rappeler que l'éloge de la Constitution d'Angleterre n'est pas l'apanage d'un camp : l'Angleterre contemporaine est considérée comme paradigme de la liberté par les partisans du parti populaire comme par ceux du parti gouvernemental. Au début du siècle, certains bourgeois, comme Marc Revilliod, comparent ainsi le Parlement anglais au Conseil Général et utilisent le modèle de l'Angleterre afin de dégager la nécessité des assemblées périodiques du Conseil Général, condition de la liberté. Certains magistrats, en revanche, assimilent ce Parlement au Conseil des Deux-Cents afin de défendre l'idée d'une représentation légitime de la souveraineté[5]. Mais après l'Édit de la Médiation, l'enjeu des luttes politiques change : au conflit de compétence entre Conseils se substitue le heurt

tion]. Il faut que les citoyens aient toutes les sûretés raisonnables qu'en faisant leur devoir ils pourront coucher dans leur lit » (LEM VIII, OC III, p. 865-866).

1. *Ibid.,* VII, p. 827 : « C'est autour des individus qu'il faut rassembler les droits du peuple ».

2. *Ibid.,* VIII, p. 842. Cette définition est celle de la Représentation du 8 août 1763 (*infra*, p. 294), qui l'attribue à Montesquieu (on pourrait également la rapprocher de Locke). Voir *ibid.,* VI, p. 812.

3. *Ibid.,* p. 867. Rousseau a proposé plusieurs versions de ce texte et hésité sur la place à lui accorder (le texte était d'abord situé dans la lettre VII, voir les variantes, OC III, p. 1680-1682).

4. *Ibid.* La liberté des Genevois semble purement formelle en dehors du Conseil Général : « si vous êtes Souverains Seigneurs dans l'assemblée, en sortant de là vous n'êtes plus rien. Quatre heures par an Souverains subordonnés, vous êtes sujets le reste de la vie et livrés sans réserve à la discrétion d'autrui » (*ibid.,* VII, p. 814-815).

5. Voir G. Silvestrini, « Vu de Genève : le Parlement anglais, la représentation et la liberté », art. cit., ainsi que la contribution ci-dessous, « Genève comme modèle dans la pensée politique de Rousseau ».

entre droit de représentation des citoyens et « droit négatif » du Petit Conseil[1]. À cet égard, la balance des pouvoirs en Angleterre peut jouer un rôle nouveau, comme en témoigne la controverse entre Rousseau et Tronchin. Le statut de la réflexion sur la Constitution d'Angleterre doit dès lors être interrogé : s'agit-il d'un modèle qui aurait pour vocation d'être universalisé, ou d'un simple exemple dont la fonction stratégique se comprend au sein d'une rhétorique circonstancielle ? Répondre à cette question suppose de revenir au texte fondateur qui inspire les discours concurrents – la référence anglaise dans *L'Esprit des lois*.

Tronchin et le modèle anglais

Dans les *Lettres écrites de la campagne*, Tronchin – élève de Burlamaqui et disciple de Montesquieu – plaide en faveur du concours à la fonction législative de l'autorité exécutive, condition de la balance des pouvoirs et du partage de la souveraineté entre différents ordres. Sur le plan des principes, la référence au chapitre 6 du livre XI de *L'Esprit des lois* est centrale : la liberté politique résulte d'une certaine distribution des principaux pouvoirs de l'État (législatif, exécutif et judiciaire). Or l'équilibre qui prévient les abus de pouvoir suppose que l'on accorde à l'exécutif une force de résistance, c'est-à-dire une participation négative à la fonction législative – sans quoi l'organe législatif serait susceptible de réunir à son profit l'ensemble des pouvoirs de l'État. Dans cette optique, le recours au modèle anglais doit permettre d'élucider les principes d'une juste balance des pouvoirs et rendre manifeste la nécessité d'attribuer le droit négatif à l'exécutif, sans distinction entre instances et remontrances.

Le modèle anglais, dans les deux dernières lettres de Tronchin, est convoqué à trois reprises. La première met en lumière le rôle étendu de l'exécutif en Angleterre : « Les Anglais auxquels on doit les principes les plus certains sur la balance des pouvoirs, & par conséquent sur la liberté, n'ont pas craint de remettre la voix négative à la puissance exécutrice »[2]. Dépourvu du pouvoir d'élaborer les lois, le souverain a celui de les rejeter grâce à son droit de veto ; il convoque, suspend et dissout l'assemblée législative. Non seulement le monarque peut « enchaîner la puissance législative » mais il peut la corrompre par l'attribution des prébendes et des charges (système du patronage). Or l'exercice d'une telle puissance ne conduit pas à la perte de la liberté : la Constitution d'Angleterre se conserve malgré la corruption et le pouvoir important du monarque, dès lors que le prince ne saurait se passer longtemps de la puissance législative, qu'il doit

1. Voir ci-dessus ma contribution.
2. *Lettres écrites de la campagne*, V, p. 116.

ménager pour obtenir le consentement aux impôts. Tronchin en conclut que la Constitution sera plus durable en Angleterre qu'en Suède où le sénat, qui n'est pas doté du droit négatif, a intérêt à opprimer le peuple[1].

En Angleterre, l'attribution à l'exécutif d'un droit de contrôle du législatif ne met donc pas en péril la liberté, alors même que le pouvoir de l'exécutif (le monarque) est bien supérieur à celui du Petit Conseil genevois. Tronchin use ici d'un argument *a fortiori* : si l'Angleterre sauvegarde sa stabilité et sa liberté en attribuant un tel pouvoir à l'exécutif, alors tel est *a fortiori* le cas à Genève où les garanties de la liberté sont meilleures et où l'exécutif est doté d'un pouvoir d'abuser bien moindre[2]. En un mot, Genève surpasse l'Angleterre car la force négative y est remise à un organe collégial qui procède d'une élection régulière ; le droit négatif est donc plus favorable au peuple que ne l'est en Angleterre un droit de sanction dont le titulaire héréditaire est finalement peu soumis au contrôle des représentants[3]. L'énoncé des garanties qui protègent la bourgeoisie de Genève de toute tentative d'oppression est édifiant : non seulement les magistrats genevois n'ont aucun intérêt ni aucune possibilité de l'opprimer, mais toute tentative en ce sens serait immédiatement contrée par un système de contrôle étroit ; l'Angleterre, pourtant considérée comme un modèle de la liberté, ne peut en dire autant... Ainsi le modèle constitutionnel anglais sert-il à mettre en lumière l'inanité des craintes, jugées irrationnelles, du parti bourgeois.

Enfin, Tronchin recourt au paradigme anglais une troisième fois, sur un mode plus subtil. Afin de définir les conditions de la liberté politique, entre tyrannie et anarchie, le Procureur reprend les arguments de Montesquieu sur la corruption de la démocratie. Selon *L'Esprit des lois,* la démocratie dégénère en effet lorsque l'esprit d'égalité devient esprit d'égalité extrême et que le peuple, refusant toute hiérarchie, ne veut plus obéir à ses magistrats ; il se produit alors un « délire de la liberté » qui se retourne contre la liberté et conduit à la servitude[4]. Appliquée à la nation genevoise, cette analyse est supposée conforter le rôle de la hiérarchie : soucieuse de

1. *Lettres écrites de la campagne*, V, p. 116-118.

2. *Ibid.*, p. 163-165.

3. Voir M. Lahmer, *Volonté générale et séparation des pouvoirs chez Jean-Jacques Rousseau, op. cit.*.

4. Montesquieu, *De l'esprit des lois*, VIII, 2. Voir la fin de la Ve des *Lettres écrites de la campagne* : « L'esclavage seul est extrême, la liberté ne l'est point & ne saurait l'être : Elle se choque elle-même quand elle va trop loin, & dégénère en servitude : Un peuple sage ne doit jamais oublier que le moyen le plus sûr de perdre sa liberté, c'est de porter trop loin son pouvoir. Si cette nation était à la fois vive, ingénieuse, & très occupée de ses droits politiques, elle aurait un extrême besoin de donner à son gouvernement une force négative ; parce que l'esprit donnant nécessairement des vues ; mais ne donnant pas nécessairement des vues justes, elle aurait plus de moyens qu'un autre de détruire son gouvernement » (*op. cit.*, p. 168).

ses droits politiques, la bourgeoisie a raison de se prémunir de l'abus de pouvoir, mais elle ne doit pas risquer la concorde et la tranquillité qui sont les biens suprêmes dont elle peut jouir dans l'État. Tronchin en conclut que les gardiens de la liberté doivent rester raisonnables : « Une nation libre doit être vigilante, & ne s'en rapporter qu'à elle-même du soin de défendre sa liberté : Mais la vigilance n'est pas cette frayeur inquiète qui s'alarme de ses propres cris » [1].

Dans ce troisième moment, Tronchin quitte ainsi le chapitre 6 du livre XI pour s'inspirer de l'autre chapitre essentiel de *L'Esprit des lois* sur l'Angleterre, consacré aux mœurs plutôt qu'aux lois. Cependant, le plagiat du style, ici, dissimule des divergences profondes (XIX, 27). Dans *L'Esprit des lois*, Montesquieu rend compte de la façon dont la « nation libre » – l'Angleterre, « république qui se cache sous la forme de la monarchie » (V, 19) – parvient à préserver sa liberté par une forme de ruse de la raison : c'est de l'irrationalité, des passions et de l'imagination que procède, en Angleterre, la sauvegarde de la liberté politique. Ainsi se comprend le rôle positif de l'inquiétude démesurée du peuple face à l'abus de pouvoir. Vigilant dans les moments les plus sûrs, le peuple conjure les véritables périls où il peut être exposé – en particulier, au moment de la remise en cause des lois fondamentales de l'État : « Ainsi, quand les terreurs imprimées n'auraient point d'objet certain, elles ne produiraient que de vaines clameurs et des injures : et elles auraient même ce bon effet, qu'elles tendraient tous les ressorts du gouvernement, et rendraient tous les citoyens attentifs » (XIX, 27). Or Tronchin subvertit la théorie de Montesquieu (en lui ôtant, précisément, son caractère subversif) : il ne s'agit plus de montrer les effets positifs sur la liberté des passions du peuple, fussent-elles irrationnelles et chimériques, ni de manifester les effets bénéfiques de l'esprit de faction, aussi désordonné soit-il, dès lors que cet esprit partisan s'associe à une vigilance réelle qui permet la sauvegarde des droits ; Tronchin veut au contraire rendre sensible l'irrationalité des inquiétudes du peuple et l'absurdité de l'esprit de parti qui détruit la concorde dans l'État. La liberté, à ses yeux, ne procède plus des conflits et des discordes civiles, en l'absence de vertu (dans la lignée machiavélienne poursuivie par Montesquieu) ; elle se nourrit de la "confiance" que les citoyens doivent accorder à leurs magistrats présumés vertueux et sages. Dans cette occurrence comme dans les précédentes, le modèle anglais occupe à ce titre une place stratégique : Tronchin recourt à un modèle unanimement admiré à Genève afin de défendre la participation négative au législatif du pouvoir de l'exécutif,

1. *Ibid.*, p. 173.

véritable condition de la balance des pouvoirs et donc de la conservation de la liberté politique.

Le statut du modèle anglais dans les Lettres écrites de la montagne

Dans sa réponse à Tronchin, Rousseau réfute cette argumentation rassurante. Loin de renouveler l'éloge des magistrats de Genève de la Dédicace au second *Discours,* loin d'appeler à la *confiance* envers « les sages avis des plus éclairés et des plus zélés d'entre vous »[1], les *Lettres* en appellent à la *défiance* en usant du modèle anglais. Il faut insister, de ce fait, sur le statut stratégique du propos de Rousseau, chez qui l'éloge de l'Angleterre, citée avec raison par le Procureur comme « un modèle de la juste balance des pouvoir respectifs »[2], s'inscrit dans un contexte polémique. Retournant le discours du Procureur général, Rousseau qualifie la constitution *où est inclus un véritable droit de représentation* (et non le droit négatif des magistrats) de meilleure forme de gouvernement, en terme de balance ou d'équilibre des pouvoirs : « car quel meilleur gouvernement que celui dont toutes les parties se balancent dans un parfait équilibre, où les particuliers ne peuvent transgresser les lois parce qu'ils sont soumis à des juges, et où ces juges ne peuvent pas non plus les transgresser, parce qu'ils sont surveillés par le peuple »[3] ? Selon la IXe lettre, le droit négatif attribué au monarque qui détient le pouvoir exécutif en Angleterre est en effet fort différent du droit négatif que le magistrat veut conserver au Petit Conseil ; au lieu d'être plus protégée que l'Angleterre face à l'usurpation possible de l'exécutif, Genève est donc dans une situation beaucoup plus périlleuse. Cette différence tient aux rapports mutuels du législatif et de l'exécutif : revêtu du pouvoir de protéger les lois, le roi d'Angleterre n'en a pas pour les enfreindre ; lui et ses ministres sont soumis au contrôle du Parlement. Certes, son droit négatif consiste à convoquer et dissoudre le corps législatif et il peut rejeter les lois que le Parlement propose ; mais ce droit est tempéré de multiples façons : par le mode de convocation régulière des Parlements stipulé par la loi ; par le fait que le monarque a besoin du Parlement pour faire voter l'impôt tous les ans[4] ; par le droit négatif de la Chambre des Communes, c'est-à-dire par la procédure d'*impeachment* correspondant à une forme de responsabilité du Cabinet devant les représentants ; par l'autorité qu'a chacune des Chambres assemblées pour pro-

1. Montesquieu, *De l'esprit des lois*, VIII, 2, p. 116-117.

2. LEM IX, OC III, p. 874.

3. *Ibid.*, VIII, p. 844.

4. Dans sa lettre à Rousseau du 18 octobre 1763, Lenieps avait notamment développé ce point. Voir G. Silvestrini, « Vu de Genève : le Parlement anglais, la représentation et la liberté », art. cit.

poser et examiner toutes les lois et les matières du gouvernement ; enfin par le fait que le pouvoir de juger en dernière instance dans les matières criminelles, et surtout dans le cas des crimes d'État, revient à l'une des deux Chambres selon les cas. Contrairement à ce qui se passe à Genève, la balance des pouvoirs anglaise est donc bien réglée car la force négative du monarque joue dans le cadre du vote des lois, où elle est légitime, et non en opposition au droit d'inspection sur le gouvernement reconnu aux Chambres législatives[1]. La IXe lettre en conclut que si les magistrats ne réclamaient qu'un tel droit, il ne faudrait pas le leur contester afin de préserver la balance des pouvoirs.

Or tel n'est évidemment pas le cas : à l'inverse de Hume[2], Rousseau met en exergue le bien-fondé de la restriction du droit négatif de l'exécutif. Peu importe, à cet égard, que les Anglais aient laissé au roi le droit de faire la guerre et la paix ; peu importe même que le monarque puisse distribuer les prébendes et les charges publiques, ce qui lui permet de corrompre les membres du corps législatif. À l'accusation classique de corruption liée au patronage, les *Lettres* opposent une fin de non-recevoir : « La corruption est un abus de la liberté ; mais elle est une preuve que la liberté existe, et l'on n'a pas besoin de corrompre les gens que l'on tient en son pouvoir »[3]. Sans doute une telle indulgence paraîtra-t-elle étrange au regard de la sévérité des *Considérations sur le gouvernement de Pologne*, où l'exemple du Parlement d'Angleterre servira de repoussoir. Rousseau soutiendra alors que l'inconvénient majeur de la représentation réside dans le « mal terrible de la corruption, qui de l'organe de la liberté fait l'instrument de la servitude » ; il affirmera que seules des élections fréquentes associées à l'usage du mandat impératif peuvent remédier à ce mal – ce que les Anglais ont négligé à tort[4]. Ce n'est pas le lieu d'examiner la question de l'évolution de Rousseau sur ce point, entre l'usage repoussoir de l'Angleterre dans le *Contrat social*[5] et dans les *Considérations sur le gouvernement de Pologne*

1. Voir M. Lahmer, *op. cit.*

2. Hume concluait précisément de la restriction trop grande du droit négatif du monarque à son inefficacité absolue, ce qui justifiait à ses yeux l'usage de la corruption – corruption qui confère une forme de pouvoir à l'exécutif face à la trop grande puissance du législatif et aux risques d'abus qui s'ensuivent (*L'Indépendance du Parlement*, dans *Essais et traités, op. cit.*, p. 104). Hume oppose à cet égard les républiques aux monarchies (*ibid.*, p. 106).

3. LEM IX, OC III, p. 878.

4. « Là-dessus je ne puis qu'admirer la négligence, l'incurie, et j'ose dire la stupidité de la Nation Anglaise, qui, après avoir armé ses députés de la suprême puissance, n'y ajoute aucun frein pour régler l'usage qu'ils en pourront faire pendant sept ans entiers que dure leur commission » (CGP, OC III, p. 979). Voir la critique de la corruption des représentants, p. 978-979.

5. Voir le célèbre passage du CS sur les représentants : « Le peuple anglais pense être libre ; il se trompe fort, il ne l'est que durant l'élection des membres du parlement ; sitôt qu'ils

et l'usage paradigmatique des *Lettres*[1]; mais la différence de ton rend sensible à la dimension *stratégique* du discours rousseauiste. Dès la lettre VII, l'usage du modèle anglais est polémique, non seulement à l'égard des magistrats mais à l'égard de l'Édit de la Médiation[2]: ce qui retient Rousseau dans ce modèle est bien la possibilité de mesurer un écart afin de calculer la liberté politique dont Genève est réellement pourvue – de mesurer sa servitude réelle. La Constitution d'Angleterre est un étalon et non une norme ou un modèle à suivre. Tel était précisément l'usage qu'en faisait Montesquieu dans *L'Esprit des lois* : « Je voudrais rechercher, dans tous les gouvernements modérés que nous connaissons, quelle est la distribution des trois pouvoirs, et calculer par là les degrés de liberté dont chacun d'eux peut jouir. Mais il ne faut pas toujours tellement épuiser un sujet, qu'on ne laisse rien à faire au lecteur. Il ne s'agit pas de faire lire, mais de faire penser »[3].

Dans la lettre IX, Rousseau établit ainsi que la conservation de la liberté requiert la possibilité d'une *résistance* aux menées de l'exécutif qui voudrait transgresser les lois. En Angleterre, cette résistance est notamment issue des Officiers royaux et garantie par le pouvoir judiciaire suprême accordé aux deux Chambres[4] : grâce à lui, le roi ne peut empêcher la puissance législative de prendre connaissance des infractions qu'il ferait à la loi. Du fait de cette indépendance du pouvoir de juger, la protection des droits individuels contre l'arbitraire de l'exécutif est réelle : « Tout Anglais à l'abri des lois, écrit Rousseau, peut braver la puissance royale; le dernier du peuple peut exiger et obtenir la réparation la plus authentique s'il est le moins du monde offensé »[5]. C'est l'inverse qui se produit à Genève où la distribution des pouvoirs n'a pas lieu de la même façon : la puissance du Petit Conseil y est « absolue à tous égards » en raison du cumul des

sont élus, il est esclave, il n'est rien. Dans les courts moments de sa liberté, l'usage qu'il en fait mérite bien qu'il la perde » (III, 15, OC III, p. 430). La formule sera souvent reprise par les adversaires du modèle anglais et, à l'inverse, scandalisera Voltaire, qui ironisera sur l'absurdité d'une telle proposition. Cependant, il faut également se reporter en contrepoint à CS, I, 4, note, où Rousseau écrit que les Anglais, même s'ils demeurent sujets et non citoyens, sont de nos jours « plus près de la liberté que tous les autres » (p. 361).

1. Le séjour en Angleterre de Rousseau a eu lieu entre janvier 1766 et mai 1767; il est donc postérieur aux LEM.

2. Voir l'article de G. Silvestrini (« Vu de Genève : le Parlement anglais, la représentation et la liberté », art. cit.).

3. *De l'esprit des lois,* XI, 20. L'usage du modèle romain est le même (voir *De l'esprit des lois,* XI, 12-19; LEM IX, OC III, p. 879-880). Mais Rousseau demande aussi de ne pas aller chercher si loin (à Rome comme en Angleterre) des « comparaisons éblouissantes » : le Comté de Neufchâtel fournit un exemple plus proche (voir les variantes à la lettre VII, p. 1680-1682).

4. Référence aux conflits qui opposèrent les Stuarts, notamment Charles Ier et Jacques II, au *King's bench.*

5. LEM IX, OC III, p. 875.

fonctions exécutive et judiciaire. Là où l'exécutif anglais doit rendre des comptes au Parlement, le Petit Conseil n'a aucune instance qui le surveille réellement, rien à craindre du Législateur et il n'est pas contraint, derechef, de réparer ses injustices [1].

La comparaison entre la liberté genevoise et anglaise tourne donc clairement, selon Rousseau, à l'avantage de la seconde. À cet égard, la distance entre les *Lettres* et le *Contrat social* ou la *Pologne* est grande : les deux ouvrages qui encadrent chronologiquement les *Lettres* affirment que les Anglais font mauvais usage de leur liberté, ne jouissant que d'une liberté illusoire qu'ils perdent dès l'instant où leurs représentants sont élus; leur servitude est réelle, dépourvus qu'ils sont de tout moyen de contrôle de leurs représentants – qu'il s'agisse, dans le *Contrat social,* d'une critique radicale de la représentation ou, dans la *Pologne,* d'une critique de la représentation sans contrôle des mandants. Or dans les *Lettres,* Rousseau montre que les Anglais jouissent d'une liberté réelle; mais il ne s'agit pas, à l'évidence, de la même liberté. La liberté anglaise apparaît ici comme liberté sous la loi, auxquels les ministres mêmes sont soumis; instituée par la Grande Charte, elle consiste en une sûreté des citoyens contre l'arbitraire du pouvoir. Rousseau n'invoque donc pas l'argument selon lequel la Chambre des Communes est élue par le peuple (ou du moins par les bourgeois), alors que les Conseils restreints, à Genève, se cooptent mutuellement [2]. Ce qui importe est que la conservation de la liberté dépende de l'attribution du droit négatif et de la possibilité de faire appel contre l'arbitraire judiciaire conféré à l'exécutif. Si le *Contrat social* n'accordait que peu d'importance à la question du pouvoir judiciaire [3], les *Lettres* incluent donc cette question au sein de leur problématique propre [4] : celle de la distribution et de la balance des pouvoirs.

1. Voir aussi lettre VII, p. 814. À preuve de cette supériorité de la protection du particulier contre l'arbitraire en Angleterre, Rousseau compare l'affaire Wilkes qui vient de défrayer la chronique et le cas Bardin à Genève, où l'innocence reconnue du prévenu n'aboutit à aucune réparation de l'injustice. Sur l'affaire Wilkes, voir E. Tillet, *La Constitution anglaise, un modèle politique et institutionnel dans la France des Lumières,* Aix-en Provence, Presses Universitaires d'Aix-Marseille, 2001, p. 390-397.

2. Le Conseil des Deux-Cents est élu par le Petit Conseil. Cet argument était déjà celui du porte-parole de la Bourgeoisie, Antoine Léger, dans ses *Lettres anonymes* (1718) qui dénoncent l'ambiguïté de la comparaison entre Genève et l'Angleterre (voir G. Silvestrini, art. cit.).

3. Dans le *Contrat social,* Rousseau soulignait simplement que la condamnation d'un criminel ne peut relever de la souveraineté, puisqu'il s'agit d'un acte particulier portant sur un fait particulier. Le pouvoir de juger est donc un droit « qu'il peut conférer sans pouvoir l'exercer lui-même » ; en revanche, le droit de faire grâce revient à « celui qui est au dessus du juge et de la loi; c'est-à-dire au souverain » – quoique Rousseau insiste sur le caractère extrêmement rare de l'usage légitime de ce droit (CS, II, 5, OC III, p. 377).

4. LEM VII, OC III, p. 832-835; VIII, p. 864-867; voir la contribution de G. Silvestrini ci-dessous.

La balance des pouvoirs

La question de la balance des pouvoirs se pose à Genève dans les termes d'une théorie du partage de la souveraineté destinée à la limiter – notamment chez Burlamaqui[1]. Or comment Rousseau, affirmant l'existence d'une souveraineté une, indivisible et absolue, irréductible à un assemblage de parties, pourra-t-il penser l'idée d'un équilibre ou d'une balance des pouvoirs[2]? Une fois posé le principe d'une subordination du gouvernement au Souverain, comment analyser les rapports réciproques entre deux *puissances*[3]? À ce titre, la confrontation entre Rousseau et Montesquieu, dont Tronchin comme les Représentants s'inspirent, mérite attention. La lettre VII pose en effet le principe d'une séparation de l'exécutif et du judiciaire en critiquant l'« assemblage de pouvoirs bien étrange » qui a lieu à Genève dans un État prétendument libre et démocratique: sans se contenter de critiquer la procédure d'élection et l'absence de contrôle des magistrats, Rousseau stigmatise l'union de deux choses incompatibles, « savoir, l'administration des affaires de l'État et l'exercice suprême de la justice sur les biens, la vie et l'honneur des citoyens » ; il récuse le principe d'un système judiciaire où le tribunal suprême auquel le citoyen peut recourir en appel est composé des mêmes membres que le tribunal de première instance[4]; ce faux appel est bien plutôt une demande de grâce, ce qui confine selon Rousseau à la « farce politique »[5]. En définitive, le Petit Conseil est donc à Genève l'« arbitre suprême des lois et par elle du sort de tous les particuliers »[6]. C'est pourquoi l'aristocratie y tend à la tyrannie. La lettre IX revient sur ce point: « Chez vous la puissance du Petit Conseil est

1. Selon Burlamaqui, le meilleur moyen de limiter la souveraineté est de la partager: « ce partage produit un balancement de puissance, qui met les différents corps de l'État dans une dépendance mutuelle, qui retient chacun de ceux qui ont part à l'autorité souveraine, dans les bornes que la loi leur assigne, & qui fait ainsi la sûreté de la liberté : car, par exemple, l'autorité royale se trouve balancée par le pouvoir du peuple, & un troisième ordre sert comme de contrepoids aux deux premiers, pour les tenir toujours dans l'équilibre, & empêcher l'un de s'élever au-dessus de l'autre » (*Principes du droit politique,* Amsterdam, Zacharie Chatelain, 1751, I, VII, § 50, p. 84-85). Burlamaqui définit le gouvernement mixte par ce partage de la souveraineté qui la rend limitée (II, I, § 26). L'Angleterre est le modèle de gouvernement mixte chez les modernes (II, II, § 38). Voir B. Gagnebin, *Burlamaqui et le droit naturel,* Genève, 1944. Le rapport entre Rousseau et Burlamaqui a été analysé par G. Silvestrini, « Rousseau, Pufendorf et la tradizione giusnaturalistica settecentesca », à paraître dans M. Ferronato, (a cura di) *Dal* De jure naturae et gentium *di S. Pufendorf alla codificazione prussiana del 1794*, Padova, Cedam.

2. Voir R. Derathé, *Rousseau et la science politique de son temps, op. cit.*, p. 287-294.

3. Je ne distingue pas ici pouvoir et puissance. Sur cette notion, voir la contribution de F. Guénard et celle de B. Bernardi.

4. LEM VII, OC III, p. 832.

5. *Ibid.*, p. 833.

6. *Ibid.*, p. 835.

absolue à tous égards; il est le ministre et le prince, la partie et le juge tout à la fois: il ordonne et il exécute; il cite, il saisit, il emprisonne, il juge, il punit lui-même: il a la force en main pour tout faire» – d'où le risque d'oppression de l'innocent, la menace constante d'injustice[1].

Rousseau refuse donc le principe d'un cumul des pouvoirs. Mais affirme-t-il pour autant le principe d'une authentique *balance* au sens où l'entendait Montesquieu en convoquant le paradigme de la Constitution d'Angleterre? Dans *L'Esprit des lois*, la condition de la liberté politique réside dans la distribution des pouvoirs: la liberté comme sûreté contre l'arbitraire ne peut être sauvegardée que là où existe une séparation du pouvoir judiciaire des deux autres pouvoirs ainsi qu'un système complexe de poids et de contrepoids entre le législatif et l'exécutif (répression mutuelle des ambitions, qui se trouvent empêchées d'outrepasser leurs droits)[2]. Dans le sillage de Locke[3] mais en accentuant l'importance de l'indépendance du judiciaire, Montesquieu soutient donc le principe d'un non-cumul des pouvoirs, qui peuvent dès lors se faire obstacle dans leur volonté d'usurpation: «Pour qu'on ne puisse abuser du pouvoir, il faut que, par la disposition des choses, le pouvoir arrête le pouvoir» (XI, 4). Rousseau paraît défendre une thèse analogue: les pouvoirs ne doivent pas être réunis dans les mêmes mains, et les conflits importent peu dès lors qu'ils ne conduisent pas à la paralysie de l'État[4]. Mais la proximité

1. LEM IX, OC III, p. 875. En réalité, les réquisitoires du Procureur général, dans le système proto-pénal à l'œuvre à Genève, étaient marqués par un fort souci de motiver les incriminations et de limiter l'arbitraire (voir M. Porret, *Le Crime et ses circonstances, op. cit.*).

2. *De l'esprit des lois,* XI, 6. Sur l'interprétation de la distribution des pouvoirs chez Montesquieu, voir Ch. Eisenman, «*L'Esprit des lois* et la séparation des pouvoirs. La pensée constitutionnelle de Montesquieu», *Cahiers de Philosophie politique,* Reims, n° 2-3, OUSIA, 1985, p. 3-66, repris dans *Lectures de* L'Esprit des lois, T. Hoquet et C. Spector éds., Bordeaux, Presses Universitaires de Bordeaux, 2004; et M. Troper, «Charles Eisenmann contre le mythe de la séparation des pouvoirs», *Cahiers de Philosophie politique,* Reims, n° 2-3, OUSIA, 1985, p. 67-79.

3. Selon Locke, «ce serait tenter la fragilité humaine, qui est prompte à l'ambition, que de confier le pouvoir de faire exécuter les lois à ceux-là même qui détiennent le pouvoir de les faire; car ils pourraient par là s'exempter de l'obéissance aux lois qu'ils font eux-mêmes, et conformer celles-ci, tant dans leur élaboration que dans leur exécution, à leur avantage privé» (Locke, *Le Second Traité du gouvernement,* trad. J.-F. Spitz, Paris, P.U.F., 1994, chap. 12, p. 105).

4. Dans la lettre VII, l'Angleterre est convoquée au moment où Rousseau conteste le droit du Petit Conseil à régler la police du Conseil Général en veillant sur son bon déroulement et en décidant de son ordre du jour. Il s'agit de rendre manifeste la possibilité d'un fonctionnement satisfaisant malgré le désordre apparent: «On se plaint de l'impolice qui règne dans le Parlement d'Angleterre; et toutefois dans ce corps composé de plus de sept cents membres, où se traitent de si grandes affaires, où tant d'intérêts se croisent, où tant de cabales se forment, où tant de têtes s'échauffent, où chaque membre a le droit de parler, tout se fait, tout s'expédie,

apparente, en réalité, ne doit pas occulter les divergences profondes qui séparent une théorie de la *modération* du gouvernement d'une théorie de la *souveraineté absolue* du peuple.

La différence tient d'abord au statut de la souveraineté : il n'est pas outré de dire que Montesquieu sort de l'économie théorique de la souveraineté [1], que Rousseau réinvestit au contraire – jusqu'à lui conférer le droit de modifier les lois fondamentales de l'État. Dans les *Lettres* comme dans le *Contrat social,* la souveraineté est dite illimitée en puissance [2] ; le contrôle du législatif sur l'exécutif se comprend comme subordination du second au premier, dont il n'est qu'une émanation [3]. Souveraineté et gouvernement, en ce sens, correspondent à une volonté et à une force qui ne sont pas sur le même plan [4]. Or pour Montesquieu, les deux pouvoirs ne sont pas subordonnés et hiérarchisés, mais à peu près équivalents, pour se faire contrepoids. Par là même, la souveraineté est annulée au profit d'un mécanisme d'ajustement et de compromis d'intérêts : « Ces trois puissances devraient former un repos ou une inaction. Mais comme, par le mouvement nécessaire des choses, elles sont contraintes d'aller, elles seront forcées d'aller de concert » (XI, 6). La nécessité d'un accord par delà les désaccords et les divergences s'oppose à l'idée d'une unité de la souveraineté fondée sur la volonté générale : comme l'écrit P. Manent, « À la souveraineté absolue qui décide de tout en dernier ressort, celle du *Léviathan* de Hobbes, mais aussi, finalement, celle du corps législatif de Locke, se substitue un mécanisme de prise de décision qui rend inutile la souveraineté » [5]. Face au repoussoir

cette grande monarchie va son train ; et chez vous où les intérêts sont si simples, si peu compliqués, où l'on n'a, pour ainsi dire, à régler que les affaires d'une famille, on vous fait peur des orages comme si tout allait se renverser ! » (p. 831-832). La thèse de Rousseau se trouve ainsi confortée : en raison de la mainmise du Petit Conseil sur les délibérations du Conseil Général, les Genevois ne jouissent que d'un « simulacre de liberté » qui lui fait endurer plus patiemment une servitude réelle (p. 830).

1. Voir J. Ehrard, « La souveraineté », dans *L'Esprit des mots,* Genève, Droz, 1998, p. 146-160 ; C. Larrère, « Montesquieu : l'éclipse de la souveraineté », dans *Penser la Souveraineté,* G. M. Cazzaniga et Y.-C. Zarka éds, Paris, Vrin, 2002, p. 199-214.

2. « Or dans tout État politique il faut une Puissance suprême, un centre où tout se rapporte, un principe d'où tout dérive, un Souverain qui puisse tout » (LEM VII, OC III, p. 823-824). Malgré son éloge rhétorique, Rousseau remet donc en cause l'Édit de la Médiation.

3. « Le pouvoir législatif consiste en deux choses inséparables : faire les lois et les maintenir ; c'est-à-dire, avoir inspection sur le pouvoir exécutif. Il n'y a point d'État au monde où le souverain n'ait cette inspection. Sans cela toute liaison, toute subordination manquant entre ces deux pouvoirs, le dernier ne dépendrait point de l'autre ; l'exécution n'aurait aucun rapport nécessaire aux lois ; la Loi ne serait qu'un mot, et ce mot ne signifierait rien » (*Ibid.,* p. 826).

4. CS, III, 1, OC III, p. 395.

5. P. Manent, *Histoire intellectuelle du libéralisme,* Paris, Hachette, 1987, p. 137.

despotique, où la volonté du souverain est seule source des lois, *L'Esprit des lois* prône un gouvernement modéré et limité, grâce à la neutralisation de l'instance souveraine et à la soumission des monarques aux lois fondamentales de l'État. Toute la différence entre Montesquieu et Rousseau se cristallise donc dans la conception de la *volonté* qui est à l'origine de l'usage du pouvoir ou de la force. Selon P. Manent, le « ressort du système libéral de Montesquieu » tient à la fin du dispositif constitutionnel : « il s'agit de séparer la volonté de ce qu'elle veut, ou encore d'empêcher chacun de pouvoir ce qu'il ne peut s'empêcher de vouloir »[1] – l'accroissement de sa puissance, de sa domination. Or c'est précisément ce paradigme théorique de la volonté séparée de ce qu'elle peut, grâce à l'institutionnalisation du pluralisme conflictuel, qui se trouve congédié dans les *Lettres* : l'effectivité du droit de représentation permet à la volonté du peuple de pouvoir réellement ce qu'elle veut.

Dans son analyse de l'Angleterre, Montesquieu défend donc l'idée d'une distribution des pouvoirs sans définir de pouvoir suprême. À l'inverse, Rousseau critique la conception genevoise de la théorie du partage des pouvoirs, à savoir la définition du Conseil Général comme l'un des cinq ordres de l'État : le Conseil Général est la puissance suprême qui établit et qui lie les pouvoirs. L'analyse de la Constitution anglaise sert alors de paradigme : il existe en Angleterre trois ordres doués des droits établis par la loi, à savoir le roi, la Chambre haute et la Chambre basse ; or le Parlement n'est pas un ordre, puisqu'il les comprend tous ; il peut modifier les lois fondamentales et donc l'attribution même des pouvoirs : « il est le pouvoir unique et suprême duquel chacun tire son existence et ses droits. Revêtu de l'autorité législative, il peut changer même la Loi fondamentale en vertu de laquelle chacun de ces ordres existe »[2]. La VIIe Lettre récuse par là l'interprétation de l'Édit qui stipulerait un partage des parties de la souveraineté entre les différents Conseils. Ainsi la comparaison entre le Parlement anglais et le Conseil Général, admise par Tronchin et les magistrats, permet-elle de montrer que le Conseil Général, comme le Parlement d'Angleterre, « n'est pas un ordre dans l'État, il est l'État même »[3]. Il faut donc souligner l'usage éminemment paradoxal, chez Rousseau, du modèle anglais de la balance des pouvoirs : le pouvoir législatif, ici, n'est pas un pouvoir parmi d'autres ; il constitue l'essence même de la souveraineté, et ne peut donc être mis en balance avec l'exécutif. Le recours à l'Angleterre permet d'introduire non à l'idée d'un gouvernement limité grâce à l'entr'opposition des puissances, mais à l'affirmation du caractère absolu

1. P. Manent, *Histoire intellectuelle du libéralisme*, p. 137.
2. LEM VII, OC III, p. 824.
3. *Ibid.*

de la souveraineté du peuple : « il est de l'essence de la puissance souveraine de ne pouvoir être limitée : elle peut tout ou elle n'est rien »[1].

La seconde divergence entre Rousseau et Montesquieu tient à la conception même du pouvoir législatif. *L'Esprit des lois* met en avant la nécessité d'une division et d'une composition *sociale* de l'organe législatif. Le bicaméralisme est gage de modération de la loi par la prise en compte des intérêts différenciés des grands et du peuple : si les premiers, distingués par la naissance, les richesses ou les honneurs étaient confondus avec le peuple, « la liberté commune serait leur esclavage, et ils n'auraient aucun intérêt à la défendre, parce que la plupart des résolutions seraient contre eux » (XI, 6). La liberté – et non la justice – exige donc que la part qu'ont les grands à la législation soit proportionnée aux autres avantages dont ils disposent dans l'État, ce qui ne peut avoir lieu que s'ils forment un corps autorisé à arrêter les initiatives législatives du peuple. Telle est la raison pour laquelle la puissance législative doit être confiée à deux assemblées séparées, dont les délibérations expriment des intérêts distincts : chaque Chambre doit posséder un droit de regard positif ou négatif sur les textes en instance et être en mesure de s'opposer à toute disposition attentatoire à ses intérêts. Montesquieu refuse donc le principe d'une égalité des citoyens dans le processus législatif : en l'absence de bien commun, en l'absence d'arbitre impartial, le corps politique institutionnalise la division de la société civile[2]. Le principe est diamétralement opposé à celui que préconisera Rousseau : la loi modérée, protégeant la liberté, est le fruit d'un affrontement des intérêts particuliers et non d'une visée par chacun de l'intérêt général[3].

Le cœur de la controverse sur la Constitution anglaise se conçoit mieux dès lors : contrairement à Rousseau, Montesquieu attribue le « pouvoir négatif » à l'exécutif, et non au législatif. Certes, ce pouvoir ne consiste pas en une participation positive au processus législatif, comme c'était le cas dans certaines républiques anciennes où l'exécutif débattait des affaires publiques avec le peuple en corps : il faut désormais attribuer au monarque une « faculté d'empêcher », un « droit de rendre nulle une résolution prise par quelque autre », et non une « faculté de statuer », c'est-à-dire de concevoir la substance du texte ou d'en amender les dispositions. Dans un système représentatif, il revient à l'exécutif de convoquer le législatif pour

1. LEM VII, OC III, p. 826.

2. Nous nous permettons de renvoyer sur ce point à notre *Montesquieu. Pouvoirs, richesses et sociétés*, Paris, P.U.F., 2004.

3. Voir LEM VI, OC III, p. 807-808.

ses assemblées périodiques et d'opposer si nécessaire son droit de veto [1]. En revanche, le législatif, qui doit surveiller l'exécution des lois qu'il a voté, ne doit posséder aucun droit de borner l'exécutif. Celui-ci, selon Montesquieu, se borne lui-même :

> Si la puissance exécutrice n'a pas le droit d'arrêter les entreprises du corps législatif, celui-ci sera despotique ; car, comme il pourra se donner tout le pouvoir qu'il peut imaginer, il anéantira toutes les autres puissances. Mais il ne faut pas que la puissance législative ait réciproquement la faculté d'arrêter la puissance exécutrice. Car, l'exécution ayant ses limites par sa nature, il est inutile de la borner ; outre que la puissance exécutrice s'exerce toujours sur des choses momentanées (XI, 6).

Dans *L'Esprit des lois,* c'est donc au monarque, et au monarque seul que revient le droit négatif : la participation négative à la fonction législative lui permet de censurer toute loi qui modifierait son statut constitutionnel ou sa prérogative. En ce sens, le droit de veto est un pouvoir de résistance conféré à l'exécutif contre les usurpations du législatif, qui risque toujours de devenir despotique : de même que le sénat aristocratique doit être protégé des usurpations du peuple[2], c'est la puissance exécutive qui doit en l'occurrence être protégée – l'argument sera repris par Madison dans le *Federalist* et par les Monarchiens en 1789. Corrélativement, Montesquieu ne considère pas que la liberté se perdra en Angleterre par usurpation de l'exécutif, mais par corruption du législatif : « Comme toutes les choses humaines ont une fin, l'État dont nous parlons perdra sa liberté, il périra. Rome, Lacédémone et Carthage ont bien péri. Il périra lorsque la puissance législative sera plus corrompue que l'exécutrice »[3]. On voit ici à

1. « La puissance exécutrice *ne* faisant partie de la législative *que* par sa faculté d'empêcher, elle ne saurait entrer dans le débat des affaires. Il n'est pas même nécessaire qu'elle propose, parce que, pouvant toujours désapprouver les résolutions, elle peut rejeter les décisions des propositions qu'elle aurait voulu qu'on n'eût pas faites » (*De l'esprit des lois,* XI, 6).

2. Montesquieu critique la monarchie des temps héroïques où « les trois pouvoirs étaient distribués de manière que le peuple y avait la puissance législative, et le roi la puissance exécutrice avec la puissance de juger » (*ibid.,* XI, 11) : la monarchie ne pouvait subsister car « dès que le peuple avait la législation, il pouvait, au moindre caprice, anéantir la royauté ». De même à Rome, l'harmonie des pouvoirs fut rompue dès lors que le peuple, qui élisait les magistrats et donnait son consentement aux lois nouvelles, abaissa le pouvoir du sénat. Du jour où les Gracques privèrent les sénateurs de la puissance de juger, « il en résulta des maux infinis » : « Les chevaliers ne furent plus cet ordre moyen qui unissait le peuple au sénat » (XI, 18).

3. *Ibid.,* XI, 6. Voir *Notes sur l'Angleterre* : « L'Angleterre est à présent le plus libre pays qui soit au monde, je n'en excepte aucune république ; j'appelle libre, parce que le prince n'a le pouvoir de faire aucun tort imaginable à qui que ce soit, par la raison que son pouvoir est contrôlé et borné par un acte ; mais si la chambre basse devenait maîtresse, son pouvoir serait illimité et dangereux, parce qu'elle aurait en même temps la puissance exécutive ; au lieu qu'à présent le pouvoir illimité est dans le parlement et le roi ; et la puissance exécutive dans le roi,

quel point Rousseau, tout en s'inspirant de la terminologie de Montesquieu, subvertit ses principes. Selon lui, le danger d'usurpation procède de l'autonomisation de l'exécutif, formant un corps « qui agit toujours » et, de ce fait, ne peut plus rendre compte de ses actes : « plus la puissance qui agit est active, plus elle énerve la puissance qui veut »[1] – si bien qu'à la fin la seule force règne et l'État se dissout. La constitution démocratique ne peut donc se conserver à Genève qu'à la condition que ce soit le corps législatif (et non l'exécutif) qui agisse toujours[2].

La justification de la séparation du judiciaire à l'égard des autres pouvoirs prolonge cette divergence. Certes, l'attribution du pouvoir de juger, « chef d'œuvre de la législation » chez un peuple libre, exige selon Montesquieu sa séparation à l'égard de l'exécutif (XI, 11). Mais *L'Esprit des lois* insiste tout autant sur l'indépendance du judiciaire à l'égard du législatif, sans quoi le pouvoir sur la vie et la liberté des citoyens serait arbitraire au même titre. Ainsi se conçoit la critique des « républiques italiennes », où le peuple concentre les pouvoirs, où la volonté générale peut se confondre avec les volontés particulières pour opprimer les citoyens :

> Dans les républiques d'Italie, où ces trois pouvoirs sont réunis, la liberté se trouve moins que dans nos monarchies. (…) Voyez quelle peut être la situation d'un citoyen dans ces républiques. Le même corps de magistrature a, comme exécuteur des lois, toute la puissance qu'il s'est donnée comme législateur. *Il peut ravager l'État par ses volontés générales, et, comme il a encore la puissance de juger, il peut détruire chaque citoyen par ses volontés particulières. Toute la puissance y est une*[3].

L'usage du concept de volonté générale, exceptionnel dans *L'Esprit des lois,* est révélateur : unie au pouvoir de juger les cas particuliers, une telle volonté risque de conduire à la servitude. Or si Rousseau, qui insiste sur la séparation du judiciaire à l'égard de l'exécutif[4], ne remet pas en question ce principe (le risque d'injustice existe bien quand la volonté générale statue

dont le pouvoir est borné. Il faut donc qu'un bon Anglais cherche à défendre la liberté également contre les attentats de la Couronne et ceux de la Chambre » (*Œuvres complètes,* A. Masson éd., Paris, Nagel, 1955, t. III, p. 292).

1. LEM VII, OC III, p. 815.

2. *Ibid.,* p. 816.

3. *De l'esprit des lois,* XI, 6, n. s. Venise, que l'on pourrait comparer à certains égards à Genève, se trouve dans une situation où la liberté du citoyen est en danger : « Je crois bien que la pure aristocratie héréditaire des républiques d'Italie ne répond pas précisément au despotisme de l'Asie. La multitude des magistrats adoucit quelquefois la magistrature ; tous les nobles ne concourent pas toujours aux mêmes desseins ; on y forme divers tribunaux qui se tempèrent. Ainsi, à Venise, le *grand conseil* a la législation ; le *prégady,* l'exécution ; les *quaranties,* le pouvoir de juger. Mais le mal est que ces tribunaux différents sont formés par des magistrats du même corps ; ce qui ne fait guère qu'une même puissance ».

4. LEM VII, OC III, p. 832-833.

sur des cas particuliers[1]), il ne peut en fournir une justification analogue – son objectif étant d'unifier la puissance et non de la dissoudre.

À la lumière de ces différences, que penser par conséquent de l'usage fait par les *Lettres* du paradigme de la balance des pouvoirs (*checks and balances*), qui ne saurait coïncider avec l'idée d'un partage de la souveraineté (Burlamaqui)? Dans ses autres écrits, Rousseau ne semble pas tant partisan de la balance[2] que d'une forme de séparation fonctionnelle des pouvoirs : « Il est également dangereux que le souverain empiète sur les fonctions de la magistrature ou le magistrat sur celles de la souveraineté »[3]. Dans le *Contrat social*, il écrit que l'exécutif qui n'opère que par des actes particuliers « est naturellement séparé » du législatif, sans quoi la confusion de la volonté générale et de la volonté particulière conduirait à la dénaturation du corps politique : la séparation conditionne la rectitude de l'expression de la volonté générale[4]. *Il faut en conclure que Rousseau ne veut pas diviser la souveraineté mais diviser le gouvernement*. Au chapitre 7 du livre III du *Contrat social*, intitulé « Du gouvernement mixte », Rousseau exprime ainsi une préférence de principe pour le gouvernement simple, « par cela seul qu'il est simple »; mais en réalité, le gouvernement mixte peut être bon « quand les parties constitutives sont dans une dépendance mutuelle, comme dans le gouvernement d'Angleterre » – système préféré à celui où l'autorité de chaque partie est indépendante mais imparfaite, comme en Pologne, car dans ce cas « il n'y a point d'unité dans le gouvernement, et que l'État manque de liaison ». C'est donc pour mieux rendre l'exécutif dépendant du législatif que Rousseau défend la division du gouvernement, de même qu'il prône la balance du gouvernement grâce à l'intervention de magistrats intermédiaires (type Conseil des Soixante ou Deux-Cents) : « laissant le gouvernement en son entier, [les magistrats

1. LEM VII, OC III, p. 808. Rousseau admet simplement un cas de justice politique où le législatif est juge suprême, comme c'est le cas en Angleterre. Mais la Chambre des Lords peut aussi se convertir en Cour criminelle en dernière instance – d'où l'embarras de Rousseau (LEM, IX, p. 878).

2. La lettre de Mme d'Orbe à Mme de Wolmar dans la *Nouvelle Héloïse* rapporte en réalité l'opinion du patriciat à Genève : « A voir l'action et réaction mutuelles de toutes les parties de l'État qui le tiennent en équilibre, on ne peut douter qu'il n'y ait plus d'art et de vrai talent employés au gouvernement de cette petite république qu'à celui des plus vastes empires » (VI, 5).

3. *Fragments politiques*, OC III, p. 488.

4. CS, III, 1 ; III, 16. Pour autant, comme le note M. Lahmer, dans le cadre de l'idéal d'une démocratie directe, la séparation ne relève ni d'une séparation fonctionnelle (puisque l'exécutif est détenteur du monopole de l'initiative législative), ni d'une séparation personnelle (puisque les magistrats sont élus par le législatif et responsables devant lui), ni d'une séparation matérielle des pouvoirs puisque les mêmes magistrats ont un droit d'entrée au sein de l'assemblée législative, où le peuple est réuni en corps, afin de justifier la proposition de loi, avant que de prendre part au vote en tant que membres du souverain.

intermédiaires] servent seulement à balancer les deux puissances et à maintenir leurs droits respectifs. Alors le gouvernement n'est pas mixte, il est tempéré ». En ce sens, l'équilibre des pouvoirs défendu dans les *Lettres* ne rompt pas avec le paradigme théorique du *Contrat social*[1], puisqu'il ne remet pas en cause la suprématie du Législateur[2].

En dernière instance, Rousseau ne partage donc pas le modèle d'une balance des pouvoirs au même sens que Montesquieu et Tronchin[3], ni ne défend le modèle anglais du système représentatif – ce pourquoi De Lolme pourra faire retour à *L'Esprit des lois* et au modèle de la Constitution d'Angleterre en critiquant les principes de Rousseau[4]. Ainsi s'éclaire le statut de la référence anglaise dans les *Lettres écrites de la montagne* : référence stratégique plutôt que modèle donné à l'imitation, mais surtout étalon à l'aune duquel mesurer la servitude réelle du régime genevois.

Céline SPECTOR

1. C'est la thèse de J.-D. Candaux pour qui « Rousseau paraît s'être laissé prendre lui-même aux appâts de la théorie de l'équilibre des pouvoirs » (Introduction aux LEM, OC III, p. CXCV).

2. « Ces trois corps [Conseil Général, Deux-Cents, Petit Conseil] qui rentrent tellement l'un dans l'autre, que du moindre dépend l'activité du plus grand, sont en équilibre tant que l'action du plus grand est nécessaire et que la législation ne peut se passer du législateur » (LEM VII, OC III, p. 816).

3. Nous ne partageons pas totalement les vues de A. Melzer sur ce point (*La Bonté naturelle de l'homme*, *op. cit.*, p. 340-353). À l'encontre des idées reçues, l'auteur montre simplement que la théorie rousseauiste *n'exclut pas* l'idée d'une balance des pouvoirs.

4. De Lolme avait initialement pris fait et cause pour le mouvement des Représentants et publié en ce sens la *Purification des trois points de droit souillés par un anonyme* (1767). Sur de Lolme, voir M. Lahmer, *op. cit.*, et J.-F. Spitz, « Jean-Louis de Lolme et l'impossible garantie des droits de l'individu dans les gouvernements républicains », *Revue Montesquieu*, n° 4, 2000, p. 89-114.

CHAPITRE XI

GENÈVE COMME MODÈLE DANS LA PENSÉE POLITIQUE DE ROUSSEAU

DU SECOND *DISCOURS* AUX *LETTRES ÉCRITES DE LA MONTAGNE*

Genève comme modèle des institutions politiques

« J'ai donc pris votre Constitution, que je trouvais belle, pour modèle des institutions politiques, et vous proposant en exemple à l'Europe, loin de chercher à vous détruire j'exposais les moyens de vous conserver » [1]. Selon Robert Derathé, cette référence à la constitution genevoise comme modèle des institutions politiques dans les *Lettres de la montagne* aurait été démentie par ce que Rousseau avait affirmé en 1754 dans une lettre au pasteur Perdriau au moment même où il avait donné Genève en exemple à l'Europe : « Frappé des conformités que je trouve entre la constitution de gouvernement qui découle de mes principes et celle qui existe réellement dans notre République, je me suis proposé de lui dédier mon *Discours sur l'origine et les fondements de l'inégalité* » [2]. Tandis qu'en 1754 Rousseau aurait déclaré avoir d'abord élaboré sa théorie politique et ensuite seulement interprété la réalité genevoise à la lumière de ses principes en l'idéalisant, en 1764 il aurait presque autorisé le lecteur à voir dans le modèle de Genève la source même de sa pensée politique, qui ne serait rien d'autre que la traduction théorique de la réalité constitutionnelle genevoise. Contre cette interprétation réductrice Derathé allait inscrire son propos

1. LEM, OC III, p. 809.
2. *Correspondance complète*, III, n. 258, 28 octobre 1754.

dans la droite ligne des travaux de John Stephenson Spink, qui avait nié toute dérivation genevoise du *Contrat social*[1].

Cependant, dans les *Lettres*, Rousseau ne dit pas avoir tiré ses principes politiques *du* modèle de la constitution de Genève, mais simplement l'avoir prise *pour* modèle, ce qui n'implique pas nécessairement de déduire les principes du modèle. Ainsi, si par l'expression d'« institutions politiques » il ne faut pas seulement entendre le produit de l'acte d'instituer, mais aussi la forme du discours politique, à savoir un « traité exhaustif » dans le domaine de la politique[2], la question qui se pose est de savoir quel est le statut du modèle dans la théorie politique de Rousseau.

Un sondage rapide des occurrences du mot "modèle" dans les ouvrages de Rousseau permet de voir qu'il y a d'abord chez lui un usage conventionnel de ce terme, identique à celui observé dans l'*Encyclopédie* : « il se dit de tout ce qu'on regarde comme original, et dont on se propose d'exécuter la copie »[3]. Le modèle – en tant qu'"original" – est avant tout de l'ordre du "naturel" : il est l'objet auquel se conforment, sur le plan de la connaissance, les images-idées[4], ainsi que, sur le plan de l'art, les produits de l'activité de l'homme comme *homo faber* suivant constamment une démarche imitative, qui n'est pas limitée au domaine des beaux-arts[5]. En même temps il peut être aussi de l'ordre du "factice", un "original" au deuxième degré : la statue grecque devient "modèle" de l'art quand les corps des hommes sont devenus laids. Sophie est le "modèle" de femme que l'instituteur peint à Émile; Sophie a un modèle d'homme, dont "l'original" est Télémaque; Émile est invité à vivre parmi les hommes et à leur servir de "modèle", tandis que l'écrivain a le triste emploi de leur dire la vérité[6]. Le modèle est donc un original par rapport à une copie, il est individualisé en tant qu'objet réel, sans se réduire complètement à son

1. R. Derathé, *Jean-Jacques Rousseau et la science politique de son temps*, *op. cit.*, p. 11-12; J. S. Spink, *Jean-Jacques Rousseau et Genève*, *op. cit.*

2. Voir B. Bernardi, *Introduction*, dans J.-J. Rousseau, *Du contrat social*, Paris, GF-Flammarion, 2001, p. 14-15. Dans le manuscrit de Neuchâtel, R 16, f. 27 r°, le mot « Institution » avait été écrit en majuscule; en outre, Rousseau avait d'abord écrit « exemple », mais comme le même mot paraissait tout de suite après, il efface « exemple » et écrit « modèle ».

3. *Encyclopédie, ou Dictionnaire raisonné des sciences, des arts et des métiers*, nouvelle impression en fac-similé de la première édition de 1751-80, t. X (1765), Stuttgart-Bad Cannstatt, Friedrich Frommann (Günther Holzboog), 1966, p. 599.

4. *Émile*, OC IV, p. 572 : « pourquoi l'image qui est la sensation n'est-t-elle pas conforme à son modèle qui est l'objet ? ».

5. *Ibid.*, p. 830 : « Les Grecs ne sont plus ces beaux hommes faits pour servir de modèle à l'art ». L'invention de la métallurgie et de l'agriculture, par exemple, est présentée comme une démarche imitative de procès naturels qui donnent à l'homme l'idée de les reproduire, voir second *Discours*, OC, III, p. 172.

6. *Émile*, OC IV, p. 705, 761, 859.

individuation, car en se donnant à l'imitation, il peut être reproduit, répliqué, contenant donc en lui-même une possibilité d'universalisation.

De ce point de vue, Genève est un modèle au deuxième degré, un produit de l'art politique, tout comme Rome, définie aussi comme « modèle de tous les peuples libres »[1]. Pourtant ces modèles politiques n'ont pas à leur tour un modèle en nature, car la famille en tant que « société naturelle » ne peut être envisagée que comme un modèle imparfait de société politique, les différences empêchant toute possibilité d'imitation[2].

Sans aborder la question de savoir comment l'esprit humain a pu produire un objet dont l'image ou l'archétype n'existait pas d'avance en nature, ce qui est un des problèmes-clés du second *Discours*, nous nous limitons ici à souligner que dans sa possibilité d'imitation le modèle peut servir comme source d'inspiration pour l'art politique, mais non pas pour la science du droit politique, dont la méthode n'est ni l'induction ni l'imitation. Entre la science et le modèle il y a un rapport de convergence, ou plutôt un développement parallèle qui voit la naissance du modèle précéder celle de la science, tout comme dans le domaine de la morale il y avait eu des hommes vertueux avant que Socrate eût défini ce que c'est que la vertu : il n'inventa rien, il « ne fit que mettre en leçons leurs exemples »[3]. De même, pourrait-on dire, Rousseau prétend n'avoir rien inventé, il n'a fait qu'établir deux principes fondamentaux, qui correspondent aux principes du gouvernement de Genève : « Le premier, que légitimement la Souveraineté appartient toujours au peuple; le second, que le Gouvernement aristocratique est le meilleur de tous »[4]. L'originalité que Rousseau lui-même se reconnaît concerne les concepts et les doctrines des auteurs précédents, et non le plan de la réalité[5].

« Mettre en leçons leurs exemples » ne signifie pas imiter, car au niveau de la science de l'homme et de la politique la saisie des principes se fait par la méthode de la méditation une fois que tous les faits ont été écartés; ensuite on peut recourir aux « raisonnements hypothétiques et conditionnels » pour bâtir le système qui explique aussi bien l'origine que les

1. Second *Discours*, *Dédicace*, OC III, p. 113. La double référence à Rome et à Genève se trouve aussi dans la « lettre genevoise » de la *Nouvelle Héloïse*, OC II, p. 657.

2. CS, I, 2, OC III, p. 352. Beaucoup plus explicite avait été l'affirmation dans le brouillon du DEP, p. 22 : « la grande société n'a pu s'établir sur le modèle de la famille… leur exemple ne pouvait pas fournir à l'État ».

3. *Émile*, OC IV, p. 626.

4. *Correspondance complète*, XII, n° 2028, p. 98. Sur l'historicité des modèles politiques chez Rousseau, voir les suggestions de A. Postigliola, « Sur les modèles politiques chez Rousseau », *Transactions of the Seventh International Congress on the Enlightenment*, Oxford, Voltaire Foundation, 1989, p. 917-20.

5. Il souligne toujours son effort de reformer et de rétablir le véritable sens des concepts et des théories, à savoir les concepts d'état de nature, de pacte, de loi, de citoyen.

fondements des sociétés politiques[1]. Toutefois, entre science et réalité il y a une unité foncière, car les principes découverts par la science sont les mêmes que la raison et l'expérience ont utilisés, tout en les individualisant, dans la production des relations sociales et des institutions politiques.

Les constitutions politiques sont en effet l'incarnation des principes qui président à la distribution des droits et des pouvoirs, et ces principes peuvent être étudiés de deux manières, selon le mode de naissance de la constitution même. Si elle a été produite par la raison d'un législateur, elle forme « un système régulier dont toutes les parties sont faites l'une pour l'autre » et concourent à la même fin. Dans ce cas, pour en étudier les principes il suffit de prendre l'ensemble des lois politiques et de les analyser. Au contraire, là où les gouvernements sont bâtis « successivement de pièces rapportées moins selon les besoins publics que selon les vues particulières », il faut « remonter à leur origine et suivre l'ordre de composition ». Dans l'*Histoire de Genève* Rousseau place la constitution de Genève dans ce dernier cas, identifiée à un procédé typique des gouvernements modernes en opposition à ce qui se passait dans l'Antiquité[2].

Cependant, dans les écrits précédents cette opposition machiavélienne entre le *logos* de l'histoire et le *logos* du législateur n'avait pas été présentée comme une opposition entre Antiquité et Modernité. Bien au contraire, les cas où les constitutions prennent consistance dans le temps en tant que produits d'un art tâtonnant et imparfait constituent selon Rousseau la grande majorité, l'exception notable étant celle de Sparte. Non seulement dans le second *Discours* le « Gouvernement naissant n'eût point une forme constante et régulière », mais aussi dans le *Contrat social* Venise et Rome sont citées comme exemples de ce même type. Et ici cette dynamique historique est présentée dans le cadre de la description « de l'inclination naturelle » du gouvernement à dégénérer, tout comme dans le second *Discours* la marche vers le despotisme était le dernier terme de l'histoire hypothétique des gouvernements et de l'inégalité[3].

Ainsi, si nous revenons à la sixième lettre, nous pouvons observer qu'un parallèle très étroit est établi entre les principes du *Contrat social* et la constitution de Genève :

1. Voir V. Goldschmidt, *Anthropologie et politique*, *op. cit.*, p. 233 et 384 ; et M. Rueff, « L'ordre et le système : l'empirisme réfléchissant de Jean-Jacques Rousseau », dans *Rousseau anticipateur-retardataire*, éd. par J. Boulad-Ayoub, I. Schulte-Tenckhoff et P.-M. Vernes, Saint-Nicolas-Paris, Les Presses de l'Université Laval-L'Harmattan, 2000, p. 275-344.

2. *Histoire de Genève*, OC V, p. 497-499.

3. Second *Discours*, OC III, p. 180 ; CS, III, 10, OC III, p. 421-22. Sur ce thème chez Machiavel, voir *Discorsi*, I, 2, et G. Sasso, « Machiavelli e Romolo », dans *Machiavelli e gli antichi e altri saggi*, Milano-Napoli, Ricciardi, 1987, p. 120 *sq*.

> ce Contrat primitif, cette essence de la souveraineté, cet empire des Lois, cette institution du Gouvernement, cette manière de le resserrer à divers degrés pour compenser l'autorité par la force, cette tendance à l'usurpation, ces assemblées périodiques, cette adresse à les ôter, cette destruction prochaine, enfin, qui vous menace et que je voulais prévenir; n'est-ce pas trait pour trait l'image de votre République, depuis sa naissance jusqu'à ce jour? [1]

Ce parallèle nous permet de constater d'abord la temporalité inscrite dans la structure du *Contrat social* et dans l'ordre d'exposition des matières, car la succession des livres correspond exactement aux étapes de « l'histoire de Gouvernement de Genève » ; par conséquent l'exposition des principes qui sont la source de normativité dans le domaine de la politique ne se situe pas à l'intérieur d'un horizon intemporel, mais suit une dynamique qu'on pourrait définir comme naturelle et qui reprend le schéma de développement exposé dans le second *Discours*. Le contrat primitif, l'essence de la souveraineté et l'empire des lois correspondent dans le texte de 1754 à la naissance de la société par le pacte, ainsi qu'au moment démocratique des premières sociétés où la communauté se rendait garante envers chaque particulier de l'observation des lois. C'est le premier terme de l'inégalité qui coïncide avec « l'établissement de la Loi et du Droit de propriété » [2] et qui, dans le *Contrat social*, fait l'objet du premier et du deuxième livre. Ensuite il y a le deuxième terme de l'inégalité, à savoir l'institution de la magistrature. Ce terme comprend la naissance du gouvernement ainsi que sa dynamique interne d'évolution jusqu'à ce qu'elle demeure légitime et correspond aux chapitres I-X et XVI-XVII du traité de 1762, qui, tout en ajoutant des éléments à l'analyse de 1754, n'en changent pas la structure conceptuelle de fond; dans ce cadre on trouve l'exposition des différentes formes de gouvernement ainsi que la réfutation de la doctrine du pacte de gouvernement, dont l'acceptation « sous réserve » dans le second *Discours* était déjà une critique, bien que masquée [3]. Enfin il y a la « tendance à l'usurpation », la « destruction prochaine », à savoir le troisième terme de l'inégalité, le « changement du pouvoir légitime en pouvoir arbitraire », au moment où enfin le despotisme « élève par degrés sa tête hideuse » [4], une tendance analysée dans les chapitres X et XI du *Contrat social*.

1. OC III, p. 809.
2. OC III, p. 180 et 187.
3. H. Meier, note 302 dans J. J. Rousseau, *Discours sur l'origine de l'inégalité*, Paderborn, Schöning, 1999, p. 246, a parlé d'une réfutation déguisée sous la forme d'une démonstration par l'absurde. Sur cette question voir aussi le commentaire célèbre de V. Goldschmidt, *Anthropologie et politique*, *op. cit.*, p. 673 *sq.*
4. Second *Discours*, OC III, p. 190.

De manière spéculaire, l'histoire des constitutions réelles ne nous présente pas qu'un déroulement de faits dépourvus de toute normativité; bien au contraire, elle suit la même démarche naturelle que la science, une démarche qui peut être comprise non pas par l'historique des événements, mais par "l'analyse" de ses lois ou par l'étude "généalogique" de leur composition. Toutefois, cette temporalité sous-jacente de l'exposition des principes du droit politique est ancrée dans la nature même du corps politique qui étant un corps vivant et composé a une naissance, une vie et une mort, savoir la rupture du pacte social. Ainsi la dégénérescence n'est pas refoulée du discours politique, mais elle est bien prise en compte au niveau même des principes. En outre, ce schéma dynamique permet de mettre en lumière plusieurs degrés d'individualisation de l'universel contenus dans chaque modèle. Si « les fondements de l'État sont les mêmes dans tous les Gouvernements », chaque constitution s'identifie à une forme de gouvernement particulière, qu'elle individualise à son tour « selon les hommes, les temps et les lieux » [1]. La réalité politique est inscrite dans cette dynamique conduisant de la naissance à la mort, qui est en même temps une marche des institutions légitimes au despotisme. Par conséquent, la distance entre l'« état légitime » et « l'état actuel » de Genève évoqué au début de la septième lettre n'est pas la réponse de Rousseau à la déception suscitée par la condamnation de ses livres, mais correspond à la dynamique propre des sociétés politiques. À la fin du second *Discours*, Rousseau avait préconisé la possibilité d'un « ouvrage considérable dans lequel on pèserait les avantages et les inconvénients de tout Gouvernement, relativement aux Droits de l'État de Nature, et où l'on dévoilerait toutes les faces différentes sous lesquelles l'inégalité s'est montrée jusqu'à ce jour, et pourra se montrer dans les Siècles selon la Nature de ces Gouvernements, et les révolutions que le temps y amènera nécessairement » [2]. Nous allons montrer dans les pages suivantes que le gouvernement légitime de Genève est mesuré à l'aune « des droits de l'État de Nature », tandis que l'« état actuel » doit être à chaque moment situé, selon les changements apportés nécessairement par le temps, sur un point différent du diagramme, ou de la proportion qui marque le progrès de l'inégalité.

Cependant, avant d'aborder ce problème, il faut encore souligner un aspect très important. Dans l'analyse du *Contrat social* présentée dans la sixième lettre, Rousseau mentionnait le chapitre sur la religion civile tout en affirmant y avoir recherché comment la religion « peut et doit entrer comme partie constitutive dans la composition du corps politique ». En

1. LEM, OC III, p. 811.
2. Second *Discours*, OC III, p. 189-190.

revanche, peu de lignes après, lorsqu'il dresse la liste des éléments caractérisant le modèle genevois, aucune mention n'est faite de la dimension religieuse. La ville de Calvin n'est pour Rousseau qu'un modèle politique et sa constitution légitime n'a rien à voir avec le mythe fondateur de la Réforme : dans les *Lettres de la montagne* tout comme dans l'*Histoire de Genève* l'origine du « gouvernement présent » remonte à l'époque de l'évêque; mais aussi dans la *Dédicace* l'acquisition de l'indépendance politique était déjà présentée bien plus comme un moment refondateur que simplement fondateur de la République, qui avait été accompli grâce aux seules vertus militaires et politiques, sans aucune implication religieuse [1]. L'image de Genève comme modèle politique est donc essentiellement édifiée sur l'effacement de son identité religieuse, dont l'éloge du Calvin législateur dans le *Contrat social* n'est qu'une preuve ultérieure : la distance ne pourrait pas être plus grande par rapport à l'idéal de la république chrétienne et protestante ainsi que par rapport au mythe de la Réforme auxquels les Genevois demeuraient pour la plupart fidèles, du moins officiellement [2]. C'est donc ce modèle purement politique que nous allons analyser dans les pages suivantes.

L'état légitime et l'état actuel : Genève dans les œuvres politiques de Rousseau avant les Lettres écrites de la montagne

Au moment où il affirme la conformité de ses principes avec la constitution originaire de Genève, ce sont surtout deux éléments que Rousseau met au centre de cette correspondance : l'attribution de la souveraineté au peuple et la préférence accordée au gouvernement aristocratique, plus précisément à l'aristocratie élective. Ces deux éléments étaient présents dès le premier moment où Rousseau avait choisi de souder la référence à Genève avec sa réflexion politique. Dans la *Dédicace*, l'identité du peuple et du souverain est en fait le premier attribut politique caractérisant la patrie réelle-idéale que Rousseau se serait choisie. Et la référence à l'idée d'aristocratie élective, bien que l'expression ne soit pas utilisée ici, correspond à l'élément conceptuel fondamental qui permet d'établir un lien étroit entre le sujet du *Discours* et les institutions genevoises. Effectivement, dans les pages finales du texte Rousseau avait affirmé « que l'inégalité morale, autorisée par le seul droit positif, est contraire au Droit

1. LEM, OC III, p. 866, *Histoire de Genève*, OC V, p. 497 et p. 526-528; Second *Discours, Dédicace*, OC III, p. 116.

2. Sur cet aspect, ainsi que sur l'interprétation de la religion civile comme une critique de la « république chrétienne » et des institutions religieuses et politiques de Genève, voir G. Silvestrini, « Religione civile e repubblicanesimo », art. cit., p. 166 *sq*.

Naturel, toutes les fois qu'elle ne concourt pas en même proportion avec l'inégalité Physique » ; également dans la note XIX il avait écrit que le véritable juge des mœurs est le peuple, et que les rangs des citoyens doivent être mesurés « sur les services qu'ils rendent à l'État » [1]. De ce point de vue Genève était d'emblée présentée comme l'État où l'égalité naturelle et l'inégalité d'institution ont été le mieux combinées grâce au fait que c'est le peuple même qui donne les distinctions en attribuant les charges politiques selon le mérite [2].

Dans le *Contrat social* ce parallèle est moins évident mais tout aussi présent. Au moment même où la théorie du pacte social est formulée, l'explication du véritable sens des mots *cité* et *citoyen* convoque une référence à Genève, lieu où ce sens véritable a été conservé [3]. En outre, dans le chapitre consacré au législateur, Genève, tout comme les républiques italiennes, est comparée à Sparte en tant que république dont la constitution a été produite par la raison du législateur, le Calvin « grand homme » loué comme rédacteur des édits [4]. Pourtant, aucune mention explicite de Genève n'est repérable dans le chapitre sur la forme de gouvernement aristocratique. Ici la distinction typologique entre trois sortes d'aristocratie légitimes, naturelle, élective et héréditaire, correspond aussi à un schéma dynamique qui est en même temps un processus de corruption, car l'aristocratie héréditaire « est le pire de tous les Gouvernements ». Dans une note Rousseau ajoute que pour éviter le passage à l'aristocratie héréditaire « il importe beaucoup de régler par des lois la forme des élections des magistrats », sans l'abandonner à la volonté du prince. Ceci ne signifie pas que le peuple doive élire les magistrats, mais qu'il doit régler par une loi la discipline concernant les élections des magistrats. Si en effet les magistrats peuvent régler eux-mêmes la procédure dans cette matière, tôt ou tard ils utiliseront ce moyen pour modifier les élections à leur avantage, pour transmettre les charges à leurs enfants « en rendant les familles patriciennes » [5]. Les exemples mentionnés sont Venise et Berne ; pourtant, déguisée sous le nom de Venise, c'est bien Genève qui est impliquée dans cette dénonciation du danger que les charges politiques électives deviennent héréditaires.

Rousseau lui-même a suggéré cette référence implicite à sa ville natale, car il établit une comparaison explicite entre Venise et Genève dans le

1. OC III, p. 193-94, 222-23. Sur ces textes voir les notes 239, 460, 462 et 463 de H. Meier dans J.-J. Rousseau, *Discours sur l'origine de l'inégalité parmi les hommes*, éd. cit.

2. Second *Discours*, OC III, p. 118.

3. CS, I, 6, OC III, p. 361-362.

4. *Ibid.*, II, 7, OC III, p. 382.

5. *Ibid.*, III, 5, OC III, p. 406-407.

chapitre du quatrième livre consacré aux élections, chapitre qui, du point de vue conceptuel, est une suite de la note sur les élections dans les gouvernements aristocratiques. Ici, tout en soulignant encore une fois que dans les aristocraties « le prince choisit le prince », il apporte des précisions importantes aux réflexions précédentes, dans la mesure où il affirme que Venise n'est pas une véritable aristocratie, mais un gouvernement mixte, tout à fait comparable à celui de Genève, car « la noblesse y est peuple elle-même » [1].

Ceci nous montre en premier lieu que, pour Rousseau, Genève est aussi un gouvernement mixte, mêlé de démocratie et d'aristocratie. Il n'est pas possible ici de suivre toutes les définitions que Rousseau donne du gouvernement genevois, qui est qualifié tour à tour de « gouvernement démocratique sagement tempéré », de "démocratie", et d'« aristocratie élective » [2]. Cependant, si nous mettons en rapport la description du gouvernement de Genève effectuée dans la *Dédicace* avec la distinction fonctionnelle entre actes de souveraineté et actes de gouvernement présentée dans le *Contrat social*, nous pouvons voir très bien pourquoi Genève est qualifiée de gouvernement mixte. En effet, le peuple n'a pas transféré aux magistrats tous les actes du second genre, mais en exerce directement – et donc démocratiquement – certains en Conseil Général : le vote des traités, les matières concernant la guerre et la paix, ainsi que l'élection des principaux magistrats. Le caractère aristocratique du gouvernement de Genève est à son tour lié à la présence d'un corps de magistrats qui ont en main l'exercice de la puissance exécutive : c'est l'existence d'un état permanent différent et séparé du corps du peuple qui éloigne Genève des démocraties pures. De surcroît, à la différence d'Athènes, le droit de proposer les matières à l'assemblée du peuple est réservé aux magistrats. Ceci n'implique pourtant pas une division du pouvoir législatif, car à la rigueur la proposition des matières et l'initiative des lois, étant du point de vue fonctionnel des actes particuliers, sont du ressort du gouvernement.

Toutefois, la comparaison avec Venise, malgré « l'extrême disparité des deux Républiques », nous permet d'ajouter encore quelques traits à la description de la constitution de Genève, qui nous font voir non seulement son « état légitime », mais aussi « son état actuel ». D'abord, le parallèle entre les « pauvres Barnabotes » et les citoyens de Genève a moins l'effet de démocratiser la constitution vénitienne que de faire allusion à la mainmise

1. CS, IV, 3, OC III, p. 442-443. On pourrait rapprocher cette analyse du gouvernement de Venise avec le passage suivant de l'*Esprit des lois*, II, III : « Lorsque que les nobles sont en grand nombre… on peut dire que l'aristocratie est en quelque sorte dans le sénat, la démocratie dans le corps des nobles ».

2. *Lettre à d'Alembert*, OC V, p. 105 : « dans une Démocratie où les sujets et le souverain ne sont que les mêmes hommes considérés sous différents rapports » ; la même définition se trouve dans les LEM, OC III, p. 816.

d'un nombre restreint de familles genevoises sur les charges politiques, aussi bien qu'au caractère tout à fait formel et rituel des titres et des droits qu'ont les citoyens d'assister au Conseil Général, équivalent implicite du Grand Conseil vénitien. C'est donc bel et bien le danger de tomber dans une aristocratie héréditaire *de facto* qui est dénoncé dans ce parallèle de Genève et de Venise. Mais il y a plus. La comparaison des classes existantes dans les deux villes nous permet également de voir qu'un autre processus de corruption est en train de se dérouler à Genève, à savoir la concentration de la souveraineté. Si les Barnabotes ne sont nobles que comme les citoyens genevois, ceci ne signifie pas seulement que Venise est plus démocratique qu'on ne pense, mais bien plutôt que Genève est aussi aristocratique que Venise, car les droits de souveraineté appartiennent aux citoyens et bourgeois à l'exclusion des Natifs et des Habitants. Dans le *Contrat social* ainsi que dans les *Lettres sur la montagne* aucun mot n'est soufflé pour la défense des Natifs. Pourtant dans l'*Histoire de Genève* il sera clairement dit que quand Genève était une pure démocratie il n'y avait pas de distinctions permanentes non seulement entre citoyens et magistrats, mais aussi entre les citoyens et les Habitants. C'est aussi cette inégalité permanente des rangs qui éloigne Genève de la pure démocratie[1].

Enfin, cette tendance à rendre héréditaires les charges politiques aussi bien qu'à resserrer la souveraineté que la référence à Venise met en lumière, nous autorise à voir également une allusion à Genève dans le chapitre consacré à l'abus du gouvernement. Dans ce chapitre Venise et Rome, mais aussi Gênes, et indirectement Berne, sont portées comme exemples historiques de la tendance naturelle du gouvernement à dégénérer, ce qui entraîne tôt ou tard la mort du corps politique. C'est là « le vice inhérent et inévitable qui dès la naissance du corps politique tend sans relâche à le détruire, de même que la vieillesse et la mort détruisent le corps de l'homme »[2]. Les deux voies générales par lesquelles ce processus s'accomplit sont le resserrement du gouvernement et la dissolution de l'État au moment où le gouvernement usurpe le pouvoir souverain, ou bien les magistrats usurpent séparément le pouvoir qu'ils ne doivent qu'exercer ensemble. Bien que ces différentes voies soient conceptuellement distinguées, les exemples historiques apportés par Rousseau nous font voir qu'il

1. Il est clair que pour des raisons d'opportunité politique Rousseau ne veut pas aborder cette question au moment où il écrit le CS et les LEM, tout en s'éloignant sur ce point des positions de la bourgeoisie, qui ne voulait pas partager ses droits avec les Natifs ; sur ce thème je renvoie à G. Silvestrini, « Le républicanisme genevois au XVIIIe siècle », art. cit. Il faut aussi rappeler que dans les *Lettres de la campagne*, p. 62 *sq.*, J.-R. Tronchin avait utilisé l'argument de l'égalité originaire des Natifs et des Bourgeois dans le but de délégitimer la référence que les Représentants avaient faite aux Franchises et aux lois antérieures à la Réformation.

2. CS, III, 10, p. 124.

y a un schéma dynamique de l'abus du gouvernement commun à la plupart de républiques – à l'exception de Sparte.

Cette dynamique, qui s'articule à la dynamique plus générale commune à toutes les républiques analysée ci-dessus, prévoit d'abord le "resserrement" du gouvernement, à savoir le passage de la démocratie à l'aristocratie, ensuite l'aristocratie devient héréditaire, ce qui est « la pire des administrations légitimes », et enfin les chefs étant devenus presque inamovibles ne rencontrent plus d'obstacles quand ils commencent à usurper même le pouvoir souverain, jusqu'à ce que la monarchie et le despotisme engendrent la dissolution de l'État[1]. C'est le même schéma qui est à l'œuvre dans le second *Discours*, c'est le même schéma qu'on peut dégager dans la structure du *Contrat social*, et c'est le même schéma que Rousseau utilise pour mesurer la distance entre la constitution légitime de Genève et son état actuel : d'abord la société consiste dans une démocratie où le peuple exécute les lois qu'il a lui-même approuvées, ensuite il délègue l'administration des affaires à des particuliers, qui pourtant ne se différencient pas du reste du peuple et rentrent dans l'égalité après avoir expédié les affaires; peu à peu le développement des relations sociales impose une administration fixe, un corps permanent de magistrature est créé, et donc on a enfin un "Prince" tout à fait séparé du "Peuple"; les inconvénients des élections favorisent la permanence des charges et leur caractère héréditaire et bientôt voilà le Prince en état d'opprimer le Peuple en usurpant le pouvoir souverain. C'est ce même schéma que Rousseau va utiliser pour analyser l'histoire du gouvernement de Genève dans les *Lettres de la montagne* et dans l'*Histoire de Genève*, où Genève est considérée comme un cas particulier d'un schéma historique qui se répète[2].

On peut voir par conséquent que, malgré la référence à Calvin législateur, déjà dans le *Contrat social*, grâce à la comparaison avec Venise, Genève est classée parmi les républiques dont la constitution est l'œuvre du *logos* de l'histoire et non du législateur, à côté de Rome, Venise, Gênes et Berne. Et tout comme il est arrivé à la plupart de ces républiques,

1. Ce schéma n'exclut pas la possibilité d'un devenir historique différent, ni de variations. Ce qui est pourtant jugé « impossible » est le « progrès inverse » de la monarchie à l'aristocratie à la démocratie. C'est la marche naturelle des choses vers l'inégalité qui rend impossible une rétrogradation. Ainsi Rousseau interprète le passage de la monarchie à la république à Rome non pas comme un développement mais bien plutôt comme la mort d'un état et la naissance d'un autre, CS, III, 10, OC III, p. 421-422 et note. On pourrait dire également que le resserrement du gouvernement s'accompagne déjà de petites usurpations. Pourtant ce n'est que quand le premier est accompli qu'on a généralement l'usurpation définitive de la souveraineté.

2. LEM, OC III, p. 815 : « Il vous est arrivé, Messieurs, ce qu'il arrive à tous les Gouvernemens semblables au vôtre »; voir les contributions de F. Guénard pour les LEM et d'I. Bouvignies pour l'*Histoire de Genève*.

elle aussi se trouve à un moment critique de son histoire, celui où le glissement vers une aristocratie héréditaire *de facto*[1] précède l'usurpation définitive des pouvoirs du peuple. Si Venise est un état dissout, Genève est sur le point de le devenir. Ce jugement ne se retrouve pas seulement dans le *Contrat social*, mais il était aussi lisible entre les lignes du second *Discours*.

En effet, l'éloge des institutions genevoises fait dans la *Dédicace* n'était pas ingénu. Il était accompagné par l'allusion discrète à des « événements malheureux » à ne plus jamais revoir, par un appel à la modération de part et d'autre, par une volonté d'encourager l'esprit de paix qui suppose la conscience du conflit passé, dont les effets se prolongent dans le présent, car, comme Rousseau le confiait au pasteur Perdriau, il voulait porter « dans le fond des cœurs l'olive que je ne vois encore que sur des médailles »[2]. Ainsi cette évocation des conflits genevois réapparaît de manière silencieuse mais indéniable là où, dans la seconde partie du *Discours*, il s'agit des guerres civiles et du fait que « l'ambition des principaux profita de ces circonstances pour perpétuer leurs charges dans leurs familles », dissensions provoquées par « les défenseurs de la Patrie » qui en deviennent « tôt ou tard les Ennemis ». Certes, Rousseau ne veut pas dire que Genève a franchi le seuil qui ouvre aux temps de troubles et de calamité annonçant le despotisme. Au contraire, c'est pour éviter la stabilisation du conflit qu'il appelle à la paix et à la réconciliation. Pourtant il est inévitable de mettre en rapport la réalité genevoise avec ce qui précède les conflits internes, à savoir le changement de la magistrature qui d'élective devient héréditaire : c'est le danger que l'inégalité de mérite cède la place à une inégalité illégitime, ce qui permet enfin au magistrat d'« usurper un pouvoir illégitime »[3]. Tout comme dans le *Contrat social*, c'est précisément au tournant de ce passage du pouvoir légitime au pouvoir arbitraire que la constitution "actuelle" de Genève doit être placée dans le second *Discours*, dont tous les efforts rhétoriques visent à conjurer un tel effet. Et dans la *Lettre à d'Alembert*, en reprenant le même langage que le second *Discours*, Rousseau demande pareillement « si l'inégalité n'a pas atteint parmi nous le dernier terme où elle peut parvenir sans ébranler la République »[4]. À Genève, donc, la république n'a pas encore été ébranlée, mais elle peut bien l'être; en outre ce passage permet de préciser que les trois termes de l'inégalité décrits dans l'ouvrage de 1754 ne sont pas statiques, mais

1. À Genève le glissement vers l'aristocratie héréditaire ne produit pourtant pas un gouvernement légitime, car les lois autorisent seulement une inégalité fondée sur le mérite, à savoir sur l'élection.

2. *Correspondance complète*, III, 258.

3. Second *Discours*, OC III, p. 187-88.

4. *Lettre à d'Alembert*, OC V, p. 105.

contiennent à leur tour des gradations internes. Ainsi Genève, après avoir franchi le premier et le second terme de l'inégalité, à savoir l'institution des lois et du droit de propriété d'abord, l'institution de la magistrature ensuite, est en train de s'approcher du troisième terme. Le problème est celui de savoir à quel degré la ville se trouve, et quels sont les remèdes à suggérer.

Il est donc évident que dans les différents ouvrages de Rousseau le jugement concernant la constitution actuelle de Genève ne connaît pas de modifications substantielles : elle approche du troisième terme de l'inégalité, de l'ébranlement de la république par l'usurpation de la souveraineté qui entraîne la dissolution de l'État et la fin du gouvernement de la loi. C'est le danger de l'aristocratie héréditaire, ou de l'aristocratie pure. Ce qui change est la perspective choisie pour évaluer le degré de corruption de Genève, car il s'agit là d'un processus dont la phénoménologie concerne non seulement le plan des institutions, mais aussi le niveau des rapports socio-économiques, ainsi que l'état des connaissances, des opinions et des mœurs. Il y a également une accentuation différente des remèdes proposés tour à tour selon les écrits, qui relèvent pourtant d'une vision d'ensemble très cohérente.

À partir de la *Dédicace* c'est d'abord la souveraineté du Conseil Général qui fait l'objet de cette volonté de conservation de la « constitution légitime », c'est le rapport de subordination nécessaire des magistrats au peuple souverain qui est invoqué, la soumission de tous à la loi ; mais on y trouve aussi l'idéal du petit État autarcique, la critique des richesses et du commerce, le rapport entre guerre, armée permanente, taxation et liberté, l'éducation et la frugalité républicaine, dont les pasteurs et les femmes sont les premiers gardiens. Dans l'*Économie politique* ces mêmes indications sont reprises : la subordination des chefs à la volonté générale, la soumission de tous à la loi, ainsi que les considérations concernant les mœurs, les finances, l'éducation, le luxe. La *Lettre à d'Alembert* ne s'éloigne pas de cette perspective, en analysant la question du théâtre du point de vue de ses effets politiques et en opposant les cercles et les fêtes républicaines à une comédie qui ne serait que « panem et circenses » [1]. Seulement le *Contrat social* va marquer une différence importante, l'identification d'un moyen institutionnel précis permettant d'éviter l'abus du gouvernement, à savoir les assemblées périodiques générales, que Rousseau n'avait pas mentionnées dans les ouvrages précédents [2]. Ce qui est important à souligner est

1. Voir Ourida Mostefai, *Le Citoyen de Genève et la République des Lettres. Étude de la controverse autour de la* Lettre à d'Alembert *de Jean-Jacques Rousseau*, New York, Peter Lang, 2003, p. 88 *sq.* ; H. Rosenblatt, *Rousseau and Geneva*, *op. cit.*, p. 185-227.

2. La référence aux assemblées périodiques était pourtant présente dans un fragment non publié du second *Discours*, OC III, p. 1357.

le fait que ces assemblées ne visent pas à empêcher le resserrement du gouvernement; elles sont plutôt censées contrecarrer la tendance du gouvernement à usurper le pouvoir souverain. Conformément au jugement sur « l'état actuel » de Genève, où le resserrement du gouvernement dans un corps permanent a été accompli, le danger auquel il faut s'opposer est le passage suivant, à savoir l'usurpation de la souveraineté. Pourtant cette fois le remède proposé par Rousseau va devenir objet de la condamnation du Petit Conseil de Genève. S'il y a une continuité dans les ouvrages de Rousseau par rapport au jugement porté sur la constitution genevoise, il faut donc voir de plus près pourquoi c'est seulement le *Contrat social* qui a été condamné.

La théorie politique de Rousseau et le contexte genevois

Lorsque Rousseau reprend la citoyenneté genevoise et adresse son écrit sur l'inégalité à la République genevoise, la situation politique de la ville est loin d'être apaisée; bien au contraire, les années Quarante et Cinquante sont marquées par une conflictualité endémique, dont Rousseau était bien au fait, comme l'attestent son attitude de médiateur entre les partis et ses allusions aux funestes malentendus et aux événements malheureux que l'oubli n'a pas encore complètement effacés. Toutefois, tout en se présentant comme celui qui veut contribuer de loin à rétablir la concorde et l'unité dans sa patrie, la position qu'il assume est très claire : il va prendre une position très nette en faveur de la défense des droits du Conseil Général, et donc en faveur du parti des citoyens et bourgeois, « les plus ardents à soutenir leurs droits », tout en restant très adroitement à l'intérieur de l'espace du compromis politique et théorique autour duquel les Genevois s'étaient ralliés après l'Édit de Médiation. Il n'y a donc rien de surprenant dans l'accueil ravi que le chef le plus accrédité du parti bourgeois, Jacques-François Deluc, réserve à « l'inimitable Épître » et aux incomparables travaux en faveur de la patrie écrits par Rousseau[1], ni rien d'étonnant non plus dans le ton de froideur avec lequel certains membres de la Genève du Haut commentent les textes de Rousseau. Cependant, la réception de la *Dédicace* par les magistrats genevois, malgré le mauvais procédé qu'il avait suivi en ne soumettant pas le texte à leur jugement avant sa parution, n'aurait pas pu être considérée comme défavorable[2].

1. *Correspondance complète*, XXXVII, 253 bis.

2. Voir les réponses du premier syndic Jean-Louis Chouet et de Jean-Louis Dupan, *Correspondance complète*, III, 301 et 303.

En fait, au moment où Rousseau va exposer pour la première fois les "principes" de son système dans le second *Discours* et présente les éléments – apparemment – épars d'une théorie politique, on décèle de sa part une attention soigneuse à suivre le fil de ce qu'on pourrait appeler la rhétorique républicaine communément partagée par les groupes qui s'opposaient à Genève. Si c'était d'abord l'identité du souverain et du peuple que Rousseau mettait en avant dans sa description de sa ville natale, cette affirmation n'avait rien d'extraordinaire par rapport à Genève, où tout le monde reconnaissait que la souveraineté appartenait au peuple assemblé en Conseil Général. Tout de même, son éloge de l'heureuse combinaison entre égalité et inégalité réalisée par les institutions genevoises n'était rien de plus qu'une variation sur un thème mille fois répété par ses concitoyens, à savoir qu'à Genève on ne connaît pas d'aristocratie héréditaire et que c'est uniquement le mérite qui donne accès aux charges politiques, seule source d'inégalité dans l'État[1].

Il y avait bien plus de force et de radicalisme dans le geste « tout à fait inouï », de dédier son ouvrage à « la République », au peuple souverain. Se refusant de s'adresser, comme l'usage le prévoyait, à « l'Illustre Sénat de la République », il rompait avec une pratique qui renversait silencieusement sur le plan des faits et des rites l'ordre légitime des pouvoirs, en donnant aux magistrats la primauté sur le peuple. Rousseau rétablit, avec la *Dédicace* elle-même et avec la succession précise des destinataires de son allocution aux Genevois – il s'adresse d'abord au peuple souverain, ensuite aux magistrats, aux pasteurs, et enfin aux femmes –, la hiérarchie légitime des autorités, en rendant au peuple souverain la primauté qui lui revient aussi et avant tout dans l'ordre du discours[2].

Cependant, tout en réaffirmant la souveraineté du peuple, sa vision du régime genevois en tant que « gouvernement démocratique sagement tempéré » se caractérisait par l'absence de tout trait qui aurait pu paraître séditieux aux yeux des magistrats genevois et sa théorie présentait les mêmes ambiguïtés repérables dans les doctrines politiques des Genevois. Au moment où Rousseau attribuait aux seuls magistrats le droit de proposer

1. Sur cette rhétorique républicaine communément partagée ainsi que pour toute référence bibliographique sur les rapports entre Genève et Rousseau je me permets de renvoyer à G. Silvestrini, *Le républicanisme genevois au* XVIIIe *siècle*, art. cit.

2. Par exemple, dans les sermons des pasteurs, là où le destinataire cesse d'être le collectif désigné par « mes frères », il y a un ordre conventionnel des destinataires exactement contraire à la suite choisie par Rousseau : d'abord les magistrats, ensuite les pasteurs, et enfin les pères et les mères de famille, suivis parfois par les jeunes gens; voir, entre autres, E. Gallatin, *Sermon sur l'abus criminel de la patience de Dieu*, Genève, 1720, p. 122 *sq.*; A. Maurice, *Sermon sur le Jubilé de la Réformation de Genève*, Genève, 1735, p. 20 *sq.*; J.-A. Turrettini, *Sermon sur le Jubilé de la Réformation de Genève*, Genève 1735, p. 16 *sq.*

de nouvelles lois, et malgré le silence concernant les différents ordres dont le Conseil Général était composé, il déclarait par cela même se ranger à la vision conservatrice de ses compatriotes, qui n'admettaient pas qu'un changement aux lois existantes puisse être introduit sans le consentement de tous les ordres de l'État. De même, il reprenait l'idéal de la liberté comme soumission à la loi, un idéal qui était au centre de la rhétorique républicaine communément partagée. En outre, dans le texte même du discours, à côté du pacte d'association, il avait fait place, bien qu'avec des réserves, au pacte de gouvernement, qui à Genève était considéré comme le fondement des pouvoirs des différents conseils ainsi que de l'idéal du gouvernement de la loi. Enfin, il soutenait que l'autorité des magistrats n'est pas précaire. Cependant, ce ralliement ouvertement affiché à la doctrine officielle ne peut pas effacer non plus la présence discrète mais indéniable d'une série d'éléments apparemment en contraste avec elle, éléments qui d'ailleurs avaient caractérisé la doctrine bourgeoise. Tout en attribuant aux magistrats une autorité non précaire, il évite soigneusement de leur donner un « pouvoir propre », les appelant, comme l'avaient fait ses concitoyens, des “commis” et des “officiers” du peuple. Dans le texte du *Discours* cette fonction subordonnée des magistrats est déjà évidemment fondée sur la primauté du pacte d'association par rapport à la naissance du gouvernement, ainsi que sur l'antériorité de la loi émanée du peuple par rapport aux officiers chargés de l'exécuter. Enfin, tout comme les partisans de la bourgeoisie, Rousseau envisage lui aussi le danger majeur menaçant les républiques dans l'inégalité croissante entre les différentes familles de l'État et dans la perpétuation des charges politiques dans les mêmes familles. Mais au danger que les magistrats se changent en propriétaires de l'État et en maîtres de leurs concitoyens, Rousseau n'oppose dans le texte du second *Discours* aucun remède institutionnel précis. Il se limite à réaffirmer la soumission de tous à la loi, et à encourager la défense des droits du Conseil Général.

De ce même point de vue, le discours sur l'*Économie politique*, malgré l'introduction du concept de volonté générale, ne change pas beaucoup le cadre théorique. Tout comme dans l'ouvrage de 1754, si l'ordre de la véritable subordination est à nouveau nettement affirmé – les magistrats sont subordonnés au souverain et les citoyens aux magistrats – il n'y a rien qui soit introduit pour soumettre les magistrats à un contrôle effectif. Leur autorité étant fondée sur les lois, la seule garantie que les chefs suivront en tout la loi et la volonté générale se trouve dans l'intérêt qu'ils ont à les faire observer, car si les lois sont violées, leur autorité “tombe”[1]. En outre, pour

1. Second *Discours*, OC III, p. 185 ; DEP, p. 50-51.

connaître la volonté générale il n'est pas nécessaire d'assembler à chaque fois la nation entière, « de sorte qu'il ne faut qu'être juste pour s'assurer de suivre la volonté générale »[1]. De surcroît, la possibilité de la représentation n'est pas exclue, en particulier en matière de taxation. Ainsi, jusqu'à la *Lettre à d'Alembert*, tout en utilisant des tons et des argumentations évidemment plus favorables au parti bourgeois, Rousseau développe sa critique du luxe, du théâtre et de la civilisation française, ainsi que sa défense des mœurs républicaines, à l'intérieur d'un univers conceptuel et normatif largement partagé à Genève, non seulement par le parti bourgeois, mais aussi par les pasteurs et par une partie de la Genève du Haut.

Par contre, si nous lisons la liste des griefs avancés contre le *Contrat social* dans les *Conclusions* de Jean-Robert Tronchin nous y trouvons autant de thèses que Rousseau n'avait pas soutenues de manière explicite dans ses ouvrages précédents : l'auteur n'aperçoit aucun engagement réciproque entre ceux qui gouvernent et ceux qui sont gouvernés, il affirme que ceux qui gouvernent peuvent être changés ou brisés au gré du peuple, que toutes les formes de gouvernement ne sont que provisionnelles, il soutient l'instabilité des volontés générales du peuple et réclame les assemblées périodiques comme moyen de prévenir les usurpations des gouvernements[2]. Cette liste dressée par Tronchin correspond exactement aux points ambigus qui permettaient de placer les ouvrages de Rousseau à l'intérieur de l'espace du compromis théorique issu de la Médiation et qui disparaissent du traité de 1762.

« Vu de Genève » le radicalisme du *Contrat social* est à envisager avant tout et surtout dans la cohérence théorique avec laquelle Rousseau, tout en critiquant une certaine tradition du droit naturel, en particulier Grotius et Barbeyrac, va attaquer de front la version officielle du droit naturel qui avait été utilisée pour légitimer l'interprétation gouvernementale de la constitution de Genève, à savoir la théorie du partage des droits de souveraineté et l'idée du contrat de gouvernement considéré comme la loi fondamentale réglant les pouvoirs et les droits de tous les ordres de l'État. C'est cette même version qui est reprise dans l'ouvrage d'un autre Genevois, les *Principes du droit politique* de Jean-Jacques Burlamaqui, que le *Contrat social*, tout en le citant en sous-titre, va réfuter[3].

À partir de sa théorie du contrat social, de l'aliénation totale et de la souveraineté absolue du peuple, Rousseau affirme le caractère indivisible

1. DEP, p. 52.

2. *Correspondance complète*, XI, p. 298-99. Je laisse de côté la question de la religion civile.

3. J'ai développé ce thème dans « Rousseau, Pufendorf e la tradizione settecentesca del diritto naturale », art. cit.

de la souveraineté et explique que l'acte constitutif du gouvernement n'est pas un contrat, tout en soulignant la nature dérivée et subordonnée de l'autorité des magistrats. Et cette fois il va indiquer un moyen institutionnel précis de «prévenir les usurpations du gouvernement», les assemblées périodiques où le peuple en corps peut toujours changer la forme de gouvernement établie ainsi que les personnes actuellement chargées de l'administration. De cette manière, Rousseau non seulement reprend une des revendications que ses concitoyens avaient réclamées depuis le début du siècle dans le sillage de Machiavel et de Sidney, mais encore il se rallie à la position conservatrice de la bourgeoisie après 1718: ce n'est pas un changement du système électoral qu'il vise, et donc un changement de la constitution, mais la sauvegarde des pouvoirs souverains du peuple, à savoir du Conseil Général. Toutefois, cette défense n'est possible qu'à partir d'une modification sensible de la théorie de la volonté générale et de la soumission de tous à la loi qu'il avait exposée dans le discours sur l'*Économie politique*. Ici Rousseau avait affirmé que pour connaître la volonté générale et pour s'assurer de la suivre «il ne faut qu'être juste», en prenant toujours le parti le plus favorable à l'intérêt public – et cette position était aussi compatible avec l'acceptation de la représentation[1]. Dans le *Contrat social*, cette interprétation intellectualiste de la volonté générale cède la place à une vision beaucoup plus procédurale de la généralité : la volonté est générale aussi bien dans la matière, objet de la délibération, que dans la forme, à savoir le sujet de la délibération qui doit garantir l'identité de l'auteur et du destinataire de la loi. De cette manière, non seulement toute possibilité de représentation de la volonté est exclue, mais aussi la simple soumission aux lois n'est plus suffisante pour garantir que les magistrats suivent la volonté générale, car la volonté particulière tend toujours aux préférences et la volonté particulière du gouvernement «agit sans cesse contre la volonté générale». À la primauté de la loi va donc se substituer, dans le *Contrat social*, la primauté de la volonté générale sur la loi et même sur le pacte social. En outre, la théorie de l'aliénation totale et la critique du pacte de gouvernement poussaient Rousseau à réfuter en même temps les arguments qui avaient été utilisés en faveur du droit de résistance dont la fonction va être remplie par les assemblées périodiques du peuple: c'est à elles que revient la fonction de contrecarrer régulièrement et légalement la volonté particulière du gouvernement, de lui opposer une résistance "constituée" permettant d'empêcher que celui-ci «opprime enfin le Souverain» ou retardant cette oppression[2].

1. DEP, p. 50-52, et 73.
2. CS, OC III, p. 421.

Tout en étant écrit pour Genève et pour les petites républiques qui lui sont comparables, le *Contrat social* va donc développer et radicaliser les critiques que Rousseau avait avancées, dans ses ouvrages précédents, contre les différents auteurs de la pensée politique et juridique moderne, les absolutistes aussi bien que les théoriciens du droit de résistance. De même, tout en attaquant les doctrines qui permettaient aux magistrats genevois de se soustraire à tout contrôle de la part du peuple, il allait aussi critiquer les ambiguïtés et les contradictions qu'il apercevait dans les positions de la bourgeoisie qui avait accepté la théorie du pacte de gouvernement et des ordres de l'état. Malgré son intention genevoise et la présence incontestable du modèle de Genève, il serait donc difficile de voir dans le *Contrat social* une brochure genevoise. À la différence de Burlamaqui, qui dans les cas où il s'éloigne de Pufendorf et de Barbeyrac se limite à reprendre presque mot par mot certains écrits des années Trente en faveur du gouvernement, il y a de la part de Rousseau dans le *Contrat social* l'élaboration d'une théorie politique irréductible aux positions de la bourgeoisie. Comme le dira Lenieps après avoir lu cet ouvrage, « J'avais ainsi conçu la souveraineté et le Gouvernement, mais je n'avais rien vu qui l'eut établi avec autant de vérité et de force »[1].

L'état légitime et l'état actuel dans les Lettres écrites de la montagne : *l'interprétation du Règlement de la Médiation*

Après la parution des *Lettres écrites de la campagne* Rousseau va reprendre la plume pour réfuter et même “écraser” le porte-parole du gouvernement genevois. Cette fois pourtant, à la différence du *Contrat social* qui s'opposait à Jean-Jacques Burlamaqui sur le plan des principes du droit politique, l'argumentation rousseauiste se place au niveau de l'interprétation de l'histoire et des institutions genevoises. Dans les ouvrages précédents, le modèle genevois était considéré dans ses traits les plus universels, les fondements qui sont communs à tous les gouvernements républicains ; maintenant c'est son incarnation en tant que réalité concrète et individuelle qui va fournir la chair et les os à la charpente théorique. C'est donc afin de se renseigner sur les institutions et les lois genevoises, telles qu'elles ont été façonnées par le *logos* de l'histoire, que Rousseau va prier son ami genevois Jacques-François Deluc de lui envoyer tout le matériel nécessaire à une entreprise qui « demande une multitude de connaissances que je n'ai pas »[2].

1. *Correspondance complète,* XIV, n° 2308.
2. *Ibid.,* XVIII, 2990.

En effet, comme l'a justement souligné Jean-Daniel Candaux dans son *Introduction*, la première rédaction des *Lettres* est achevée avant que le travail de lecture et d'annotation du matériel historique envoyé par Deluc soit terminé. La structure théorique de la première version du manuscrit de Neuchâtel n'a pas été modifiée de manière essentielle par les connaissances sur Genève acquises au début de 1764, tout changement majeur étant limité à l'insertion de plusieurs passages relatant des faits et des événements du passé genevois qui ont la fonction d'exhiber les preuves historiques d'une argumentation préalablement développée[1]. De surcroît, au milieu de ce plaidoyer pour démontrer son innocence, Rousseau n'affirme pas s'être trompé, ni n'envisage la condamnation de ses livres comme la preuve de son erreur, de sa vision idéalisée de Genève. Au contraire, il présente cette condamnation comme la preuve qu'il avait bien vu.

Toutefois, il est possible de voir ici non seulement le signe d'une continuité remarquable dans l'interprétation rousseauiste de la constitution de Genève, mais aussi un moment clé de la stratégie argumentative de l'auteur, le moment où le plaidoyer se change en réquisitoire et la défense de soi-même – d'un particulier dont les droits ont été lésés – devient solidaire avec celle de la bourgeoisie genevoise, reliant donc intimement et étroitement la première partie des *Lettres de la montagne* à la seconde. Si les principes du *Contrat social* étaient conformes à la constitution de Genève, et si loin de vouloir la détruire il voulait la conserver en indiquant la manière de le faire, il n'y a qu'une seule raison qui puisse expliquer que cette volonté de conservation lui a été imputée à crime. Seuls des magistrats animés par le désir de renverser la constitution pouvaient songer à condamner un livre qui expose mieux qu'aucun autre les véritables principes de cette même constitution[2]. La défense personnelle devient donc une attaque contre les magistrats genevois et leur porte-parole, Jean-Robert Tronchin – attaque que Rousseau va lancer dans la seconde partie des *Lettres* sur un double niveau. Le premier concerne l'analyse de la constitution de Genève et de sa marche vers la corruption, la démonstration historique des efforts continuels que les conseils ont faits et sont en train de faire pour réussir enfin à usurper le pouvoir souverain du Conseil Général, tout en indiquant aussi les remèdes qui pourraient empêcher Genève de glisser vers le dernier terme de l'inégalité. Le second vise à démasquer le discours politique du gouvernement, afin d'en mettre en lumière la fausseté et la mauvaise foi. À cette fin il va utiliser sa technique de réfutation, à savoir pousser jusqu'au

1. OC III, CLXXVIII-CLXXXII. Voir aussi J.-S. Spink, *Jean-Jacques Rousseau et Genève*, *op. cit.*, p. 283.

2. LEM, OC III, p. 810; sur la continuité entre les deux parties des LEM voir aussi J. Terrasse, « Rousseau, Tronchin et les Représentants », art. cit., p. 58 *sq.*

bout les conséquences qu'on peut tirer des affirmations des adversaires afin de montrer qu'elles sont en contradiction avec les principes qu'ils déclarent suivre : Rousseau veut montrer que les conséquences du discours de Tronchin sont directement opposées aux principes incarnés dans la constitution légitime de Genève et que c'est donc le discours politique du gouvernement qui est séditieux, dans la mesure où il révèle son désir d'usurper le pouvoir souverain[1].

Au radicalisme théorique du *Contrat social* va donc s'ajouter le radicalisme dans l'interprétation de la constitution genevoise et dans la réfutation serrée de l'interprétation de cette même constitution que les magistrats avaient élaborée. Si dans l'ouvrage de 1762 il avait montré la contradiction inhérente à la théorie du partage des pouvoirs et du contrat de gouvernement, et donc la contradiction du compromis théorique autour duquel s'étaient ralliés les Genevois après 1738, dans les *Lettres* il va montrer le caractère contradictoire de l'Édit même de la Médiation, ainsi que la fausseté de l'application aux institutions genevoises de la doctrine du gouvernement mixte et de la balance des pouvoirs que Tronchin avait faite dans la droite ligne de la vision gouvernementale.

Produit historique de la lutte incessante entre les « droits du Peuple » et les « prétentions du Conseil » dont il porte les traces[2], l'Édit de Médiation décèle sa nature contradictoire dès le premier article, qui jette une confusion coupable sur le rôle du Conseil Général en le définissant comme un ordre de l'État. Tout en soulignant un problème effectif qui se dessinait dans l'effort qu'avaient fait les Genevois de penser leurs institutions dans le moule des concepts élaborés par la pensée politique moderne, Rousseau ne manquait pas de mettre en évidence, à l'aide de l'exemple anglais, la contradiction qu'il y avait dans le fait de considérer le Conseil Général comme un ordre parmi les autres et comme le corps où tous les ordres se trouvent réunis : il n'est pas, s'exclame-t-il, « un ordre dans l'État, il est l'État même »[3]. Ainsi, tout en portant son attaque beaucoup plus loin, Rousseau va reprendre la critique que vingt ans auparavant un autre Genevois, Micheli du Crest, avait lancée contre l'Édit. Selon ce dernier, en spécifiant les droits du Conseil Général, le Règlement avait laissé aux autres conseils, et en particulier au Petit Conseil, tous les droits qui n'avaient pas été expressément mentionnés. De cette manière non seulement les droits du Conseil Général souverain allaient être limités, mais aussi le Petit Conseil était investi du pouvoir suprême et arbitraire en

1. *Correspondance complète*, XVII, 2938.

2. LEM, OC III, p. 837.

3. Je renvoie à mon article « *Vu de Genève* : le Parlement anglais, la représentation et la liberté », art. cit. Voir aussi la contribution ci-dessus de C. Spector.

tant qu'il n'était contenu par aucun frein ni borne[1]. De même, Rousseau souligne la limitation des pouvoirs du Conseil Général impliquée dans la spécification de ses droits par l'Édit et, tout en poussant jusqu'au bout les arguments "séditieux" de Tronchin, il ne manque pas de rappeler que la conséquence de cette limitation revient à « supposer que le Petit Conseil, source primitive de la puissance, garde ainsi tous les droits qu'il n'a pas aliénés ». Et il conclut sournoisement : « Reconnoissez-vous, Monsieur, dans ce principe celui de votre Constitution ? »[2].

Toutefois, à la différence de Micheli, Rousseau ne voit pas dans l'article troisième de l'Édit qui fixe les droits du Conseil Général le renversement complet de la constitution originaire de Genève sanctionnée par les anciens Édits, lesquels, tout en définissant les attributions des conseils, laissaient subsister dans leur plénitude tous les pouvoirs du Conseil Général[3]. Selon Micheli, ce renversement opéré par le Règlement de la Médiation correspondait par cela même à l'instauration d'une oligarchie illégitime, car il avait attribué aux vingt-huit membres du Petit Conseil un pouvoir suprême et arbitraire « sur l'honneur, la vie et la mort » de tous les citoyens et bourgeois, et les avait donc privés de la liberté. En revanche, selon Rousseau cette instauration n'est pas encore un fait accompli. Le caractère "servile" de « votre état actuel », le pouvoir arbitraire « de vingt-cinq Despotes » qui se dessine dans les trois dernières des *Lettres de la montagne* n'absorbe pas toute la réalité politique genevoise et son futur proche dans la nuit du despotisme, ni n'épuise entièrement le sens de l'Édit, sans laisser aucune possibilité d'interprétation différente, sur laquelle puisse encore s'enraciner l'espérance d'une persistance de l'"état légitime". Bien au contraire, ce n'est pas dans le texte de l'Édit, mais c'est plutôt dans l'interprétation partielle et lacunaire que les magistrats en donnent qui est à voir le danger d'arriver définitivement à la servitude et au despotisme sans bornes du Petit Conseil[4]. Et c'est contre cette interprétation que Rousseau va trouver le remède pour conserver la constitution dans la contradiction même qu'il voit et dans l'Édit et dans la réalité genevoise. Si cette contradiction consiste dans l'opposition entre les droits du peuple et les prétentions du Conseil, le remède sera à chercher dans

1. Micheli du Crest, *Supplication avec Supplément*, p. 56 *sq.* Avant la Médiation les députés de la bourgeoisie s'étaient opposés à la proposition de fixer les droits du Conseil Général, voir G. Silvestrini, *Alle radici*, *op. cit.*, p. 168-71.

2. LEM, VIII, OC III, p. 839.

3. *Ibid.*, p. 841.

4. *Ibid.*, p. 837 : « Votre Magistrat, en tournant tout en sa faveur [...] et faisant servir la moitié de vos Loix à violer l'autre ». La même accusation de lecture « partielle » de l'Édit est lancée contre Micheli, qui « aigri » par ses malheurs, ne veut pas voir combien de droits ont été conservé ou rétablis par l'Édit, *ibid.*, p. 841.

l'équilibre entre ces deux instances, entre le droit de représentation et le droit négatif.

La prise en compte de cette contradiction et sa solution sont pourtant possibles car Rousseau analyse l'Édit selon deux perspectives différentes, la perspective absolue des principes du droit politique et la perspective relative à l'histoire genevoise et aux circonstances de sa rédaction : « Si cet Ouvrage n'est pas parfait en lui-même, il l'est relativement; il l'est quant aux temps, aux lieux, aux circonstances; il est le meilleur qui vous put convenir »[1]. Par conséquent, malgré la critique de l'Édit au niveau des principes, le jugement historique et politique demeure largement positif : la Médiation a été une "faute" du Conseil et, dans l'historique des efforts du gouvernement pour s'emparer des droits du Conseil Général, les événements précédents la Médiation firent « perdre un siècle » aux gouvernants. En outre, les droits des citoyens, tant publics que particuliers, « ont été conservés ou rétablis par cet Édit » dans nombreux articles, ce qui permet de conclure que les « Médiateurs ont rendu votre situation meilleure »[2].

Si donc sur le plan des principes Rousseau reprend et même dépasse la critique adressée par Micheli au Règlement de la Médiation, sur le plan de l'évaluation historique et politique il fait sienne l'interprétation de cet Édit que les tenants de la bourgeoisie, et en particulier Jean-François Deluc, avaient opposée aux michelistes au cours des années Quarante. Tout comme Deluc et la bourgeoisie après la Médiation, Rousseau demeure convaincu qu'il ne faut rien toucher à l'Édit, tout en essayant d'y trouver les moyens légaux de conserver la souveraineté du Conseil Général, la liberté et l'« empire des lois ». Tout comme eux, il va trouver ces moyens dans une lecture précise des articles de l'Édit concernant le « droit négatif » du Conseil et le droit de représentation des citoyens. Le premier est un droit très raisonnable, et même « une partie essentielle de la constitution démocratique » dans la mesure où il agit comme frein et barrière contre les nouveautés, bien que son introduction en 1738 ait modifié la constitution originaire de Genève, qui attribuait aux citoyens le droit de proposer des innovations. L'insertion du mot "approuvé" dans l'article VI réglant l'ordre des conseils est pourtant considérée par Rousseau non seulement comme une victoire des magistrats, mais aussi comme une contrepartie : la bourgeoisie a cédé le droit d'initiative, qui en 1707 avait été un des griefs principaux des chefs populaires, afin d'obtenir un contrôle effectif des gouvernants. Toutefois ce contrôle est possible seulement si le droit de représentation est assuré là où il vise non à introduire des nouveautés, mais,

1. LEM, VII, OC III, p. 822.
2. LEM, p. 821, 841, 892 et 894.

au contraire, à empêcher toute innovation et à redresser les lois là où elles ont été violées par les magistrats [1].

Dans ce nouveau remède à l'abus du gouvernement que Rousseau trouve dans la constitution de Genève il est possible de voir une différence par rapport au *Contrat social*. Différence petite, en apparence, mais qui en effet fait surgir des difficultés dans la mesure où ce remède est appliqué à un problème que Rousseau n'avait pas envisagé dans l'ouvrage de 1762 et qui n'avait jamais été objet de revendication majeure pour la bourgeoisie avant les années Soixante : la question du pouvoir judiciaire. C'est cette question du judiciaire que l'affaire Rousseau met au centre des revendications bourgeoises, revendications qui au cours des conflits politiques du passé s'étaient concentrées sur la question de la souveraineté du Conseil Général et de ses droits, notamment le droit législatif et de mettre les impôts.

Le seul Micheli du Crest – frappé par la rigueur des conseils – avait souligné avec force l'importance de cette question pour le maintien de la liberté. Mais à cette fin il avait proposé un retour à la figure démocratique du peuple-juge : « C'est une maxime constante et reconnue chés tous les peuples libres que le moïen principal et unique pour pouvoir jouir de leur liberté, consiste à juger eux-mêmes tous les cas criminels, si non en première instance, du moins par Apel en dernier ressort ». Par conséquent, tout en citant l'exemple de plusieurs peuples anciens, et notamment celui de Rome, et s'appuyant en même temps sur la logique de la souveraineté, il attribuait au Conseil Général de Genève le droit d'appel en matières criminelles [2]. Il n'est pas surprenant que, dans le contexte de l'affaire Rousseau, les représentants, et Rousseau d'après eux, n'hésitent pas à reprendre certaines des thèses que Micheli avait soutenu une vingtaine d'années auparavant, notamment l'illégalité des tribunaux qui ne sont pas présidés par les syndics. Toutefois ils rejettent l'idée que la constitution démocratique de Genève implique l'exercice direct par le peuple du pouvoir judiciaire, y compris le degré de l'appel. Deluc l'avait affirmé nettement en 1747, sans entrer en désaccord sur ce point avec la réponse qu'avait donnée Jean Barbeyrac à Micheli lui-même [3]. Rousseau à son tour prend ses distances avec ceux qui « s'imaginent qu'une Démocratie est un

1. LEM, p. 872 et 843-47. Sur l'interprétation que Deluc, contre Micheli, avait donnée des articles VI et VII de l'Édit, voir J.-F. Deluc, *Reflexions sur le Reglement de l'Illustre Mediation, contre ce qu'affectent de repandre quelques Personnes, que la Bourgeoisie de Genève a beaucoup perdu par le dit Reglement* (1745), BPU, Ms. Cramer 98, ff. 28v°-29r°, et *Refutation des erreurs du Mr. Micheli du Crest sur le Reglement de l'Illustre Médiation* (1747), Cologne, Pierre Marteau, 1766, p. 24-26.

2. Micheli, *Supplication avec supplément*, *op. cit.*, p. 60.

3. *Refutation des erreurs*, cit., p. 16-18. J. Barbeyrac, *Lettre du 20 novembre 1731*, BPU, Ms. fr. 852, ff. 166v°-167v°.

Gouvernement où tout le peuple est Magistrat et Juge», et reconnaît qu'à Genève les conseils jugent en dernier ressort[1]. Mais c'est exactement ce qui rend la situation des citoyens de Genève pire que la condition des sujets dans les états monarchiques, où l'appel au souverain offre la possibilité d'obtenir réparation d'une sentence injuste et agit comme «frein qui contient beaucoup d'iniquités». D'autant plus qu'à Genève la concentration des pouvoirs dans les mains du Petit Conseil est presque illimitée: non seulement parce qu'il cumule les fonctions administratives et judiciaires, ou bien, comme Rousseau le souligne, le pouvoir "gouvernemental" d'emprisonner et celui de juger, mais aussi parce qu'à cause du système d'emboîtement des conseils genevois, ce ne sont que vingt-huit personnes qui siègent partout et qui contrôlent tous les autres corps de l'État[2]. Par conséquent, là où il s'agit de choses indifférentes, il est bien vrai que les magistrats sont justes et même équitables; mais là où il est question de lois et de liberté, leur propre intérêt de corps les rend injustes, et donc aucune loi ne peut servir de frein pour protéger l'innocent jugé par ceux même qui veulent le perdre[3].

Dans ses ouvrages antérieurs Rousseau avait plusieurs fois souligné l'importance de la sûreté individuelle et le lien étroit entre la liberté politique et la liberté civile[4]. Cependant, il n'avait pas envisagé le problème de l'abus du gouvernement sous l'angle de la question des garanties judiciaires, car le problème majeur qui le hantait était, tout comme pour ses concitoyens, l'usurpation de la souveraineté. Dans les *Lettres de la montagne*, par contre, c'est l'oppression des particuliers qui est mise en premier plan comme instrument indispensable et comme condition préalable à l'oppression politique. Mais au moment où il faut chercher un remède à la situation présente, au danger d'un «déni de justice», il est possible de voir à nouveau la double perspective qu'il assume. D'un côté il voit dans le droit d'appel une mesure qu'il faudrait généraliser, à la différence du "libéral" Barbeyrac, qui ne se scandalisait pas de l'absence de cette garantie dans beaucoup d'États[5]. De l'autre, il demeure fidèle

1. LEM, OC III, p. 838 et 849.

2. *Ibid.*, p. 849, 832-33, 865: «un simple Tribunal de justice ne doit pas être revêtu» du pouvoir de faire emprisonner. Cette question du pouvoir judiciaire a été presque complètement négligée par les analyses existantes des LEM, voir. R. Fralin, *Rousseau and Representation*, *op. cit.*, p. 147-171; J. Miller, *Rousseau Dreamer of Democracy*, *op. cit.*, p. 87-104; D. Rosenfeld, *Rousseau's Genevan Politics*, *op. cit.*, p. 397-453; quant à la thèse de M. Lahmer, *Volonté générale et séparation des pouvoirs*, *op. cit.*, la question de la séparation des pouvoirs y est surtout abordée dans la perspective du pouvoir législatif et de son unité.

3. LEM, OC III, p. 833 et 893-94.

4. DEP, p. 58; CS, III, 1, OC III, p. 396; *Notes sur* De l'esprit, OC IV, p. 1126: «le salut public n'est rien si tous les particuliers ne sont en sûreté».

5. Barbeyrac, *Lettre*, cit., f. 166v°.

à l'attitude légaliste et ne propose pas de mesures nouvelles, mais il va chercher la solution dans le texte de l'Édit. Ainsi, de même que les représentants, tout en rejetant la voie de l'appel par la partie lésée, il admet la possibilité d'appliquer aux matières judiciaires le droit de représentation[1]. C'était là un des problèmes laissés ouverts par l'Édit de la Médiation. En effet, le droit de représentation ne rencontrait pas de difficultés là où il était appliqué à des matières dont la compétence avait été expressément attribuée au Conseil Général; en outre, les magistrats reconnaissaient au Conseil Général le droit d'interpréter les lois en tant que législateur, mais seulement au cas où ce serait eux-mêmes qui solliciteraient cette explication[2]. Toutefois, sur les matières que l'Édit n'avait pas attribuées au Conseil Général et dont l'interprétation n'était pas sollicitée par les magistrats, en cas d'une différence d'opinion entre les représentants et les magistrats, la question était de savoir qui avait le droit de juger entre les deux parties qui s'opposaient sur l'interprétation des lois et leur application.

Tous les efforts des représentants après juin 1763 avaient eu comme but d'obtenir une convocation du Conseil Général pour résoudre la question. Rousseau lui aussi va défendre cette solution: en cas de dispute, c'est seulement le « Conseil Général composé de deux partis » qui peut être juge. Autrement, laisser la décision au Petit Conseil et lui attribuer le droit négatif aussi sur les matières concernant le redressement des lois, ce serait ouvrir la porte au despotisme ou, plus précisément, à l'instauration de l'aristocratie héréditaire, de la «pure aristocratie», comme il le dira ouvertement dans les années suivantes[3]. Cette position est soutenue par Rousseau car il l'envisage comme le seul moyen légal, à savoir sanctionné par l'Édit de 1738, de contrecarrer le pouvoir du gouvernement. Toutefois, bien que dictée par son attitude "légaliste" et conservatrice, cette solution se rapproche beaucoup de l'appel au peuple proposé par Micheli : dans une lettre à d'Ivernois en janvier 1765 Rousseau lui-même utilise l'expression « appel au Conseil Général »[4].

En effet, à regarder les choses de plus près, cette solution implique des conséquences différentes par rapport à la théorie exposée dans le *Contrat*

1. *Représentation du 8 août*, voir *infra*, p. 293; LEM, OC III, p. 849-50: «ce qu'un particulier ne peut faire pour son intérêt privé, tous peuvent le faire pour l'intérêt commun».

2. *Réponse du Conseil du 31 août 1763*, voir *infra*, p. 297; J.-R. Tronchin, *Lettres écrites de la campagne*, p. 92. En décembre 1762 le Petit Conseil avait soumis au Conseil Général l'interprétation de l'article XIII des *Édits civils*, voir *Correspondance complète*, XIV, 2410, et *Représentations du 29 septembre*, voir *infra*, p. 303. Sur cette question voir ci-dessus G. Radica.

3. *Correspondance complète*, XXIII, 6239; *ibid.*, XXXV, 6239, 6241. On peut voir ici une continuité sans faille avec ce qu'il avait écrit depuis le second *Discours*.

4. *Ibid.*, XXIII, n° 3892.

social, puisqu'en réalité la défense du droit de représentation qu'il fait dans les *Lettres* n'est pas la même chose que la proposition des assemblées générales périodiques. Rousseau le dit très clairement. Il est vrai qu'il suggère de résoudre la question de savoir qui doit décider sur les représentations en rétablissant les compagnies bourgeoises ou bien les conseils généraux périodiques. Toutefois ces "expédients", tout en étant conformes à la constitution originaire de Genève, ne sont pas conformes aux « nouveaux Édits », à savoir à la Médiation. Il ne les mentionne que pour montrer la nature spécieuse des arguments de Tronchin contre les assemblées périodiques[1]. Ce qu'il avait proposé comme remède dans le *Contrat social* était donc tiré de la constitution "légitime" de Genève, ce qu'il propose dans les *Lettres de la montagne* est au contraire tiré des lois qui ne sont bonnes que pour « l'état actuel ». La différence est apparemment mince : au moment où la décision en cas de conflit est attribuée au Conseil Général, il est bien indifférent que cette décision ait lieu dans des conseils généraux périodiques ou bien au cours des réunions de ce même conseil prévues deux fois par an pour l'élection des principaux magistrats. Cependant l'objet de la décision change sensiblement. Dans le *Contrat social* les assemblées périodiques n'étaient rien d'autre que la répétition régulière de l'acte même d'instituer le gouvernement : tout en ayant pour objet « le maintien du traité social » contre tout effort d'usurper la souveraineté, elles devaient s'ouvrir par le vote sur deux questions : « s'il plaît au Souverain de conserver la présente forme de Gouvernement », et « s'il plaît au Peuple d'en laisser l'administration à ceux qui en sont actuellement chargés »[2].

La terminologie de Rousseau n'est pas fortuite. La première proposition, qui concerne le "Souverain", est générale et prend la forme d'une loi : il s'agit de la confirmation de la loi qui établit la forme de gouvernement. La seconde proposition, qui concerne le "Peuple", est particulière en tant qu'elle vise les hommes concrets chargés actuellement d'exécuter les lois. Comme à l'origine du gouvernement, la généralité agit d'abord en tant que souveraine et législatrice et ensuite en tant que remplissant les fonctions de gouvernement. C'est la version que Rousseau donne du retour machiavélien aux principes : c'est un retour au moment de la naissance non de la société politique, mais du gouvernement, ce qui permet d'empêcher ou de retarder la tendance inévitable du "prince" à abuser de son pouvoir, en se rendant indépendant de la volonté générale. On peut envisager également dans cette suspension périodique du gouvernement face au peuple « légitimement assemblé » l'équivalent légal de l'appel au ciel de Locke, qui était

1. LEM, OC III, p. 858.
2. *Contrat social*, III, 18, OC III, p. 436.

la suite de la dissolution du gouvernement[1]. Toutefois, la théorie du droit de résistance chez Locke découle de sa conception de l'état civil, à l'intérieur duquel demeure l'état de nature, car entre le gouvernement et le peuple il n'y a pas d'arbitre, de juge supérieur. Attribuer au peuple le droit de juger en cas de conflit ne signifie rien d'autre que lui donner le droit de recourir à la force, à savoir au jugement de Dieu, lorsque le prince, en se "rebellant", réintroduit l'état de guerre dans l'état social[2]. Ainsi, le jugement du peuple qui dans les pages de Locke n'est que le peuple en armes, chez Rousseau devient un acte électoral, dont le but n'est pas avant tout le choix des magistrats mais bien plutôt leur légitimation.

À la différence de Locke, dans le *Contrat social* Rousseau est extrêmement soucieux d'éliminer tout espace où l'état de guerre pourrait resurgir dans l'état social. C'est une des raisons qui expliquent sa théorie du pacte comme aliénation totale, aussi bien que sa critique au pacte de gouvernement : il est très attentif à éviter toute possibilité que le souverain soit en même temps juge et partie, ce qui entraînerait la persistance de l'état de nature dans l'état social[3]. Cette position est aussi très cohérente avec sa distinction entre les actes de souveraineté – qui sont des lois générales – et les actes de gouvernement – qui concernent des objets particuliers. Par cela même Rousseau va distinguer nettement entre la législation et l'exercice du pouvoir judiciaire, qui porte toujours sur un objet particulier. Et au moment où il affirme qu'« il n'est pas bon que celui qui fait les lois les exécute », c'est surtout au pouvoir judiciaire qu'il songe, car les commissions auxquelles le peuple confie l'exécution des lois ne sont rien d'autre que des "tribunaux"[4].

De ce point de vue, la solution proposée dans les *Lettres de la montagne*, à savoir d'attribuer au Conseil Général le droit de trancher sur l'objet des représentations en cas de conflit entre les représentants et le Conseil, ne paraît pas pleinement conforme aux principes du *Contrat social*, car il s'agit bien non seulement de la généralité qui doit s'exprimer sur un objet particulier, mais aussi d'une généralité qui est en même temps juge et partie. Il n'est donc pas surprenant qu'en 1768, sollicité par ses concitoyens à s'exprimer sur des projets de réforme constitutionnelle, Rousseau ait modifié ce qu'il avait soutenu en 1764. La contrainte du respect de la loi étant tombée, il n'hésite pas à proposer d'accorder au Conseil des Deux-

1. Voir G. Silvestrini, « Républicanisme, contrat, et gouvernement de la loi », art. cit., p. 61-65.

2. *Second traité*, *op. cit.*, chap. XIX. Sur ce thème je renvoie à P. Pasquino, « I limiti della politica. Lo stato di natura e l'"appello al cielo" nel *Secondo Trattato sul Governo* di Locke », *Rivista di filosofia*, LXXV, 1984, n. 3, p. 369-395.

3. CS I, 6, OC III, p. 361, et III, 16, p. 432-33.

4. CS, 3, IV, OC III, p. 404-405 ; voir aussi II, 4, p. 373-74.

Cents la décision sur les représentations, ouvertement comparées aux droits d'appel exercés par ce conseil, tout en conseillant des mesures visant à garantir la subordination de ce corps à la volonté générale. Par conséquent, lorsqu'il s'exprime contre l'éventualité que « le peuple se fasse Juge de ses Juges » il ne fait que reprendre d'une manière très cohérente ce qu'il avait affirmé en 1762 dans le *Contrat social*[1]. Mais ce qui était devenu souhaitable en 1768, quand désormais il était clair qu'il fallait changer la constitution, ne l'aurait pas été quatre ans auparavant, quand le problème était encore de la conserver. À la différence du "modéré" Moultou, qui avait déjà envisagé en 1764 la possibilité d'attribuer la décision sur les représentations à un « troisième corps »[2], la proposition d'attribuer au Deux-Cents la connaissance des représentations n'aurait pas été recevable pour Rousseau, qui cherchait de trouver une solution dans le texte de l'Édit de 1738 : elle aurait impliqué un changement qu'il ne réputait pas convenable aux circonstances actuelles.

Ainsi, si au début de la septième lettre Rousseau avait relié sa propre cause et celle de ses concitoyens autour de la question de la justice, il avait aussi regretté que sur cette question les Genevois, « séduits par l'apparence » et donc trop occupées du Conseil Général, aient négligé l'essentiel, à savoir garantir la liberté et la sûreté des particuliers[3]. Au moment où il va lui-même essayer de résoudre ce problème, tout en répondant à la question de savoir « ce que doivent faire » les citoyens de Genève, il va chercher cette réponse non pas dans les principes du droit politique, ni dans la constitution originaire de Genève, mais dans la Médiation elle-même, dans les lois existantes, et c'est donc par les lois existantes que la réponse est conditionnée. Toutefois, la critique qu'il fait à ses concitoyens pourrait aussi être considérée comme une autocritique. En effet, si les *Lettres de la montagne* rendent impossible une lecture antilibérale de Rousseau, elles mettent également en lumière le silence de sa théorie politique face au problème majeur qu'en 1764 Rousseau voit clairement et que Montesquieu avait théorisé: l'autonomie du pouvoir judiciaire[4]. C'est la distinction entre le général et le particulier qui ne permet pas de penser le pouvoir judiciaire comme séparé non pas du pouvoir souverain du peuple, mais essentiellement et surtout du pouvoir exécutif des magistrats. Mais si cette séparation est interdite sur le plan des principes, il est aussi évident qu'il

1. *Correspondance complète*, XXXV, n. 6239 et 6241.
2. *Ibid.*, XIX, 3150, p. 161.
3. LEM, OC III, p. 827.
4. Voir D. Felice, « Autonomia della giustizia e filosofia della pena nell'"Esprit des lois" », dans D. Felice (éd.), *Libertà necessità e storia. Percorsi dell'*Esprit des lois *di Montesquieu*, Napoli, Bibliopolis, 2003, p. 75-136.

cherche une solution au “despotisme” des républiques modernes au niveau des mécanismes institutionnels.

Il serait possible de voir dans cette position une preuve de plus de l’attitude conservatrice de Rousseau au niveau de la pratique politique, un conservatisme qui serait étrangement contradictoire avec son radicalisme théorique. Au contraire, il nous semble que cette attitude peut être considérée comme la preuve de son attention extrême à appliquer de manière souple les principes universels à la réalité concrète, et donc à n’introduire des changements que là où la matière de l’histoire est prête à les accueillir, à ne pas donner des médicaments que le malade ne puisse pas tolérer. Cette attitude se reflète en même temps dans l’interprétation que Rousseau, comme Deluc, donne de l’Édit de la Médiation, qu’il envisage au fond comme une médiation véritable, comme un compromis entre deux parties politiques qui s’opposent tout en ayant chacune leur place dans l’équilibre des forces visant à conserver la constitution. Après l’effondrement de ce qu’on pourrait appeler l’Ancien Régime genevois, la radicalisation du conflit politique et la disparition de la disposition au compromis vont rendre minoritaire cette lecture du Règlement de 1738. Dès lors la plupart Genevois ne pourra plus qu’y voir ou bien le « triomphe de la souveraineté populaire », ou bien la « victoire écrasante » de l’oligarchie au pouvoir[1].

Gabriella SILVESTRINI

1. Selon les mots de H. Fazy et de J. Sautier, cités par G. Silvestrini, *Alle radici*, *op. cit.*, p. 165 ; une reprise récente de l’interprétation de Rousseau se trouve dans A. Dufour, « D’une Médiation à l’autre », dans A. Dufour, T. Hanisch, V. Monnier (éd.), *Bonaparte, la Suisse et l’Europe*, Zürich, Schulthess, 2003, p. 7-37.

CHAPITRE XII

CONSTITUTIONNALISME ET RÉFORMATION DANS LES *LETTRES DE LA MONTAGNE*

> Il faut étudier la société par les hommes, et les hommes par la société : ceux qui voudront traiter séparément la politique et la morale, n'entendront jamais rien à aucune des deux.
>
> Rousseau[1].

Le christianisme est loin de se ramener à la docilité des prosélytes du vicaire[2]. Religion éminemment politique, ce n'est que lorsqu'il se réforma et desserra un peu son emprise sur le temporel qu'il laissa aux hommes le soin de leurs associations civiles. Son histoire est un long cheminement dont Rousseau mesure bien et la portée et l'achèvement dans les *Lettres de la montagne*.

L'attachement de Rousseau à l'esprit de la réformation est très certainement l'une des clefs de sa longue réflexion sur la viabilité des mœurs démocratiques. Pour cette raison même, évoquer le devenir de la figure calvinienne – « grand Législateur de Genève » – requiert que l'on se soit attelé à la question de la constitution genevoise du *Contrat social* jusqu'aux *Lettres de la montagne*. Nous aurons recours pour cela à l'*Histoire du gouvernement de Genève*[3], texte inachevé mais combien précieux pour saisir l'enjeu des *Lettres de la montagne*. Si la question de la démocratie est une question centrale des *Lettres*, c'est, en effet, qu'elle a à voir, depuis les premières franchises du peuple de Genève, avec l'autorité

1. *Émile*, OC IV, p. 524.
2. Concernant les prosélytes, voir la contribution de Ghislain Waterlot.
3. *Histoire du Gouvernement de Genève*, OC V, p. 497-529.

morale des Évêques, puis avec l'héritage réformé, et enfin avec la question de la citoyenneté.

Introduction à la question de la constitution dans les Lettres de la montagne

Chez Rousseau, la notion de constitution possède une signification plus ou moins organique selon qu'il est question de la taille du corps politique et de son inévitable altération naturelle, ou du contenu législatif de la constitution ; dans ce dernier cas, lorsque sont abordées les lois fondamentales – les droits et les libertés, soit le code général des lois [1] –, sa signification cesse même tout à fait d'être organique (cf. les trois dernières *Lettres de la montagne*). Suivant cette hypothèse, nous tenterons donc d'évaluer la signification prêtée à la constitution de Genève placée dans sa continuité avec l'ancienne, mais aussi dans sa relation nouvelle à la Réformation genevoise. Rousseau modifie-t-il la perspective du *Contrat social* sur la question de ce qu'est une bonne constitution ? Dès lors qu'il entreprend de réfléchir plus concrètement sur les "progrès" [2] accomplis par la constitution genevoise, Rousseau transforme-t-il son approche de la question constitutionnelle ?

Dans les *Lettres de la montagne*, Rousseau se donne pour tâche de répondre au Bourgeois [3] de Genève à propos de la situation genevoise et de ce qu'il convient de faire : « Sur ce qui a été fait vous demandez ce que vous devez faire (…) » [4]. Mais la réponse de Rousseau se fait attendre, ou plutôt elle est à rebondissement, et peut-être se pourrait-il qu'on la juge incertaine après avoir refermé l'ouvrage. L'analyse de la constitution de Genève augure-t-elle d'un avenir possible pour les libertés civiles *et* politiques ? Laissons Rousseau poser la question au centre de l'ouvrage : « Vous demandez quel est l'état présent de votre République, et ce que doivent faire ses Citoyens ? Il est plus aisé de répondre à la première question qu'à l'autre » [5]. Certes, la question est précieuse pour nous qui aimerions bien que Rousseau nous dise ce qu'il en est de nos devoirs de citoyen et ce que nous pouvons espérer de la justice.

La réponse n'est pas facile, en effet, et nécessite un diagnostic préalable de la constitution républicaine afin qu'on puisse juger de l'attitude que les

1. LEM, OC III, p. 885.
2. Progrès est à prendre dans le sens neutre (sans amélioration) qu'il a encore chez Rousseau.
3. Le destinataire des LEM.
4. LEM, OC III, p. 687.
5. *Ibid.*, p. 813.

bourgeois de Genève devraient adopter face à l'usurpation incessante par le Petit Conseil de leur souveraineté. Dans les *Lettres de la montagne*, Rousseau n'économise pas ses efforts, il met au service d'une réponse très attendue une connaissance historique et politique devenue experte des institutions genevoises. Gageons, par conséquent, qu'il s'est armé pour dresser un diagnostic non seulement juste de Genève, mais encore utile à nos démocraties modernes. C'est dans cet état d'esprit que nous chercherons à comprendre la question constitutionnelle des *Lettres de la montagne* et son lien avec la religion.

Dans les *Lettres de la montagne*, la question de la loi est sans doute la question déterminante, elle touche à la question des lois fondamentales de la République de Genève. Pour bien la comprendre, rappelons d'abord le sens que Rousseau donnait à ces notions dans le *Contrat social*. Rousseau y traitait de quatre espèces de lois qui permettent de « donner la meilleure forme possible à la chose publique »[1]. Il s'agissait, pour les trois premières espèces, des lois politiques ou fondamentales, qui règlent « le rapport du tout au tout, ou du Souverain à l'État » ; des lois civiles, qui règlent la relation « des membres entre eux ou avec le corps entier » ; des lois pénales, qui règlent la relation entre l'homme et la loi. Rousseau en ajoutait alors une quatrième, « la plus importante de toutes ; qui ne se grave ni sur le marbre ni sur l'airain, mais dans les cœurs des citoyens », dont il disait que c'est elle qui « fait la véritable constitution de l'État; qui prend tous les jours de nouvelles forces ; qui, lorsque les autres loix vieillissent ou s'éteignent, les ranime ou les supplée, conserve un peuple dans l'esprit de son institution, et substitue insensiblement la force de l'habitude à celle de l'autorité ». Il parlait « des mœurs, des coutumes, et surtout de l'opinion ; partie inconnue à nos politiques, mais de laquelle dépend le succès de toutes les autres : partie dont le grand Législateur s'occupe en secret, tandis qu'il paraît se borner à des règlements particuliers qui ne sont que le ceintre de la voûte, dont les mœurs, plus lentes à naître, forment enfin l'inébranlable Clef »[2].

Comme on le voit, les lois politiques ou fondamentales et les mœurs apparaissent au même titre essentielles pour la constitution, si elles ne sont la constitution même. Or, Rousseau nous le rappelle, ce sont quelques grands législateurs qui ont, pour certains États dont Genève, non seulement rédigé les lois fondamentales et politiques, mais encore, puisque c'est la même chose, réfléchi en secret aux mœurs d'un peuple, qui ensuite, et grâce aux lois, pourront l'instruire. Finalement, les lois forment les mœurs qui, elles-mêmes, ont vocation à ranimer les lois ou à leur suppléer ! Enfin, si

1. CS, OC III, p. 393.
2. *Ibid.*, p. 394.

l'œuvre d'un grand Législateur ne se borne pas à des règlements particuliers pour la rédaction des lois fondamentales – nous allons y revenir –, chaque législateur s'attachera aussi secrètement, sans qu'il y ait contradiction, à la mise en forme législative des mœurs d'une nation. Partons donc de ce rappel pour examiner ce que devient la question du législateur du *Contrat social* aux *Lettres de la montagne*, en passant par l'*Histoire du gouvernement de Genève*.

Que nous disait Rousseau de la loi en général dans le *Contrat social*? Elle est, disait-il, ce qui donne son mouvement et sa volonté au corps politique, même si cela ne détermine rien encore de ce que le corps politique doit faire pour se conserver. Dès que le corps politique existe, tous les droits se trouvent fixés par la loi et tout État régi par des lois est une République, quelle qu'en soit l'administration ou quel qu'en soit le gouvernement. Les lois déterminent donc les conditions de l'association civile. Soumis aux lois, le peuple doit en être l'auteur, car ceux qui s'associent doivent être à même de régler les conditions de leur association. Tels étaient les principes posés dans le *Contrat social*.

Les grands législateurs

La figure du législateur dans le Contrat social

En terminant le chapitre du *Contrat social* qu'il consacre à la loi, Rousseau affirmant que le « Peuple soumis aux lois en doit être l'auteur », se demande comment ceux qui s'associent vont régler les conditions de la société. « Sera-ce d'un commun accord, par une inspiration subite? Le corps politique a-t-il un organe pour énoncer ces volontés? Qui lui donnera la prévoyance nécessaire pour en former les actes et les publier d'avance, ou comment les prononcera-t-il au moment du besoin? » Enfin, « Comment une multitude aveugle qui souvent ne sait ce qu'elle veut, parce qu'elle sait rarement ce qui lui est bon, exécuterait-elle d'elle-même une entreprise aussi grande, aussi difficile qu'un système de législation? [...] Voilà, conclut enfin Rousseau, d'où naît la nécessité d'un Législateur »[1]. Les meilleures règles de société qui conviennent aux nations viennent des législateurs, ils sont les mécaniciens qui inventent la machine, quand le prince est celui qui la fait fonctionner. Ils font preuve d'une intelligence supérieure, et ont une sagesse qui leur permet d'être exempt des passions qu'ils sont à même, en revanche, d'observer chez ceux qui vont former société.

1. CS, OC III, p. 380.

La position du législateur est donc pour nous un objet indispensable d'observation. Son emploi, explique Rousseau, n'est ni magistrature, ni souveraineté. Le législateur est celui qui se maintient à l'extérieur, il est souvent un étranger, et sa fonction, qui n'est certes pas sans lien avec le statut que Rousseau reconnaît aux lois, est de mettre à la portée des hommes quelque chose qui vient de plus haut. « Toute justice vient de Dieu[1], dit Rousseau dans le chapitre qu'il consacre à la loi, lui seul en est la source ; mais si nous savions la recevoir de si haut nous n'aurions besoin ni de gouvernement ni de loix. Sans doute il est une justice universelle émanée de la raison seule ; mais cette justice pour être admise entre nous doit être réciproque »[2]. La réciprocité de la relation contractuelle liant ceux qui forment société est par conséquent la transposition nécessaire de la loi naturelle au niveau de chaque association politique particulière. Chaque contrat d'association traduit donc la loi naturelle dans le langage du droit naturel et des institutions politiques particulières. On peut donc supposer qu'elle continue de jouer son rôle[3]. La justice dont la source se trouve initialement en Dieu est en quelque sorte transposée en termes de droits pour la communauté et les individus. Rien d'étonnant par conséquent si, en régime monothéiste, les grands législateurs ont contribué à cette transposition. Ainsi, dans le chapitre qui suit celui que Rousseau consacre à la loi, les fondateurs de religion sont tous présentés comme ayant été de grands législateurs, qu'il s'agisse de Moïse – Rousseau parle ici de la loi judaïque toujours subsistante –, « de l'enfant d'Ismaël qui depuis dix siècles régit la moitié du monde »[4], ou encore de Calvin, le Réformateur, qui contribua à la rédaction des Édits de Genève[5]. Rien d'étonnant donc si ces fondateurs de religion furent également de grands Législateurs, rien d'étonnant si ce sont eux qui surent opérer la transposition dans les termes du droit positif des mœurs existantes des peuples qu'ils avaient ainsi la tâche d'instituer et d'instruire.

1. On reconnaît derrière cette formule une partie du verset 13, 1-5 de l'*Épître aux Romains* de Paul : « *non est enim potestas nisi a Deo* », à ceci près, et la substitution est significative, qu'il n'est pas question du pouvoir mais de la justice.

2. CS, OC III, p. 378.

3. Nous renvoyons à l'article de M. Panoff, « La loi naturelle dans la Préface du *Discours sur l'origine et les fondements de l'inégalité parmi les hommes* de Rousseau. » dans *Annales doctorales n°2. Nature et morale* sous la dir. de J.-J. Wunenburger et P.-F. Moreau, Éditions Universitaires de Dijon, 1999, p. 65-83. Ce travail très rigoureux a le mérite de poser la question du maintien de la loi naturelle par Rousseau.

4. CS, OC III, p. 384.

5. *Ibid.*, p. 382, la note de Rousseau sur Calvin. Je tiens à signaler l'intérêt de l'analyse de G. Silvestrini, dont je n'ai malheureusement pu tenir compte ici, selon laquelle Rousseau n'a pas varié d'opinion à l'égard de Calvin entre la rédaction du CS, celle de l'HGG, et celle des LEM.

La figure du législateur résout le cercle de la pédagogie qui apparaît au niveau même de la relation d'association : les hommes ne pourraient être *avant* les lois ce que les lois feront d'eux, mais précisément, dit Rousseau, les grands législateurs, en instituant un peuple, doivent

> se sentir en état de changer, pour ainsi dire, la nature humaine; de transformer chaque individu, qui par lui-même est un tout parfait et solitaire, en partie d'un plus grand tout dont cet individu reçoive en quelque sorte sa vie et son être; d'altérer la constitution de l'homme pour la renforcer; de substituer une existence partielle et morale à l'existence physique et indépendante que nous avons tous reçue de la nature [1].

Le législateur est au peuple ce que le gouverneur est à Émile, et le caractère moral de leur fonction respective apparaît clairement. Concluons sur ce point : tenant lieu de loi naturelle, l'association contractuelle de ceux qui vont former société conserve avec elle le pouvoir d'énoncer des principes de justice (liberté, égalité) capables de traduire dans des termes universels l'esprit particulier des peuples. Notons-le enfin, parce que la question intéresse les lecteurs d'aujourd'hui : Rousseau n'est pas Hobbes en ceci qu'il n'a pas cherché à traduire dans le langage de la pure convention et de l'association particulière ce qui chez Rousseau demeure exprimé en termes de loi naturelle ou mieux de principes de justice.

De là, il paraît plus facile de cerner le rôle joué par la religion dans l'institution des peuples. Rousseau s'accorde ici avec Hobbes [2] et d'autres, pour reconnaître à la religion la capacité d'obtenir des hommes l'obéissance. En recourant à une autorité divine, les grands Législateurs évitèrent les inconvénients de la force ou l'inefficacité d'un raisonnement qu'aucun peuple encore "barbare" n'eût été à même de comprendre. Les pères des nations recourent alors à l'intervention du ciel « afin que les peuples, soumis aux lois de l'État comme à celles de la nature, et reconnaissant le même pouvoir dans la formation de l'homme et dans celle de la cité, obéissent avec liberté et portassent docilement le joug de la félicité publique » [3]. C'est donc sa sagesse et son talent de gouverneur que le grand Législateur met au service des lois afin que, dans un premier temps, le temps même de l'instruction, elles soient obéies. Quant à l'obéissance *volontaire*, elle sera plutôt celle d'un peuple déjà instruit et capable dès lors de se passer de son législateur.

Revenons au législateur du *Contrat social*, son génie n'use d'aucun prestige, mais au contraire de sagesse : celle-ci garantit un lien plus durable

1. CS, OC III, p. 381.
2. Voir le chapitre XII « De la Religion » du *Léviathan*.
3. CS, OC III, p. 383.

entre ceux qui s'associent que ne saurait le faire l'usage trompeur des prestiges. On peut comprendre dès lors que c'est la sagesse de Calvin législateur qui intéressait Rousseau dans le *Contrat social* et son œuvre de "refondation" des édits. En retour, le théologien intolérant[1] de Genève[2] méritait qu'on souligne le rôle néfaste qu'il avait eu pour la Ville jusque dans ses magistrats et leur attitude à l'égard de Rousseau. ·Cela peut expliquer un relatif effacement de la figure du législateur au moment où Rousseau s'intéresse davantage aux principes de la constitution et à l'usage proprement démocratique que l'on peut en faire. Avant d'y venir, voyons ce qu'il advient du législateur dans les quelques pages conservées de l'*Histoire du gouvernement de Genève*, puis le rôle joué par la religion dans une approche historique de la constitution, à savoir la part qui revient aux Évêques de Genève dans la mise en place et le maintien des libertés, à l'époque pré-réformée.

*Fonction du Législateur dans l'*Histoire du gouvernement de Genève

Avant d'en venir à la constitution primitive de Genève, voyons ce qu'il en est du législateur dans le fragment qui nous reste de l'*Histoire du gouvernement de Genève*. Rousseau ne l'a pas achevée, et l'essentiel de ce qui devait suivre a très vraisemblablement été reversé dans la rédaction des *Lettres de la montagne* – nous y reviendrons[3].

Ce que l'on peut déjà avancer, c'est que l'enquête à la fois généalogique et historique que conduit Rousseau sur le gouvernement primitif et épiscopal de Genève sert de socle à l'analyse constitutionnelle des *Lettres de la montagne*, et éclaire les considérations de la VIIe lettre et ce qui vient ensuite. Voici comment Rousseau justifie la démarche qu'il a entreprise : « Pour bien connaître la constitution de la Rep[ubliqu]e de Genève, il faut remonter à ses origines. Il faut trouver quel était l'État politique de cette Ville lorsque le gouvernement présent fut institué »[4]. Suit cette recommandation méthodologique qui sera appliquée dans la VIIe lettre : « Il suit de là que pour bien étudier les lois politiques d'un État *moderne* il ne faut point commencer par les prendre en corps pour les analyser ensuite, mais qu'il

1. Sur les théologiens, voir le commentaire de la lettre I par A. Charrak.

2. Les contemporains de Rousseau ne se faisaient aucune illusion, semble-t-il, sur l'intolérance de Calvin. L'*Histoire de Genève* de Spon que Rousseau a lu pour la rédaction de son HGG et des LEM est en la matière sans complaisance dans la relation détaillée de l'action répressive de Calvin à Genève dénoncée par Rousseau dans le seconde Lettre : LEM, OC III, p. 715. *Histoire de Genève* par Mr Spon, 2 vol., Genève, 1730.

3. Pour les données de ce que nous avançons, je me suis appuyée essentiellement sur la préface et les notes de B. Gagnebin à l'HGG, celles de J.-D. Candaux aux LEM.

4. HGG, OC V, p. 497.

faut au contraire les prendre à leur origine et suivre l'ordre de leur composition. Car on n'en peut bien pénétrer l'esprit qu'à l'aide des circonstances qui les ont produites et des effets que ceux qui les ont faites s'en sont promis »[1].

Notons ici l'absence du « grand Législateur de Genève ». Elle s'explique vraisemblablement par le fait que, dans le *Contrat social*, Rousseau n'avait pas cherché à opposer complètement les constitutions des peuples anciens à celles des peuples modernes. Si les constitutions des peuples anciens avaient bénéficié de « la coutume de la plupart des villes grecques de confier à des étrangers l'établissement » de leurs lois, certaines « Républiques modernes de l'Italie », Genève comprise, avaient su imiter cet usage. Dans le *Contrat social*, Rousseau présente donc Genève comme devant sa constitution démocratique à cette coutume ancienne qui permet au peuple genevois d'être dépositaire du droit législatif et d'intervenir par son suffrage dans l'approbation ou le rejet des lois. Sur ce point, la perspective de l'*Histoire du gouvernement de Genève* paraît avoir changé[2].

Rousseau prend désormais en compte les circonstances, le fait qu'une certaine contingence entre dans l'évolution de la constitution; nous avons affaire ici à une législation se construisant dans le temps, et aux effets que se sont promis ceux qui l'ont faite[3]. L'idée que plusieurs rédacteurs appartenant à différentes époques puissent entrer dans la rédaction d'une constitution est implicite. Tout ceci révèle donc une manière quelque peu nouvelle de prendre en compte la question des lois fondamentales. La référence à une origine plus ancienne de la constitution permet une relative mise à l'écart de la figure du législateur genevois au profit d'une réflexion plus historique et plus juridique sur *l'esprit de la constitution*. Il semble que la question d'un régime démocratique propre aux gouvernements modernes puisse commencer à se formuler.

C'est pourquoi aussi Genève paraît basculer du côté des gouvernements modernes qui

> n'ont pas été, comme ceux des anciens peuples, formés d'une pièce et fondus pour ainsi dire en un seul jet. Jadis, les États nouvellement nés ou renaissants par des révolutions subites se donnaient quelquefois un maître et quelquefois une Constitution. Un seul homme dont les fonctions étaient bien au-dessus de celles des Rois était dans ce dernier cas chargé de l'entreprise,

1. HGG, OC V, p. 499.
2. G. Silvestrini traite également ce point.
3. Sur ce point, voir ci-dessus la contribution de G. Radica.

et son travail adopté par la nation formait un système régulier dont toutes les parties faites l'une pour l'autre concourraient à la même fin [1].

Mais « Ce n'est plus cela chez les modernes, tous nos gouvernements bâtis successivement de pièces rapportées moins selon les besoins publics que selon des vues particulières ne montrent dans leurs irrégularités que la bizarrerie des événements qui les causent [2] ». Rien ne rappelle le « grand Législateur » et tout semble aller dans le sens d'une constitution faite de pièces rapportées. Rousseau souligne maintenant les changements, les révolutions enregistrées dans l'histoire d'une constitution. Ainsi lisons-nous : « Le nom de Législateur n'est plus parmi nous qu'un mot abstrait plus propre à représenter celui qui donne force aux lois que celui qui les rédige » [3]. Nous reviendrons à la question des mœurs, mais avant cela reprenons l'histoire de la constitution de Genève telle que Rousseau la reconstitue.

La constitution primitive de Genève

Peu après avoir écrit le 25 octobre 1763 au représentant Jacques-François Deluc qui l'invite à répondre aux *Lettres écrites de la campagne* : « Ce que vous me proposez est pour moi une très grande entreprise. Elle demande une multitude de connaissances que je n'ai pas. Je n'ai jamais étudié la constitution de votre République... », Rousseau reçoit la malle contenant les documents que Deluc lui avait promis sur Genève et qui devaient permettre à Rousseau de mener à bien deux projets, celui d'une *Histoire du gouvernement de Genève*, qui n'est pas celui qui lui tenait le moins à cœur, et celui des *Lettres de la montagne*. Bien qu'il ait déclaré son ignorance, Rousseau connaissait mieux que quiconque les institutions de son ancienne patrie, cependant c'était la première fois qu'il s'en faisait l'historien et l'analyste politique. À lire le fragment restant de l'*Histoire du gouvernement de Genève*, il semble bien qu'il se soit adonné à une généalogie historique de la constitution qu'il comptait verser au dossier de sa future défense [4] et qui s'interrompt au moment le plus intéressant, c'est-à-dire juste *avant* le premier séjour de Calvin à Genève (1537) [5] et juste

1. HGG, OC V, p. 499.
2. *Ibid.*
3. *Ibid.*
4. Dans une lettre du 16 janvier 1764, Rousseau signale la préparation d'un écrit plus important « qui pourrait, dit-il, vous servir de mémoire instructif pour les Juges ». Sur l'écriture de l'HGG et des LEM, voir les analyses précises de J.-D. Candaux dans son introduction aux LEM, OC III, p. CL IX *sq.*
5. Voir l'introduction de B. Gagnebin, HGG, OC III, p. CCXLIII.

après qu'eurent été *fixées* les institutions de la nouvelle République de Genève (1530). La seconde révolution que fut la Réformation n'a droit qu'à très peu de lignes. Les matériaux historiques concernant la période de la Réforme et celle qui lui est postérieure ont donc été ajoutés à la version déjà existante des *Lettres de la montagne*.

Comme nous le verrons, ce que Rousseau était parvenu à reconstituer de la genèse constitutionnelle de l'État genevois paraît important pour l'accent mis sur la constitution et sur les droits dans les *Lettres de la montagne*. En outre, cette mise à jour du passé épiscopal des institutions politiques genevoises possède en soi une véritable originalité sur laquelle nous ne nous arrêterons pas[1], mais qui serait bien susceptible de corriger le mythe, et seulement le mythe, de la Genève protestante *et* républicaine. À travers ce que Rousseau n'identifie pas comme étant le passé conciliariste de Genève, l'intérêt de cette histoire réside dans l'analyse de la *souveraineté* épiscopale et dans le rôle particulier qu'il lui fait jouer. La thèse est donc que, si Genève est intimement liée à la Réformation, sa constitution, très antérieure au XVIe siècle, lui doit tout au plus d'en avoir affermi l'esprit, car ce sont en réalité les Évêques, ses premiers souverains, qui permirent qu'elle trouve à la fois sa constitution démocratique et lorsqu'ils partirent sa forme républicaine.

La souveraineté épiscopale de Genève

En fait, Rousseau est bien à mi-chemin des historiens politiques du XVIe siècle et de notre propre histoire politique. Il est éclairant de rapprocher l'entreprise d'une *Histoire du gouvernement de Genève* de celles des *Six Livres de la République*[2] de Jean Bodin et de *La Gaule française*[3] de François Hotman en raison de l'intérêt que Rousseau continue de porter à la souveraineté et son traitement historique et généalogique. Hotman et Bodin avaient à la même époque, et selon des vues bien différentes, entrepris des recherches politiques et historiques, le premier sur la nature absolue de toute souveraineté, le second, sur la souveraineté originelle ou constitution primitive de la monarchie française. Ainsi la méthode de Rousseau est

1. Rousseau a si bien analysé cette histoire qu'il retrouve ce que nous connaissons mieux aujourd'hui sous le nom de conciliarisme (voir L. Binz, *Vie religieuse et réforme ecclésiastique dans le diocèse de Genève pendant le Grand schisme et la crise conciliaire : 1378-1450*, Genève, 1973). Les évêques dont parle Rousseau sont conciliaristes.

2. J. Bodin, *Les Six Livres de la République*, Lyon, 1593 (1re éd. 1576), rééd. « Corpus des œuvres de philosophie en langue française », Paris, Fayard, 1986.

3. F. Hotman, *La Gaule française*, Cologne, 1574, rééd. « Corpus des œuvres de philosophie en langue française », Paris, Fayard, 1991.

héritière des méthodes respectives de Bodin et d'Hotman. On *suppose*[1], explique Rousseau, une *souveraineté absolue*, mais, « Il n'importe pas même que le fait soit vrai. Il suffit que de cette seule hypothèse bien suivie on puisse déduire tout le système de la constitution. Si l'on ne sait pas ainsi comment elle s'est établie, on saura du moins très exactement ce qu'elle était, et c'est l'unique objet que je me propose dans cet écrit »[2]. Moins réaliste que Bodin, Rousseau est plus proche de l'histoire virtuelle observée chez Hotman. Mais plus sensible à la question de la souveraineté absolue que ce dernier, Rousseau emprunte en revanche à Bodin ce principe pour sa recherche hypothétique.

Pour entreprendre son histoire de la constitution, Rousseau remonte au premier souverain. « On sait que sous le catholicisme l'Évêque exerçait la souveraineté. Chercher comment il l'avait acquise est un travail de pure érudition dont il ne s'agit pas ici. Trouver la mesure de son pouvoir et montrer d'où venait le partage de ses droits, c'est éclaircir par les principes la transmission de ce pouvoir et de ces droits du Prince à la République »[3]. C'est le sens du passage du Prince à la République qu'il s'agit de déterminer, ainsi que le fonctionnement même de la souveraineté originaire. En lecteur de Bodin, Rousseau dote initialement les Évêques d'une souveraineté absolue, tout en insistant sur le fait que la souveraineté de l'Évêque n'est absolue que par définition : « Je ne crois pas que jamais les Évêques de G[enève] aient joui d'une puissance absolue, ni quant à l'indépendance ni quant à l'autorité »[4]. Nous avons affaire, en fait, à une souveraineté mixte : « Comme la puissance du Prince était mixte on ne savait pas trop à qui appartenait le droit de l'élire »[5]. Elle était limitée par celle des Empereurs et par celle des Papes, mais surtout les Évêques en étaient venus à reconnaître « dans le peuple des droits et des franchises qui n'étaient pas de simples concessions volontaires et qu'ils ne pouvaient révoquer »[6]. Ainsi, peut-on *supposer*, explique Rousseau, que la souveraineté des Évêques était absolue, mais en considérant le seul état des choses, on voit

> la raison de toutes les concessions du Prince et de toutes les modifications que reçut dans la suite son autorité. De sorte que quand l'Evêque aurait commencé par être despote il eut nécessairement fini par n'avoir qu'un

1. Nous ne pouvons le montrer ici, mais c'est par la méthode hypothétique que Rousseau est l'héritier de F. Hotman et des historiens politiques protestants. Voir également ce que dit G. Silvestrini de la méthode hypothétique et de la science.

2. HGG, OC V, p. 501.

3. *Ibid.*, p. 497.

4. *Ibid.*, p. 497-498.

5. *Ibid.*, p. 506.

6. *Ibid.*, p. 498.

pouvoir tempéré. La seule force des choses l'eut réduit au même point où put le réduire la défense et l'extension du droit d'autrui [1].

Si la souveraineté des Évêques n'apparaît pas contestable, sa faiblesse est donc bien réelle.

Ce qui intéresse vraiment Rousseau, c'est de comprendre comment la souveraineté et les droits des Évêques purent passer entièrement au peuple de Genève et trouver au terme de son analyse *les vrais fondements* de l'établissement qui subsiste.

Sans doute n'a-t-on pas affaire à n'importe quelle puissance temporelle. L'autorité de l'Évêque était d'une nature différente de celle de son ambitieux vassal le Comte du Genevois, avide de pouvoir, s'arrogeant celui-ci héréditairement, cherchant à s'émanciper d'un Empereur qui avait préféré aliéner son autorité à l'Évêque plutôt qu'au rebelle. En effet, l'Évêque en tant que pasteur, explique Rousseau, a la faveur de son peuple, et c'est la raison pour laquelle il parvient finalement à s'assurer sur la Ville un pouvoir *légitimement* acquis. Souveraineté limitée, autorité morale, légitimité, voilà ce que Rousseau veut faire ressortir de son enquête généalogique comme ayant permis à plus long terme la souveraineté du peuple de Genève.

Rousseau observe ainsi que la lutte pour la souveraineté qui a duré cinq siècles jusqu'à l'avènement de la République était devenue très vite à trois parties. À la continuelle concurrence des deux premiers pouvoirs (Évêques et Comtes) se revendiquant l'un et l'autre de l'Empereur, s'était adjointe une troisième puissance, prétendant elle aussi à la souveraineté, celle du peuple qui avait acquis ou conservé, on ne sait comment, des droits dont on ne voit pas l'origine. Cette dernière puissance (le peuple), la mieux fondée des trois, était la plus faible. Cette remarque est importante.

Rousseau retrouve en fait dans ce système primitif les deux puissances bien connues, la souveraine et l'exécutive. La faiblesse de la première requiert le soutien de la seconde. L'autorité souveraine de l'Évêque dut progressivement se tempérer, explique Rousseau. Les inconvénients de l'état clérical interdisant aux Évêques de tenir le glaive militaire et le glaive criminel, ils furent tenus de remettre une partie de leur puissance au Comte du Genevois, mais de manière que ce dépositaire ne pût en user que sous leur *autorité*. C'est dans cette Genève primitive que Rousseau voit se constituer une puissance exécutive subordonnée que l'Évêque a dû céder au Comte son feudataire. Rousseau fait apparaître dès lors la menace que l'exécutif fait peser sur la souveraineté. Si le Comte, comme puissance exécutive, devient l'avoué (*advocatus*) de l'Église, il peut tout aussi facile-

1. HGG, OC V, p. 498.

ment en être l'oppresseur. Il fallait donc un contrepoids, qui ne pouvait être que la Ville. Elle seule pouvait s'opposer aux Comtes qui disposaient d'une base solide (une descendance, un pouvoir vraiment temporel, et des alliances) dont était dépourvue la puissance épiscopale. L'incapacité dans laquelle se trouvait l'Évêque de transmettre son pouvoir était un réel obstacle à la conservation de la souveraineté, remarque Rousseau. C'est bien pourquoi les Évêques entrèrent insensiblement sous la dépendance des Comtes qui bientôt n'hésitèrent plus à faire choisir les premiers dans leur propre famille. Les Comtes furent ainsi favorisés dans leurs usurpations.

Il se trouve enfin que les défauts qui touchent la souveraineté des Évêques bénéficient à la ville de Genève : « De là les grandes concessions qu'ils (les Évêques) lui firent, les franchises qu'ils lui donnèrent ou confirmèrent en différents temps, et qui rendirent la Ville libre et presque républicaine sous l'autorité d'un souverain »[1].

Quel rôle Rousseau fait-il jouer à la souveraineté cléricale ? Le clergé est, dans le monde féodal où on ne rencontre que vainqueurs et vaincus, la seule instance qui puisse favoriser les franchises. « Quels droits auraient pu réclamer des peuples accoutumés depuis plusieurs siècles à porter constamment le joug du plus fort ? Il n'y avait alors que des nobles et des vilains, c'est à dire des conquérants et des peuples conquis. Genève, ainsi que toutes les anciennes villes, était toujours dans la dernière classe et l'on ne voit pas dans ces malheureux temps vestige d'une seule République »[2]. Le Moyen Âge est une époque de servitude, et seul le christianisme et la loi de l'humanité purent, après que Rome eut perdu sa liberté, contenir la violence des peuples privés de gouvernement et de lois. D'où Rousseau conclut que « La liberté ne germa que sous l'Épiscopat, et les Évêques que le peuple de Genève regarde comme les anciens tyrans de sa patrie en furent en effet les pères et les Bienfaiteurs »[3].

Résumons : les peuples privés de lois et de gouvernement ne durent leur liberté qu'au clergé. Achevons cette histoire : le passé pré-réformé de Genève se termine par la prise de pouvoir des Princes de Savoie sur les Comtes du Genevois. Les premiers seraient parvenus à se rendre les maîtres de Genève, malgré l'assistance des Suisses et de Fribourg, si « les révolutions imprévues qu'amena la Réformation n'eussent délivré cette ville au moment qu'elle était déjà sous le joug »[4]. Notons le caractère imprévu des révolutions et ce que Rousseau présente comme la clef de l'ancien gouvernement de Genève : un Évêque souverain et légitime, mais qui va

1. HGG, OC V, p. 503.
2. *Ibid.*
3. *Ibid.*, p. 503.
4. *Ibid.*, p. 503-504.

bientôt aliéner sa souveraineté. Quant au rôle que joua la Réforme, il est plus difficile à déterminer.

La souveraineté des évêques a toutes les caractéristiques d'une puissance morale

Rousseau crédite l'autorité spirituelle de l'Évêque d'avoir favorisé la liberté parce qu'elle est ce que le Moyen Âge eut de meilleur. Entre les deux classes représentatives du système féodal (la classe des asservis, et celle des anoblis), le clergé est seul à même de servir de liaison et d'état intermédiaire, et surtout de frein à la violence et à l'asservissement: « Si les Romains acharnés contre les Chrétiens avoient eu le malheur de les détruire, ils auraient bientôt été détruits eux-mêmes par les barbares. Mais ce culte nouveau qu'ils persécutaient fut leur sauvegarde, la loi du Christ qui est la loi de l'humanité pouvait seule contenir les hommes quand les gouvernements et les lois n'existaient plus » [1].

Il insiste donc sur l'*autorité* du clergé de cette époque; le peuple n'avait eu pour protecteur que ses prêtres: « eux seuls savaient parler pour lui, une fonction si noble rendait leur état respectable même aux païens [2] ». Bien qu'ils abusèrent de leur crédit, reconnaît Rousseau, ils eurent la confiance tant des Princes que des peuples. Ainsi « Qu'on les appelle usurpateurs, j'y consens; mais qu'on avoue que sous leur usurpation le peuple était cent fois plus heureux que sous les Princes [3] ».

L'ascendant des Évêques sur le peuple et leur relative indépendance (l'Évêque de Genève dépendait *indirectement* de l'Empereur et Genève avait été reconnue libre et impériale) sont donc les principales caractéristiques de leur souveraineté. Seul obstacle à une *indépendance* qui pût être satisfaisante: les appels fréquents à l'empereur et ensuite à Rome. C'est d'ailleurs, explique Rousseau, ce qui finit par amener la Réformation.

Face aux coups de force de la puissance exécutive des princes séculiers, les valeurs du christianisme furent un frein. De même l'élection des évêques par le peuple selon l'usage de l'Église primitive fut quelque chose de positif. Enfin, les droits municipaux de la ville de Genève s'établissant sur ceux du clergé: « Le Prince (ici l'Évêque) qui devait au peuple sa puissance paya sa dette avec usure, il fonda la liberté. Elle vint du côté dont on l'aurait le moins attendue » [4]. « Au dehors protégé par son souverain, au

1. HGG, OC V, p. 504-505.
2. *Ibid.*, p. 505.
3. *Ibid.*
4. *Ibid.*, p. 510.

dedans par ses franchises, le Genevois ne craignait ni son maître ni ses voisins, il était beaucoup plus libre que s'il eut été tout à fait Républicain »[1].

Les changements intervenus au XVI*e siècle dans la constitution genevoise*

La conquête de leur indépendance par les Genevois doit maintenant se comprendre sur fond d'héritage épiscopal. L'objectif de cette histoire du gouvernement était en effet de montrer que dès les Évêques, Genève était en possession de ses libertés civiles : « c'est par elles que chacun jouissait en paix de son bien et dormait en sûreté sous son toit »[2]. Le fondement solide de la constitution genevoise consiste en ses franchises :

> Les divers articles de ces franchises sont exprimés dans plusieurs déclarations des Évêques et notamment dans celle d'Ademarus Fabri en 1387. Cette Pièce authentique et regardée par la bourgeoisie de Genève comme le fondement de sa liberté contient un grand nombre d'articles qui sont peu de chose, mais il y en a de fort importants. (...) Il faudrait pour qu'elles pussent [les franchises] être abolies que le Peuple de Genève y renonçât par un acte aussi solennel que celui par lequel elles lui sont assurées[3].

Rousseau en conclut donc qu'avant l'avènement de la République, l'administration de Genève était par conséquent aussi démocratique que possible :

> Le peuple ne reconnaissait ni classes ni privilèges ni aucune inégalité parmi ses membres; il agissait ou par lui-même en conseil général, ou par ses procureurs appelés Syndics qu'il élisait annuellement, et qui lui rendaient compte de leur administration; nul ordre intermédiaire ne s'interposait entre eux et lui et c'est là le vrai caractère de la Démocratie. Or, souligne Rousseau, nous verrons comment ce caractère changea peu à peu par l'établissement d'un Conseil[4].

Toute la difficulté réside dans le statut à donner à la République des conseils qui va permettre une nouvelle usurpation des droits du souverain par l'exécutif. Mais il faut avant d'y revenir considérer les deux révolutions qui se sont produites au XVIe siècle et prendre en compte les changements décisifs qui se produisirent dans les institutions existantes. Les deux révolutions que les Genevois ont toujours confondues, explique Rousseau, furent : 1) celle par laquelle les Genevois se sont libérés d'une puissance exécutive usurpatrice, et 2) celle par laquelle, dans leur élan, ils se

1. HGG, OC V, p. 510.
2. *Ibid.*, p. 511.
3. *Ibid.*, p. 511-512.
4. *Ibid.*, p. 510.

libérèrent de leurs Évêques en adoptant la Réforme. « Cette distinction est importante à faire, précise Rousseau, pour bien voir l'influence *de l'une et de l'autre* sur l'état subséquent des Genevois[1] ». L'expulsion du Duc de Savoie ne doit en aucun cas être confondue avec celle de l'Évêque.

1) La Maison de Savoie était sur le point de s'emparer de la souveraineté quand deux causes amenèrent une première révolution. L'une de ces causes réside dans les guerres entre Charles Quint et François Ier, l'autre dans la prospérité des Suisses devenus en état de résister aux Princes. Genève dut ainsi sa délivrance à son alliance avec Berne et Fribourg alors catholiques. C'est pourquoi,

> la Religion (ici la Réforme) n'eut donc aucune part à son affranchissement. Si elle en eut ce fut dans un sens bien contraire puisque tous les moyens qui facilitèrent l'établissement de la Rép[ubliqu]e lui vinrent des catholiques et lui auraient manqué si les citoyens ne l'avoient pas été. Ce furent les Évêques qui, mus par une politique très naturelle, mirent la ville en état de secouer premièrement le joug du Duc et enfin le leur.

Par conséquent, l'intérêt propre à l'autorité des Évêques travaillait nécessairement en sens contraire des entreprises du Duc, et c'est en n'osant pas résister au Duc que les Évêques mirent la Ville et ses privilèges en avant. Les anciens Evêques avaient résisté aux Comtes du Genevois et aux Princes de Savoie pour défendre les droits de l'Église, mais maintenant que la maison de Savoie disposait de l'Épiscopat, *c'était la Ville qui se montrait*. Comme l'avait déjà souligné Rousseau dans la *Dédicace* du second *Discours*, les Genevois avaient acquis ou recouvré leur souveraineté à la pointe de l'épée, ensuite ils l'avait conservée par leur valeur et leur sagesse ainsi que par l'administration intègre de leurs magistrats[2].

2) Est-ce cette première révolution, ou la seconde qui devait garantir aux Genevois la conservation de leur souveraineté ? Rousseau souligne le fait que la liberté permit la Réforme, et non la Réforme la liberté. À la question : « Pourquoi donc Genève se reforma-t-elle ? » Rousseau répond : « [...] pour affermir la liberté qu'elle avait acquise avant la Réformation »[3]. La Réforme va d'abord être un frein à la domination extérieure qui pouvait s'exercer sur Genève : « Les droits de l'Evêque s'étant confondus avec ceux du Duc, Louis XIV [...] aima mieux laisser Genève comme elle était »[4]. On retrouve l'effet bénéfique qui avait été observé à propos des Évêques. La nouvelle religion de Genève avait permis l'établissement d'un

1. HGG, OC V, p. 522 [nous soulignons].
2. Second *Discours*, p. 116.
3. HGG, OC V, p. 527.
4. *Ibid.*

équilibre entre les deux puissances oppressives en présence, la Maison de Savoie et la France. Or, n'en avait-il pas été de même quand l'Évêque avait au Moyen Âge servi d'intermédiaire et d'arbitre entre la classe des asservis et celle des maîtres ?

> En favorisant le plus faible (la Maison de Savoie), et contenant le plus fort (la France), elle (la Réforme) a précisément mis entre ces deux redoutables voisins l'équilibre nécessaire pour contenir l'un et l'autre. Genève qui ne pouvait s'affranchir que Catholique, ne pouvait guères se maintenir que Réformée, et voilà comment la fortune lui a toujours fait prendre le meilleur parti pour sa conservation [1].

Cette fonction d'équilibre, assurée par la Réforme, mit pendant un temps la souveraineté des Genevois à l'abri des puissances ennemies.

Les deux changements intervenus dans la constitution sont dus à la première révolution

On peut dire maintenant que les changements importants que connut au XVIe siècle la constitution démocratique de Genève furent le fruit de la première révolution et de la conquête de leur souveraineté par les Genevois, non un effet de la Réforme.

1) Le premier changement ne fut rien moins que l'établissement d'une justice civile [2] qui résulta de l'abandon du Vidomnat [3], et de la concession faite par l'Évêque aux Syndics du jugement des causes civiles. « La compétence de toutes les causes civiles était auparavant tellement repartie entre le vidomne et l'official que le peuple ni ses syndics n'avoient à cet égard aucune espèce d'autorité » [4]. Le départ de l'Évêque et la disparition du Vidomnat signifiaient la disparition d'une justice ecclésiastique que le dispositif de la Réforme, la distinction ou la bi-fonctionnalité calvinienne du temporel et du spirituel, pourrait bientôt investir sans rien changer à l'exercice désormais exclusif par les magistrats des affaires publiques – les pasteurs n'ayant en charge que la discipline ou le règlement des mœurs sans plus aucun pouvoir civil [5] et *a fortiori* sans aucun pouvoir pénal [6]. Si donc l'Évêque avait déjà permis que les Genevois puissent être jugés par leurs pairs quand il avait aliéné une partie de son pouvoir judiciaire ou le

1. HGG, OC V, p. 527.
2. Rousseau distingue ici la justice civile du traitement des causes pénales qui revenait déjà aux Syndics.
3. Le Vidomnat est l'office par lequel l'officier de l'Évêque jugeait au nom de la Maison de Savoie.
4. HGG, OC V, p. 527.
5. Seuls les magistrats disposaient du bâton symbolisant le pouvoir temporel.
6. Voir sur ce point le commentaire de la Lettre V par F. Guénard.

jugement des causes criminelles à un tribunal composé de quatre syndics, désormais les Citoyens pouvaient disposer d'une cour de justice civile qui put donc être crée le 7 novembre 1529 à Genève.

Si la République n'était pas à l'origine de ce premier fondement, sa tâche spirituelle avait pu parfaitement se greffer sur ce nouvel exercice temporel de la justice.

2) Le second changement qui se produisit pendant l'émancipation politique de Genève fut l'institution des ordres politiques ou corps intermédiaires placés entre le Conseil Général et les syndics: « Je mets ces établissements des conseils après celui de la justice. Car bien que le soixante et le deux cents fussent nommés auparavant, ils n'eurent leur forme fixe et précise que deux ans après l'érection de ce Tribunal » [1]. Ce fut le changement le plus considérable, signale Rousseau, car comme on pourra le déduire des *Lettres de la montagne*, il enclenchera le processus de corruption de la constitution démocratique. Les libertés genevoises se trouvèrent menacées du fait même que le peuple exerçait sa souveraineté non plus par des commissaires se contentant de rendre compte de leur tâche subordonnée, mais par des magistrats prêts à se substituer au souverain et à sa législation. Cela justifie donc les questions alarmantes que pose Rousseau lorsqu'il s'apprête à expliquer les changements qui se sont produits: « Mais la liberté politique a-t-elle augmenté la liberté civile, l'indépendance de l'État s'est-elle étendue à tous ses membres et l'établissement de la Rep[ubliqu]e a-t-il été favorable ou contraire aux franchises des Citoyens? » [2]. La réponse paraît sans ambiguïté: l'ancien gouvernement épiscopal était libre [3] tandis que le gouvernement que l'on venait d'établir se voyait près de perdre la liberté qu'il venait tout juste de conquérir.

Quoi qu'il en soit, ce second changement n'était pas non plus l'effet de la Réforme.

Quel rôle la Réforme a-t-elle joué ?

Si l'on ne tient compte que de l'*Histoire du gouvernement de Genève*, le rôle que Rousseau fait jouer à la Réforme n'est pas facile à déterminer. Ce que nous avons suggéré n'est pas contredit tout du moins par ce que développe Rousseau dans les *Lettres de la montagne*. S'il s'attache à préserver

1. HGG, OC V, p. 528-529.

2. *Ibid.*, p. 527.

3. « J'ai dit que sous le gouvernement Épiscopal le petit Conseil était un établissement libre et précaire dépendant presque absolument du choix et de la volonté des syndics, ainsi que l'addition de ces assesseurs n'avait pas pour objet de diminuer le pouvoir de ceux qui les nommaient mais d'en éclairer l'usage », *ibid.*, p. 529.

la Réforme des changements qui s'opérèrent au moment de l'avènement de la République, c'est parce qu'il ne voit nullement en elle la cause des modifications de l'exécutif genevois. Rousseau n'évoque pas non plus la Réforme quand il fait état des changements de la justice puisque l'installation définitive de Calvin ne se fera que plus de dix années après eux (1540). Ce qu'on peut dire tout au plus, c'est que le dispositif réformé pouvait parfaitement s'adapter au fonctionnement des tribunaux civils (non ecclésiastiques). Il semble donc que Rousseau ne veuille lier la Réforme à aucun des changements de nature proprement politiques, et qu'il ne veuille lui réserver qu'un rôle moral, celui *mutatis mutandis* qu'avait joué l'autorité épiscopale. En fait, la Réforme n'ayant pas entravé les transformations politiques survenues, et n'ayant remplacé l'Évêque que dans sa fonction pastorale, la question se pose maintenant dans les *Lettres de la montagne* de savoir comment les libertés advenues tant civiles que politiques pourront être articulées entre elles et surtout maintenues. D'une part, l'accent est mis sur l'héritage constitutionnel et démocratique auquel Calvin a contribué, sans avoir conservé le rôle exclusif du grand Législateur de Genève. D'autre part, l'accent sera mis sur la religion civile qui est vraisemblablement le plus bel héritage de la combinaison possible entre la religion et les institutions politiques. Les *Lettres de la montagne* s'occuperont principalement de ces deux aspects.

Constitutionnalisme et autonomie du citoyen

Quelle réponse Rousseau apporte-t-il dans les *Lettres de la montagne* aux questions alarmantes que nous venons d'évoquer? Si l'on compare l'ancien gouvernement démocratique des Évêques et le nouveau, il apparaît clairement que la liberté politique n'a pas augmenté la liberté civile[1]. Ainsi lit-on dans la huitième lettre: « Ces droits si judicieusement combinés; ces droits réclamés par les Représentants en vertu des Édits, vous en jouissiez sous la souveraineté des Evêques, Neufchâtel en jouit sous ses Princes, et à vous Républicains on veut les ôter[2] ».

1. Nous ne pouvons commenter ici la parenté qu'établit Rousseau entre les Franchises genevoises et la *Magna Carta* des Anglais, mais ce serait nécessaire pourtant pour bien comprendre que ce qui se joue dans la continuité entre l'ancienne constitution et la nouvelle n'est pas seulement lié à l'héritage libéral. Il est important de noter à ce sujet que Rousseau reproche à Tronchin de s'opposer à ces droits fondés sur des usages anciens, mais rejoint le syndic Jean-Robert Chouet lorsque ce dernier reconnaît que la Réformation a permis que de tels droits imprescriptibles fussent conservés. LEM, OC III, p. 865-866. Quoiqu'il en soit, je renvoie au travail de C. Spector qui étudie le lien établi par Rousseau entre ces deux constitutions.

2. LEM, OC III, p. 866.

Revenons donc à la Réforme. En remplaçant l'Évêque, Calvin a contribué à ce que Genève conquière sa liberté politique, mais il n'a pas hérité de l'Évêque son ancienne puissance temporelle passée tout entière au peuple. C'est de cette manière, et de cette manière seulement que la Réforme favorisa la démocratie – à Genève et ailleurs puisqu'on observa le même phénomène un peu partout en Europe. C'est aussi ce que Rousseau reconnaît lorsqu'il dit que Genève a toujours su choisir le meilleur parti. N'ayant pas de fonction temporelle à assurer, la compagnie des pasteurs de Genève se contenta d'avoir en charge la discipline et le contrôle des mœurs genevoises. Mais là encore il faut préciser : en dépit du contrôle intransigeant que le consistoire exerçait désormais sur les mœurs, aucun tribunal ecclésiastique n'avait remplacé celui de l'Évêque. La discipline requiert que les comportements se plient aux prescriptions divines, mais concernant le culte établi, les décisions appartiennent aux magistrats. Enfin, en dépit du contrôle strict qui s'impose aux comportements en tant qu'ils sont visibles pour la communauté, la conscience (for intérieur) demeure libre [1] et ne peut faire l'objet d'aucune imposition. Ainsi, dans le cadre de son rôle social, la religion n'assume plus qu'une tâche morale de censure des mœurs. C'est pourquoi, en vertu de ce qui vient d'être dit, il serait faux de penser que la Réforme a joué un rôle politique autrement qu'en contribuant à l'idée d'une religion civile [2], c'est-à-dire à l'idée que seule la partie morale de la religion pouvait entrer directement sous la juridiction du gouvernement. D'un autre côté, elle favorisa les mœurs vertueuses des Genevois, vertu sans laquelle, pense Rousseau, il est impossible d'espérer maintenir l'égalité et la liberté démocratiques [3].

Enfin, c'est par la Réforme également, par celui que Rousseau a présenté dans le *Contrat social* comme son législateur, que la constitution devient l'héritage le plus précieux de Genève, faisant d'elle un modèle [4]. C'est pourquoi aussi, l'apport de Calvin étant pour Rousseau essentiellement constitutionnel, la question religieuse s'efface à partir de la VIIe lettre pour laisser place à une réflexion juridico-politique sur la nature de la constitution genevoise, sur la cohérence des principes constitutionnels et sur les possibilités de résistance que les articles des Édits – tous les Édits jusqu'à celui de la Médiation – permettent de fonder. La position de Rousseau est elle-même paradigmatique puisque l'auteur du *Contrat*

1. Voir H. R. Guggisberg, F. Lestringant et J.-Cl. Margolin (éd.), *La liberté de conscience (XVIe-XVIIe siècles)*, actes du colloque de Mulhouse et Bâle, 1989, Genève, Droz, 1991.

2. Nous renvoyons le lecteur aux dernières lignes de ce chapitre qui concernent plus particulièrement la religion civile.

3. Voir ce qu'écrit B. Bachofen sur ce point lorsqu'il commente les LEM (*La conditions de la liberté : Rousseau, critique des raisons politiques*, *op. cit.*).

4. Voir ci-dessus la contribution de G. Silvestrini.

social est un citoyen de Genève. L'injustice dont Rousseau est désormais victime nécessite que soit reprise différemment la question des droits des citoyens, celle du lien qui unit leurs libertés civiles et les libertés politiques, et celle des moyens dont chaque citoyen dispose pour se défendre.

Si Rousseau ne peut plus parler en tant que citoyen de la République de Genève comme il l'avait fait dans le *Contrat social*[1], le destinataire des *Lettres de la montagne* n'en est pas moins un citoyen de cette même République se demandant ce qu'il en est de son devoir. Or la question est particulièrement difficile, et la situation décrite par Rousseau peut paraître limite. Lorsque la République de Genève qui est à elle-même son propre législateur perd, du fait de l'usurpation, la jouissance de ses propres libertés, la question se pose à nouveau de l'écart séparant l'état légitime de la constitution de son état actuel, question qui en entraîne deux autres : la première de savoir si, au-delà du cas genevois, une constitution démocratique est possible pour un peuple moderne, la seconde, de savoir si tout ne serait pas permis dans des maux si extrêmes[2], c'est-à-dire lorsqu'une constitution est bafouée.

Or, malgré l'amertume que Rousseau a accumulé contre Genève depuis la condamnation de ses livres, et qui se fait sentir par nombre d'anathèmes jetés contre une constitution présentée comme condamnant par avance l'État à se dissoudre[3] dans le despotisme de ses magistrats, il semble néanmoins, comme nous allons le voir, que Rousseau ne veuille ni conclure à la mauvaise constitution de Genève, ni en appeler au renversement de l'État du fait même que les principes (légitimes) de la constitution ne seraient respectés que formellement, et donc détournés de leur signification originelle.

Concernant ce dernier point, Rousseau a bien réfléchi, il n'a pas sacrifié son propre intérêt – l'abandon de sa citoyenneté genevoise et l'exil perpétuel de sa patrie – à la paix civile[4], pour inciter maintenant les bourgeois de Genève au renversement de leur gouvernement. Rousseau le dit : il ne pense pas qu'aucune voie de fait puisse tirer les citoyens de Genève de la situation dans laquelle ils sont.

En réalité, Rousseau ne cesse pas de penser à cet artifice admirable de la constitution démocratique moderne auquel le législateur a réfléchi en secret. Outre qu'« Il n'y a point d'État où ces deux pouvoirs (celui du

1. CS, OC III, p. 351.

2. C'est avec une ironie féroce que Rousseau emprunte la formule à l'auteur des *Lettres écrites de la campagne*. LEM, OC III, p. 851 : « *Tout est permis dans les maux extrêmes,* dit plusieurs fois l'Auteur des Lettres ».

3. Voir la contribution d'A. Charrak, « Genève est-elle bien constituée ? ».

4. LEM, OC III, p. 852.

souverain et celui du gouvernement) soient si séparés »[1], Rousseau a rappelé en bonne place dès le début de la VIIe lettre qu'il fallait, pour que l'État ne soit pas dissous, une force qui anime le peuple, un peuple vertueux et donc lucide sur la confiscation de ses libertés par le Petit Conseil. Il y a de multiples preuves de ce que Rousseau continue de réfléchir aux moyens de mettre un point d'arrêt aux usurpations.

Ainsi, bien que les magistrats ne voient plus en leurs concitoyens que des particuliers, ceux-ci n'en sont pas moins citoyens en vertu de la constitution. Bien que le droit de représentation ait été réinscrit dans celle-ci, et que le peuple ne puisse plus se montrer en corps, Rousseau rappelle qu'en vertu de la constitution également le corps du peuple n'est pas anéanti pour autant. En effet, le peuple de Genève « conserve tous ses droits, tous ses privilèges », et « il fait toujours la principale partie de l'État et du Législateur »[2]. Les magistrats feignent de chercher l'autorité qui les obligera à assembler le Conseil Général, mais « il n'y a point d'autorité qui le puisse hors celle des lois, quand ils les observent », ajoute ironiquement Rousseau. L'autorité (*auctoritas*), chez lui toujours synonyme de légitimité, est plus que jamais celle des lois fondamentales et politiques de Genève que les membres du Petit Conseil transgressent incessamment et qui, pour cette raison même, selon les termes de Rousseau, est *retournée au Législateur*. L'expression est suggestive. De telles formules incitent à l'insurrection, et du reste des insurrections ont déjà eu lieu. Cependant, bien qu'une résistance puisse apparaître légitime, Rousseau refuse de penser que les moyens violents soient un recours : « Je bénirai le Ciel, quoi qu'il arrive, dit-il, de ce qu'on ne verra plus l'affreux appareil au milieu de vous »[3]. La paix est toujours préférable quand on n'est pas certain de réussir ce qu'on entreprend. Conçue ainsi, la condition du citoyen ne ressemble plus à une servitude volontaire[4]. On en appelle à la sagesse de ses décisions.

On peut alors se demander dans quelle mesure l'oppression qu'exerce les magistrats de Genève sur leurs concitoyens est si différente dans la forme de celle d'autres régimes oppressifs. Les disciples huguenots de Calvin qui venaient de prendre connaissance de la décision royale d'assassiner les chefs protestants réunis à la cour, constatant l'épouvantable massacre de leurs coreligionnaires, n'avaient-ils pas demandé que le seul souverain "légitime", c'est-à-dire les états généraux, soit assemblé pour décider des mesures à prendre ? Bodin, en face d'eux, voulait au contraire

1. LEM, OC III, p. 837-838.
2. *Ibid.*, p. 851.
3. *Ibid.*
4. Voir les quelques pages de B. Bachofen sur les LEM, « Rousseau et la servitude volontaire » dans *La condition de la liberté*, *op. cit.*

que le roi conserve la prérogative de la réunion des états – ce qui rappelle au pire la position du Petit Conseil, au mieux celle du syndic Chouet et sa célèbre harangue[1]. Si les citoyens de Genève ne sont plus, comme individus, à l'abri des exactions de leur gouvernement pourtant "légitime", dans quelle mesure un droit de résistance ne pourrait-il pas être invoqué[2] ?

À vrai dire, une différence subsiste, dans l'esprit de Rousseau, qui sépare une constitution formellement légitime ou démocratique d'une constitution monarchique et par définition illégitime. Dans le premier cas, les remèdes ne doivent plus consister en une opposition violente, mais venir de l'intérieur d'institutions qui, malgré tout, demeurent démocratiques. C'est la raison pour laquelle nous pouvons parler du constitutionnalisme de Rousseau dans les *Lettres de la montagne*. La constitution de Genève n'est pas celle d'une monarchie parlementaire où les membres du parlement ne disposent que du droit de remontrance. Une constitution démocratique est à une constitution monarchique, même constitutionnelle, ce que le droit de représentation est au droit de remontrance : « il y a de la différence, dit Rousseau, entre les Remontrances qu'un corps de Magistrature fait à son Souverain, et celles que des membres du Souverain font à un corps de Magistrature »[3]. Les citoyens ont une autonomie qui leur donne des droits *réels*, et pas seulement *formels*. Ils sont majeurs, et puisqu'ils demeurent le souverain, quel que soit le degré d'usurpation atteint par l'exécutif, les solutions pacifiques demeurent ô combien préférables aux violences d'une résistance, même légitime.

Revenons à la question de la liberté politique et au principe de justice qui fonde la citoyenneté. Quel rôle Rousseau croit-il qu'a joué la Réforme dans le maintien de l'indépendance genevoise et dans les possibilités d'une liberté démocratique ? Curieusement, sur ce point, le fil de la pensée de Rousseau paraît interrompu. On ne trouve rien des liens entre la liberté politique fraîchement acquise et presque aussitôt perdue, et la Réforme. On comprend aisément le regret de Bernard Gagnebin « que Rousseau ait abandonné sa rédaction une fois parvenu à l'époque de la Réforme »[4]. Ce fil

1. Pour comprendre la manière dont Jean-Robert Chouet conçoit la souveraineté démocratique, voir « Le discours du syndic Chouet sur la nature du gouvernement de l'État de Genève. » par W.-A. Liebeskind, dans *Mélanges Charles Gilliard*, *op. cit.*, p. 394-400. Pour J.-R. Chouet, le Conseil Général peut être souverain sans qu'il soit pour autant nécessaire de le réunir.

2. C'est ainsi qu'avaient raisonné les théoriciens huguenots après la Saint-Barthélemy en reconnaissant aux magistrats inférieurs un *droit* de résister et au peuple assemblé le droit de destituer celui qu'ils avaient institué.

3. LEM, OC III, p. 862.

4. HGG, OC V, p. 510. « Il eût été intéressant de lire, dit encore B. Gagnebin, la suite du récit de Jean-Jacques, d'autant plus qu'il a porté sur Calvin des jugements contradictoires ».

est-il cependant réellement interrompu ? Rousseau ne consacre-il pas l'essentiel des premières *Lettres de la montagne* à l'esprit de la Réformation et à la religion civile ?

Rousseau ignorait-il que les Évêques auxquels Genève était redevable d'avoir donné au peuple ses franchises avaient été des Évêques conciliaristes en rébellion contre l'autorité absolue des papes ? Quoi qu'il en soit, il avait parfaitement bien perçu la reconnaissance proprement morale dont ces Évêques avaient bénéficié, y compris de la part des Princes séculiers. C'est donc de ce capital moral dont hérite l'autorité des pasteurs, celui d'une promesse de meilleure justice pour le peuple.

Si nous voulions combler l'absence de réponse à la question de savoir quel rôle a joué la Réforme dans les enjeux touchant la liberté démocratique dans les dernières lettres, nous rappellerions les aspirations aux pratiques démocratiques qui furent observées dans le cadre même de l'Église réformée, et ce dès le XVIe siècle. C'est d'une telle aspiration dont était porteur Jean Morelli[1] qui put, à la différence de Rousseau, "bénéficier" des procédures prescrites par la loi. Nous pourrions également citer la pratique des assemblées politiques de la résistance huguenote aux Guise dans le Royaume de France pendant les guerres de religion. Citons encore le thème monarchomaque, national et huguenot, du peuple Franc assemblé et élisant ses rois[2]. Précisément, c'est après avoir parlé dans le *Contrat social* de « De la mort du corps politique » que Rousseau, afin de répondre à la question de savoir comment se maintient l'autorité souveraine, évoque une ressource qui ne lui semble plus disponible : « Le peuple assemblé, dira-t-on ! Quelle chimère ! C'est une chimère aujourd'hui, mais ce n'en était pas une il y a deux mille ans : Les hommes ont-ils changé de nature ? »[3].

Pourtant, après sa condamnation et malgré les propos de la VIIe lettre qui paraissent condamner la constitution de Genève à n'être bonne que « pour le présent et mauvaise pour l'avenir », Rousseau ne renonce nullement à chercher les remèdes. Citons à tout le moins l'accueil favorable qu'il réserve dans de nombreuses pages de commentaire aux articles du Règlement de la Médiation contre l'avis même du républicain Micheli du Crest[4].

1. Ph. Denis et J. Rott, *Jean Morély (ca 1524-ca 1594) et l'utopie d'une démocratie dans l'Église*, Genève, Droz, 1993. Voir chez Morelli le refus de la représentation pour l'Église : « Pour alléguer aucun droit de représentation, il faut prouver que l'Église l'ayt peu céder, et monstrer qu'elle l'aye faict », p. 171-174.

2. Rappelons que Rousseau ne pense pas qu'une démocratie bien conçue dépende *seulement* du principe électif.

3. CS, OC III, p. 425.

4. Pour le contexte genevois et ses principaux acteurs, voir la contribution de G. Silvestrini.

Sans doute, Rousseau est-il fidèle ici au constat fait dans le *Contrat social*: «Les bornes du possible dans les choses morales sont moins étroites que nous ne pensons : Ce sont nos faiblesses, nos vices, nos préjugés qui les rétrécissent. Les âmes basses ne croient point aux grands hommes : de vils esclaves sourient d'un air moqueur à ce mot de liberté [1] ».

Rousseau n'avait-il pas alors inscrit dans sa généalogie des peuples assemblés les premiers temps des nations dans lesquels les monarchomaques huguenots avaient eux aussi perçu les premiers signes d'une liberté politique: «En remontant aux premiers temps des Nations on trouverait que la plupart des anciens gouvernements, même monarchiques tels que ceux des Macédoniens et des Francs, avaient de semblables Conseils» [2]. Ici, le raisonnement de Rousseau est comparable à celui des huguenots. En effet, à partir du moment où il pouvait être établi que de tels Conseils avaient existé, de tels conseils demeuraient possibles: «De l'existant au possible la conséquence me paraît bonne» [3].

Ainsi, pour reprendre la thématique complexe de la constitution des *Lettres de la montagne*, même si nous enregistrons le changement qui intervient en elle quand sont créés en 1530 des corps intermédiaires, même si nous retenons l'idée avancée par Rousseau de la dégénérescence presque immédiate des institutions démocratiques périssant par leurs propres lois, la capacité, relevée par Rousseau, du peuple genevois à résister «aux entreprises marquées» du Petit Conseil, et l'impossibilité corrélative d'une vigilance de tous les instants portée «aux efforts modérés et continus» de l'action usurpatrice de la magistrature, il paraît malgré tout impossible de conclure à une condamnation rédhibitoire de la constitution, y compris après qu'elle a été corrigée. Et c'est ici que s'impose la solution des assemblées où pourrait se former une volonté générale par la publicité indirecte faite aux exactions des magistrats. Est-ce bien un hasard si Rousseau fait écho, comme d'autres à Genève, à un article [4] des *Ordonnances ecclésiastiques* de 1561, à l'idée d'un conseil réunissant tous les habitants et pas seulement les citoyens et bourgeois. Voici le contenu de cet article :

> Pour observation et confirmation de cest ordre et police en ceste Eglise de notre Seigneur Iesus Christ, nous avons ordonné que de trois en trois ans, le premier dimanche du mois de Iuin, il en soit faict lecture publique devant

1. CS, OC III, p. 425.
2. *Ibid.*, p. 426.
3. *Ibid.*
4. Cet article a été utilisé en 1707 afin de justifier les conseils généraux, et par Micheli du Crest dans un autre sens: voir G. Silvestrini, *Alle radici del pensiero di Rousseau*, *op. cit.*, p. 102 et p. 144. Voir également dans la *Correspondance Complète* de Rousseau, t. X, *op. cit.*, p. 25, la lettre de Lenieps du 12 juillet 1763.

tout le peuple au temple sainct Pierre assemblé. Et que chacun mains levees doive iurer à Dieu en présence des Syndiques, de l'observer et garder, sans y contredire ni contrevenir, et sans qu'il soit licite d'y adiouster, ou diminuer, sinon qu'il ait esté premierement proposé à nostre Conseil estroit, et puis aux deux cents, selon l'ordre de nos autres Edicts[1].

Or, c'est bien contre l'avis de la compagnie des pasteurs qu'est approuvée, le 3 juin 1576, la révision des ordonnances ecclésiastiques qui ramène à cinq ans la fréquence des réunions et seulement en Conseil Général – sans les habitants et autres résidents. C'est l'autorité morale des pasteurs qui affiche ici sa remontrance[2] contre les avancées du Petit Conseil : « Nostre Compagnie eust desiré que Messieurs les eussent faict lire de trois ans en trois ans au temple de St-Pierre et jurer à tous les habitans, comme l'ordonnance et la prattique y aesté d'advis qu'il suffisoit doresenavant qu'elles se leussent de cinq en cinq ans en Conseil General des citoyens et bourgois seulement[3] ». Bien entendu, nous ne croyons pas qu'il ait été question d'autre chose ici que des ordonnances et de leur contenu, et nous voyons également comment la sécularisation du temporel peut aussi s'effectuer par une tentative de neutralisation par les magistrats de l'autorité religieuse qui constitue leur principal vis-à-vis. Mais ce que nous voulons mettre en évidence, c'est l'effet de publicisation opéré par les institutions réformées lorsque, s'appuyant sur le peuple, comme l'avaient fait les évêques avant la Réforme, elles se transforment progressivement en instances revendicatives. Nous croyons ne pas nous tromper en disant que c'est ce que Rousseau a bien voulu montrer dans son analyse des institutions genevoises médiévales en rétablissant une continuité, via les autorités morales qui lui furent favorables, entre la constitution démocratique médiévale et la constitution démocratique corrigée dans une certaine fidélité avec l'esprit, et non la lettre, de la constitution primitive[4].

Pour conclure enfin sur le rôle joué par la Réforme, il faut revenir à l'esprit de la Réformation que Rousseau joue contre l'intolérance du Réformateur de Genève et de ses héritiers. Nous l'avons dit, c'est l'héritage constitutionnel qui montre les affinités existant entre la Réforme et la souveraineté du peuple. Devant la question des remèdes à trouver aux usurpations de l'exécutif genevois, Rousseau a d'abord songé à la manière

1. *Ioannis Calvini opera quae supersunt omnia*, vol. X, Brunsvigae, 1871, p. 124.

2. Voir le statut des remontrances du consistoire dans le commentaire par F. Guénard de la Lettre V.

3. *Registres de la Compagnie des pasteurs de Genève*, tome IV, 1575-1582, Droz, Genève, 1974, p. 53.

4. Voir les réflexions de R. Dworkin sur la constitution dans *L'Empire du droit*, trad. par É. Soubrenie, Paris, P.U.F., 1994. Voir également cette question dans la contribution de G. Radica.

concrète dont l'héritage constitutionnel de Genève pouvait être préservé, mais surtout à la manière dont il était possible de penser une formation de la volonté générale avec les ressources de la constitution démocratique de l'État genevois. Or ces ressources existent et il a paru nécessaire à Rousseau de montrer dans quelle mesure il serait possible de les transformer en moyens efficaces de contrer à l'avenir l'action du Petit Conseil. Ceci explique que malgré l'échec des représentations, Rousseau donne toute sa réalité à ce droit. Ceci explique aussi la manière dont les ressources de la Réforme se voient converties en ressources proprement juridiques et communicationnelles. Les institutions genevoises deviennent sous nos yeux un laboratoire pour une démocratie réelle. Rousseau songe, par exemple, à ce que pourraient devenir les Compagnies bourgeoises[1] si elles étaient mises au service du *droit* de représentation : « Que lorsque le Magistrat n'aura eu nul égard aux plaintes des particuliers portées en Représentations, il permette l'assemblée des Compagnies bourgeoises (...) on verra bientôt si leurs vœux sont ou ne sont pas ceux de l'État »[2]. Rousseau aurait donc ici l'idée d'un *espace public* permettant de dénoncer et freiner les avancées despotiques de l'exécutif, moyen éminemment démocratique et pacifique de résistance.

L'esprit de la Réformation

Tout ce qui se rapporte dans les trois premières lettres à ce que Rousseau appelle l'« esprit de la Réformation » semble indiquer que Rousseau conçoit de manière très large la Réforme comme étant avant tout la réforme dont le christianisme avait besoin pour devenir une religion tolérante et conforme aux exigences de la raison.

Deux exigences doivent être remplies pour qu'une telle réforme puisse être accomplie. *La première* est que la religion demeure dans les limites de la raison à condition toutefois que celle-ci admette l'existence de vérités de foi non nécessairement démontrables. Telle est la position originale de Rousseau sur la question[3]. Une telle réforme nécessite un travail de rationalisation de la religion, certes minimal, mais qu'on peut observer par exemple dans le traitement par Calvin de la question des miracles – et on peut, à ce propos, mesurer le chemin accompli par Rousseau[4]. *La seconde* exi-

1. Nous ne pouvons évoquer les assemblées périodiques, autre question longuement abordée dans les LEM. Nous renvoyons aux contributions de G. Silvestrini et de C. Spector.

2. LEM, OC III, p. 854.

3. Voir ici le tableau de la religion des p. 694 et 695 des LEM, et son commentaire par A. Charrak.

4. Sur ce point en particulier, voir le commentaire des Lettres II et III par B. Bernardi.

gence est que le christianisme puisse conserver l'apport universel de la religion en le rendant compatible avec les devoirs du citoyen. Ainsi, le produit le plus précieux d'une telle réforme pourrait bien être la religion civile.

1re exigence : une rationalisation de la foi

Les miracles ne sont pas nécessaires au christianisme, prétend Rousseau. Voilà une proposition qui ne pouvait convenir aux gardiens de la religion nationale de Genève. Pour l'auteur de la *Profession de foi du Vicaire savoyard*, on n'a pas besoin de croire aux miracles pour être chrétien et le Christ s'est annoncé non par des miracles, mais par la prédication[1]. Et précisément, dit Rousseau au tout début de la IIIe lettre, « établir leur nécessité (celle des miracles) c'était détruire le Protestantisme »[2] – affirmation qui recoupe en dépit de tout l'esprit de l'enseignement calvinien[3], d'autant que, c'est important, depuis l'époque du Christ, le don des miracles n'a plus de place[4]. Ce qui résume l'approche par Calvin des miracles, c'est l'idée que ceux-ci n'authentifient ni ne prouvent l'autorité de l'Écriture ; ils la confirment tout au plus en apportant témoignage de son caractère divin. Chez Calvin, les miracles ne viennent jamais par conséquent qu'en seconde position. Les miracles sont des sceaux pour sceller l'Évangile dit l'*Institution de la Religion chrétienne*. Il faut donc que la doctrine « soit examinée en premier lieu. Si elle est approuvée (prouvée, avérée), lors elle pourra bien prendre confirmation par les miracles »[5]. Selon Calvin, c'est la vérité doctrinale qui est fondatrice de ce que les miracles ne viennent qu'accessoirement confirmer. C'est mal prendre les miracles que de les tirer à une autre fin que celle d'illustrer le nom de Dieu, dit encore Calvin. Il faut prendre garde au fait que Satan a également ses miracles qui peuvent abuser les plus simples d'entre les hommes. « Les Magiciens et Enchanteurs ont esté tousiours renommez de miracles ; l'idolâtrie des Gentils a esté nourrie par miracles merveilleux, lesquels toutesfois ne sont suffisans pour nous approuver (prouver) la superstition ne des Magiciens, ne des idolâtres »[6].

On comprend que Rousseau puisse se gausser des miracles jansénistes censés s'être produits sur la tombe de Jean de Paris. Les preuves morales ne suffisent pas à attester des miracles. Mais, bien qu'on trouve chez Jean Calvin cette même prévention contre la croyance irrationnelle, il se défend

1. *Émile*, OC IV, p. 990.
2. LEM, OC III, p. 727.
3. Jean Calvin, *Institution de la religion chrétienne*, Paris, Vrin, 1957-1961.
4. *Ibid.*, livre quatrième, XIX, 18.
5. *Ibid.*, Épître au Roi, livre premier, p. 34-35.
6. *Ibid.*, p. 35.

d'avoir réduit le mystère de la cène à la capacité de la raison humaine, et de l'avoir assujetti à l'ordre de la nature, ce dont on l'accuse volontiers; enfin il dit combien la messe catholique ou d'autres rituels sacramentels relèvent davantage de la superstition que de la foi. Ceux qui aujourd'hui imposent les mains pour la cérémonie de la confirmation en en attendant « des vertus merveilleuses » ne sont que des "bateleurs" (illusionnistes) [1]. Concernant la cène, Jésus-Christ, explique Calvin, « descend à nous tant par le signe extérieur que par son Esprit, pour vivifier vrayement nos âmes de la substance de sa chair et de son sang. Ceux qui n'entendent point que telle chose ne se peut faire sans plusieurs miracles sont plus que stupides, veu qu'il n'y a rien plus contraire au sens naturel, que de dire que les âmes empruntent de la chair la vie spirituelle et céleste, voire de la chair qui aura eu son origine de la terre, et qui a esté mortelle. [...] Quel est nostre corps? N'est-il pas tel qu'il a sa propre et certaine mesure? qu'il est contenu en lieu, qu'il est touché, qu'il est veu? [...] O insensé! que demandes-tu à la puissance de Dieu? quelle face qu'un corps soit ensemblement corps et non corps? » [2].

En comparant toutefois le traitement du miracle de Josué par Calvin et par Rousseau, on peut cependant comprendre que Rousseau ait choqué les pasteurs de Genève. Là où nous avons affaire à une attitude de foi chez Calvin, nous avons affaire, de la part de Rousseau, à une incrédulité digne d'un athée matérialiste qu'il n'est pourtant pas. Calvin : « [...] quand nous lisons qu'à la requeste de Josué le soleil s'est arresté en un degré l'espace de deux jours (Josué 10, 13), et en faveur du Roy Ezechie son ombre a esté reculée de quinze degrez (2 Rois 20, 11), nous avons à noter que Dieu par tels miracles a testifié (témoigné) que le soleil n'est pas tellement conduit par un mouvement naturel, pour se lever et coucher chacun jour, que luy n'ait le souverain gouvernement pour l'avancer et retenir, afin de nous renouveler la mémoire de ceste faveur paternelle envers nous qu'il a monstrée en la création du monde» [3]. Rousseau: «Jadis les Prophètes faisaient descendre à leur voix le feu du Ciel; aujourd'hui les enfants en font autant avec un petit morceau de verre. Josué fit arrêter le Soleil; un faiseur d'almanacs va le faire éclipser; le prodige est encore plus sensible» [4].

1. *Ibid.*, 6.
2. *Ibid.*, livre quatrième, XVII, 24.
3. *Ibid.*, livre premier, XVI, 2.
4. LEM, OC, III, p. 739.

2e exigence : une religion civile qui soit la condition de la tolérance des religions à l'intérieur des associations civiles

Enfin le plus grand écart que Rousseau ait accompli dans les *Lettres de la montagne* à l'égard de l'orthodoxie réformée genevoise – et à l'égard de toute orthodoxie religieuse – réside dans l'affirmation selon laquelle le christianisme ne doit plus entrer dans la constitution d'un État. Si nous nous représentons ce que l'État, chez Rousseau, peut encore exiger de ses membres en matière de religion, cela paraît peu – l'observance du culte établi mis à part qui est la seule fonction civile qui revienne peut-être encore aux théologiens. Les devoirs de la religion civile ayant pour objet la justice, le bien public, l'obéissance aux lois naturelles et positives, les vertus sociales, et tous les devoirs de l'homme et du citoyen, il n'y a plus rien ici qui relève du dogme – les dogmes moraux ou principes de la morale ayant été distingués du premier. Autrement dit, seront proscrites des États conformes aux principes du *Contrat social*, les religions dont les dogmes ne sont pas compatibles avec les devoirs du citoyen, mais également celles, comme le jansénisme par exemple, qui mettraient en question le principe de la loi naturelle. C'est peut-être ici, et d'une manière inattendue, que Rousseau signe son appartenance à la tradition réformée, par l'attachement qui paraît chez lui définitif à la loi naturelle. C'est ce qui permet aussi de comprendre chez Rousseau dans quelle mesure l'homme et le citoyen loin de s'opposer doivent travailler ensemble dans le cadre des associations civiles. Tout au contraire, le jansénisme a, selon Rousseau, sacrifié la loi naturelle et donc toute obligation de lien entre les humains. La conséquence peut dès lors paraître grave comme le suggère Rousseau : « Ne faisons pas, surtout, comme votre Monsieur Joli de Fleury, qui, pour établir son Jansénisme, veut déraciner toute loi naturelle, et toute obligation qui lie entre eux les humains ; de sorte que selon lui le Chrétien et l'Infidelle qui contractent entre eux, ne sont tenus à rien du tout l'un envers l'autre, puisqu'il n'y a point de loi commune à tous les deux »[1]. Ainsi les principes démocratiques du *Contrat social* ainsi que la tolérance des religions qui tolèrent les autres religions sont sans doute l'acquis le plus heureux d'une réforme du christianisme.

Isabelle BOUVIGNIES

1. *Lettre à Christophe de Beaumont*, OC IV, p. 969.

ANNEXES

REPRÉSENTATIONS DES CITOYENS ET BOURGEOIS DE GENÈVE AU PREMIER SINDIC DE CETTE RÉPUBLIQUE

Nous donnons ici (en conservant sa graphie originale) le texte des représentations concernant « l'affaire Rousseau », portées par des Citoyens et Bourgeois au Petit Conseil les 18 juin, 8 août, 20 août et 29 septembre 1763, ainsi que les extraits des délibérations du Conseil à leur propos, les 25 juin, 10 et 30 août. Ces pièces dans leur succession font l'histoire d'un dialogue impossible.

Fréquemment cités par Rousseau dans les *Lettres*, ces textes sont des outils précieux pour la contextualisation de l'œuvre. Ils sont éclairants pour le déroulement de la crise politique genevoise mais, tout autant, pour comprendre l'horizon de pensée dans lequel ses acteurs se la représentaient.

Le texte est donné d'après l'édition imprimée *Représentations des Citoyens et Bourgeois de Genève au Premier Sindic de cette République : avec les réponses du Conseil à ces Représentations*, 1763, in 8° (É. Rivoire, *Bibliographie historique de Genève au* XVIIIe *siècle*, t. I, Genève, Jullien Georg, 1897, n° 740).

Très humble et très respectueuse Représentation
à Mr. LE PREMIER SINDIC
du Samedi 18 Juin 1763.

Les Citoyens et Bourgeois qui ont l'honneur de remettre cette respectueuse Représentation à M. le Premier Sindic, sincérement attachés à leur Patrie, convaincus que l'observation des Loix est la première source de son bonheur, et pénétrés de la sainteté du serment qui les lie à l'État, se croient indispensablement obligés de réclamer contre plusieurs atteintes données aux Loix de la République, et à la liberté des Citoyens.

Les faits dont les Citoyens et Bourgeois se plaignent concernent, il est vrai, de simples Particuliers, mais la liberté publique est une chaîne qui doit son existence et sa force à l'union des anneaux qui la composent : c'est un corps formé des libertés particulières ; un seul anneau ne peut être détruit, sans que la chaîne perde sa force ; une seule partie du corps ne peut souffrir, sans que tout le corps y participe. C'est par cette raison que les griefs d'un seul membre de l'État quand ils ne sont pas reparés, deviennent ceux du Public : Et c'est sur ces principes inséparables du bien de l'État que les Citoyens et Bourgeois réclament.

1°. Contre le jugement rendu par le Magnifique Conseil contre le Sr. Jean Jaques Rousseau, et deux de ses ouvrages, sans qu'il en ait été ouï ni appellé, et malgré la disposition formelle de l'article 88. de nos Edits Ecclésiastiques.

2°. Contre l'illégalité des Tribunaux qui ont jugé le Sr. Avocat Mercier en 1758, et l'année dernière les Srs. Charles Pictet et Emmanuel Duvillard fils. Ces Tribunaux n'ayant point eu de Sindics pour Presidens ; quoique cette condition soit expressement exigée par l'article X du Titre XII de nos Edits concernant les causes et matiéres criminelles.

3°. Contre l'enlevement, et le refus de restitution faits aux Srs. Jean et Isaac Bardin de 24 Exemplaires du Livre intitulé *Emile ou de l'Education*, quoiqu'ils les eussent commis sans savoir que cet ouvrage seroit prohibé, qu'ils les aïent déclarés avant et même à leur arrivée, et qu'ils aïent offert de les renvoyer.

La simple exposition de ces griefs les demontre, et quelques details mettront dans un grand jour les fondemens de cette respectueuse Représentation.

Les Citoyens et Bourgeois aïant appris que le Sr. Jean Jaques Rousseau leur Concitoyen, avoit abdiqué son droit de Bourgeoisie et de Cité, à cause du jugement rendu par le Magnifique Conseil contre lui et ses ouvrages, n'ont pu se dispenser de porter leur attention sur ce jugement ; et, dans cet examen, ils ont reconnu que la plainte du Sr. Rousseau est fondée : C'est ce qu'ils se proposent d'établir.

Le jugement du Magnifique Conseil, fait sans formalités préliminaires, condamne deux ouvrages du Sr. J.-J. Rousseau, savoir *Emile* et *le Contrat social,* comme *téméraires, scandaleux, impies, tendans à detruire la Religion Chrétienne, et tous les Gouvernemens* : Ce jugement porte donc sur deux objets, *la Religion* et les *Gouvernemens.*

Quant à ce qui regarde la religion, l'article 88. de nos Edits Ecclesiastiques au Chapitre du Consistoire, porte : « S'il y a quelqu'un qui dogmatise contre la Doctrine reçuë, qu'il soit appelé pour conférer avec lui ; S'il se range, qu'on le supporte sans scandale ni diffame ; S'il est opiniâtre, qu'on l'admoneste par quelques fois pour essaïer à le reduire ; Si l'on voit enfin qu'il soit besoin de plus grande sévérité, qu'on lui ointerdise la Ste. Cêne et qu'on en avertisse le Magistrat afin d'y pourvoir ».

Cependant le Sr. Rousseau n'a point été *appellé* au Consistoire, mais le Magnifique Conseil a d'abord procedé contre lui, il devoit être *supporté sans scandale*, mais ses écrits ont été traités par un jugement public, comme *téméraires, impies, scandaleux* ; il devoit être *supporté sans diffame* ; mais il a été flêtri de la maniere la plus diffamante, ses deux livres ayant été lacérés et brulés par la main du Bourreau.

L'Edit n'a donc pas été observé ; tant à l'égard de la jurisdiction, qui appartient au Consistoire ; que relativement au Sr. Rousseau, qui devoit être *appellé, supporté sans scandale ni diffame, admonesté par quelques fois* ; et qui ne pouvoit être jugé qu'en cas d'*opiniâtreté* obstinée. L'Edit est clair par lui même, et la procédure tenue contre Jean Morelli en 1563, ne laisse aucun doute sur son interprétation.

Pour ce qui concerne les Gouvernemens, les Citoyens et Bourgeois bien loin d'avoir remarqué que les ouvrages du Sr. Rousseau tendent à detruire celui qu'ils cherissent, ont observé au contraire, avec une vraye satisfaction, que ce célébre Auteur ne laissse échapper aucune occasion d'en faire l'éloge. Il déclare dès l'entrée de son *Contract Social*, qu'il *s'estime heureux toutes les fois qu'il médite sur les Gouvernemens, de trouver toujours dans ses recherches de nouvelles raisons d'aimer celui de son Païs.* Ce Livre, contre lequel porte la sentence du Magnifique Conseil, à cet égard, ne peut donc être condamné comme tendant à détruire nôtre Gouvernement : Et dès lors, cet ouvrage, imprimé hors de nôtre Territoire, ne peut plus être considéré que dans le nombre de ceux qui traitent du Droit Naturel et Politique, sur lesquels nos Loix ne donnent au Magnifique Conseil aucun pouvoir, et qui se sont toujours vendus publiquement dans nôtre Ville. Notre Gouvernement ne craint point l'examen, aussi nos Loix n'établissent aucune Inquisition. Les Citoyens et Bourgeois sont trop attachés à notre Constitution, pour que des maximes qui lui seroient opposées puissent les seduire : C'est pourquoi on n'a jamais flêtri, dans notre État, un Etranger qui écrit sur des matieres générales, lors même que ses maximes sont dangereuses. Le Sr. Rousseau qui cherit le Gouvernement de sa Patrie, ne pouvoit donc être distingué si defavorablement; et sa qualité de Citoyen devoit être un titre de plus pour jouïr de la liberté publique.

Mais quand le *Contract social* attaqueroit notre Constitution, quand il auroit été imprimé sur notre Territoire, la sentence portée contre le Livre et son Auteur ne seroit pas moins illegale, puisque le Sr. Rousseau n'a été ni ouï, ni appellé. Cette procedure est également opposée aux principes du Droit Naturel, admis chez tous les Peuples, et à nos Loix, qui exigent expressement que personne ne soit condamné sans avoir été entendu dans ses defenses, ou duëment cité pour venir se defendre, et qui ne permettent de le juger qu'après trois défauts encourus. *Emile* et *le Contract Social* portoient le nom du Sr. Rousseau, mais il étoit possible qu'il n'en fût pas l'Auteur. Le Magnifique Conseil ne pouvoit donc pas même le decréter de prise de Corps, avant qu'il y eût à cet égard des preuves juridiques : Car personne ne seroit à l'abri de cette sorte de deshonneur et des suites facheuses qui en résultent pour la liberté, puisqu'il n'est personne dont on ne puisse emprunter le nom. D'ailleurs si le Sr. Rousseau n'a pas été jugé personnellement, il l'a été dans ses ouvrages : on ne peut flêtrir un ouvrage, sans flêtrir en même temps, l'auteur dont il porte le nom : et une flêtrissure aussi infamante ne peut pas être imposée à un Citoyen sans qu'il ait été entendu. Les Citoyens et Bourgeois peuvent emprunter ici des expressions du célébre Montesquieu, dont ils sentent toute la force. « Dans les États modérés », dit-il, « où la tête du moindre Citoyen est considerable, on ne lui ôte son honneur qu'après un long examen. Dans les Républiques il faut pour le moins autant de formalités que dans les Monarchies; dans l'un et l'autre gouvernement elles augmentent en raison du cas que l'on y fait de l'honneur, de la fortune et de la liberté des Citoyens ».

Le second chef contre lequel les Citoyens et Bourgeois reclament, est l'illegalité des Tribunaux sans Sindics pour juger des causes criminelles. Cette illégalité est démontrée d'abord par notre Constitution, dans laquelle il n'y a aucun Tribunal Civil érigé, sans qu'il ait pour chef un Magistrat reconnu et élu par le Peuple en Conseil Général.

Tel est l'esprit de notre Constitution, lors même qu'il ne s'agit que de la fortune des Citoyens; mais quand il est question de leur vie et de leur honneur, nos Loix deviennent plus precises encore; elles statuent formellement, Article X. Titre XII : *Les Sindics et Conseil seront Juges comme d'ancienneté dans tous les Procès criminels.* L'État n'a voulu confier la vie et l'honneur des Citoyens qu'aux Magistrats qu'il élit lui-même, et pendant le temps seul pour lequel il les a élus. Il est vrai que la Loi des recusations peut se trouver en opposition apparente avec celle qui établit les Sindics Présidens nécessaires dans les Procès criminels. Mais il est évident que cette Loi des recusations est d'un ordre inferieur à la premiere, et que s'il falloit necessairement abandonner l'une ou l'autre, la Loi qui découle immédiatement de la Constitution de l'État doit être observée : Elle doit l'être d'autant mieux que le plus souvent elle tend à la faveur plutôt qu'à la sévérité ; puisque la loi des récusations n'exclud pour l'ordinaire que des parens, alliés ou créanciers des prevenus : Mais en suivant l'esprit de notre Constitution, les deux Loix peuvent rester en vigueur : L'une exige qu'il y ait des Sindics pour Présidens aux Tribunaux qui jugent des causes criminelles, et c'est la Loi premiere et fondamentale ; l'autre en certains cas exclud les Sindics par recusations : Dans ces cas le Conseil Général doit être convoqué pour élire des Sindics *ad actum*.

De cet esprit de nos Loix et de leurs expressions formelles, il resulte necessairement, que les sentences criminelles renduës par des Tribunaux qui n'ont pas des Sindics pour Chefs, sont nulles de plein Droit, et qu'elles doivent être regardées comme non avenuës.

C'est encore par une conséquence de cet esprit de notre Constitution, que le pouvoir de faire emprisonner a été confié aux Sindics de la maniere suivante. *Quand quelque plainte viendra, qu'un chacun des Sindics ait puissance de mander ceux qu'il appartiendra, examiner et interroger, et faire emprisonner si metier est.* Telles étant les formalités qui doivent préceder les emprisonnemens, les Citoyens et Bourgeois ne peuvent regarder comme conformes à nos Loix, ceux qui sont faits sans que l'accusé ait été *mandé, examiné et interrogé,* par l'un de Mrs les Sindics. Tel par exemple que celui des Srs. Aimé Gaudy et Abraham Binet en 1758.

Enfin l'enlevement et le refus de restitutuion fait aux Srs. Jean et Isaac Bardin de 24 Exemplaires du Livre intitulé *Emile ou de l'Education*, malgré les circonstances qui ont precédé cet acte, et l'offre des Srs. Bardin de renvoyer ces livres hors de la Ville; sont un fait si surprenant, que les Citoyens et Bourgeois n'ont pû le croire, qu'après avoir lû la Requête des Srs. Bardin, et le decret de refus signé par Mr. Lullin Secretaire d'État, le 19 Juillet 1762. Si le Magnifique Conseil pouvoit disposer ainsi de la fortune des Citoyens, sans qu'ils se fussent rendus coupables d'aucun delit, ce seroit aneantir leur droit de proprieté, et leur liberté ne seroit plus qu'une chimère.

Tels sont les griefs des Citoyens et Bourgeois : ils esperent que le Magnifique Conseil les redressera par amour pour le maintien des Loix, de l'ordre et de la Justice, c'est à quoi ils concluent : Mais ils declarent en même tems, qu'une simple resolution negative loin d'infirmer cette respectueuse Représentation lui donneroit une nouvelle force.

Extrait des Registres du Conseil
du Samedi 25 Juin 1763.

MONSIEUR le Premier a invité le Conseil à faire un second tour sur les Représentations à lui remises le 18. de ce mois par des Citoyens et Bourgeois.

Le Conseil a d'abord consideré que c'est aux Sindics et Conseil seul qu'appartient l'instruction et le jugement de tous les Procès criminels ; que leurs jugemens sont rendus en dernier ressort et qu'on ne peut s'y opposer ; que nos loix fournissent aux prévenus, pendant l'instruction et avant le jugement du procès, tous les moyens raisonnables de se defendre et de proposer leurs exceptions de quelque nature qu'elles soyent : Mais que la seule voïe qui soit ouverte par notre Constitution en faveur d'une personne condamnée, c'est de requerir elle-même d'être entendue au Conseil des Deux-Cents pour en obtenir grace, ou de se representer dans les prisons si elle n'a été condamnée que par contumace : Que toute autre voïe de *reclamer* contre un jugement criminel rendu par les Sindics et Conseil, ou de demander la *reparation* et le *redressement* des griefs que ce jugement peut avoir fait au Condamné, est une voïe diametralement opposée à nos Loix, qui veulent que les jugemens pronocés et rendus en dernier ressort soient exécutés sans opposition ; et que cette route incompatible avec tout Gouvernement réglé, seroit de la consequence la plus fatale à la tranquilité publique.

Neantmoins le Conseil, par l'intérêt de la Religion superieur à tout, et pour ne laisser aucun doute sur la pureté de ses intentions et la regularité de ses décisions, a resolu de donner des éclaircissemens relatifs aux trois objets des représentations susdites.

Sur le premier chef concernant le jugement rendu et exécuté au mois de Juin dernier concernant deux ouvrages portant le nom de Jean-Jaques Rousseau et le résolution prise sur sa personne, il a été dit.

Que le Conseil ayant fait examiner et ayant examiné par lui-même ces ouvrages, et après avoir vû les conclusions du Sr. Procureur Général, trouva que sous l'apparence de doutes, on y avoit rassemblé tout ce qui peut tendre à sapper, ébranler et detruire les principaux fondemens de la Religion Chrétienne revélée, et inspirer à cet égard les sentimens les plus funestes ; jusqu'à dire qu'on se trompoit en disant *une République Chrétienne chacun de ces deux mots excluant l'autre.*

Que ces Livres lui parurent d'autant plus dangereux et reprehensibles qu'ils sont écrits en françois, du stile le plus seducteur, qu'ils paroissent sous le nom et la qualification d'un Citoyen de Genève ; et que, selon l'intention de l'Auteur, l'Emile doit servir aux Peres et aux Meres et à tous ceux qui sont chargés de l'instruction de la jeunesse.

Que dans cet état des choses, le Magistrat de Genève, dont le devoir le plus sacré est de maintenir l'honneur et la gloire de Dieu, et d'empécher toute entreprise contre la sainte Reformation Evangélique, n'auroit pû garder le silence sans trahir ce devoir; et qu'il auroit causé le plus grand scandale s'il avait differé de faire connoître promptement sa juste indignation contre de tels ouvrages, qui, en se répandants, auroient pû detourner plusieurs Lecteurs de la veritable Foi chrétienne, qui certainement est le fondement le plus assuré de notre bonheur temporel et spirituel.

Que la sentence qu'il a renduë et fait éxécuter contre ces ouvrages étoit par conséquent juste et necessaire.

Que ce n'est point manquer à la régle, qui veut qu'on ne condamne personne sans l'entendre, que de condamner des Livres après en avoir pris lecture et les avoir examinés suffisamment; que cet examen et la persuasion qui en resulte est la seule condition requise et usitée pour les jugemens qui flétrissent les Livres; et que cette façon de procéder nous est commune avec les autres Nations qui ne condamnent non plus personne sans l'entendre.

Que l'article 88. des Ordonnances Ecclesiastiques n'est applicable qu'à une personne qui dogmatise, et non à un jugement concernant un Livre destructif de la Religion Chrétienne ; livre dont le délit existe sans cesse, et qui se renouvelle et s'aggrave à proportion du nombre des Lecteurs qu'il seduit.

Que ce que le Conseil doit au maintien de la Religion Chrétienne dans sa pureté, au bien public, aux loix, et à l'honneur du Gouvernement, ne lui permet pas de changer ou d'affoiblir cette sentence, renduë unanimement, et sans qu'il se soit élevé aucun doute dans l'esprit des Juges, ni sur le fond ni sur la forme.

Qu'en jugeant ces livres, il n'a pas été possible au Conseil de ne jetter aucun regard sur celui qui en étoit presumé l'auteur, alors notre Citoyen. Que la resolution qu'il prit le même jour sur sa personne, au cas qu'il vint dans la Ville ou sur les Terres, n'est ni un jugement ni une sentence, mais un simple appointement provisoire, qui n'a rien que de regulier et de conforme à l'ordre judiciaire: appointement qui laissoit dans leur entier les exceptions et defenses du Sr. Rousseau, et qui, dans le cas prévû, auroit servi de preparatoire à la procèdure prescrite par nos Edits et par nos Ordonnanes Ecclesiastiques.

Sur le second chef concernant la prétenduë illegalité des Tribunaux sans Sindics pour juger des Causes criminelles, il a été dit.

Que par nos Loix tous Juges indistinctement, et par conséquent Mrs les Sindics comme les autres membres d'un Tribunal, sont soumis aux mêmes causes de récusations.

Que l'Edit marque bien expressement comment on doit proceder en cas de recusation des Juges, et par quelles personnes doit alors être completté le

Tribunal ; et il veut qu'il y soit suppléé, non par une création de Sindics *ad actum*, dont le nom est aussi nouveau que la pensée, mais par Adjoints tirés du Conseil des Deux-Cents, et cela dans les causes criminelles comme dans les causes civiles.

Que l'Edit ne dit point que cette nomination des Adjoints se fera par les Sindics, mais par les *Présidens* du Tribunal.

Et qu'enfin il a prévu et fixé le cas auquel il y a lieu à la substitution d'un Sindic, et qu'en se bornant à ce cas, il a exclud consequemment tout autre cas de substitution.

D'où il resulte, que quand l'Edit parle des Sindics et Conseil comme Juges des Procés criminels, ce n'est que pour designer le Tribunal auquel il attribuë l'instruction et le jugement en dernier ressort, exclusivement à tout autre, sauf le recours à la grace.

Au surplus l'Auteur des Représentations se trompe en fait lorsqu'il avance *qu'il n'y a aucunn Tribunal civil érigé sans qu'il y ait pour chef un Magistrat reconnu et élu par le Peuple en Conseil Général* : puisque par l'Edit et par l'usage le Tribunal des Visites ne doit être presidé que par un Conseiller ; et que si l'une des parties ou toutes deux se trouvent grévées par une ordonnance de ce Tribunal, elles peuvent avoir recours au Conseil, qui commet trois autres membres du Conseil pour en faire la révision, au nombre desquels un Sindic n'est point requis.

Le même Auteur ne se trompe pas moins lorsqu'il avance que l'Edit *n'a voulu confier la vie et l'honneur des Citoyens qu'aux Magistrats qu'il élit lui-même et pendant le tems seul pour lequel il les élit* : puisque le même Edit qui a établi le Conseil qui doit proceder à l'expedition et au jugement des affaires criminelles, ne met aucune difference dans le suffrage des Opinans, et que les voix d'un Syndic, d'un Conseiller, et d'un Adjoint sont également comptées.

C'est confondre les preuves avec les indices, et les présomptions, choses cepedant très distinctes, que de dire, comme on le fait dans les représentations, *qu'on ne peut décreter personne de prise de corps sans des preuves juridiques*. La preuve juridique ne s'aquiert que par la consommation de la procèdure, et elle n'est requise que pour fonder la sentence : Mais l'emprisonnement précéde et doit précéder la plus grande partie de la procèdure.

Il se peut donc faire sur des indices, et même il ne se peut faire que sur des indices ; mais il faut, il est vrai, que ces indices operent une présomption sufisante pour le decret d'emprisonnement, présomption dont le degré de force ne pouvant être determiné par la Loi est laissée necessairement à la Conscience, aux lumiéres et à la prudence du Juge. S'il en était autrement, il n'y auroit plus dans l'État d'autorité provisionnelle et par cela même plus de sûreté, plus de police.

C'est encore confondre la procèdure qui se fait sur une plainte de partie civile, avec celle qui se poursuit d'office, que d'avancer généralement, comme on le fait dans les Représentations ; qu'*aucun Citoyen ou Bourgeois ne peut être emprisonné sans que l'accusé ait été mandé, examiné et interogé par l'un de Mrs les Sindics.* Ces préalables sont en effet necessaires lors que l'emprisonnement est pour punir à l'instance de quelqu'un qui porte plainte et veut faire partie formelle; et les trois premiers Articles du Titre XII des Edits Civils déduisent très bien ces precautions avec leurs motifs qui ne sont applicables qu'à ce cas.

Mais lors même que perssonne ne fait instance et ne se rend partie civile, et que neantmoins un crime ayant été commis, quelqu'un en est chargé par des indices suffisants, la loi charge la conscience des Magistrats d'agir d'office. Elle les autorise en même tems à faire mettre en prison, sans leur imposer aucune condition. Elle se repose alors sur la sainteté du serment qu'ils ont prêté en entrant dans leur office, et elle n'exige autre chose d'eux que de remettre dans vingt quatre heures les reponses du prisonnier au Conseil, comme au Tribunal à qui la Loi attribuë l'instruction et le jugement des Causes criminelles.

C'est ce qu'exige la necessité de la sureté publique. Et cette distinction entre les procedures faites à l'instance de partie civile et les procedures poursuivies d'office, comme aussi les consequences qui en naissent, autorisées par l'usage le plus ancien, resultent du dernier article de l'Edit politique au Titre *des trois autres* Sindics, comparé avec l'Article penultiéme du même Titre, cité dans les Représentations ; et des articles 7 et 8 du Titre XII des Edits *Civils*, comparés avec les trois premiers articles du même Titre.

Sur le troiseme chef, concernant les Srs. Bardin, il a été observé, qu'un objet particulier ne peut être celui d'une Représentation publique : Que d'ailleurs le Conseil sera toujours disposé à écouter avec bonté ce que les Interessés pourroient avoir encore à lui representer à ce sujet.

Au reste le Conseil n'a pû voir qu'avec une extréme surpise et la plus vive douleur, des Représentations qui lui imputent *d'avoir donné plusieurs atteintes aux Lois de la République et à la liberté des Citoyens.* Si le zèle le plus pur, si l'attention la plus scrupuleuse au maintien de notre heureuse Constitution, à la conservation de la liberté de chaque particulier et à procurer selon son pouvoir que la Religion Chrétienne soit observée, peuvent donner quleque droit à la reconnoissance publique, il dit avec confiance qu'il l'a meritée.

Dieu veuille repandre son esprit de lumiére et de paix sur notre chére Patrie !

Signé J. J. Dechapeaurouge.

Très humble et très respectueuse Représentation
à Mr. LE PREMIER SINDIC
du Lundi 8 Août 1763.

La Reponse faite par le Magnifique Conseil le 25 Juin dernier aux Représentations remises le 18 du même mois à M. le Premier Sindic par une partie des Citoyens et Bourgeois n'a pû que les affliger; vû que le Magnifique Conseil en refusant d'accorder les deux premiers chefs de ces Représentations, l'a fait par des raisons qu'ils estiment contraires à notre Constitution et à nos Loix. Ils se croyent donc indispensablement obligés à cette nouvelle et très respectueuse Représentation, dont le but est de demontrer que les raisons de refus du Magnifique Conseil ne sont pas fondées. Ils esperent de mettre leurs preuves dans un si grand jour que le Magnifique Conseil ne se refusera plus à leurs demandes; et que les droits des Citoyens et Bourgeois sur ces objets, étant solidement établis, les jugemens et les emprisonnemens dont ils se plaignent ne pourront être cités en exemples dans la suite des temps.

Et d'abord ils prient le Magnifique Conseil de considerer, que ce sont les conséquences de l'inobservation des Loix qui peuvent devenir *fatales à la tranquilité publique*; que si l'Edit ordonne que *les jugemens rendus en dernier ressort soient exécutés sans opposition*, le serment des Citoyens leur impose aussi le devoir de *garder les Libertés, Franchises, Us, Coutumes, Edits, Statuts et Ordonnances de la Cité*: Que chaque Citoyen étant par là même établi gardien et conservateur de la Loi, il a le droit et il est obligé de reclamer contre tout ce qui est contraire à cette Loi, par *plaintes, requisitions, propositions et représentations à Mrs les Sindics ou au Procureur Général.* Par consequent les Représentations des Citoyens et Bourgeois au sujet des sentences dont ils se plaignent, loin d'être *diamétralement opposées à nos Loix,* en sont l'accomplissement.

Pour prouver l'inobservation de la Loi dans le jugement rendu contre les deux ouvrages du Sr. Jean Jaques Rousseau leur Concitoyen, comme contraires à *la Religion Chrétienne et aux Gouvernemens*, et contre sa personne, les Citoyens et Bourgeois se sont fondés.

1°. Sur l'article 88. de nos Ordonnances Ecclesiastiques.

2°. Sur la nature de notre Constitution, et sur la liberté publique établie dans notre Ville à l'égard des ouvrages de Droit et de Politique.

3°. Sur les principes du Droit naturel et sur la Loi, qui veut que personne ne soit condamné sans avoir été ouï ou appellé.

Les Citoyens et Bourgeois ayant examiné avec toute l'attention possible la reponse du Magnifique Conseil à ces raisons observent.

En premier lieu, que sans entrer dans l'examen des Livres du Sr. Rousseau, ils ont simplement dit, que si les Livres étoient reprehensibles, comme dangereux pour la Religion, ils devoient être déférés au Consistoire, qui est seul chargé de la Police et de la Discipline Eclesiastique.

S'il est, en effet, une matiere qui soit de sa competence, c'est certainement un Livre dans lequel le Magnifique Conseil trouve, que *sous l'apparence de doutes, on a rassemblé tout, ce qui peut tendre à sapper, ébranler et detruire les principaux fondemens de la Religion Chrétienne révélée.* L'examen et la discussion de cette matiere appartiennent mieux aux Ministres de l'Evangile qu'au Magnifique Conseil, et même qu'à Mrs. les Scholarques dont l'Edit n'a pas prescrit les fonctions.

La loi attribuë si positivement au Consistoire la premiere connoissance de tout ce qui a trait à la Religion, qu'elle lui defére même les causes matrimoniales, quoiqu'elles interessent l'ordre civil plus directement encore que la Religion.

Et s'il pouvoit rester quelque doute sur ce point, l'exemple de Jean Morelli, cité dans nos Représentations, et auquel il paroit que le Magnifique Conseil n'a pas eu d'égard suffiroit pour le dissiper.

Les Ordonnances Ecclesiastiques reçurent leur sanction en Conseil Général le 13 Novembre 1561 ; et en 1562 le Livre de Jean Morelli, natif de Paris et Habitant à Genève, parut : Le Consistoire en prit connoissance en 1563, sous les yeux de Jean Calvin, le compilateur de ces Ordonnaces, au vû et au sçû du Magnifique Conseil, et du consentement tacite des Citoyens et Bourgeois ; c'est-à-dire dans le tems et sous les yeux de ceux mêmes qui avoient fait la loi, et qui, par conséquent, en connoissoient le sens et l'esprit. Morelli fut appellé au Consistoire, mais ne parut point ; il se retira de la Ville, et peu de tems après il supplia et requit par une lettre au Magnifique Conseil qu'il lui fut permis de venir pour se reconcilier avec les Ministres de cette Église ; ce qui lui fut octroyé. Il vint, et ne s'étant point présenté au Consistoire, il y fut cité ; il comparut le 26 Août et obtint un nouveau delai. « Mais envain on cherchoit de l'amener en dispute amiable, pour le gagner par raisons s'il eut été possible, jamais on ne put tirer de lui d'autre mot, sinon qu'il demandoit terme de repondre par écrit, et quoiqu'il promît toujours de confesser ses erreurs s'il en étoit convaincu, tous ses actes contraroient ses protestations. Enfin le Consistoire estimant qu'il avoit été suffisamment sommé de venir au point et qu'il avoit fuï tout moyen d'être enseigné, même qu'il ne tendoit sinon de faire un procès infini, et qu'il étoit trop impudent en ses cavillations et échapatoires, l'excommunia comme schismatique et homme addonné à contentions : Il fut renvoyé par devant les Magnifiques Seigneurs Sindics et Conseils, avec declaration de tout le fait et avertissement de la substance du Livre, afin qu'il fut pourvû sur le tout comme la raison le requerroit». Il fut cité au Conseil, mais il n'y parut point.

Quelque reprehensible que fut la conduite de Morelli, les Sindics n'ordonnerent rien contre sa personne et se contenterent de prohiber et faire bruler son Livre. *Ayant entendu*, porte la sentence, *le rapport du Venerable Consistoire de cette Église..., . à cause de la contumace du dit Morelli et sur tout afin d'avertir tous ceux qu'il appartiendroit de se donner garde du Livre.*

Les Citoyens et Bourgeois repondent en second lieu aux motifs de la deliberation du Maginfique Conseil.

Que l'honneur et la gloire de Dieu ne sont nullement interessés à la flétrissure que reçoit un livre, parce que cette flétrissure n'en détruit pas les argumens. *Il faut faire honorer la Divinité et ne la venger jamais.* Les peines et les flêtrissures decernées contre un Livre et son Auteur en vuë de maintenir *la Sainte Reformation Evangelique,* loin de lui être utile, sont contraires à ses maximes, et aux préceptes de l'Evangile, qui ne criminalisent ni les doutes ni les erreurs involontaires. Le Magnifique Conseil auroit prevenu suffisamment et d'une maniere même plus efficace, les dangereux effets qu'il craignoit des Livres du Sr. Rousseau en defendant provisionellement leur debit dans la Ville; et persone n'eût pû se scandaliser de la moderation dont il auroit usé en se conformant d'ailleurs aux Loix.

En troisieme lieu : Que c'est condamenr un Auteur sans l'entendre que de condamner son ouvrage sans l'appeller, puisqu'il est trés possible qu'on lui impute des sentimens qu'il n'a pas : Que les flêtrissures étant la peine du Crime et ne pouvant être decernées que contre des criminels, on ne doit condamner personne sans lui avoir donné le tems necessaire pour fournir ses explications et ses defenses; que les exemples contraires ne peuvent avoir eu lieu qu'envers des Livres anonymes, ou chez des Nations dont les maximes sont differentes des nôtres.

Le quatrieme motif que le Magnifique Conseil donne à la condamnation des Livres du Sr. Rousseau, est, qu'il s'est crû obligé *pour maintenir l'honneur et la gloire de Dieu et empêcher toute entreprise contre la Sainte Reformation Evangelique, de faire connoître promptement sa juste indignation contre des ouvrages qui, en se repandant, auraient pù detourner plusieurs Lecteurs de la veritable foi chrétienne, qui certainement est le fondement le plus assuré de notre bonheur temporel et spirituel.*

Mais qu'il soit permis d'observer, qu'independamment du Droit qu'avoit le Sr. Rousseau de n'être point poursuivi civilement pour ses idées sur la Religion, l'égalité que le Magistrat doit tenir dans ses jugemens, sembloit assurer à un Citoyen, au moins le même degré de support et de clemence dont le Magnifique Conseil a usé à l'égard de divers ouvrages qui ont été repandus et même imprimés dans la Ville : Ouvrages dans lesquels on a lancé bien des traits contre la Providence, contre l'immortalité de l'ame, contre la Religion des Juifs, contre l'Histoire Sainte, et où l'on fait une véritable satire de la Religion. En comparant les ouvrages du Sr. Rousseau avec ceux qui sont tolerés, il est difficile de comprendre comment le Magnifique Conseil a pensé qu'il était de son devoir de sevir contre les uns sans l'avoir fait contre les autres. Cette disparité peut devenir d'une dangereuse consequence, même contre l'intention du Magnifique Conseil, parce qu'elle établiroit une maniere arbitraire d'exécuter les Loix totalement opposée à notre Constitution, qui veut qu'elles soient observées sans acception ni distinction de personne.

Le Magnifique Conseil dit en cinquiéme lieu : que l'article 88. de nos Ordonnaces Ecclesiastiques n'est pas applicable à un jugement concernant un Livre destructif de la Religion Chrétienne, mais seulement à une personne qui dogmatise; c'est-à-dire qu'il n'est pas applicable à un Livre : Mais certainement on dogmatise par écrit comme de vive voix, et ceux qui dogmatisent contre la Doctrine reçuë, qui est la Religion Chrétienne, tendent aussi à la detruire. Lors donc que la Loi dit généralement, *s'il y a quelqu'un qui dogmatise contre la Doctrine reçuë*, elle est applicable à tous ceux qui attaquent la religion de vive voix ou par écrit. C'est un axiome de Jurisprudence que quand une Loi ne fait point d'exceptions, le Juge n'en doit point admettre.

L'Edit appelle au Consistoire celui qui *dogmatise contre la Doctrine reçuë pour conferer avec lui* : Pourquoi ne confereroit-on pas aussi avec celui qui ne differe que par ses doutes ? Si celui qui dogmatise *se range*, l'Edit veut qu'*on le supporte sans scandale ni diffame* : Pourquoi ne tenteroit-on pas de ranger celui qui doute pour lui éviter aussi tout *scandale* et tout *diffame* ? L'Edit indique les admonitions en cas d'opiniâtreté, ensuite l'interdiction de la Sainte Céne; enfin, et lorsque le Dogmatiseur resiste à tous ces moyens, l'Edit le renvoye au Magistrat.

Tel est le support vraiment Evangelique, qu'ordonne la Loi envers les Dogmatiseurs, quelque absurdes et scandaleux que soient leurs Dogmes : Et pourroit-on refuser le benefice de cette Loi à un Citoyen pour avoir manifesté des doutes ? *Les Loix*, dit Montesquieu, *ne doivent point être subtiles, elles sont faites pour des gens de mediocre entendement : elles ne sont point un art de Logique mais la raison simple d'un Pére de Famille. Lorsque dans une Loi les exceptions, limitations, modifications ne sont point necessaires, il vaut beaucoup mieux n'en point mettre. Comme les*

Loix inutiles affoiblissent les Loix necessaires celles qu'on peut eluder affoiblissent la Legislation.

L'exemple de Jean Morelli, mentionné ci-dessus, est decisif. Il avoit ecrit un Livre *de la Discipline Ecclesiastique,* tendant à renverser l'ordre établi par l'État. Il ne s'agissoit point là de Dogmes, cependant on lui appliqua la Loi 88; son Livre ne fut brulé qu'après qu'on eut épuisé toutes les voïes de douceur et de support indiquées par l'Ordonnance, et qu'il se fût opiniatrement refusé à toutes les invitations du Consistoire, et aux citations du Conseil.

S'il y a quelques differences entre le cas de Morelli et celui du Sr. Rousseau, elles sont toutes en faveur du dernier. 1° Morelli Habitant à Genève, s'étoit rendu coupable envers la Seigneurie, en y faisant imprimer son Livre, *sans revuë et sans sçu et congé du Magistrat*; le Sr. Rousseau qui n'habitoit point dans sa Patrie et n'y a point fait imprimer ses ouvrages, ne peut meriter un pareil reproche. 2° Moreli n'étoit qu'Habitant, le Sr. Rousseau est Citoyen. 3° Morelli attaquoit par son Livre l'ordre exterieur de l'Église, au maintien duquel la Société civile étoit intéressée, et qui par là-même sembloit être de la compétence du Magistrat; les Livres du Sr. Rousseau, au sentiment de ses Juges, attaquent proprement la Religion.

Il est même à remarquer que dans la sentence renduë contre le Livre de Morelli, on évita toute flêtrissure; Car elle ordonna simplement qu'il seroit brulé, sans parler de l'Exécuteur de la haute Justice. C'étoit suivre l'esprit de l'Ordonnance Ecclesiastique, qui, en parlant des peines decernées pour cause de Religion, dit: *Neantmoins que tout cela soit tellement moderé qu'il n'y ait rigueur aucune, dont personne soit grêvé, et même que les censures ne soient sinon medecines pour reduire les pêcheurs à notre Seigneur.* (Article 93.)

Et s'il est un tems et un lieu, où l'on doive se faire un devoir de ce support, c'est sans doute à présent, qu'on prêche par tout et avec tant de raison la tolérance Chrétienne, et dans notre Ville qui en a toujours fait une profession distinguée. S'il étoit un Citoyen qui en dût éprouver les effets, c'étoit le Sr. Rousseau, qui merite autant de la Patrie, par la generosité avec laquelle il s'est empressé de l'arracher au goût qu'on travailloit à y introduire pour le Théatre et à la dépravation des mœurs qu'il entraine après lui.

Quant à la personne du Sr. Rousseau, le Magnifique Conseil dit, *qu'il restoit dans toutes ses exceptions et defenses.* Mais les Citoyens et Bourgeois ne comprennent pas quelles exceptions et defenses il reste à un homme declaré *impie, témeraire, scandaleux,* dans des ouvrages qui portent son nom, et après l'exécution de la sentence renduë contre ses ouvrages. Personne ne sauroit nier raisonnablement, que l'infamie qui resulte de la combustion d'un Livre par la main du Bourreau, rejaillit necessairement sur l'Auteur. Les choses ne sont point susceptibles d'infamie, elle n'a pour objet que des personnes. Ce principe posé, il en resulte qu'on n'a pû enlever à un Citoyen le bien le plus precieux, l'honneur; qu'on ne pouvoit detruire son état et sa reputation, sans s'assurer s'il était réellement l'Auteur des Livres qui portoient son nom et sans l'entendre.

Le Magnifique Conseil dit, *qu'il ne lui a pas été possible de ne jetter aucun regard sur celui qui étoit presumé l'Auteur des ouvrages condamnés*: Ce n'est donc que sur une simple presomption que le Sr. Rousseau a été flêtri.

La résolution prise sur sa personne n'est qu'un simple appointement provisoire. C'est donc un ajournement, ou une assignation préliminaire, telles que celles dont il est parlé dans les articles 16 et 17 du Titre XII des Edits civils : Or suivant ces Articles, il auroit fallu que cette assignation soit publiée, et qu'elle precedât le jugement rendu contre les ouvrages du Sr. Rousseau, autrement c'étoit finir la procédure par où elle eût dû commencer.

Le second chef des Représentations concerne l'illegalité des Tribunaux sans Sindic pour juger des causes criminelles. Il est fondé sur l'Article X du Titre XII des Edits civils, lequel est parfaitement conforme à l'Article IV du Titre des matieres criminelles de nos Edits politiques : Ils statuent l'un et l'autre en termes formels : *que les Sindics et Conseils soient Juges comme d'ancienneté de toutes causes criminelles.* Mais le Magnifique Conseil estime, que *quand l'Edit parle des Sindics et Conseils comme Juges des Procès criminels, ce n'est que pour designer le Tribunal auquel il en attribuë l'instruction et le jugement en dernier ressort, exclusivement à tout autre, sauf le recours à la grace.*

Les Citoyens et Bourgeopis repondent, que si la Loi n'eût voulu que *designer le Tribunal*, elle auroit dit simplement, *Le Conseil des Vingt-cinq sera Juge,* mais en disant *les Sindics et Conseil seront Juges,* elle statuë qu'on ne peut former ce Tribunal sans Sindic. Mrs les Sindics sont Membres et Chefs du Conseil, et comme tels appellés à juger par la Loi même qui lui donne cette attribution; et cependant la Loi leur en confere encore particulierement le pouvoir en les designant d'une maniere spéciale, « les Sindics et Conseils », Mrs les Sindics ont donc une double vocation, qui les distingue sans doute d'une maniere bien éminente.

Cette double vocation est marquée plus particulierement encore par leur serment : *Nous promettons de faire et observer ce qui est contenu dans l'office des Conseillers,* et de plus, *d'exercer bonne et droite Justice, rendant à chacun ce qui lui appartient, soutenant les bons et punissant les mauvais sans haîne ni faveur.*

Le Legislateur ne se borne pas là; pour marquer plus précisement son intention et l'esprit de la Loi, il renvoye aux tems passés; *Les Sindics et Conseils,* dit-il, *seront Juges comme d'ancienneté* : Or en remontant à ces tems anciens, on trouve les Franchises d'Aderamus Fabri de 1387 portant, que les procés criminels ne seront jugés que par les Sindics et quatre Citoyens élus par les Bourgeois.

Un Acte passé en Conseil Général le 6 février 1420, qui s'exprime en ces termes : « Et les susnommés donnant tant en leur nom que des autres Citoyens, Bourgeois, Natifs et Habitans de Genève aux prédits Sindics, constitués Acteurs, Procureurs, Defendeurs, Administrateurs, plein et entier pouvoir d'exercer et de gouverner les affaires de la dite Ville, Communauté et Université d'entr'eux et de la dite Cité, avec charge speciale d'agir d'office et *de prononcer des Sentences definitives et interlocutoires contre les Criminels* ».

Jusqu'au XVI. Siécle, les Sentences Criminelles se rendirent au nom des Sindics seuls : *Nous Sindics Juges des Causes Criminelles de cette Cité ayant vû le Procés fait et formé devant nous etc.* Les Opuscules de Calvin fol. 1682. contiennent une sentence prononcée le 5 Septembre 1558, en ces termes; *Nous Sindics Juges des causes Criminelles de cette Cité... après bonne participation du Conseil avec nos Citoyens etc.* La sentence contre le Livre de Jean Morelli debute de même.

Cette formule étoit conforme à la Loi fondamentale de la Republique, qui ne prit sa consistence qu'en 1535, par la retraite de l'Evêque, et huit ans après le Conseil Général ordonna, *que les Sindics soient Juges de toute Cause Criminelle étant toutefois accompagnés du Conseil.*

Ce n'est pas par une difference dans *les suffrages des Opinions*, mais par une difference essentielle dans leurs fonctions, que *l'État a témoigné ne vouloir confier la vie et l'honneur des Citoyens qu'aux Magistrats qu'il élit lui-même, et pendant le tems seul pour lequel il les a élus.* L'Edit ordonne que les Sindics seront Chefs et par conséquent Présidens du Conseil, et charge le Premier d'entr'eux qui se trouve President, de la nomination des Adjoints, de diriger la procèdure, de faire opiner, et surtout de veiller à l'observation de l'Edit. Ce n'est qu'avec toutes ces précautions que l'Edit accorde aux suffrages des Conseillers la même force qu'à ceux des Sindics.

Il suffit d'ouvrir nos Edits pour être convaincu, tant par leur esprit que par leurs expressions formelles, que le Magnifique Conseil ne reçoit son pouvoir que de la Presidence de Mrs les Sindics. Quand il est question de ces premiers Magistrats, l'Edit parle de leur *puissance,* et lorsqu'il s'agit du Conseil, il parle de leur *devoir. De l'office, charge et puissance des Sindics. De l'office, charge, devoir et ordre du Conseil.* Telles sont les expressions de nos Edits.

Cet ordre est une suite necessaire de notre Constitution, qui dépose toute l'autorité entre les mains de Mrs les Sindics, ensorte que là, où il n'y a point de Sindic, il n'y a point d'autorité, pas même de Conseil. L'Edit les crée membres et Presidens de tous les Conseils : Il ordonne un Conseil des Vingt-cinq qui ne serait que de vingt et un, si les Sindics n'en étoient pas membres ; des Soixante, qui ne seroit que de cinquante six ; des Deux-Cents qui n'auroit été que de cent quatre-vingt-seize ; et cependant il a soin de nommer les Sindics comme Chefs de l'État et separement de tous ces Corps : *Pour ce que le Gouvernement et État de cette Ville consiste par quatre Sindics, le Conseil des Vingt-cinq, des Soixante, des Deux-Cents, du Général etc.* C'est aux Sindics, et aux Sindics seuls, que le Conseil Général remêt les bâtons de commandement. Ils sont les seuls qui prêtent serment entre ses mains, de *maintenir et défendre de tout leur pouvoir la Liberté, Edits et les Droits de la Ville....., d'exercer bonne et droite justice, rendant à chacun ce qui lui appartient ; de soutenir les bons et punir les mauvais sans haîne, ni faveur* ; les seuls qui soient appellés à lui rendre compte de leur adminsitration.

Un Tribunal sans Sindic, érigé pour juger une Canse Criminelle, n'a donc point d'autorité ; et qui dit un Tribunal sans autorité dit une chose contradictoire.

Mrs. les Sindics sont soumis, il est vrai, quoique d'une maniere implicite, aux mêmes causes de recusation que tous les autres Juges ; et l'Edit veut qu'en cas de recusation de Juges, il y soit supplée par Adjoints tirés du Conseil des Deux-Cents. Mais l'Edit n'a pas prévû le cas où les quatre Sindics seroient recusables, et où toute autorité et toute confiance légale cesseroient dans un acte des plus importans du pouvoir éxécutif. En tout tems et dans tous les cas on sera fondé à dire avec Montesquieu, que « les Ministres du peuple ne sont point à lui, s'il ne les nomme. Que dans les Republiques, les Crimes ne doivent jamais être jugés que par les Magistrats chargés expressement d'en connoître ».

L'Edit de 1543 avoit bien prévû le cas où un ou même plusieurs des Sindics pourroient être absens. *Que les Sindics*, dit-il, *soient Juges des Causes Criminelles, étant toutefois accompagnés du Conseil ; et chacun des quatre à son ordre prononce les sentences ; tellement neantmoins que si plusieurs étoient données en une assise, il n'y en aît qu'un seul qui les prononce ; que s'il y en avoit un ou plusieurs absens* (et non tous) *que ceux qui sont assis après eux au Conseil tiennent leur lieu avec leurs bâtons, toutefois ne prononceront.*

Si cette Loi eût voulu designer l'absence de tous les Sindics, elle auroit dit, si *un* ou *tous* les Sindics, et n'auroit pas exclus les autres membres du Conseil du Droit de *prononcer*. Mais elle n'avoit pas lieu de présumer ce cas là, parce que la Loi des recusations n'ayant pas la même étenduë alors, qui lui a été donnée en 1713, il étoit presqu'impossible qu'elle pût écarter les quatre Sindics dans une seule Cause : sur quoi il est à remarquer ; 1°. Que les Citoyens et Bourgeois s'appuyent sur une Loi fondamentale de l'État, écrite dès les années 1387 et 1420, confirmée en 1543, 1568, 1713 et 1738. 2°. Que l'Edit de 1713, en admettant la Loi des recusations, telle qu'elle subsiste aujourd'hui, n'a pas non plus prévû le cas où elle se trouveroit en opposition avec la Loi fondamentale, puisqu'elle ne contient aucune dérogation à cette Loi, et qu'il faudroit necessairement une dérogation expresse, pour suspendre l'effet de la Loi fondamentale. 3°. Que l'Edit de 1713, loin de déroger à cette Loi fondamentale, la confirme en la repétant dans l'Article X du Titre XII des Edits civils ; c'est-à-dire dans le neuviéme des Titres qui suivent celui des recusations. 4°. Que le Réglement de l'Illustre Mediation rappelle et fortifie cette Loi fondamentale, sans faire mention de celle des Recusations, et sans déroger en aucune maniere à la puissance des Sindics.

Le Magnifique Conseil dit, que *l'Edit a prévû et fixé le cas auquel il y a lieu à la substitution d'un Sindic, et qu'en se bornant à ce Cas, il a exclus par consequent tout autre cas de substitution.* Mais voici l'Edit : *S'il arrivait que l'un d'iceux allât de vie à trèpas pendant son office et qu'il restât encore quatre mois de son tems, qu'on en substituë un autre.* Cet Edit ne pourvoit donc qu'au cas de mort, si naturel à prévoir, et l'on ne voit pas par quelles conséquences il exclurroit tous autres cas de substitution. Bien loin que le Conseil Général ait prétendu se dépouiller du Droit qu'il a dans tous les cas de pourvoir à cet office, il n'a pas même voulu remettre celui de recevoir le serment d'un Sindic seul qu'on élit en son absence : Ce Souverain Conseil est assemblé à son retour, uniquement pour recevoir son serment et lui remettre le bâton.

Enfin le Magnifique Conseil dit que « L'Auteur des *Représentations* se trompe en fait lorsqu'il avance qu'*il n'y a aucun Tribunal civil érigé sans qu'il ait pour Chef un Magistrat reconnu et élu par le Peuple en Conseil Général,* puisque par l'Edit et par l'usage le Tribunal des Visites ne doit être presidé que par un Conseiller ».

Les Représentations que le Maginfique Conseil attribuë à un seul Auteur, sont l'ouvrage de tous les Représentans. Chacun y a apporté son offrande à l'amour des Loix et de la Liberté.

Quand aux *Juges et Commis aux Visites des Immeubles* ; ce n'est à proprement parler qu'une Commission, qui se transporte sur les lieux pour prendre connaissance du local, et dont le *rapport* remis aux Secretaires du Conseil a force de chose jugée, si les Parties ne se pourvoient pas contre ce *rapport* dans l'espace d'un mois. *Ils seront tenus*, continuë l'Edit, *visiter tous Edifices, et bailler le rapport de ce qu'ils auront fait aux Secretaires du Conseil, pour en delivrer à chacune Partie un double afin d'y aviser.* Leur nombre même n'est pas fixé; car *iceux commis, pourront appeler avec eux ceux que bon leur semblera et feront aussi leur rapport par écrit.* Ils n'ont pas le Droit de détabler dans le cas d'égalité des suffrages; enfin ils n'ont aucune portion du pouvoir executif.

De toutes ces considérations réunies, il resulte une démonstration complette de l'impossibilité de former un Tribunal légal sans Sindic pour juger une Cause Criminelle, et par conséquent une necessité indispensable de recourir au Conseil Général dans les cas où la Loi des recusations exclud les quatre Sindics. Cette Loi des recusations est un ordre du Souverain qui oblige pour ce cas là les Sindics de deposer leur pouvoir, mais aucune Loi ne les autorise à le transferer: Il retourne donc au Souverain, et c'est à lui seul qu'il appartient de le conferer à d'autres. De là est venuë l'idée de proposer l'élection de Sindics *ad actum.* Mais si le Magnifique Conseil estimoit qu'il y eût quelque voïe plus convenable de satisfaire à la Loi fondamentale, ce seroit au Legislateur seul, à l'exclusion de tout autre Conseil, qu'il appartiendroit d'en ordonner. Il ne peut s'élever aucun doute sur ce principe qui est d'ailleurs decidé par le Droit Naturel: « S'il s'éleve dans l'État des contestations sur les Loix fondamentales, sur l'administration publique, sur les Droits des differentes Puissances qui y ont part, il appartient uniquement à la Nation d'en juger et de les determiner conformement à la Constitution politique. » (Vattel. Droit des Gens).

Les Citoyens et Bourgeois ne trouvent pas avoir dit dans leurs Représentations, *qu'on ne peut decréter personne de prise de Corps sans des preuves juridiques.* Ils ont dit simplement, en parlant du Sr. Rousseau, *que le Magnifique Conseil ne pouvoit pas même le decréter de prise de Corps, sans qu'il y eût des preuves juridiques qu'il fut l'Auteur des Livres qui portoient son nom*: Et le Magnifique Conseil en a jugé de même, puisqu'il n'a point ordonné que le Sr. Rousseau fût appréhendé, et que la résolution qu'il prit sur sa personne est *un simple appointement provisoire.*

Les Citoyens et Bourgeois estiment n'avoir pas confondu la procédure qui se fait sur une plainte de partie civile, avec celle qui se poursuit d'office, en avançant généralement que *tout accusé doit être mandé, examiné et interrogé par l'un de Mrs. les Sindics, avant d'être envoyé en prison*; Car en se fondant sur l'Article pénultiéme de *l'office des trois autres* Sindics, ils n'ont pû indiquer que les emprisonnemens faits d'office. Ils n'ignorent pas que les emprisonnemens faits à l'instance de quelqu'un *qui veut faire partie formelle*, ne peuvent avoir lieu suivant les deux premiers Articles du Titre XII des *Causes et matieres Criminelles,* que par permission de Justice, et ne sont portés que par appel devant Mrs. les Sindics.

L'Article second de ce Titre établit la puissance des Sindics pour faire emprisonner dans ces cas là; et si le pouvoir qui leur est attribué par l'Article penultiéme de l'*office des trois autres* Sindics, n'avait pour but que les mêmes emprisonnemens faits à l'instance de quelqu'un *qui veut faire partie formelle,* ainsi que le dit le Magnifique Conseil, on ne trouveroit nulle part le pouvoir qu'ont Mrs. les Sindics de faire emprisonner d'office pour les Crimes capitaux. Car il est impossible que le Gouvernement reçoive de pouvoir d'autre part que des Loix. Celui qui est attribué à Mrs. les Sindics par le dernier Article de l'*office des trois autres* Sindics, cité dans la réponse du Magnifique Conseil, n'a rapport qu'aux *insolences, dissolutions, yvrogneries et autres cas semblables.* Et pourroit-on présumer que l'Edit eût muni les Sindics de l'autorité necessaire pour envoyer en prison dans ces cas minimes, et ne leur eût pas accordé le pouvoir de faire emprisonner dans les cas les plus graves ?

Il est donc bien évident que l'Article penultiéme de l'*office des trois autres* Sindics, ne peut avoir rapport qu'aux emprisonnemens de personnes poursuivies d'office, ensuite de la *plainte* pure et simple portée par ceux, qui ne voulant point faire partie, se contentent d'informer Mrs. les Sindics ; ce qui comprend généralement tous les rapports et avis de faits qui peuvent interesser le bon ordre et la sureté publique, indiqués dans l'Edit par le mot de *plainte ; Quand quelque plainte viendra*, dit-il, *qu'un chacun des Sindics ait puissance de mander ceux qu'il apartiendra, examiner et interroger, et faire emprisonner, si metier est.*

Les Articles 7 et 8. du Titre XII des *Causes et matieres Criminelles*, cités dans la délibération du Magnifique Conseil, ne derogent point à cette Loi.

L'article 8 parle d'un Criminel que les Sindics ou le Conseil font saisir et emprisonner, c'est-à-dire, les *Sindics seuls* ou les *Sindics* avec le *Conseil*, et alors comme c'est par Mrs. les Sindics que le Conseil reçoit son autorité, les formalités qui doivent précéder les emprisonnemens, étant fixées dans leur office, ils sont toujours obligés de *mander, examiner et interroger*, avant de faire *emprisonner*.

L'Article 7 prescrit à Mr. le Lieutenant, « de faire incontinent répondre personnellement le Criminel qu'il aura *fait ou permis d'emprisonner* ».

Cet Article, ainsi que l'Article 8, est relatif aux Articles 4, 5 et 6 qui les precedent, et ne designent que les Criminels trouvés en *flagrant délit,* ou ceux dont le Crime est si notoire, qu'un emprisonnement provisionel est la moindre peine qu'ils paroissent mériter : Et même on reconnoit encore ici l'attention du Legislateur, pour que l'innocence ne souffrit pas longtems les effets d'une apparence trompeuse, puisque la Loi exige que le Prisonnier soit entendu dans vingt-quatre heures. La Loi n'a pas même voulu qu'un innocent fût exposé à être privé de la liberté, dans le cas où quelqu'un lui fait partie formelle, et s'expose aux dépends, dommages et interêts si sa plainte est téméraire ; à combien plus forte raison veut-elle donc qu'on prenne des précautions dans les cas où l'accusateur est caché, et où, sous prétexte de zèle pour le bien public, il peut servir sa haine ou sa vengeance.

Dans un interrogatoire fait provisionnellement par Mrs. les Sindics, il est possible qu'un Innocent se justifie par des raisons si lumineuses, ou par des preuves si évidentes, que Mrs. les Sindics le liberent incontinent. C'est là ce jugement provisionnel, dont *la Loi charge la Conscience* de Mrs. les Sindics, et c'est à cet égard là, qu'elle se repose sur *la sainteté du serment qu'ils ont prêté en entrant dans leur office*. Ce n'est même que de cette maniere que la Conscience de Mrs. les Sindics peut être satisfaite, et qu'ils peuvent accomplir ce qu'exige *la sainteté du serment*: Car comment leur Conscience pourroit-elle être éclairée et tranquile? Comment l'État pourroit-il s'en rapporter à leur Conscience sur les suites d'un emprisonnement, si en écoutant la *plainte*, ils n'ont pas entendu provisionnellement la defense? D'ailleurs *la sureté publique* ne souffre point de cette exécution de la Loi, puisque Mrs les Sindics ont le pouvoir d'envoyer en prison, après avoir *mandé, examiné et interrogé*; et certainement la tranquilité, l'honneur, et la fortune d'un Innocent, sont des objets trop importans, pour refuser de suivre une procèdure prescrite si sagement par la Loi, et qui ne peut probablement sauver des coupables. Si les Srs. Gaudy et Binet avaient été ouïs avant leur emprisonnement, parfaitement innocens, comme ils l'étoient, ils auraient pû aleguer des raisons si évidentes, qu'on les eût sans doute renvoyés absous.

C'est ainsi que toutes les Loix d'une Republique libre, concourent à assurer la liberté de ses membres. Il n'y en a point qui permette de les apprehender sur des indices, ou de simples soupçons. Ils doivent avoir été *mandés, examinés, et interrogés,* avant d'être *emprisonnés*, et en cela la *sureté publique* marche d'un pas égal avec la sureté particuliére.

Les Citoyens et Bourgeois ne parleroient ici du troisieme Chef de leurs Représentations, concernant les Srs. Bardin, que pour témoigner au Magnifique Conseil leur reconnoissance de la justice qu'il a fait rendre aux Interessés, si la délibération du Magnifique Conseil, sans égard au motif exprimé dans le préambule des Représentations, ne portait qu'*un objet d'interêt particulier ne peut être celui d'un Représentation publique*: Cette maxime est contraire à l'Edit qui autorise chaque Citoyen à faire *telle Représentation qu'il jugera convenable pour procurer le bien public*. Or le bien public étant toujours que chacun conserve invariablement la propriété que lui donnent les Loix Civiles, rien n'interesse plus la tranquilité de chaque Citoyen, et de l'État en général que la conservation des droits de chaque particulier: Ce sont là les piliers sur lesquels repose notre precieuse Liberté. *Que la propriété et la vie des Citoyens*, dit l'esprit des Loix, *soient assurées et fixées comme la constitution de l'État. Il n'est aucune atteinte à la propriété qui ne soit le germe de destruction, et qui ne porte son fruit de ruine.*

Les Citoyens et Bourgeois sont persuadés que leurs interêts sont communs pour tout ce qui touche à la liberté, et pensent avec Solon, que *le Gouvernement le plus parfait, est celui où tout tort fait à un particulier, interesse tous les Citoyens.*

Qui le diroit? La Vertu même a besoin de limites! s'écrie l'illustre Montesquieu dont nous empruntons si souvent le langage. S'il n'y avoit point eu d'atteintes données aux Loix de la République, et à la liberté des Citoyens, les Citoyens et Bourgeois ne se seroient pas portés à faire des Représentations. *De bons Citoyens*, dit l'Ami des hommes, *parlent aux Peres de la Patrie avec ce ton de franchise qu'on prend en famille.* La Condition humaine est telle, que *le zèle le plus pur* a besoin de limites : malgré ce zèle et *l'attention la plus scrupuleuse au maintien de notre heureuse Constitution, à la conservation de la liberté de chaque particulier, et à procurer que la Religion Chrétienne soit observée*, il peut échapper au Magistrat de contrevenir aux Loix. Mais les Citoyens et Bourgeois savent, que ces contraventions, en leur donnant sujet de faire des plaintes, ne les dipensent pas de la reconnoissance qu'ils doivent aux Peres de la Patrie. Aussi ne cesserons-nous de dire, *que le respect et la considération sont pour nos Magistrats qui ne trouvent que le travail après le travail, et veillent nuit et jour pour le bonheur de la Patrie.* En leur payant ce tribut de notre gratitude, nous croirions manquer à la confiance qui leur est duë, si nous ne persistions pas dans l'attente d'obtenir de leur amour pour les Loix, les fins de cette respectueuse Représentation.

Dieu veuille nous conserver notre heureuse Constitution, et benir nos Magistrats ! Et puisssent tous nos Concitoyens être sans cesse pénétrés de cette salutaire maxime, si bien exprimée par Montesquieu. *Que chaque Citoyen doit avoir pour le bien public un zèle sans bornes, et être censé tenir tous les droits de sa Patrie dans ses mains.*

Extrait des Registres du Conseil
du Samedi 10 Août 1763.

Mr le Premier a invité le Conseil à reprendre la délibération sur les Représentations à lui remises le 8 de ce mois par des Citoyens et Bourgeois; il en a fait faire une nouvelle lecture; et, étant opiné, le Conseil a trouvé que ces Représentations ne sont point fondées, et l'avis, en deux tours, a été de demeurer à la réponse donnée le 25 Juin dernier au sujet des Représentations du 18 du même mois.
Signé J. J. Dechapeaurouge.

du Samedi 20 Août 1763.

Monsieur le Premier Sindic.
Les Citoyens et Bourgeois ne peuvent regarder d'un œil indifférent la Réponse du Magnifique Conseil du 10 de ce mois à leurs Représentations du 8. Premierement, parce qu'elle semble vouloir consacrer des maximes qui tendent à mettre des bornes au droit de faire des Représentations. En second lieu, parce que les Représentations étant appuïées sur la lettre de la Loi, si le Magnifique Conseil estime, que les Articles de cette Loi sur lesquels les Citoyens et Bourgeois se fondent, sont susceptibles d'un sens different, il n'appartient qu'à la Puissance Legislative de prononcer.

Le Legislateur est le seul Interpréte des Loix, et son intervention devient d'une indispensable necessité lorsqu'elles ont besoin d'eclaircissement. Les Magnifiques Petit et Grand Conseils l'ont toujours reconnu, et notamment le 17 Décembre 1762, par la proposition portée en Conseil Général pour *lever les doutes portant sur l'Article V du Titre XIII des Edits civils.*

C'est pourquoi les Citoyens et Bourgeois regardent, et regarderont leurs Représentations comme subsistantes dans toute leur force, et y persisteront invariablement, jusqu'à ce que le Conseil Souverain ait determiné le sens des Loix sur lesquelles ces Représentations sont fondées.

Les Citoyens et Bourgeois se bornent là, par amour pour la paix et pour la tranquilité publique, qui ne leur sont pas moins chères et précieuses, que le maintien de notre heureuse Constitution, et l'observation exacte de nos Loix.

Extrait des Registres du Conseil
du 31 Août 1763[1].

Le Conseil ayant pris lecture de l'Ecrit remis par des Citoyens et Bourgeois à Monsieur le Premier Sindic le 20. de ce mois, et en ayant delibéré mûrement et en plusieurs seances, a vû avec surprise que les Reponses qu'il a données aux Représentations de quelques Citoyens et Bourgeois les 25. Juin dernier et 10. du présent mois, fondées comme elles le sont, sur nos Loix et sur nos usages, n'aient pas produit l'effet qu'il avoit lieu d'en attendre.

A la vüe de la persévérance des Citoyens et Bourgeois dans des demandes aussi contraires aux principes les plus certains, comme les plus importants de notre Constitution, le Conseil seroit pénétré de la plus profonde douleur, si sa confiance dans l'amour des Citoyens et Bourgeois pour la Patrie, ne soutenoit ses esperances. Il lui paroit impossible, qu'après un examen plus réfléchi, les C & B ne se félicitent un jour de ce que le Conscil n'aura pas cèdé à dcs instanccs, dont lcs suitcs, qui lcur ont sans doute echapées, ne pourroient manquer d'être funestes à la Republique.

Le premier motif des C & B pour ne pas regarder, disent-ils, d'un œil indifferent la Reponse du Conseil du 10. de ce mois, consiste en ce qu'*elle semble consacrer des maximes qui tendent à mettre des bornes au droit de faire des Représentations*.

Le succès que des Représentations des Citoyens et Bourgeois ont eu plus d'une fois auprès du Conseil, et même l'attention scrupuleuse avec laquelle il a delibéré sur celles, qui, après un mûr examen, ne lui ont pas paru fondées, sont des preuves non équivoques, et toujours subsistantes, des justes égards du Conseil pour le droit qu'ont incontestablement les Citoyens et Bourgeois de faire telles Représentations qu'ils jugent convenables au bien de l'État, conformément à l'Edit de 1707, et au Réglement de l'Illustre Médiation qui l'a de plus fort confirmé. Jamais le Conseil n'a pensé à le restreindre, ni à y donner aucune atteinte; et l'examen qu'il fera des propositions, requisitions, plaintes, et représentations qui lui seront portées, sera constamment accompagné de la plus religieuse attention à l'observation des Loix.

S'il semble aux Citoyens & Bourgeois qui ont remis à Monsieur le Premier Sindic l'Ecrit du 20. de ce mois, que le Conseil a voulu consacrer des maximes qui tendent à mettre des bornes au droit de faire des Représentations; et s'ils l'inferent de ce que dans sa Reponse du 25. Juin, le Conseil,

1. Cet Extrait des Registres du Conseil n'a été remis aux Citoyens que le Lundi 5. Septembre (Note de la première édition).

en traitant l'Article concernant les Sieurs Bardin, avoit dit qu'un objet d'intérêt particulier ne pouvoit être celui d'une Représentation publique; peu de mots suffiront pour ecarter cette consequence.

Comme il ne s'agissoit dans cet Article, que de l'intérêt particulier des Sieurs Bardin, le Conseil n'a entendu, et n'a pû entendre autre chose, si ce n'est, que l'objet d'un intérêt particulier ne doit être traité, et poursuivi, qu'à l'instance de la partie intéressée, selon les regles et formes prescrites, et par devant les Tribunaux auxquels la connoissance, l'examen, et la décision en est attribuée par nos Edits.

Le second motif de l'Ecrit des Citoyens et Bourgeois est, qu'ils prétendent, que *les Représentations étant appuiés sur la lettre de la Loi, si le Conseil estime que les articles de cette Loi, sont susceptibles d'un sens different, il n'appartient qu'à la Puissance Legislative de prononcer; que le Legislateur est le seul Interprète des Loix, et que son intervention devient d'une indispensable nécessité, lorsqu'elles ont besoin d'éclaircissement.*

Le Sistême de cette seconde partie paroit-être, que lorsque des Citoyens et Bourgeois proposent des doutes sur le sens de quelque Loi, le Conseil Général doit être assemblé pour lever ces doutes, quoique le Petit Conseil n'ait trouvé dans cette même Loi ni doute, ni obscurité, et quoiqu'il estime qu'il n'y a pas lieu d'y faire aucun changement.

Mais ce Sistème ne sauroit se concilier avec l'ordre, avec la tranquillité publique, avec la Constitution de nôtre Gouvernement, et avec la disposition précise de nos Loix les plus sacrées.

Le Conseil Général a incontestablement le pouvoir Législatif, et en consequence, si les Conseils trouvoient convenable de fixer le sens d'une Loi qui leur paroitroit obscure, cette interprétation devroit lui être proposée pour l'agréer ou la rejetter.

C'est ainsi que les Conseils, partagés sur le sens d'un Article de l'Edit Civil, et trouvant qu'il seroit convenable de le changer, n'hésiterent pas de proposer en Décembre 1762 au Conseil Général leur avis sur ce changement.

Mais prétendre que sur les doutes de quelques Particuliers, même en grand nombre, le Conseil soit obligé de porter un avis sur ces doutes aux Conseils Superieurs, lors même qu'il ne trouve aucune nécessité d'interpréter la Loi, c'est l'assertion la plus propre à repandre la confusion dans la République.

En effet, chaque Citoyen peut proposer des doutes sur le sens de quelque Loi: chaque Citoyen pourroit-il donc, en presentant ses doutes, obliger le Conseil, qui, après un mûr examen, n'aura trouvé dans ce doute aucun fondement, à porter aux Conseils Superieurs un avis sur cette obscurité pretendue? Mais quel est le Citoyen qui n'ait, ou ne puisse avoir des doutes sur le sens de quelque Loi ? Ces doutes seront sans nombre : Les personnes de tout ordre, et celles qui ont moins de lumieres, auront des doutes à proposer. Les Loix les plus saintes et les plus claires, les Loix de tout genre, Civiles, Ecclesiastiques, Politiques, offriront des doutes. Il faudroit donc autant de Loix nouvelles, qu'il y auroit de doutes proposés par des Citoyens sur les Loix qui existent; et ces nouvelles Loix n'occasionneront-elles pas aussi de nouveaux doutes, et quelle sera la fin de ces doutes ? Et quels changemens ne pourra-t-on pas introduire à la faveur, et sous l'apparence de ces doutes ? Dans cette fluctuation continuelle de tout ce qui doit être le plus invariable, le respect pour les Loix s'evanouïra, les droits des Particuliers seront dans un état incertain, l'ordre même et la Constitution du Gouvernement seront exposés à un peril toujours renaissant; et les passions enfin ne manqueront pas de faire de la République un Théatre affreux d'Anarchie.

Grace à Dieu, nos Loix, ces Loix sacrées, dont tous les Ordres de l'État ont juré l'observation, ces Loix que tous les Conseils ont estimé les plus propres à ramener, et affermir au milieu de nous la paix et la tranquillité, ont pourvû par un Réglement sage et efficace, à la stabilité de notre Constitution, et ont heureusement eloigné tout ce qui pourroit la rendre mobile et precaire.

La barriere que nos Loix ont opposé aux nouveautés, de quelque genre qu'elles fussent, à titre de doutes ou autrement, et quelque fût le nombre de ceux qui les appuieroient, consiste principalement dans les dispositions des Articles 5. et 6. du Réglement de l'Illustre Médiation, passé en force d'Edit en Conseil Général le 8 May 1738 *pour nous servir de Loi fondamentale & perpétuelle.*

L'Article 5. porte, que *toutes les matieres qui seront portées en Conseil Général, ne pourront y être proposées que par les Sindics, Petit et Grand Conseil.*

L'Article 6. statue, *qu'il ne pourra rien être porté au Conseil des Deux-Cents, qu'auparavant il n'ait été traité et aprouvé dans le Conseil des Vingt-Cinq, et il ne sera rien porté en Conseil Général qui n'ait été auparavant traité et aprouvé dans le Conseil des Deux-Cents.*

Il resulte avec évidence des dispositions de ces deux Articles, que si le Petit ou Grand Conseil ne sont pas d'avis qu'il y ait lieu d'assembler le Conseil Général, pour lever les doutes sur une Loi existante, proposés par des Citoyens et Bourgeois, en quelque nombre qu'ils soient, cette Loi existante doit rester telle qu'elle est sans aucun changement.

C'est encore donner atteinte à la Loi fondamentale de notre Constitution, que de prétendre : Que quoique le Conseil n'ait pas trouvé des Représentations fondées, et ne les ait pas aprouvées, il est cependant obligé de les porter aux Conseils Supérieurs; puisque par le premier Article du Réglement de l'Illustre Médiation: *Tous les differens Ordres qui composent le Gouvernement de Genève, conserveront chaqu'un leurs droits et attributions particulieres provenant de la Loi fondamentale de l'État, ensorte que l'un des susdits Ordres ne pourra donner atteinte, ni rien enfreindre au préjudice des Droits et Attributs de l'autre.*

Ce qu'on vient de dire, détruisant le Sistème manifesté dans la seconde partie de l'Ecrit des Citoyens et Bourgeois, la conclusion qu'ils en tirent ne peut subsister. *C'est pourquoi*, est-il dit, *les Citoyens et Bourgeois regardent leurs Représentations comme subsistantes dans toute leur force, et ils y persisteront invariablement, jausq'à ce que le Conseil Souverain ait determiné le sens des Loix sur les quelles ces Représentations sont fondées.*

On ne comprend pas bien ce que les Citoyens et Bourgeois, qui se sont adressés à Monsieur le Premier Sindic, entendent par la force des Représentations : Mais on va exposer en quoi consiste la nature des Représentations, et quel est leur veritable effet, leur effet legal, et ce que l'on en dira ne sera puisé que dans nos Loix.

Personne ne doit reconnoitre de Gouvernement, que là où est le Gouvernement; et un nombre de Citoyens et Bourgeois, qui ne sont pas assemblés en Conseil Général par les Sindics, Petit et Grand Conseil, ne sont pas un Conseil; et la Loi ne leur a pas confié le Gouvernement de la République.

Il est vrai que les Citoyens et Bourgeois, en quelque nombre qu'ils soient, petit ou grand, peuvent faire des Représentations à Messieurs les Sindics, ou au Sieur Procureur Général.

L'Edit du 26. May 1707. Article 5 nous aprend ce que sont des Représentations : « C'est, dit-il, une voie légitime et convenable par la quelle chacun d'entre les Citoyens peut faire parvenir ses plaintes, ou ses requisitions au Conseil dans les choses qui regardent le bien de l'État ». Ces Représentations, et le terme même l'indique, ne sont donc que des Propositions, plaintes, ou Requisitions faites par des Citoyens et Bourgeois qui les jugent convenables au bien de l'État.

Ces Représentations doivent être examinées par le Conseil ; c'est ce que porte la fin du même Article.

Si le Conseil les ayant examinées ne les aprouve pas, que doit-il arriver? C'est qu'elles tombent; le Conseil ne devant les porter dans les Conseils Superieurs qu'autant qu'il les trouve fondées; puisque par le sixieme Article du Réglement de l'Illustre Médiation, *Rien ne pourra être porté au Conseil des Deux-Cents qu'auparavant il n'ait été traité et aprouvé dans le Conseil des Vingt-Cinq.*

C'est là précisement le cas où se trouvent les Représentations que les Citoyens et Bourgeois, qui se sont adressés à Monsieur le Premier

Sindic le 20. de ce mois, prétendent regarder comme subsistantes dans toute leur force.

Tels sont sur ces objets les principes de notre Gouvernement; principes sacrés, que le Conseil a juré de maintenir, et qu'il maintiendra tandis qu'il conservera les places qu'ils lui ont été confiées : convaincu, comme il l'est, que renverser ou affoiblir ces principes, c'est bannir la règle, et introduire le désordre et la confusion.

Signé J. J. Dechapeaurouge.

Très humble et très respectueuse Représentation
à Mr. LE PREMIER SINDIC
du Jeudi 29 Septembre 1763.

Les Citoyens et Bourgeois ne peuvent se dispenser de répondre à l'Arrêté du Magnifique Conseil du 31. du mois dernier, au sujet de leur Déclaration du 20 du même mois; parce qu'il tend à invalider cette Déclaration et les Représentations qui l'ont précédée, et qu'il leur attribue un Système de doutes qu'ils n'ont jamais eu, et qu'ils n'ont manifesté dans aucun de leurs Ecrits.

Leurs Représentations n'avoient pour but que l'application de l'Article 88. de nos Ordonnances Ecclésiastiques, du 4. des Matieres Criminelles dans l'Edit Politique, du 10. du Titre XII des Edits Civils, du 1. et du 29. de l'Illustre Médiation, et de l'article pénultieme de l'*office des trois autres* Sindics, auxquels Articles il a été donné atteinte par le Magnifique Conseil.

Les Citoyens et Bourgeois ont établi d'une maniere si solide, par les Représentations du 8. Août dernier, que leurs Conclusions étoient fondées sur la lettre même de la Loi, que ces Représentations sont restées sans replique, le Magnifique Conseil s'étant contenté d'arrêter 2. jours après, *que ces Représentations ne sont point fondées*, et qu'il demeuroit *à la Reponse donnée le 25. Juin aux Représentations du 18 du même Mois*.

Bien que les Citoyens et Bourgeois eussent éprouvé diverses fois, et notamment le 18. Decembre 1762, l'inefficacité des Représentations les plus importantes et les mieux fondées; ils avoient espéré que le Magnifique Conseil apporteroit à cette derniere ce *mûr examen* et cette *scrupuleuse attention*, dont il parle dans sa réponse du 31. Août. Aussi l'effet naturel du peu de tems qu'il consacra à son examen, et de l'Arrêté qui en résulta, devoit-il être une plainte formelle. Et cette plainte auroit eu lieu, si les Citoyens et Bourgeois toujours attentifs à écarter toute idée qui pourroit altérer celle de leur respect pour le Magnifique Conseil, n'eussent préféré de reprendre sa Réponse du 25 Juin, à laquelle ils étoient renvoyés.

Mais indépendamment des Argumens invincibles que la Représentation des Citoyens et Bourgeois fournissoit contre cette Reponse, ils furent frappés de 4. nouvelles Considérations qu'il est nécéssaire de déduire.

1°. C'est une maxime de Droit, que *si les termes d'une Loi en expriment nettement le sens et l'intention, il faut s'y tenir*. Donc l'Article 88. de l'Ordonnance Ecclésiastique, et le pénultiéme de l'office des trois autres Sindics, s'exprimant d'une maniere bien claire et bien précise, on ne peut se détourner de leur sens littéral, sans blesser la Loi.

2°. C'est une méthode constante dans nos Edits, d'exprimer formellement la dérogation à une Loi, lorsque le Legislateur a voulu y déroger en effet. C'est ainsi que les Articles 2. et 3., du Titre XIV. des Edits Civils dérogent aux Articles 100, 101, 102 et 116. des Ordonnances Ecclésiastiques; et que l'Article 31. du Réglement de l'Illustre Médiation déroge à l'Article 21. de l'Edit Civil au Titre des matieres Criminelles. Cependant la Loi des Recusations sur laquelle le Magnifique Conseil se fonde, ne porte aucune dérogation à la Loi fondamentale de l'État, au sujet de la Jurisdiction de Mrs. les Sindics en matieres Criminelles.

3°. L'Article 3. du Règlement de l'Illustre Médiation porte expressement que *les Conseils ne pourront par aucune innovation déroger aux Edits, ni faire de changement aux Loix fondamentales de l'État, non plus qu'à la forme du Gouvernement, sans le consentement du Conseil Général.*

4°. Quelles que soient les personnes qui siégent, lorsqu'il s'agit de juger un Criminel, que ce soient des Membres du conseil des 25. ou des Adjoints, ce Tribunal compose alors le seul et unique Conseil des Vingt-cinq, qui ne doit être présidé que par un Sindic, conformément à l'Article 1. de l'*Office des trois autres Sindics,* qui statue que *le Premier Sindic absent ou malade, le second et ainsi conséquemment les autres fassent l'office d'icelui.* Il est bien évident que cet Edit, qui régle l'ordre de la Présidence en Conseil, n'y admet que l'un de Mrs. les Sindics.

Les Citoyens et Bourgeois comparant la Réponse du Magnifique Conseil avec ces différens Edits, ne purent se dissimuler que le Magnifique Conseil s'attribuoit par le fait le droit d'interpréter les Loix, et d'y déroger. C'est ce qui les détermina à dresser leur Déclaration du 20. Août.

Les Citoyens et Bourgeois auroient encore un sujet de plainte bien légitime contre l'Arrêté du Magnifique Conseil du 31. Août sur cette Déclaration. Ils y avoient exposé que *si le Magnifique Conseil estime que la Loi soit susceptible d'un sens différent du sens Littéral, c'est à la Puissance Legislative à prononcer*; et le Magnifique Conseil leur prête un système tout opposé. *Le Système des Citoyens et Bourgeois paroit être,* dit-il, *que lorsque des Citoyens et Bourgeois proposent des doutes sur le sens de quelque Loi, le Conseil Général doit être assemblé pour lever ces doutes.* Comme ce ne sont point là les expressions des Citoyens et Bourgeois, ce n'est point non plus leur Système, et la Réponse que le Magnifique Conseil y a fait ne les intéresse nullement.

Les Citoyens et Bourgeois sont très éloignés des vues de *nouveautés* que cette Réponse du Magnifique Conseil leur attribue. Ce n'est pas pour établir des *nouveautés* que les Citoyens et Bourgeois reclament l'observation de l'Ordonnance Ecclésiastique passée en Conseil Général dès l'An 1543; qu'ils demandent que les Sindics soient Juges des Causes Criminelles en vertu de trois Edits actuellement en vigueur, et qui sont fondés sur une Loi écrite dès l'An 1387. Enfin ce n'est pas l'esprit de *nouveauté* qui leur fait reclamer l'exécution de la Loi au sujet des Emprisonnemens, d'une Loi qui subsiste dès l'An 1568.

C'est précisement en vertu de l'Article 1. de l'Illustre Médiation, qui statue, que *tous les différens Ordres qui constituent le Gouvernement conserveront leurs droits et attributions,* que les Citoyens et Bourgeois demandent, que le Consistoire soit maintenu dans la jurisdiction qui lui est attribuée par les Articles 80. et 88. de l'Ordonnance Ecclésiastique, qu'ils s'opposent à ce que, sans égard à cet Article 1. de l'Illustre Médiation et au 29, les droits du premier Ordre de l'État, soient blessés par l'érection d'un Conseil des Vingt-cinq sans Sindics. C'est en vertu de cet Article 1. et du 5. de l'Illustre Médiation, que les Citoyens et Bourgeois soutiennent, que lorsque le Magnifique Conseil trouve la Loi des Recusations en opposition à la Loi fondamentale, et lorsqu'il prétend donner à la Loi un sens différent du sens littéral, il ne peut se dispenser de porter son avis en Conseil Général pour y être approuvé ou rejetté.

C'est sur ces principes incontestables que sont fondées les Représentations et la Déclaration des Citoyens et Bourgeois. Elles ne tendent qu'à empécher des *nouveautés* contraires aux Loix et à la Constitution. C'est pour les éviter qu'ils reclament constamment l'Article 3. de l'Illustre Médiation sur l'interprétation de la Loi. C'est cet article qu'ils regardent comme la véritable *barriere que nos Loix ont opposée aux nouveautés.* Barriere dont ils ont foit usage pour rejetter l'avis que les Magnifiques Petit et Grand Conseils porterent en Conseil Général le 23. Décembre 1762, parce qu'il contenoit des nouveautés inutiles, et dont les conséquences pouvoient être dangereuses. Ce Conseil dans lequel les Citoyens et Bourgeois préférerent la réjection d'une interprétation nécessaire de la Loi, à l'acceptation d'un avis, qui en proposant cette interpretation, y joignoit ces *nouveautés*, est et sera une *preuve subsistante* de la répugnance des Citoyens et Bourgois pour *les nouvelles Loix* dont l'utilité n'est pas évidente.

La définition que le Magnifique Conseil donne de *ce que sont des Représentations* n'est pas complette. C'est encore suivant l'Edit de 1707. *une voie légitime* de pourvoir *à la Liberté que les Citoyens desirent leur être conservée*. Prétendre que *si le Conseil les ayant examinées il ne les aprouve pas, elles tombent*, c'est avancer le système le plus opposé à la Liberté et à notre Constitution.

En effet la voie des *Représentations et des plaintes*, est la seule que l'Edit offre aux Citoyens et Bourgeois contre les infractions qui peuvent être faites à l'Edit, contre les atteintes données à leur Liberté; et si le Magnifique Conseil n'avoit qu'à désapprouver des Représentations pour les faire tomber, comment *l'Edit, l'Usage, et le Serment des Citoyens* auroient-ils *suffisamment pourvû à cette Liberté,* ainsi que s'exprime l'Edit de 1707? Tous les Droits du Conseil des Deux-Cents, et du Conseil

Général, de même que ceux des Particuliers, ne dépendroient-ils pas de la volonté arbitraire du Magnifique Conseil, qui n'auroit qu'à désapprouver toutes les Représentations qui lui seroient faites pour les mettre à néant ?

Ce Système ne peut être appuié sur l'Article 6. du Règlement de l'Illustre Médiation : *Il ne pourra être rien porté au Conseil des Deux-Cents, qu'auparavant il n'ait été traité et approuvé dans le Conseil des Vingt-Cinq, et il ne sera rien porté au Conseil Général, qui n'ait été auparavant traité et approuvé dans le Conseil des Deux-Cents.* Car pour bien entendre le sens d'une Loi, il faut en peser tous les termes, et le préambule, lorsqu'il y en a un, afin de juger de ses dispositions par ses motifs, et par toute la suite de ce qu'elle ordonne, et ne pas borner son sens à ce qui pourroit paroître différent de son intention. Or que disent nos Sages Médiateurs dans le Préambule ? « Qu'*Ils* se seroient employés avec zéle et *impartialité* à assurer une forme de Gouvernement qui fit respecter les Loix, et l'autorité du Magistrat, *en conservant les Droits et Privilèges du Peuple,* ainsi que l'indépendance de l'État ». Ensuite l'Article 1. porte : « Tous les différens Ordres qui composent le Gouvernement, conserveront chacun leurs droits et attributions particulieres provenant de la Loi fondamentale de l'État, et il ne sera fait à l'avenir aucun changement au présent Règlement, ensorte que l'un des susdits Ordres ne poura donner atteinte ni rien enfreindre au préjudice des droits et attributs de l'autre ».

L'Article 2. statue dans quels corps doivent être pris les Membres des différens Conseils. Les 3. et 4. assurent au Conseil général tous les Droits de la Souveraineté. Et c'est avoir marqué d'une maniere incontestable les Droits du Conseil Général, que procédant aux moyens de conserver les *droits et attributs de chaque Ordre,* et établissant pour cet effet la marche à suivre dans l'administration publique, il ordonne par les articles 5. et 6. l'ancienne gradation établie pour les matieres à porter dans les différens Conseils, et assure par le 7. aux Citoyens et Bourgeois le droit de Représentations.

Ce droit de Représentations n'est pas un droit vain et illusoire, comme il le seroit, si la seule improbation du Magnifique Conseil suffisoit pour les faire tomber. Les Articles 5. et 6. du Réglement de l'Illustre Médiation ne sont pas plus sacrés que le 3. et le 4. qui renferment les droits et attributions du Conseil Général, et il seroit absurde de prétendre, que les Représentations qui pourront être faites contre des atteintes données à ces droits, doivent tomber, si le Magnifique Conseil ne les approuve pas, puisqu'il s'en suivroit que *notre Constitution* dont la *stabilité* est assurée, en ce qu'il ne peut s'y faire aucun changement, que du consentement de tous les Corps réunis en Conseil Général, dependroit de la seule volonté du Magnifique Conseil, et deviendroit réellement *mobile et précaire*.

De là il est facile de juger, si l'intention du Réglement de l'Illustre Médiation a été de donner au Magnifique Conseil le droit d'interpréter les Loix; si ces Illustres Médiateurs, agissant avec *impartialité* pour la conservation des Droits de tous les Corps de l'État, ont voulu donner à celui de ces Corps qui est le dépositaire de l'autorité, l'exécuteur de la Loi, et sans la convocation duquel les Deux-Cents ni le Général ne peuvent s'assembler, le pouvoir d'être Juge dans sa propre Cause; de décider souverainement dans des différens qui pourront s'élever entre lui et les autres Corps; tandis que tous ces autres Corps n'auront que le droit stérile de lui faire des Représentations, qui n'auront d'efficace qu'autant qu'il voudra bien les supporter. Si le Magnifique Conseil avoit ce droit, il s'ensuivroit que l'Article 6. du Règlement de l'Illustre Médiation, que le Magnifique Conseil dit être *la barriere que nos Loix ont opposée aux nouveautés de quelque genre qu'elles soient,* et qu'il représente comme étant le conservateur de l'état actuel de la Republique, donneroit au Magnifique Conseil la puissance d'anéantir ou de changer ce même état à sa volonté, et d'élever ainsi une Loi contre toutes les Loix. Cette proposition seroit contradictoire. On ne pourroit la soutenir sans manquer au respect et à la recoinnaissance que méritent les Illustres Auteurs du Règlement de la Médiation, et les Citoyens et Bourgeois craindroient de se rendre coupables envers le Magnifique Conseil, s'ils osoient lui imputer ce Système destructif de la Republique même.

Personne ne doit reconnoître de Gouvernement, que là où est le Gouvernement; ainsi s'exprime la Réponse du Magnifique Conseil. Les Citoyens et Bourgeois connoissent notre Gouvernement. Ils savent que le Conseil Général, dont ils composent la majeure partie, élit ses principaux Magistrats; Que c'est à ces Chefs qu'il confie l'administration du Gouvernement pour l'exercer conformément aux Loix, et au Serment qu'ils prêtent entre les mains du Conseil Général; Qu'il n'y a d'autorité dans le Gouvernement que celle qu'il leur confie, et qu'elle leur est confiée, à la charge *de maintenir et défendre de tout leur pouvoir la Liberté, Edits et Droits de la Ville,* et par conséquent de porter et faire traiter dans les différens Conseils, toutes les matieres dont le Conseil Général s'est réservé la connoissance. Or l'une de ces matieres est incontestablement *le Pouvoir Legislatif*: c'est-à-dire *d'agréer ou rejetter les Loix proposées, ou les changemens à celles qui sont établies, lesquelles Loix ne pourront avoir d'effet qu'auparavant elles n'ayent été approuvées par le Conseil Général.*

Le but des Représentations étant l'observation de l'Article 88. de l'Ordonnance Ecclésiastique, et celle de l'Article pénultieme de l'Office des trois autres Sindics, le Magnifique Conseil ne peut se dispenser d'en accorder les conclusions, ou de porter au Conseil Général l'interprétation contraire au sens littéral de ces Loix, dont il prétend faire usage pour en refuser l'exécution; Et la Loi des Recusations étant en opposition avec la Loi fondamentale de l'État, le Magnifique Conseil ne peut entreprendre d'exécuter l'une au préjudice de l'autre, sans avoir auparavant porté son avis au Conseil Général.

Les Citoyens et bourgeois sont d'ailleurs très fondés dans le droit de faire des Représentations, même contre des jugemens criminels, rendus et exécutés en dernier ressort, toutes les fois qu'ils estiment qu'il y a infraction à la Loi, ainsi qu'ils l'ont prouvé par leurs Représentations.

Ils ne l'étoient pas moins pour ce qui concerne les Srs. Bardin, lesquels s'étant adressés à droiture au Magnifique Conseil pour obtenir satisfaction d'un enlévement fait par son ordre, avoient bien *traité et poursuivi* leur intérêt *selon les règles et formes prescrites, et par devant le Tribunal* auquel en appartenoit *la connoissance et l'examen.* Le Magnifique Conseil ayant satisfait les Srs. Bardin, les Citoyens et Bourgeois suppriment les réflexions qu'ils auroient à faire sur la Réponse du Magnifique Conseil à ce sujet.

La force des Représentations se mesure par celle de l'Edit sur lequel elles sont fondées. L'Edit étant, comme il doit l'être, la regle des Déliberations du Magnifique Conseil, il ne peut se dispenser d'accorder les Conclusions prises par les Citoyens et Bourgeois.

Plus les Citoyens et Bourgeois ont d'attachement pour les Loix, et de respect pour le Réglement de l'Illustre Médiation, et plus ils seront fermes et inébranlables dans leurs Conclusions; persuadés, comme ils le sont, que s'écarter de l'ordre des Loix, et des formes prescrites, lesquelles servent de sauvegarde à l'innocence, *c'est bannir la régle et introduire la confusion.*

Ils sont tellement éloignés de donner la moindre atteinte aux Loix, et à la Constitution de l'État, qu'ils seront toujours prêts à sacrifier leurs biens et leur vie pour leur maintien, et pour la conservation du Réglement de l'Illustre Médiation, afin de transmettre à la postérité la Liberté, les Franchises et les Droits qui leur appartienent. Et quelle que soit la résolution ultérieure du Magnifique Conseil, les Citoyens et Bourgeois estiment qu'ils ne seront point obligés de répondre, parce qu'elle ne pourra jamais infirmer leurs Représentations et Déclaration, fondées sur les Loix, comme elles le sont incontestablement.

GLOSSAIRE DES INSTITUTIONS GENEVOISES

On donne ici une définition volontairement très sommaire des principaux termes propres au vocabulaire de Genève et employés dans le cours du commentaire. Pour une plus ample information voir les ouvrages suivants: A. Dufour, *Histoire de Genève*, Paris, PUF, 1997; B. Roth-Lochner, *Messieurs de la Justice et leur greffe*, Genève, Société d'histoire et d'archéologie, 1992; G. Silvestrini, *Alle radici del pensiero di Rousseau. Istitutioni e dibattito politico a Ginevra nella prima metà del settecento*, Milan, FrancoAngeli, 1993.

Bourgeois : ceux qui ont obtenu, moyennant une somme d'argent, les « lettres de bourgeoisie »; ils possèdent tous les droits économiques, peuvent participer au Conseil Général, sont éligibles en Grand Conseil, mais sont exclus des magistratures suprêmes et du Petit Conseil; ils doivent prêter un serment où ils jurent de vivre selon la religion réformée.

Citoyens : ceux qui jouissent de tous les droits économiques et politiques; ils sont éligibles à toutes les charges politiques; sont Citoyens les enfants mâles de Bourgeois ou de Citoyens, à condition qu'ils soient nés dans l'enceinte des murs de la ville.

Conseil Général : assemblée de tous les Citoyens et Bourgeois âgés de 25 ans au moins; sa naissance remonte à l'époque de la commune médiévale; il se réunissait deux fois par an, au début du mois de janvier et en novembre pour élire les quatre Syndics, qui sont les magistrats suprêmes de la ville, ainsi que le Lieutenant de justice et ses assesseurs, le Procureur Général et le trésorier, sur une liste de candidats dressée par les Petit et Grand Conseils. En novembre il établissait aussi le prix du vin. Il jouissait de compétences législatives, fiscales, ainsi que du droit d'approuver les traités et les alliances.

Conseil des Deux-Cents, ou Grand Conseil : crée en 1526, à l'exemple des alliés suisses, notamment de Berne, ce conseil se réunissait une fois par mois, avait des compétences législatives sous forme d'ordonnances et de règlements, était un tribunal d'appel au civil et avait le droit de faire grâce en matière criminelle. Ses membres étaient choisis par le Petit Conseil parmi les Citoyens et Bourgeois.

Conseil des Soixante : créé au XVe siècle, d'abord composé par 50 membres, il avait la fonction d'aider le Petit Conseil. Après la création du Conseil des Deux-Cents son importance s'amoindrit, et il n'est presque plus réuni au XVIIIe siècle. Ses membres sont nommés par le Petit Conseil.

Consistoire : tribunal de police spirituelle sans juridiction civile ; il fait des remontrances et prononce des peines spirituelles qui peuvent aller jusqu'à l'excommunication ; dans les cas qui requièrent des peines plus graves il défère aux magistrats les contrevenants à la discipline réformée. Il est composé des pasteurs et des douze anciens, qui sont des laïques tirés des Petit et Grand Conseil et du Conseil des Soixante.

Droit de représentation : droit reconnu par les Édits aux Citoyens et Bourgeois de présenter par écrit des propositions ou des remontrances. Les représentations pouvaient être adressées au premier Syndic ou au Procureur général ; ce dernier avait à son tour le droit de présenter des remontrances au Petit Conseil.

Droit négatif : expression qui s'affirme au cours des années Soixante pour désigner le droit qu'avait le Petit Conseil d'examiner toutes les propositions qui pouvaient être portées pour la discussion et la votation aussi bien en Conseil des Deux-Cents qu'en Conseil Général.

Étrangers : tous ceux qui résident temporairement dans la ville.

Grabeau (grabeler) : terme genevois indiquant l'examen et la censure que les membres des conseils exerçaient mutuellement à l'intérieur de chaque conseil. Le grabeau s'appliquait à tout nouvel élu, mais avait aussi lieu annuellement dans chaque conseil. Si anciennement cet examen donnait lieu à des exclusions, au XVIIIe siècle cette procédure n'était qu'une formalité.

Habitants : ceux qui ont acquis le droit d'habitation, à savoir un permis de séjour, révocable en permanence. Ils ont droit de résider dans la ville, d'y acheter des biens et d'y exercer un métier. Ils doivent professer la religion réformée.

Lieutenant : il est normalement choisi parmi les anciens Syndics. Il préside le tribunal civil de première instance, la Cour du Lieutenant, créée en 1529, dont font partie aussi ses six assesseurs (à l'origine ils étaient quatre), dits auditeurs. La charge du Lieutenant est la plus haute magistrature de l'État après les Syndics.

Natifs : enfants des habitants qui sont nés à Genève. Ils sont exclus des droits politiques et ne jouissent pas de mêmes droits économiques et fiscaux que les Citoyens et Bourgeois.

Petit Conseil, ou Conseil ordinaire, Conseil étroit, Sénat : sa création remonte au XIVe siècle, le nombre de ses membres fut fixé à 25 en 1544; ses compétences étaient variées: législatives, militaires, de police, administratives et judiciaires; c'est un tribunal d'appel au civil et le tribunal de première et dernière instance au criminel. Ses membres sont élus par le Conseil des Deux-Cents.

Procureur Général : il est chargé de veiller à l'exécution des ordonnances et au maintien de tous les biens publics, exerce le ministère public en matière criminelle, a le droit de présenter des remontrances en Petit Conseil concernant toutes les affaires d'État, de police, civiles et criminelles. Il est recruté parmi les membres du Conseil des Deux-Cents.

Sujets : habitants des territoires ruraux, soumis au gouvernement seigneurial de la ville.

Syndics : au nombre de quatre, ils sont la magistrature suprême de la ville, depuis le XIIIe siècle. Ils ont la présidence de tous les conseils de gouvernement. Ils sont recrutés parmi les membres du Petit Conseil. Leur charge est annuelle.

INDEX DES NOMS

INDEX DES NOTIONS

TABLE DES MATIÈRES

Imprimerie de la Manutention à Mayenne (France) – Janvier 2005 – N° 21-05
Dépôt légal : 1er trimestre 2005